COVID-19 AND RULE OF LAW IN KOREA

코로나19 위기와 법치주의

이원우 · 김태호 편저

弘文社

권 두 언

잡힐 듯 잡히지 않던 코로나19 사태가 우리의 생명과 건강, 자유와 경제적 생존을 해를 넘어 위협하고 있다. 국가의 적극적인 조치와 시민들의 헌신적인 협력으로 바이러스의 확산을 막는 고투가 계속되고 있는 속에서 코로나는 우리의 삶을 조금씩 바꾸어 가고 있다. 이른바 위드 코로나의 문턱에 서서 우리는 코로나19로 인해 바뀐 세상을 돌아보고 앞으로 펼쳐질 세상에 대해 성찰할 과제를 안고 있다. 이에 방역의 성공과 실패에 일희일비할 것이 아니라 코로나19가 우리에게 어떤 법제도적 결함을 공격하고 있는지 생각하지 않을 수 없다. 무엇보다 공법학자로서 코로나19 사태가 우리에게 어떤 법치주의적인 과제를 던져주고 있는지, 인권과 법치주의, 국가의 역할과 기능은 제대로 작동하고 있는지 고민하게 된다.

이 책은 본인이 2020년 한국공법학회 회장을 맡자마자 벌어진 코로나 사태에서 공법학자는 무엇을 할 것인가에 대해 공법학회 내 '코로나19 공법학의 과제' 포럼(간사: 김태호 · 이석민 · 남정아)을 결성하여 머리를 맞대고 논의한 내용을 결과물로 정리한 것이다. 2020년 한 해 동안 포럼에서는 '코로나19와 감염병 대응의 법제', '코로나 대응 동선관리의 법적 쟁점과 지방자치단체의 역할', '감염병예방법상 정보제공요청과 정보인권', '코로나19 대응을 위한 데이터 활용과 디지털 정부혁신의 과제', '코로나19 시대 국가의 역할과 기본권 보장', '코로나19 국가 방역활동과 행정법의 과제' 등을 주제로 모두 여섯 차례에 걸쳐 집중적인 논의를 하였다. 포럼은 2021년부터는 '사회적 재난과 보건안전법' 포럼(대표: 이희정, 간사: 김태호 · 박정연 · 장선미)의 형태로 발전하여 '코로나와 유럽 법제', '백신의 법적 문제' 등 코로나 대응에 꼭 필요한 법적 쟁점을 논의하고 있다.

이 책의 다수 논문은 포럼에서의 발제 후 발간된 학술논문을 단행본의 취지에 맞게 약간 수정 · 보완한 것들이다. 여기에 더해 기획자들은 포럼에서 포괄하지 못한, 코로나19와 관련한 공법학적 쟁점으로서 꼭 들어가야 할 문제들을 선별한 후, 해당 문제에 대해 시의적절한 논문들을 포함시킴으로써 전체적인 균형을 갖추고자 하였다. 이런 이유로 이 책의 글들은 대부분 법학이론적인 관점과 서술방식을 택하고 있지만, 가급적 논문의 형식을 순화하고 각주를 축약하는 등 가독성을 높이려고 노력하였다. 학술적인 레퍼런스를 더 제공받고자 하는 사람이라면 각 논문의 미주에 표시된 원 출전 논문을 참고하기 바란다. 코로나19 사태를 국가와 사회, 법제도가 어떻게 대응할 것인가에 대해 진지한 고민을 하는 사람이라면 전문가든 일반인이든 이 책으로부터 분명 많은 정보와 통찰을 제공받을 수 있으리라 확신한다.

이 책은 코로나19를 둘러싼 법적인 윤곽을 제1부에서 먼저 제시한다. 이 책 전체의 내용에 대한 길잡이 역할을 하면서 코로나19를 바라보는 법치국가적 시선을 전체적으로 조망하고(김태호), 그동안 정부가 방역대응을 위해서 어떤 법제도 개선 노력을 해 왔는지를 소개 · 평가하며(이준서), 보건위기에서 국가의 개입과 자유의 보장, 감염자의 지위에 대한 법철학적인 균형점을 모색(손제연)한다.

기본권 제한의 구체적인 양상은 제2부에서 구체화된다. 코로나 방역 과정 전반에서 발생할 수 있는 기본권 보장의 쟁점을 개관한 다음(전상현), 개별적인 기본권 보장의 구체적 문제들을 살핀다. 종교적 집회의 자유(송기춘), 인격권(홍선기, 메르텐스), 영업의 자유(박진완) 등을 소재로 하여 기본권 제한의 근거와 한계의 문제를 검토한다. 코로나 대응에서 주된 수단으로 활용된 ICT 기술과 정보체계는 제3부에서 집중적인 검토의 대상이 된다. 동선관리를 중심으로 실제 어떤 방식의 코로나 대응수단이 제도적, 기술적으로 가능한지가 설명되고(이진규), 동선공개가 가지고 있는 헌법적 문제점(정필운), 특히 기지국 추적과 같은 민감한 정보추적의 헌법적 허용 문제(김가연), 행정조사의 프라이버시 문제(이희정)를 다루었다.

또한 코로나 대응의 중심에는 행정의 역할이 중심에 놓이지 않을 수 없기 때문에 제4부에서는 가능한 행정수단과 그 법적 한계의 문제를 별도로 다룬다. 다양한 행정수단을 전통적인 경찰작용의 한계라는 관점에서 분석(박원규)하고, 마스크와 백신을 공급하는 것처럼 국가의 적극적인 급부기능(김대인)을 검토하였다. 또 국가의 방역 행정조치를 위반한 사람에 대해 배상을 통한 압박의 방식을 취하거나(이은상)나 형사적 수단을 동원할 때 발생할 수 있는 인권 침해의 문제(코로나19와인권연구모임)도 짚고자 하였다. 그리고 이 책의 글들이 다루는 법적 · 사실적 상황은 가급적 2021. 9. 1.까지의 상황을 반영하고자 하였다.

이 책을 출판하기까지 여러 분들의 도움을 받았다. 공법학회에서 코로나 포럼을 주도하고 이 책의 기획과 편집을 관장한 김태호 선생의 힘이 없었다면 이 책을 출간하기 어려웠을 것이다. 앞으로도 코로나19 포럼을 발전시켜 관련 공법학 분야의 연구를 발전시켜 주기를 바라는 마음이다. 포럼의 간사로서 궂은일을 도맡아 처리해준 이석민 박사와 남정아 박사에게도 감사의 말을 전하며 학운을 기원한다. 또한 무엇보다 이 책에 귀한 원고를 보내주신 필진들께 감사드린다. 공법학계의 집단지성이 좀 더 나은 사회를 만드는 데 기여하리라 믿는다.

경제성이 없는 이 책의 출간을 승낙해 주신 홍문사 임권규 사장님과 읽기 좋게 깔끔한 편집을 해주신 이경희 편집주간님께도 감사의 말씀을 전한다.

이 책이 읽히는 중에 시민의 자유와 안전이 회복되고 포스트 코로나를 다시 이야기할 날이 오기를 고대한다.

2021년 9월 관악산 기슭에서
필자를 대표하여 이원우

차 례

제1부 코로나19 대응의 법치주의적 윤곽

제3부 코로나19 대응에서 정보적 수단

제4부 코로나19 방역행정과 법 집행

PART

01

코로나19 대응의 법치주의적 윤곽

01

법치주의의 시험대에 선 코로나 방역 대응

Ⅰ. 보건위기 속 법치주의
Ⅱ. 코로나 방역의 법체계
Ⅲ. 독일 「감염병예방법」과 비교해 본 법률유보 수준
Ⅳ. 법적용과 권리구제
Ⅴ. 법치주의의 개선과 방역 행정의 효율성

법치주의의 시험대에 선 코로나 방역 대응*

김 태 호**

Ⅰ. 보건위기 속 법치주의

코로나19(COVID-19)의 전세계적 확산은 멈출 줄을 모르고 그에 맞선 국가와 사회의 싸움은 힘겹게 계속되고 있다. 국민의 건강과 안전을 보호해야 할 위기 상황에서 최선의 국가적 방역조치수준을 판단하는 저울질은 실로 어려운 일일 것이다. 말하자면 암 수술을 앞둔 상황에서 환부를 최소화하여 예리하게 절개하면서 재발의 리스크를 감수할 것인가, 재발의 리스크를 최소화하기 위해 환부를 넓게 도려냄으로써 건강악화의 리스크를 감수할 것인가를 선택하는 고민 같은 것에 비유할 수 있을 것이다. 그리고 이 과정에서 국민의 건강과 생명, 안전이라는 가치 또한 헌법이 보장하는 여러 가치들 속에서 최선의 선택을 모색하지 않을 수 없다.

보건위기 상황 속에서 국가의 방역조치에 대해 법치주의적 관점을 들이대는 요구는 간단하지 않다. 적시에 효율적인 방역 대응을 해야 하는 엄중한 현실은 행정력 위임과 권한 집중을 수긍하게 만드는 것 또한 사실이다. 그럼에도 우리는 위기 속의 국가적 대응과정에서도 인권과 법치주의, 민주주의의 원칙을 되짚어 보는 일을 중지할 수 없다. 코로나19 사태가 법치국가의 한계적 상황에서 일종의 '스트레스 테스트'와 같은 질문들을 던지고 있기 때문이다.

특히 글로벌한 팬데믹 상황에 대한 법적 대응이 전세계 대부분 국가의 과제라는 점은 주목할 만한 지점이다. 코로나 사태에 맞서는 각 국가의 법치적 대응을 비교해 보면 공통 쟁점에서 각국의 법문화와 규율방식을 비교해 볼 수 있기 때문이다.[1] 이것은 성공적인 방역을 벤치마킹해보자는 취지의 사례 연구와는 별개 차원의 관심이다. 위기 사태에서 법치국가의 원칙과 시스템이 어느 정도의 밀도로 요구되고 관철되는가를 비교함으로써 법치국가 원칙의 본질에 대해 생각해 볼 기회를 갖고자 하는 것이기 때문이다. 때문에 방역 성공의 수단이라는 관심에서라면 굳이 외국의 사례를 찾아나설 필요가 없을지 모르겠지만, 비교를 하는 시도는 방역 우월성 여부와 별도로 의미가 있다. 따라서 방역대응의 과정과 사회적 후과는 앞으로도 법사회적인 차원을 수반하는 비교연구의 대상이 되어야 할 것이다.

이 같은 문제의식에서 이 글, 그리고 이 책의 여러 글들은 코로나19 방역의 주요 조치 내용을 중심으로 시험대에 오른 법치주의의 원칙이 어떤 방식으로 적용되고 있으며 적용되어야 하는지를 원칙과 사례, 비교법적 검토를 통해서 살펴보게 될 것이다. 이에 우선 코로나 방역의 법체계가 어떠한지를 전반적으로 살펴보고, 법치주의와 민주주의의 접점이라 할 의회가 제정한 법률이 코로나19에 대한 규율에 얼마나 충분한지, 또 행정조치에 대한 권리구제는 제대로 작동하고 있는지를 살펴보겠다. 이 글을 통해 이 책의 다른 글에서 다루는 더 구체적인 쟁점들이 문제되는 맥락을 파악할 수 있기를 기대한다.

Ⅱ. 코로나 방역의 법체계

코로나19 감염병은 치명률이 높거나 집단 발생의 우려가 큰 제1급 감염병이다. 코로나19 바이러스는 바이러스를 함유한 비말을 통한 공기 중 전파를 통해 전염되고 증상 잠복기에 있는 사람 및 무증상자에 의해서도 감염이 이루어지는 강한 전염력과 노년층 · 기저질환자를 중심으로 한 상대적으로 높은 치명률이 특징이다. 이러한 특성으로 인해 감염자와 감염의 의심이 있는 사람에 대한 진단과 추적, 역학조사, 치료(Test, Trace, Treat)를 통한 '감염원 통제 및 확산 방지'와 '격리 및 강제조치', 마스크 착용과 개인 간 접촉 감소를 통해 감염 확산의 차단을 노리는 '사회적 거리두기 조치'가 방역의 핵심적인 수단으로 인식되어 왔다. 이러한 노력으로 우리나라는 국경봉쇄, 지역봉쇄나 외출금지, 통행금지 등의 강도 높은 규제 조치 없이 상대적으로 낮은 감염자 수를 유지하며 감염병 확산을 저지해 온 것으로 평가된다.

이상의 전방위적 방역 조치는, 감염의 위험이 현실화되었거나 그 개연성이 인정되는, 실제 감염이 확인된 '감염병환자등'[2] 외에 감염병환자와 접촉의 의심이 있는 사람, 나아가 일반 시민들을 광범위하게 규율한다는 특징을 갖는다. 이것은 방역 대응이 위험을 유발시킨 사람에 대한 그 어떤 책임을 묻는 구조(경찰책임)의 문제라기 보다 법익 침해가 발생할 수 있는 가능성(리스크)에 대한 사회적 대처(리스크 관리)의 성격이 강하기 때문이다. 때문에 감염병 방역대응의 법치주의적 평가는 감염 리스크 대응에 대한 법치주의적 한계의 문제 차원에서 분석이 필요하다.

1. 감염 추적과 진단, 공개의 법적 수단

1) 접촉자 감염 추적(contact-tracing)

감염원 확산을 방지하기 위해 감염 진단과 접촉 추적을 통한 감염원 통제의 방법은 감염 통제의 전형적인 수단이다. 감염자의 동선을 추적하고 감염자와 접촉하였거나 동선이 겹치는 사람에 대해 검사 · 진단을 함으로써 감염의 경로를 찾고 확산을 저지하는 것이다. 「감염병예방법」은 그 대상으로 감염병환자등 외에 '감염병의심자'(법 제1조 제15의2호)를 규율대상으로 포섭하고 있다. 여기서 감염병의심자는 감염병환자등과 접촉하거나 접촉이 의심되는 사람, 검역관리지역 또는 중점검역관리지역에 체류하거나 그 지역을 경유한 사람으로서 감염이 우려되는 사람, 감염병병원체 등 위험요인에 노출되어 감염이 우려되는 사람을 가리킨다. 2020년 3월의 전염병예방법 개정으로 도입된 이 '감염병의심자' 정의규정은 정보의 망라적인 수집과 추적을 방역

행정청에 집중시켜 통제하는 것을 가능하도록 하였다. 그러나 그 결과 실제 감염병환자와 '밀접 접촉'한 것이 밝혀졌거나 독일에서처럼 감염의 개연성이 있는 정도에 해당하는 사람3뿐만 아니라 접촉의 가능성이 있는 것만으로 추적의 대상이 되는 문제가 발생하였다. 이것은 이른바 '무증상감염자'의 비율이 적지 않고 잠복기 전파가능성이 있는 코로나19 바이러스의 특징 때문에 부득이한 측면이 있는 것으로 인식되었지만, '접촉으로 감염이 의심'되는 것이 아니라 '접촉이 의심'되는 것만으로 행정의 개입을 가능하도록 하는 것이 타당한가는 정밀한 규율이 요구되는 문제이다.

사실 「감염병예방법」이 감염병의심자를 광범위하게 정한 것이 문제이기는 하지만, 실제로는 축소 적용을 해 오기는 하였다. 대부분의 행정적 조치에서는 '감염병의심자'의 의미를 한정 축소 해석 · 적용한 것이다. 문제는 감염자에 대한 동선 추적과 관련해서는 추적의 대상이 되는 감염병의심자의 범위를 문자 그대로 넓게 적용함으로써 광범위한 동선 추적을 실시하였다는 데 있다.

문제된 감염의심자의 동선 추적을 위한 정보제공 요청 및 정보 확인에 관한 규정은 법 제76조의2이다(자세히는 이 책 **10장**을 보라). 이 규정은 메르스(중동호흡기증후군) 감염병 사태 이후 감염병 전파 정보를 공중에게 공개할 수 있는 근거를 확보하고자 도입한 조항이다. 질병관리청장 또는 시 · 도지사는 '감염병 예방 및 감염 전파의 차단을 위하여' 필요한 경우 관계 중앙행정기관장, 지자체장, 공공기관, 의료기관 및 약국, 법인 · 단체 · 개인에 대하여 감염병환자등 뿐만 아니라 '감염병의심자'에 관한 정보 제공을 요청할 수 있고, 전달 받은 정보들은 같은 목적으로 보건의료기관에게 전달된다. 이 때 요구될 수 있는 정보에는 개인의 의료기록, 출입국 관리기록뿐만 아니라 대통령령에 따라 이동경로를 파악하기 위한 신용카드 사용명세, 교통카드 사용명세, CCTV 영상정보가 포함된다(시행령 제32조의2).

질병관리청 등은 감염병의심자에 대한 위치정보를 경찰에 요청할 수도 있다. 이 때 경찰은 위치정보사업자와 전기통신사업자에게 위치정보와 기지국 이용 정보를 망라적으로 요청할 수 있다. 여기서 기지국 이용의 정보는 해당 시점에 기지국 근처에 있던 사람들 전체의 정보를 망라하게 된다. 그 결과 이동경로를 구성하는 개인의 '위치정보'는 「위치정보의 보호 및 이용 등에 관한 법률」에 따른 보호로부터 벗어난다. 이 정보들은 정보주체의 '동의' 없이 제공가능하게 되는 것이다.

물론 보건의료기관이 목적범위를 벗어나 건네받은 개인정보를 처리하는 경우에는 개인정보보호법에 따라 제재를 받을 수 있다(제76조의2 제8항). 그러나 정보를 제공 · 처리한 질병관리청이나 경찰도 제재의 대상인지 「감염병예방법」상으로 정해져 있지는 않다. 근본적으로는 질병관리청이 사업자에게 직접 정보제공을 요청하지 않고 경찰을 경유하도록 한 것이 더 충실한 정보보호로 이어질지 의심스러운 바도 있다. 목적 외 사용의 가능성이 넓어질 수 있기 때문이다. 결국 감염병 추적을 위한 개인정보의 이용과 처리가 부득이 하다면 「감염병예방법」과 「개인정보보호법」 간의 관계를 명확히 할 필요가 있다(프라이버시 보호에 대해서는 이 책의 **8장**, **11장**을 보라).

한편, 개인정보 보호의 문제에 대한 절충으로서 다수의 국가는 코로나 확진자에 대한 정보를 획득할 수 있는 어플리케이션(앱)을 핸드폰에 설치하도록 하여 운영한 바 있다. 대표적으로 일본, 독일의 경우가 그렇다. 그러나 이들 나라에서의 앱 설치는 권고적 성격을 가진, 동의 기반의 분산형 서비스였다. 그 결과 정보자유권에 대한 침해의 여지가 적었던 대신 방역 대처의 실효성은 미미했다. 반면 중앙집권적 추적 시스템을 갖춘 우리나라와 타이완의 경우 이것이 방역 성공의 한 원인이었던 것으로 인식되고 있다. 이렇듯 방역 대응에서의 정보 관리 규율 또한 실효성과의 저울질을 피할 수 없다. 현재의 추적 시스템을 성공적으로 유지하는 전제에서 개인정보 보호에 대한 우려를 적극적으로 수용하여 개선함으로써 제도의 수용성을 높이는 것이 바람직하다.

2) 역학조사, 검사, 진단

역학조사란 감염병환자등이 발생한 후 그 발생 규모를 파악하고 감염원을 추적하는 등의 활동을 가리킨다(제1조 17호, 예방접종 후 이상반응 등 원인을 규명하기 위하여 하는 활동도 포함한다). 역학조사관(제60조의2 참조)은 감염병환자로 확진된 사람 등을 통해 증상 발생일, 동선, 감염원 및 감염경로, 증상 발생일 14일전 활동력 등을 조사하고, 이러한 각종 정보를 활용하여 별도의 방역조치가 필요한 접촉자를 추적하게 된다. 감염병환자등에 대한 역학조사를 통해 감염원을 추적하는 과정에서 '감염병의심자'로 취급되는 이에게는 격리조치를 비롯하여 감염병 증상 유무를 확인하기 위한 조사와 진찰을 할 수 있다. 즉 접촉이 확인된 사람뿐만 아니라 '접촉이 의심되는 사람'으로서 '감염병의심자'로 분류되면 강제처분의 대상이 될 수 있다(제42조 제2항). 이는 신고를 받고 조사를 거부하는 조사거부자4의 경우에도 마찬가지이다(제42조 제7항). 다만, 감염병의심자 또는 조사거부자가 감염병환자 등이 아닌 것으로 인정되면 격리조치는 즉시 해제된다(제42조 제8항).

특히 역학조사를 비롯하여 방역 대응을 위한 일련의 행정의 정보수집활동은 강학상 '권력적 행정조사'에 해당하는 경우가 많다. 조사의 필요성이 인정되어 자료제출 요구, 실태조사 등에 해당하는 것이라면(법 제8조의4, 제16조 제1항, 제17조, 제18조, 제18조의4, 제21조 제5항 · 6항, 제57조, 제74조의2) 그 강제적 성격이 문제삼을 정도는 아니다. 그러나 제1급감염병에 해당하는 감염병환자등이 있다고 '인정'되는 주거시설 등의 장소에 들어가 필요한 조사나 진찰을 할 수 있도록 한(가령 제42조) 경우 등은 사실상 강학상 즉시강제에 준하는 취급이 필요하다. 따라서 법 제42조와 같이 주거에 출입하는 등의 경우에는 생명 · 신체 · 재산을 보호하기 위하여 긴급하고 급박한 조사의 필요성이 영장발부에 준하는 정도로 엄격히 판단되어야 할 것이다.

한편, 역학조사는 건강진단의 형태로 이루어지는 경우 진단명령의 형태로 이루어질 수도 있다. 이 때 감염병의심자에 대해서는 건강진단명령을 발동할 수 있고(제46조), 감염병예방을 위해 필요한 경우에는 일반인에 대해서도 건강진단 조치(제49조 제1항 3호)를 취할 수 있다. 특히 이 경우 건강진단을 거부 기피하는 경우에 벌금형을 부과할 수도 있으므로(제81조 10호) '감염병예방을 위해 필요한 경우'의 의미를 엄격하게 한정해석해야 한다.

3) 정보의 공개

「재난 및 안전관리기본법」 제38조 제2항은 위기경보를 단계화하고 있는데 그에 따라 감염병 상황에서 '주의' 이상의 위기경보가 발령되면 감염병 환자의 이동경로, 이동수단, 진료의료기관 및 접촉자 현황, 감염병 현황 등에 관한 정보를 정보통신망 등을 통해 신속히 공개해야 한다(법 제34조의2). 메르스 사태의 교훈에 따라 신설된 이 규정의 취지는 감염정보를 공개하게 되면 오히려 불필요한 불안을 해소할 수 있고 정보 습득으로 국민 개개인이 개인방역을 위해 적절한 대처를 할 수도 있으리라는 기대에 있었다. 그러나 주지하다시피 실제에서는 정보공개의 효과보다 사생활 침해의 소지가 있는 불필요한 정보 등이 세세하게 공개되면서, 그리고 동의없이 수집된 개인을 특정할 수 있는 정보가 강제로 공개되면서, 정보의 수집행위에 대한 정당성까지 위협을 받는 문제가 발생한 바 있다(동선공개의 문제에 대해서는 이 책의 제 **8장**, **9장**을 참조하라).

이후 질병관리본부(현 질병관리청)가 '확진환자의 이동경로 등 정보공개 지침'(2020. 10. 6. 제정)을 제정하여 시행착오를 바로잡고자 하였고, 2020. 9. 29. 「감염병예방법」이 개정되어 어느 정도 문제는 해소되었다. 즉 성명, 성별, 나이, 세부 거주지 주소 등 감염병의 예방과 관계없다고 정하는 정보는 공개대상에서 제외할 것을 명문화하였고(제34조의2 제1항 및 시행령 제22조의2), 공개필요가 없어진 경우 해당 정보를 삭제해야 하며, 공개정보에 대해 이의신청 및 정보정정을 가능하도록 하였다. 그러나 '정보공개지침'의 주요 내용과 개선사항은 지침이 아니라 보건복지부령에서 정하는 것이 바람직하다.

2. 격리와 감시, 강제처분

1) 입원, 자가격리와 감시

질병관리청장, 지자체장은 제1급감염병 등의 감염병환자등에 한정하여 강제입원치료를 하도록 할 수 있고, 행정청은 경증의 감염병환자와 감염병의심자에 대해서 자가치료, 시설치료, 입원치료를 선택하여 조치할 수 있다(제41조 제1항, 제2항).

제1급감염병이 발생하면 해당 감염병의 '감염병의심자'에게는 자가 또는 시설에 격리조치를 취할 수 있고 감염여부를 진찰할 수 있다(제42조 제2항).

이 때의 시설은 시도지사가 감염병의심자를 격리하기 위해 지정한 시설을 가리킨다(제39조의3). 감염병의심자의 진찰 결과 감염병환자 등으로 인정되면 공무원과 동행하여 치료를 받게 하거나 입원조치를 취할 수 있고(제42조 제3항), 입원 또는 격리조치를 위반하게 되면 형사처벌을 받게 된다(제79조의3).

자가격리는 자신을 사회로부터 분리시키는 것으로서 그 강제적 성격을 과소하게 평가해서는 아니 될 것이다. 특히 장애인 등 사회적 약자의 자가격리는 생존의 위험을 초래할 수 있으며, 자가 격리의 여건이 되지 않는 경우 본인의 선택과 무관하게 시설 격리를 택해야 하는 경우도 있다. '감염병의심자' 범위의 불명확성으로 인해 자가격리 대상자의 범위가 지나치게 넓어질 우려에 대해 법은 감염병의심자가 감염병환자 등이 아닌 것으로 '인정'되면 격리조치를 즉시 해제하도록 하고 있다(법 제42조 제8항). 감염병환자가 아닌데도 격리조치가 유지되면 인신보호법의 규정을 준용하여 구제청구를 할 수 있도록 하고 있다(법 제42조 제10항).

격리 동안에는 정보통신기기 등을 이용한 감염병의 증상 유무 확인이나 위치정보의 수집, 감염 여부 검사 등 조치가 가능하다(제42조 제2항 2호). 이와 관련하여 감시의 보조수단으로서 이른바 '안심밴드'의 도입 여부가 문제된 바가 있다. 이것은 자가격리자에 대한 격리의 감시를 효율적으로 진행하기 위해서 위치추적기를 착용하여 전자감시하도록 하는 것이다. 현재 이 제도는 모든 자가격리자가 아니라 자가격리 규정을 위반한 사람을 대상으로 본인의 동의 하에 이루어지고 있다. 그럼에도 안심밴드를 착용하는 것에 강제성이 없다고 할 수 있는지는 의문이다. 물론 부착에 대해 동의를 하지 않을 수 있다. 그러나 미동의시 시설에 격리되고 그 비용을 자가부담하는 것을 감수해야 한다. 사실상 동의가 강제되는 결과가 초래될 수 있다. 그렇다면 위치추적을 위한 전자장치를 신체에 부착하게 할 수 있도록 하는 직접적 근거와 조건을 명확히 규율할 필요가 있다. 현재 법 제42조 제2항 2호의 규정은 안심밴드 부착 조치의 법적 근거가 되기에 충분하지 않다.

2) 감염전파 차단을 위한 강제처분

감염병환자등에 대한 강제검사조사, 강제격리조치, 강제입원조치 등은 그 법적 성격이 강학상 즉시강제에 해당하는 강제적 조치들이다. 「감염병예방법」 제42조(강제처분)가 조사조치, 치료조치, 입원조치를 즉시강제의 형태로 할 수 있도록 한 것이 법적 근거이다(제42조 제3항). 이러한 조치들은 격리조치와 달리 실제 감염병환자등으로 인정되어 위험이 발생한 상황에 대한 조치이므로 전통적 경찰질서법의 법리에 따라 위험방지의 차원에서 정당화가 용이하다.

다만, 1급 감염병 발생 시뿐만 아니라, 감염병의 유행 또는 감염병의 예방목적을 위해서도 행정청이 해당 '감염병의심자'에 대해 입원 또는 시설격리조치를 취할 수 있도록 한 조항은 여전히 문제의 소지가 있다(제47조 제3호, 제49조 제1항 제14호). 물론 이러한 조항의 일반조항적 성격을 감안할 때 과잉적용의 위험성은 비례원칙에 의해 사후 통제할 수 없는 것은 아니지만, 이 규정은 각종 감염병 일반에 적용될 수 있는 규정이라는 점에서 명확한 요건이 규정될 필요가 있다. 어쨌든 이상과 같이 감염병환자등과 감염병의심자에게 입원 또는 격리조치를 하게 되면 격리 대상자 및 보호자에게 그 사실을 통지하여야 한다(제43조, 제43조의2).

그 밖에 감염병이 유행하면 질병관리청장 등은 '감염병 전파를 막기 위하여' 필요한 방역조치를 하여야 하는데(제47조), 오염되었다고 인정되는 장소에 대한 폐쇄, 일반 공중의 출입금지, 장소 내 이동제한, 통행차단(제1호)이나 앞서 살핀 감염병의심자에 대한 입원 또는 격리(3호) 조치 등을 할 수 있다.

3. 일반인에게도 적용되는 예방적 방역조치

1) 예방조치의 포괄적 목록(제49조)

질병관리청장과 지자체장(일부는 보건복지부장관도 포함)은 '감염병을 예방하기 위하여' 일정한 조치를 취할 수 있다(제49조). 이 조항이 뒤에서 살필 '사회적 거리두기 조치'의 포괄적 법적 근거에 해당한다. 코로나와 관련한 주요 조항을 보면 교통차단(제1호), 흥행, 집회, 제례 또는 그 밖에 여러 사람의 집합을 제한하거나 금지(제2호), 건강진단(제3호), 일정한 위험장소 및 교통시설, 우려지역에 대해 출입자 명단작성, 마스크 작용 등 방역지침 준수 명령(제2의2호~4호), 오염시설 및 오염의심시설에 대한 소독조치(제13호), 감염병 의심자에 대한 입원 또는 격리(제14조)가 대표적이다. 감염병 유행기간 중에는 의료인 · 의료업자 등을 동원하거나 의료기관 병상, 연수원 숙박시설 등 시설동원도 가능하다(제12의1~2호).

시설관리자, 운영자가 예방조치를 따르지 않으면 시설폐쇄 또는 운영정지 처분을 할 수 있다(제49조 제2항). 관리자 · 운영자는 정당한 사유가 없으면 이에 따라야 하며(제3항), 이를 따르지 않을 때에는 직접강제를 할 수 있다(제5항). 제49조에 따른 격리조치를 따르지 않는 경우(제79조의3 5호), 교통차단이나 집합 제한 · 금지를 따르지 않는 경우(제80조 7호), 건강진단을 기피하는 경우(제81조 10호)에 형사처벌을 받을 수 있으며, 방역지침 준수 명령(제49조 제1항 제2호의2~제2호의4)을 위반한 경우에는 관리자 · 운영자에 대해서는 1천만원 이하의 과태료를, 이용자에게는 10만원 이하의 과태료를 부과할 수 있다.

2) 사회적 거리두기 가이드라인의 근거와 규범력

사회적 거리두기 정책은 전파확산을 저지하고자 하는 취지로 주지하다시피 감염병의 확산 상황에 따라 수차례 교정이 이루어졌다. 초기 3단계의 체계에서 이를 세분화한 5단계 체계가 실시되었다가 2021. 7. 1.부터는 4단계 조치가 시행되고 있다. 이에 따르면 지속적 억제상태 유지단계(1단계), 지역유행/인원 제한 단계(2단계), 권역 유행/모임 금지 단계(3단계), 대유행/외출금지 단계(4단계)로 구분되어 방역조치가 발급된다. 이에 따르면, 1~3단계의 경우 지자체가 단계 선택 기준을 토대로 자율적으로 단계를 정할 수 있도록 하고, 4단계의 경우 중앙대책본부에서 결정하도록 한다. 그 구분의 기준은, 인구 10만 명 당 주간 하루 평균 환자 수 또는 중환자 병상 여력이고, 감염재생산지수(R값) 1 이상 여부, 감염 경로 조사 중 사례 비율, 방역망 내 관리 비율을 보조지표로서 고려한다. 조치의 판단기준으로 감염확산의 방지 가능성과 의료체계의 수용가능성을 고려하여 판단하도록 한 것이다.

사회적 거리 두기에 대한 단계별 기준과 그에 따른 방역 조치의 내용을 규정한 형식은 현재 보건복지부의 가이드라인이다. 이것의 성격은 이후에 있을 행정조치에 대한 '재량준칙'으로서의 성격에 가까운 것으로 이해된다. 이 가이드라인이 행정조치에 대한 법적 구속력을 가지는 것은 아니지만 향후 처분에 대한 사실적 · 원칙적 구속력을 갖고, 일반 시민에게 향후의 조치에 대한 예측가능성을 보장하는 기능을 수행한다.

3) 방역조치에 관한 행정명령

지자체의 경우 구체적인 방역지침을 방역지침에 대한 공고의 형식으로, 학문적으로는 이른바 '일반처분'이라고 불리는 하명 형식으로 발급을 하고 있다. 조치는 구체적 규율에 관한 금지를 규율하고 있으나 그 규율대상이 불특정 다수라는 점에서 일반처분이라고 부르는 것이다. 이 일반처분에 대해서는 행정심판 · 행정소송에 의한 불복이 가능하고, 드물지만 실제 몇 건의 소송이 제기되기도 하였다.

방역행정조치를 하는 형식의 선택과 관련하여 이상과 같은 일반처분보다 행정입법의 형식으로 방역대응조치를 법령에서 정하는 것이 바람직하다는 논의가 있다. 독일에서는 이것이 실무적인 문제가 되기도 하였다. 그러나 우리의 경우 법률상에 위임근거가 없기 때문에 집행명령이라면 모르겠으되 행정입법으로 규정하는 것은 현재 어려워 보인다. 행정명령 형식의 일반처분의 경우 적법절차원리의 보장이나 권리구제의 측면에서 문제를 지적할 수 있을 것이다. 실제 현재 발급되는 행정명령에 대해 「행정절차법」에 따른 사전의 의견진술권은 보장되고 있지 않다. 그러나 이것은 「행정절차법」 제21조 제4항에 따라 공공의 안전 또는 복리를 위하여 긴급히 처분할 필요가 있는 경우에 사전통지를 생략할 수 있도록 한 조항을 적용했기 때문이다. 정책적인 차원에서는 의견수렴 절차 제도를 두는 게 나을 것이다.

더 중요한 것은 「감염병예방법」의 법률 규율이 추상적이기 때문에 이를 구체화하는 세부규율을 위한 위임의 근거를 마련하고 하위법령으로 방역조치의 기준을 제정할 필요가 크다는 점이다. 행정입법이 있다면 구체적인 행정조치를 (일반)처분으로 하더라도 문제가 크지 않을 것이다. 현재 가이드라인으로 제시되어 있는 내용의 핵심사항은 행정입법으로 입법화하는 것이 타당하다.

4. 방역조치를 위한 행정조직법 체계

재난 대처에는 국무총리를 본부장으로 하는 중앙재난안전대책본부가 중심이 되며 내부의 중앙방역대책본부를 중심으로 중앙사고수습본부가 이를 지원하는 임무를 맡도록 구성되어 있다. 그리고 중앙방역대책본부의 중심적 역할은 코로나19 발발 이후 질병관리본부에서 승격한 질병관리청이 수행한다. 질병관리청은 방역조치에서 과학적 판단을 토대로 한 의사결정체계의 중심에 있다. 질병관리청 내에는 감염병관리위원회 등 전문위원회가 설치되어 있으며, 전문가들이 참여하는 감염병관리위원회는 필수예방접종약품 등의 공급이나 감염병 위기관리대책의 수립 및 시행 등에 대해서 심의한다(법 제9조).

한편 지자체는 감염감시, 역학조사, 지역사회 관리를 담당한다. 광역지자체는 지역 관리, 중증환자와 병상관리를 관장하며, 기초지자체는 지역 내 감염정보의 공개 및 산하 보건소를 중심으로 한 진단과 방역, 예방접종임무을 담당한다. 메르스 사태에서는 확진판정을 질병관리청이 독점하다가 지역보건소 차원의 확진 판정과 그에 따른 지자체의 적절한 조치를 취할 기회를 갖지 못했다는 점을 고려하여 지자체의 기능은 확대되어 있다.

주목할 점은 방역활동이 갖는 지자체의 '자치사무'로서의 성격이다. 「감염병예방법」 규정상 지자체는 방역지침을 제정하고 「감염병예방법」에 따른 주요 조치를 취할 독자적 권한을 갖는다. 이로 인해 지역별로 사정에 맞게 방역대응 단계 및 세부방역지침이 달라질 수 있다. 특히 지자체의 조례로 설치되는 '보건소'는 방역대응의 주 거점이다. 지자체의 보건업무를 관할하는 보건소(「지역보건법」 제10조)는 감염병의 예방 및 관리에 관한 업무를 담당(「지역보건법」 제11조)하는데, 감염병은 지역을 거점으로 발생하고 확산되므로 그 대응이 가능한 지역 단위에서 신속한 감염 전파 차단 조치를 하는 것이 중요하다.

다만, 감염병 규율을 지역이 전담하게 되면 감염병환자등이 방역수칙이 완화된 지역으로 이동하여 감염을 확산하거나, 충분한 과학적 정보를 제공하기 어려울 수도 있으며, 전국 단위의 감염병에 대한 충분한 대처가 곤란할 수도 있다. 그러나 「감염병예방법」의 경우 질병관리청의 개입 권한 또한 동시에 규정하고 있으므로 비상한 상황에서 지자체와의 유기적인 협력 하에 질병관리청이 개입할 수 있다.

Ⅲ. 독일 「감염병예방법」과 비교해 본 법률유보 수준

1. 독일 「감염병예방법」 개정과 법률유보

우리나라와 독일은 코로나19 발발 이후 신속하게 법 개정을 하였고 큰 틀에서 방역조치의 내용도 유사하다. 독일은 우리와 같이 「감염병예방법」(IfSG)[5]을 코로나19 사태 이후 수차례 개정해 오고 있기도 하다. 그런데 다음에서 보는 바와 같이 법률의 규율밀도는 상당히 차이가 있음을 알 수 있다. 이하의 내용을 보면 우리와 독일의 법문화가 다르다는 생각을 하게 될 수도 있고, 우리 국회가 만드는 법률의 질을 더 개선해야 한다는 생각을 할 수도 있을 것이다.

1) 독일 「감염병예방법」 제28조의 개정

독일의 경우 감염병에 대한 일반법은 「감염병예방법」이다. 독일 「감염병예방법」의 경우 감염 발생 이전 시기 예방에 관한 일반조항(제16조) 외에 감염병 도래 후 대응조치(Schutzmaßname)에 관한 제28조를 두고 있는바, 이 조항이 우리나라 「감염병예방법」 제49조 및 사회적 가이드라인이 규율하고 있는 내용과 흡사하므로 이 조항에 주목할 필요가 있다.

코로나19 사태의 발발 전 「감염병예방법」 제28조는, 관할 행정청이 필요한 범위 내에서 필요한 동안 전염성 질환의 확산을 막기 위해 필요한 조치를 한다는, 필수적 조치를 할 의무는 있지만 구체적으로 어떤 조치를 취할 것인가 재량이 인정되는 구조를 취하고 있었다.[6] 이 조항은 감염병예방 대응을 위한 모든 조치의 근거가 될 수 있다는 의미에서 일반조항(Generalklausel)적 성격을 갖는 것으로 이해되어 왔다. 일반조항적 요건이 충족되면 규정에 따라 감시관찰, 격리, 직업활동 제한이 가능하다.

제28조 대응조치 ① 감염병환자, 감염병의심증상자(Krankheitsverdächtige), 무증상감염의심자(Ansteckungsverdächtige) 혹은 무증상감염자(Ausscheider)가 확인되거나 사망자가 그에 해당함이 판명되는 경우 관할 행정청은 감염병의 확산방지를 위해 필요한 경우에 한하여 필요한 동안 제29조부터 제31조에 열거된 필요적 대응조치들을 취한다; 특히 관할 행정청은 해당인에게 현재 있는 장소를 떠나지 못하게 하거나 특정 조건 하에서만 떠나도록, 또는 특정 장소나 공공장소에 출입하지 못하게 하거나 특정 조건 하에서만 출입하도록 하는 의무를 부과할 수 있다. 제1문에서의 조건이 충족되는 경우 관할 행정청은 행사나 그 밖의 회합을 제한하거나 금지할 수 있고, 수영장이나 제33조에 열거된 다중이용시설의 전부 또는 그 일부를 폐쇄할 수 있다. 치료적 조치를 명령하여서는 아니 된다. 이 법을 통해 신체적 불가침의 자유(헌법 제2조 제2항 제1문), 집회의 자유(제8조), 이동의 자유(제11조 제1항), 주거불가침의 자유(제13조 제1항)가 그러한 범위에서 제한된다.

2) 특별대응조치(제28a조)의 추가

논리적으로는 제28조만 있다고 해도 모든 조치를 할 수도 있는 셈이지만, 독일은 코로나19 확산 후 법 개정을 하여 세부적인 규정을 추가한다. 코로나19가 확산되고 또 감염병예방을 위한 구체적 조치에 대한 법적 근거가 명확하지 않다는 지적이 있자 독일에서는 코로나19 확산방지에 한정해서 특별한 조치를 허용하는 조항을 새롭게 추가한 것이다. 즉 감염병의 전국적 확산 – '전국적 확산' 여부의 판단은 제5조를 개정하여 적용 여부를 연방하원이 판단하도록 하였다 – 이 있을 경우 취할 수 있는 특별한 조치의 목록을 추가한 것이다.[7]

제28a조 코로나19 확산 저지를 위한 특별한 대응조치
① 코로나19의 확산 저지를 위해 제28조 제1항 제1문과 제2문에 따라 필요한 대응조치는 연방하원에 의해 제5조 제1항 1문에 따른 전국적 규모의 감염상황 확인이 지속되는 동안 다음과 같은 조치들을 포함한다.

1. 공공장소에서 거리두기명령의 발급,
2. 입과 코를 가리는 마스크착용의 의무,
3. 공적 · 사적 공간에서 외출 및 접촉 제한,
4. 공중이 통행하는 영업, 시설 등에 대해 방역조치의 정립과 적용의 의무화,
5. 여가 행사나 그에 유사한 행사의 금지나 제한,
6. 여가활동을 위한 시설영업의 금지나 제한,
7. 문화행사나 문화시설 영업의 금지나 제한,
8. 스포츠 행사와 스포츠 활동의 금지나 제한,
9. 포괄적인, 또는 특정시간대에 특정 공공장소와 공중이 통행하는 시설에서 알콜판매 및 소비의 금지,
10. 행사, 집합, 시위, 집회 및 종교 관련 집회의 금지 또는 부담의 발급,
11. 여행의 금지나 제한(이는 특히 관광용 여행의 경우에 적용된다),
12. 야간영업의 금지 또는 제한,
13. 요식 시설 운영의 금지 또는 제한,
14. 영업, 소매업 또는 대규모유통업의 금지 또는 제한,
15. 보건 또는 사회복지시설의 출입이나 방문 금지나 제한,
16. 33조에 따른 공동시설, 대학교, 학교 외 성인교육시설 또는 이와 유사한 시설의 중단 또는 계속 운영을 하기 위한 부관의 발급,
17. 코로나19 감염 이후 전파고리의 추적하고 전파를 중단시키기 위한 고객 및 행사참가자의 접촉데이터 처리 명령.

② 기존 대응조치를 감안하더라도 코로나19의 효과적 확산방지가 현저히 어려운 한도에서만 제28조 제1항과 결합된 위 제1항에 따른 이하의 예방조치가 허용된다.

1. 독일기본법 제8조에 따른 집회 및 시위와 제1항 제10호에 따른 종교적 혹은 세계관적 모임의 금지
2. 사주거영역의 이탈이 특정 시간대나 특정 목적을 위해서만 허용되는 제1항 제3호에 따른 외출제한의 명령,
3. 요양원, 보육원, 장애인시설, 조산원, 치료받고 배려 받는 친척 등과 같은 사람들의 병원과 같은 제1항 제15호의 시설방문이나 출입의 금지.

제1항 제15호에 따른 예방조치는 개인들의 완전한 격리가 되어서는 아니된다; 최소한의 사회적 접촉은 보장되고 있어야 한다.

이상 개정을 통해 코로나19의 전국적 차원 감염상황 하에서는 공공장소에서의 거리유지의무(1호), 마스크착용의무(2호), 외출금지의무(3호) 등 17개의 방역조치가 법률적 근거를 갖게 되었다(독일에서 마스크 사용 조항 등과 관

련한 법적 논쟁에 대해서는 이 책의 **6장**을 보라). 그에 따라 우리의 '사회적 거리두기'에 해당하는 거리두기 명령 등의 조치들이 이루어지고, 집합 · 모임뿐만 아니라 종교적 회합과 집회를 금지하는 것도 엄격한 조건 하에서(제2항 1호 참조) 가능하게 되었다. 한편, 제28a조 제3항~제7항에서는 조치를 발동하기 위한 조건을 상세히 단계적으로 규정하고 있다. 크게 보아 인구 10만 명 당 감염병환자가 7일 확진자 지표로 50명을 넘는 경우와 35명을 넘는 경우로 나누어 각각의 조치를 발동할 수 있는 권한을 규율할 수 있도록 한 것이다. 한 번 발동된 조치는 4주간 유지된다.

독일의 각 주 정부는 기본권 제한을 가져오는 제28조 및 제28a조의 조치를 구체화하여 법규명령을 발동할 수 있으며 이를 다시 위임할 수도 있다(법 제32조). 그와 별개로 방역조치에 대한 규율은 각 주의 권한이기도 하므로, 모든 주는 관할 사항에 대해서 연방법 규정과 별도로 법령을 제 · 개정하였다.

3) 전국 단위 특별조치(제28b조) 등의 추가

이상과 같은 조치에도 불구하고 코로나19의 대규모 확산과 전국적 규모의 규율 필요성은 다시 한번 「감염병예방법」의 개정을 가져 왔다(「감염병예방법」 제28b조, 제28c조의 추가).[8]

제28b조 특별한 감염상황에서 코로나19 확산 저지를 위한 전국 단위 통일적 대응조치 및 법규명령의 수권

① 주의 지방자치단위에서, 로버트 코흐 연구소를 통해 공표된 코로나19 추가 감염자의 수가 7일 내에 3일 연속으로 10만 명당 100명을 넘어서는 경우에는 다음날로부터 다음과 같은 조치를 적용된다.

1. 공적 · 사적 공간에서의 사적 모임은 가구 구성원과 1인의 외부인(그의 가구에 속하는 14세 이하의 어린이는 포함)이 참석하는 경우에만 허용된다. 같은 가구 구성원만의 사적 모임, 배우자 사이만의 사적 모임, 양육권 또는 면접교섭권의 행사만을 위한 만남, 사망한 경우 30명까지의 행사의 범위에서 열리는 사적 모임은 영향을 받지 않는다.
2. 오후 10시부터 다음날 오전 5시 사이에 사람들이 주거 또는 숙박시설 및 그 각각의 범위에 속하는 토지 밖에 체류하는 것은 금지된다. 다만, 다음 목적을

위한 경우에는 적용되지 아니한다.
(…) g) 22시에서 24시까지 홀로 자유롭게 하는 신체 활동. 운동시설에서 하는 경우는 적용되지 않는다. (…)

최신의 개정은 주민 10만 명당 7일 발병율이 연속 3일 동안 100명 이상에 이르는 경우의 비상조치(Notbremse) 발동에 관한 것이다.[9] 즉 감염병과 관련한 과학적 판단의 콘트롤 타워인 로버트 코흐 연구소의 조사에 따라 100명 이상의 확진자가 발생하면 해당 지역에 대한 각종 봉쇄조치를 할 수 있는 규정을 마련하였다. 위에서 소개한 사적 모임의 금지(1호), 야간 외출금지(2호) 외에도, 여가 시설(수영장, 놀이공원, 사우나, 클럽 등)의 폐쇄(3호), 인원제한과 방역수칙 준수 하에서 허용되는 생필품 판매장 외 상점 폐쇄(4호),[10] 문화 시설 패쇄(5호), 접촉을 동반하는 스포츠 활동의 금지(6호), 식당 폐쇄(7호), 신체적 접촉을 동반할 수 있는 서비스(Körpernahe Dienstleistungen)의 금지(8호),[11] 대중 교통 이용시 마스크 착용 의무 및 인원 제한(9호), 관광 목적 숙박 제공 금지(10호)를 추가로 규정한 것이다. 이상의 내용은 2021. 6. 30.까지 한시법으로 규정되었다(제10항).

한편 위 개정에서는 이상과 같은 조치를 법규명령으로 미세조정할 수 있도록 제28c조의 규정을 추가하기도 하였다. 이에 따라 면역이 있거나 음성의 검사결과를 제출할 수 있는 사람에 대해서는 엄격한 방역조치를 완화할 여지가 생겼다.

제28c조 접종자, 검사자 등에 대한 특별 규율을 위한 법규명령 수권
연방정부는 코로나19 바이러스에 대해 면역이 있는 것으로 확신할 수 있거나 감염검사에서 음성 결과를 제출할 수 있는 사람에 대해서는「감염병예방법」5절이나 해당 규정에 근거해서 발급된 명령과 금지의 완화 또는 예외를 법규명령으로 규율할 권한을 가진다. 제1문에 따른 연방정부의 법규명령은 연방의회의 동의를 필요로 한다. (…)

2. 예외상태를 법에서 정하는 방식

1) 다양한 법적 형태들

우선 생각해 볼 수 있는 점은 코로나19 사태로 촉발된 보건위기상황을 비상사태에 준하는 것으로 보아 아예 법치주의의 '예외' 영역으로 인정할 것인가의 문제에 대해 생각해 볼 필요가 있다. 사태가 이른바 '팬데믹' 상태에 이른다면 비상한 상황으로 취급할 필요는 분명히 있다.[12] 그러나 그 경우에도 헌법에서 정한 특별한 비상사태의 수단을 사용할 만한 예외적 취급이 필요한 것인지, 일상적 법체계 내에서 실정법률의 제정 또는 개정에서 상황적 특수성을 반영하고 평가하면 되는 것인지는 헌법에 따를 일이다. 전쟁상황에서도 법은 작동하고, 그런 경우를 이미 법이 정하고 있는 것처럼. 비상사태에 대한 헌법의 규율이 이미 있다면 비상조치권을 발동한다고 해서 법의 기능이 정지되는 것은 아니다. 오늘날 우리 헌법에 따른 비상사태로서 대통령의 긴급명령, 긴급재정 · 경제명령 제도의 발동은 그 요건이 충족될 때 상정 가능한 하나의 선택지이라고도 할 수 있다. 코로나 상황에서 국회의 기능이 정상적으로 작동하는 데 장애가 없었던 이상 헌법상 대통령의 긴급권을 발동할 요건을 충족할 수 없었을 따름이다.

특히 우리나라는 코로나19 사태에 대한 별도의 특별 한시법이나 코로나19 사태에 적용되는 특별규정도 제정하지도 않고, 감염병에 관한 일반법이라 할 「감염병예방법」 개정으로 방역대응 조치의 법적 근거를 충족시켰다. 반면, 외국의 경우 헌법 또는 비상조치법에 따른 코로나19 사태에 대해 비상조치를 선언하거나, 한시 특별법 또는 기존 법의 한시특별조항을 추가하는 형태를 취한 경우가 많았다. 사실 프랑스의 경우 공중보건법전의 개정[13]으로 '보건비상사태'(état d'urgence sanitaire)에 관한 절을 별도로 두면서 '국가적 차원'의 보건비상사태, 즉 '사안의 성격과 중대성에 비추어 대중의 건강을 위험에 빠뜨리는 보건상 재난이 발생한 경우'에 행정기관이 특별한 조치권한을 발동할 수 있도록 하되 이를 사후에 의회에서 승인하도록 하는 규정을 두었다.[14] 때문에 프랑스에서 이들 규정은 예외상황을 일상화하는 방식으로 행정

권력을 강화하는 조치로서 행정에 대한 권력분립적 견제를 무력화한다는 비판도 있었다.[15]

한편 일본은 「감염병예방법」을 개정하는 것 외에 2012년에 제정된 「신종플루 등 대책특별조치법」이 코로나19에도 적용되는 것으로 하여 이 법에서 정한 '긴급사태선언'과 '확산방지 등 중점조치(2021. 2. 13. 신설)'를 통해 기본권 제한 조치에 대한 규정을 두었다.

독일의 경우에는 우리와 유사하게 「감염병예방법」을 개정하기는 하였으나 한시법으로 규정하였다. 다만, 「감염병예방법」 제5조 개정은 한시적인 성격이 아니다. 이 조항은 6문에서 정한 요건이 충족되어 전국적 규모의 감염병 유행상황에 해당한다고 연방의회가 확인하는 경우에는 법규명령을 통해 기본권 제한적인 한시적 방역조치를 취할 수 있도록 하는 조항을 두었다.[16] 이것은 사실상 법률 규정을 통해 의회의 확인을 전제로 긴급조치의 허용 필요성을 인정한 조항이다.[17] 그 밖에 오스트리아의 경우에는 기존 전염병 외에 코로나 대응을 위한 별도의 특별법(COVID-19-Maßnahmengesetz)을 제정하였다.

이상 각국의 규율 내용을 담는 형식들을 보면 현재 코로나 대응에 대한 방역 실제에서 규정의 형식이 절대적인 의미를 갖고 있지는 않다는 것을 알 수 있다. 그러나 예외적 상황에 대해 어떤 예외적 규율로서의 의미를 부여하는가의 차원에서 보면 이 차이는 장차의 법문화에 영향을 줄 수 있다. 어쩌면 우리가 처해 있는 상황이 예외적이라면, 이와 같은 예외적 상황을 범주화하여 그에 해당하는 경우에 한정하여 별도의 권한 행사가 가능하도록 정하는 것이 원칙과 예외를 명확히 구분하게 해주는 방법이 될 수 있다. 그렇지 않고 형식을 그대로 유지하면서 해당 법영역에 대해 포괄적 위임권한을 일상적으로 광범위하게 부여할 여지를 마련한다면 오히려 원칙과 예외가 명확히 구분되지 않음으로써 예외적 상황의 장기지속이나 일반적 상황의 과잉대응을 초래할 우려도 있다. 다음에 또 이런 사태가 발생한다면 손쉽게 비상조치를 다시 적용하게 될 수 있다고 할까. 이것을 두고 법적 대응을 위한 조치를 미리 만들어 두었다고 부를 것인지, 법적 예외를 손쉽게 허용하는 잘못된 관행을 낳았다고 할지는 지켜볼 일이다. 이 점에서 우리 「감염병예방법」이

망라적 규율을 두고 감염병 발생시 행정으로 하여금 광범위한 선택의 여지를 허용하고 있는 것은 미세조정이 필요해 보인다. 향후에도 「감염병예방법」이라는 일반법으로 위기상황을 규율하고자 한다면 감염병의 성격과 규모 등에 따라 특별한 위기에서 가능한 조치를 차등화할 필요가 있다.

2) 리스크 행정에 따른 법치국가적 요청의 완화와 그 한계

코로나19로 인한 보건위기의 상황은 전통적인 경찰질서법 상 '구체적 위험'에 대한 위험방지조치에 관한 법적 성격을 넘어 불확실하나 법익 침해의 가능성이 인정된다면 국가적 개입을 정당화할 수 있는 '리스크'의 영역에 속한다고 할 수 있다.[18] 대표적으로 '감염의심자'에 대한 추적, 진단명령이나 국민 일반에 대한 방역 수칙 준수나 마스크 착용의무 부과는 정당한 리스크 규율에 대해 인정되는 사전예방적 조치의 예라고 할 수 있다. 특히 감염자와 접촉한 감염의심자는 물론 감염자(환자)라고 하더라도 이들에 대한 개입이나 기본권 제한을 '경찰책임'의 규율이나 확대된 '해악의 원리'[19]로 정당화하는 것은 어색한 점이 없지 않다(감염자의 피해자성에 대한 문제와 이들에 대한 국가의 보장에 대해서는 이 책의 **3장**을 보라). 이들에 대한 규율은 기실 '책임'의 문제라기 보다는 방역의 '효율성'의 문제에 가까운 것이기 때문이다. 물론 감염병확진자에 대해서 기존 경찰질서법적 조치로서 직접강제, 즉시강제를 하는 것은 확진자의 건강과 감염확산의 구체적 위험을 제거하는 조치라고 할 수 있다. 그러나 구체적 법익침해가 불확실한 가능성으로 존재하는 영역에서는 국가가 법익 침해의 '리스크'를 조율해 나가며 수행할 수밖에 없다. 그리고 많은 경우 그 불확실성의 정도는 사태에 대한 자연과학적 · 사회과학적 정보에 따라 유동적이다. 정보의 수집에 따라 일정한 상황은 즉시 개입이 필요한 것으로, 일정한 상황은 무시하거나 감수할 만한 것으로 재분류될 수 있는 것이다. 이러한 의미에서 감염병예방의 영역은 일정한 불확실성이 처음부터 전제되는, 리스크 상황이 위험 상황을 포괄하는 영역이다.[20]

이처럼 불확실한 상황을 규율해야 하는 경우 법치국가에 요구되는 규율의 수준은 일정한 변형이 발생하게 된다. 대략 다음과 같은 점을 언급할 수 있을 것이다.

① 법률 규정의 행위지침적 구체성이 형량을 요구하는 불확정 개념을 사용함으로써 추상화되고, 그 결과 법률의 명확성원칙이 일정한 후퇴를 하지 않을 수 없다. 따라서 명확성 원칙과 의회유보의 원칙[21]을 다소 희생하더라도 불확정 개념에 따른 법률 규정을 두는 것을 용인하되 구체적인 국가적 조치 또는 부작위를 절차와 조직을 통해서 규율하고 개별 · 구체적 사건의 형량 과정을 통해 구체적 타당성을 도모하는 것이 불가피하다. 감염병 대응의 경우에도 한편으로 적극적 방역조치는 국민의 건강을 보호하는 기본권 보호의무의 이행이지만, 이는 개별 국민의 자유권적 기본권에 대한 제한을 구성하므로, 다양한 차원의 공익과 사익 간의 형량이 요구된다.

② 불확정개념을 통한 실체법적 규율은 명확성원칙 완화를 초래하기는 하지만 동태적 기본권 보호, 즉 과학적 지식의 발전에 따라 구체적 타당성을 향상시킬 수 있다. 다만 동태적 기본권 보호가 보장되기 위해서는, 위험상황에 대한 과학적 정보조사의 의무, 입법자의 사후개선의무 등이 국가의 기본권 보장의무를 구체화하는 데 포함되어야 한다. 가령 의약품법에서 사후 실험, 평가를 제도화하고 있는 예나, 실험적 조항, 잠정적 규제제도와 같은 규율도 한 예가 될 것이다. 경우에 따라서 개별 법률의 규정을 통해 위임입법의 내용을 의회가 사후적으로 통제할 수 있는 여지도 인정될 수 있다고 본다.[22] 이 점에서 리스크 상황에서 행정의 결정은 시행착오와 오류교정에 열려 있다. 행정청의 결정에 대한 신뢰보호의 요구는 리스크에 대한 취급에서 일정 부분 후퇴하지 않을 수 없다.

③ 앞서 본 바와 같이 실체법적 규율에 한계가 있다면, 이는 절차와 조직, 정보의 공개 등을 통해서 시스템적으로 보완되어야 한다. 기본권 보장에 관한 적합한 조치를 취할 수 있는 권한을 갖는 조직이 독립성, 전문성, 투명성을 확보할 수 있도록 제도적 장치를 마련하는 것이 대표적인 예이다. 이 과정에서 과학자를 비롯한 전문가집단의 전문지식과 민주적 정당성과 정치적 책임을 지는 결정권자 간의 역할 구분과 협업이 중요하다.

3. 「감염병예방법」의 법률유보 수준에 대한 비판적 검토

1) 불명확성과 요건의 모호성

독일의 입법례와 굳이 비교하지 않더라도 현재 우리 「감염병예방법」의 예방적 조치에 대한 요건 부분은 사실상 규정하는 바가 없다고 할 수 있다(그럼에도 일련의 개정 노력에 대해서는 이 책의 다음 **2장**을 참조하라). 오로지 '감염병을 예방하기 위한' 조치이기만 하면 되기 때문이다. 이것은 가뜩이나 위기 상황에서 행정의 판단에 의존하게 하는 방역행정에서 입법의 조정 능력을 방기한 것이다. 전국민이 적용의 대상이 된 결과 이에 대해 무감각해졌을 수도 있지만 사회적 거리두기 조치의 상당 부분은 개인의 기본권에 대한 중대한 제한을 가하는 것이다. 그렇다면 이 점에서 개별 조치의 발동 요건에 대한 일반적 기준을 법률에 두고, 현행 사회적 거리두기 지침에 있는 조치의 발동 기준을 법률의 위임에 따른 시행령, 시행규칙 형태로 반영할 필요가 있다. 가능한 조치의 단계를 법령에서 제도화함으로써 위험 단계에 따라 선택할 수 있는 조치의 폭을 정해둘 필요가 있다.

2) 법률유보의 흠결

(1) 봉쇄 등 강화된 조치에 대한 법적 근거의 부재

다른 한편으로, 현재 「감염병예방법」의 규율에 따르면 집합금지나 방역지침 준수명령 등을 발동할 수 있는 근거는 있지만, 전국적 확산 단계에서의 강화된 조치에 대한 법적 근거를 도출하기는 어렵다고 본다. 우리의 경우 봉쇄조치(Lockdown)나 국경차단, 야간통행금지, 외출금지 등의 강력한 조치를 취하지 않았다고 하나, 이러한 조치를 취할 필요가 있는 상황이 도래한다고 하더라도 그 법적 근거를 현행 「감염병예방법」에서 찾기는 어려워 보인다.

물론 「감염병예방법」 제49조를 일반적 권한을 부여한 개괄적 수권조항 내지 일반조항으로 이해한다면 여지가 없는 것은 아니다.[23] 그러나 경찰법에서 발전한 개괄적 수권조항과 관련한 법리는 예외적이고 보충적인 성격을 갖는 것이다(경찰행정법의 시각에 대한 다양한 논의는 이 책의 **12장**을 참조하라).

경찰법의 일반 조항은 긴 시간 동안 학설과 판례를 통해 불확정 개념의 의미가 법리적으로 보충될 수 있기에 가능한 것이다. 따라서 예측하지 못한 위험상황에 대해서 임시적 대처가 이루어지고 나면 구체적 조치의 유형에 대해 그 요건과 효과를 규율하는 수권조항을 구체적 후속입법으로 보완해야 한다.[24] 기본권 보호의 수준은 법률유보의 수준과 질에 좌우되는 것이기도 하다.

(2) 영업중지 및 제한 조치에 대한 명확한 법률유보의 부재

사회적 거리두기 단계화에 따른 조치의 중요 부분으로 자영업에 대한 영업시간 제한, 영업형태 제한 및 영업정지 권고 명령 등이 포함되어 있다. 그럼에도 이 중대한 조치의 근거가 되는 「감염병예방법」 제49조의 규정은 엄밀한 의미에서 규율이 없는 것으로 보인다. 왜냐하면 법 제49조는 '집합금지'에 대한 내용을 규율하고 있어서 그로 인해 일부 영업활동에 대한 제한이 초래될 수 있고 또 영업자에게 방역수칙을 준수할 것을 요구함으로써 이를 준수하지 않을 때 영업활동에 대한 제재를 할 수 있도록 할 수는 있지만, 개별 구체적인 영업형태와 영업의 위험성에 따라 영업시간을 제한하거나 영업정지를 할 수 있도록 하는 근거 규정은 아니다. 물론 감염병환자등이 있는 장소나 병원체에 오염되었다고 인정되는 장소에 대해서는 그 장소를 일시적으로 폐쇄하거나 일반 공중의 출입을 금지할 수 있지만(제47조 제1호) 이것은 실제 구체적인 위험이 발생한 경우에 관한 것이고 일정한 업태 전반에 대해서, 가령 신체적 접촉을 피할 수 없는 업태의 감염 위험성으로 인해 영업을 금지하는 법적 근거가 되지 못한다.

(3) 백신 규율에 대한 법률 유보의 부재

코로나19 바이러스에 대응하는 근본적 해결방법의 하나는 백신접종을 통해 집단면역을 구축하는 것이라는 점에서 백신공급 및 접종의 법적 문제는 방역 대응의 주요한 수단 중 하나이다(마스크라는 공공재의 조달 문제에 대해서는 이 책의 제13장을 참조하라). 우리나라의 경우 「공중보건 위기대응 의료제품의 개발 촉진 및 긴급 공급을 위한 특별법」을 제정(2021. 3. 9.)하여 감염병의 대유행(대유행이 현저히 우려되는 감염병의 발생을 포함) 등 상황에서 백신의 신속한 개발을 장려하는 규제완화 조치와 안정적 공급에 대한 피해구제에 관한 규율을 두고 있으며, 기존 「감염병예방법」은 백신에 따른 피해에 대한 보상 규정을 별도로 두고 있기도 하다. 문제는 백신의 보급과 접종 방식에 대해 법률유보적인 규율의 공백이 있다는 점이다. 이는 백신을 기피하는 경우에 강제할 수 있는가의 문제와 다수가 백신의 접종을 희망하나 충분한 공급량이 부족하거나 순위를 정할 필요가 있는가의 문제, 백신 미접종으로 인한 법적·사실상 불이익을 어떻게 취급할 것인가의 문제로 현실화된다.[25] 이들 문제 영역에서의 법적인 기준에 대해서도 법률유보의 원칙이 유지되어야 할 것이다.

Ⅳ. 법적용과 권리구제

다양한 방역조치에 대해서는 다양한 분쟁이 발생할 수 있다. 이것은 기본권 제한적인 적극적 방역조치에 의해서도 유발될 수 있지만, 방역조치를 소홀히 한 경우에도 그 결과로서 발생한 건강피해에 대한 구제가 문제될 수 있다. 방역조치에 관한 법률 규정의 위헌 여부는 물론 행정처분에서도 집회의 자유, 종교의 자유 등 기본권을 제한한 조치의 과잉금지원칙 내지 비례원칙 위배 여부는 사법적 판단의 대상이 되며, 부실한 방역조치는 국민의 건강, 안전에 대한 기본권 보호의무의 위반 문제로 다투어질 수 있다(이에 대해서는 이 책의 **제2부**에 실린 다양한 인권과 기본권 보장에 대한 글들을 참조하라). 이하에서는 코로나 방역조치에서 권리구제가 갖는 법치주의적 맥락과 쟁점을 중심으로 문제상황을 살펴보기로 한다.

1. 방역조치에 대한 권리구제의 필요성

1) 권리구제의 잠복기?

방역대응조치에 따른 사법적 분쟁의 양상은 국가별 방역조치 대응과는 또 다르게 문화적 배경과 구체적 조치에 따라 국가별로 다른 양상을 보이고 있다. 우리나라에서는 코로나 방역조치와 관련하여 법적 분쟁이 두드러지지 않는데[26] 이는 독일의 경우 현재 4,000건에 가까운 관련 판례가 존재하고[27] 프랑스에서도 다양한 양태의 소가 제기되고 있다는 점[28]과 비교해 볼 때 분명 구별될 만한 현상이다. 우리의 경우 방역행정에 대한 사법적 분쟁이 드문 것은 위기 상황에서 정부의 정책에 대한 공동체 구성원의 협력적 태도 - 그것이 긍정적인 의미에서든 부정적인 의미에서든 - 에 따른 것인가, 용인가능한 범위에서 기본권 제한이 이뤄지고 있기 때문인가, 권리구제의 시도를 포기하게 하는 어떤 근본적인 제도적 불비가 있는 것인가,[29] 좀 더 생각해 볼 문제이다. 다만, 코로나가 장기화 되면서 우리나라 법원에서도 점점 분쟁을 다투는 유형들이 늘어나고 있는 것은 사실이다. 행정명령을 다투기도 하고, 특히 집합금지명령을 다투는 일들이 늘어나고 있다. 이 문제는 민사형사적 차원에서도 다양하게 문제된다(이 책의 **제14장**을 참조하라).

사법적 분쟁이 드물다고 해서 방역조치에 대한 평가의 필요성이 없는 것은 아니다. 대규모의 집회에 대한 제한 외에 장기화된 소규모 사적 회합의 금지에 대해서는 기본권 제한의 한계가 문제될 수 있을 것이다. 산발적 감염의 확산이 소규모 회합에서 비롯되고 있다는 사실은 사적 회합의 금지에 대한 정당화의 근거가 될 수 있다. 그러나 집합의 장소와 규모에 따른 위험성의 정도, 일상적 활동의 보장이라는 관점에 비추어 사적 모임의 금지에 대한 법적 근거와 비례원칙에의 부합 여부는 좀 더 세밀한 검토가 필요하다. 기실 '사회적 거리두기'에서 요구하는 자제는 시민들의 적극적인 참여를 통해서 가능한 성격의 것이고 보면 형평성과 구체적 타당성에 부합되게 강제할 방법이 없는 경우 사회적 거리두기 조치의 설득력은 저하되지 않을 수 없다. 우리의 사회적 거리두기는 "생산활동은 가급적 중단시키지 않은 채 재생산활동을 주로 중단시키는 방식",[30] 즉 직업적 활동에 대한 사회적 거리두기는 포기하지 않으면서 교육 등의 영역에서 거리두기를 구현함으로써 그 부담이 가족의 영역으로 전가되는 형식을 취하고 있다. 놀이와 공동체 활동 역시 삶의 일부인데 장기화되는 방역 대책에서 이에 대한 고려를 우선적으로 배제하는 것 또한 형평 차원에서 맞지 않은 점이 있다.

2) 비례원칙 · 평등원칙 위반에 대한 심사의 필요성

분명한 것은 방역조치에 관한 입법과 개별구체적 조치의 타당성이 법치국가적 평가의 대상이 되어야 하고 발생하는 권리침해에 대한 사법적 구제가능성이 보장되어야 한다는 점이다. 법원은 집회금지 조치에 대해 사회적 감염우려가 적은 야외에서 방역수칙 준수를 조건으로 개최한다면 집회금지 처분이 타당하지 않다는 취지의 집행정지 결정을 한 바도 있다.[31]

다만, 방역조치에 대한 사법심사는 리스크 상황의 불확실성으로 인해 엄격한 형량심사를 하기 어렵다(그 균형에 대해서 이 책의 3장과 제2부에서 다양한 비교를 하고 있다). 그러나 완화된 형태로라도 비례원칙에 대한 심사는 이루어질 수 있다. 특히 급박하고 정보가 없던 상황에서 해당 조치가 장기화되고 감염 위험상황에 대한 정보가 축적됨에 따라 방역조치의 위법성에 대한 심사의 강도는 강화될 수도 있다. 이 경우 최소한의 합리적 또는 과학적 근거를 충족시키지 못할 경우 헌법상 비례원칙 또는 평등원칙에 위배된다고 선언할 수 있다.

이러한 기준에서 볼 때 현재의 사회적 거리두기 조치의 경우 감염자가 실제 발생한 특정 영업군 또는 영업행태를 기준으로 강화된 조치를 취한다는 점에서 최소한의 합리적 근거가 있다고 평가할 수는 있을 것이다. 그럼에도 좀 더 엄격한 잣대를 들이댄다면 거리두기의 조치가 위험 기준보다 강제가 용이한 영역을 중심으로 이루어지고 있다는 비판도 가능할 것이다. 이것은 결국 경제적 · 사회적 활동을 유지해야 한다는 사회적 편익에 대한 제한을 최소화하면서 이동성을 제한하는 것이 필요최소한의 조치에 해당하는가 개별구체적 판단의 문제이다. 특히 코로나 방역조치의 경우 행정의 일차적 판단을 존중할 필요가 있다고 하더라도 사회적 거리두기 조치의 위반에 대한 형사제재의 경우 최후수단(ultima ratio)으로서 형벌의 부과라는 관점에서 보다 엄격한 평가가 필요하다(자세히는 이 책의 **15장**을 참조).[32]

한편, 방역조치의 합리성은 평등의 원칙 차원에서도 도전받을 수 있다. 일례로 질병관리청장등은 감염병에 감염되었을 것으로 의심되는 사람에 대해 건강진단을 받게 할 수 있는데 이러한 진단검사 명령이 차별적 취급에 해당할 만한 사례가 있었다. 서울시 등 지자체는 코로나바이러스 감염자 중 외국인 거주자가 차지하는 비율이 2020년 2.2%에서 올해 들어 6.3%까지 상승했다는 점을 들면서 외국인노동자가 다수 일하는 사업장에 대해서 코로나바이러스 진단검사 명령을 내린 바 있다. 그러나 이 조치는 외국인 노동자가 일하는 동일 사업장 내 근무하는 내국인에 대해서는 별도의 진단검사 명령이 없었다는 점에서 차별적 성격을 지녔다. 이후 건강진단조치는 명령이 아닌 권고로 성격이 바뀌었고, 그 대상 또한 밀집도가 높은 고위험 사업장에 근무하는 모든 – 내외국인을 망라하여 – 노동자를 대상으로 하는 것으로 변경되었으나, 이 사례는 코로나19 대응조치가 차별적으로 작용하는 예라고 할 것이다. 코로나에 감염된 외국인을 강제퇴거하도록 함으로써 외국인 치료로 인한 국내인이 치료받지 못하는 문제를 해소해야 한다는 취지의 입법안까지 등장한 바도 있다.[33] 이처럼 감염병에 힘을 합쳐 대처하자는 공동체적 문화가 공동체에서 '타자'를 배제하려는 결과를 초래하지 않도록 경계할 필요가 있다.

2. 자영업자 보상에 관한 규율의 경우

「감염병예방법」상 손실보상 제도는 감염병관리기관으로 지정되는 등으로 인해 발생한 의료기관의 손실을 보상하는 제도에 한정되어 있다. 의료인 개인, 감염병환자 등에 대해서는 재정적 지원, 생활지원의 조치를 취할 수 있으며(제70조의3, 제70조의4), 코로나와 관련하여 의료인의 자녀에 대한 돌봄 공백이 발생하면 필요한 조치를 취하도록 하고 있을 따름이다.

따라서 호프집, 피시방, 헬스장, 카페 등 영업정지 및 영업제한의 대상이 된 자영업자들에 대한 영업손실의 보전에 대해서는 규율이 전무하다. 이처럼 영업활동에 지속적인 제한을 가하면서 그로 인한 손실에 관한 손실전보의 여지를 두지 않은 것은 면밀한 법치국가적 평가가 필요해 보인다(이론적인 관점에 대해서는 이 책의 **7장**을 참고하라).

분명한 것은, 자영업자가 감염병 확산 저지를 위해 영업을 중단하는 행위는 해당 자영업자의 행위로 인한 감염확산의 가능성이 구체적이거나 명확하지 않은 상황에서 사회 전체의 부담을 특정 영업군에 부담시키는 희생이라는 사실이다. 이것은 봉쇄조치로 전 도시의 영업이 중지됨으로써 자영업자의 영업 또한 중단되는 결과가 초래되는 것과는 다른 특별한 희생에 가까운 영역이다. 일상적인 출퇴근이 유지되는 가운데 자영업자의 영업중단으로 타인의 자유가 확대될 기반이 마련되는 것으로 볼 수 있기 때문이다. 이것은 손실보상을 하는 핵심적 이유가 될 수 있다.

「감염병예방법」 제70조에 있는 의료기관에 대한 손실보상 규정과의 형평성 차원에서도 달리 취급할 문제인지 생각해 볼 문제이다. 물론 특수한 형태의 영업시설은 영업의 성격상 감염병 확산의 위험야기적 속성이 있다거나 경우에 따라 해당 영업소에 대해 경찰책임의 논리를 부담시킬 수도 있을 것이다. 그러나 이러한 논리를 특정 영업군 전체에 적용할 수는 없는 일이다. 특히 장기적 영업손실로 인한 파산위험 등에 대한 보전은 생존권적 기본권의 측면에서도 생각해 볼 점이 있을 것이다.

사회적인 논란을 거친 끝에 최근에는 드디어 「소상공인 보호 및 지원에 관한 법률」(이하 「소상공인법」)이 제정되기에 이른다. 이에 따르면 「감염병예방법」 제49조 제1항 제2호에 따른 조치로서 "중소벤처기업부장관은 … 영업장소 사용 및 운영시간 제한 등 대통령령으로 정하는 조치"로 인하여 소상공인에게 '경영상 심각한 손실이 발생한 경우' 해당 소상공인에게 그 '부담을 완화하기 위한 손실보상'을 하여야 한다(법 제12조의2). 그 구체적인 요건과 절차는 현재 시행령 작업을 진행하고 있다. 다만, 방역조치를 위반한 경우에는 손실보상금을 전액 또는 일부 감액할 수 있고(제4항) 환수할 수도 있다(제5항). 금액을 감액하거나 환수할 경우에는 이의신청 제도를 별도로 두고 있다(제12조의3). 손실보상 심의위원회는 손실보상의 지급 여부 및 금액에 관한 사항을 심의하고, 「감염병예방법」에 따른 조치의 수준, 기간 및 신청인의 사업상 소득, 사업 규모 등을 종합적으로 고려하여야 한다(제12조의4).

그러나 이 법 부칙 2조(손실보상에 관한 적용례)는 법이 공포된 7월 7일 이후 발생한 손실부터 적용하고, 공포된 날 전의 집합금지, 영업제한 등 행정명령으로 인하여 발생한 '심각한' 피해에 대해서는 조치 수준, 피해규모 및 기존의 지원 등을 종합적으로 고려하여 피해를 회복하기에 충분한 지원을 정부가 하도록 규정하고 있다. 따라서 앞서 언급한 손실보상의 허용 문제에 대한 논란은 법 개정 이전의 손실에 대한 문제, 그리고 법 개정 이후 실제 보상이 충분한지의 문제로 계속 논란이 될 것이다. 법정책적으로는 코로나 사태라는 재난 속에서 발생하는 사회적 재화의 재분배 효과를 연대의 관점에서 해소하는 해결책을 모색할 필요가 있겠다.

V. 법치주의의 개선과 방역 행정의 효율성

이 글을 쓰는 시점에도 여전히 확진자의 수는 줄어들 줄을 모르고 백신의 공급과 부작용에 대한 논란은 계속중이다. 그러나 지난 1년여 동안 간 사회적 거리두기 조치를 비롯한 코로나19 대응에 대해 분명히 긍정적으로 평가할 수 있는 것은 방역조치가 오류의 가능성에 열려 있는 대응체계였다는 점이다. 이 것은 불확실한 상황에서의 예측적 결정이 갖고 있는 필연적인 속성을 인정하고 시행착오를 통한 변경가능성에 열려 있는 태도이며, 이러한 지속적인 수정은 국민의 보호의무를 이행하는 국가의 의무(Nachbesserungspflicht)이다. 법치국가의 밀도에 대한 비판과 수정의 과정은 지속되어야 하며, 내용적으로 통제하기 어려운 방역조치의 적법성은 전문가적 판단과 민주적 정당성을 가진 결정권자의 의사소통을 투명하게 공개하는 절차적 보장을 통해 지속적인 보완을 해나가야 할 것이다.

미주

* 공법연구 제49집 제4호, 한국공법학회(2021. 6.), 201-234의 내용을 요약 · 추가한 것이다.

** 서울대학교 법학전문대학원 강사, 한국공법학회 '코로나19, 공법학의 과제 연구포럼' 간사.

1 공법학자들의 인터넷 포럼이라고 할 수 있는 Verfassungsblog에서는 'Power and the COVID-19 Pandemic'을 주제로 수차례의 웨비나와 의견개진, 64개 국의 국가별 리포트가 올라와 있다. https://verfassungsblog.de/power-and-the-covid-19-pandemic/ (2021. 6. 25. 최종접속) 참조.

2 이른바 '확진자'로 일컬어지는 '감염병환자'와 의심이 되어 진단을 기다리는 '감염병의사환자'를 포함한다. 「감염병예방법」 제1조 13호 · 14호 참조.

3 독일 「감염병예방법」의 경우 규율을 대상을 감염병환자, 감염병의심증상자(Krankheitsverdächtige), 무증상감염의심자(Ansteckungsverdächtige) 혹은 무증상감염자(Ausscheider)인 경우에 감염병 확산 방지를 위해 필요한 조치를 취할 수 있도록 하고 있는데(「감염병예방법」 제2조), 이 경우 감염의심자는 감염의 개연성이 비감염의 가능성보다 클 것을 정의에서 전제하고 있다는 점에서 우리의 '감염병의심자'보다 협소한 정의이다.

4 제1급감염병환자로 의심되는 사람이 감염병병원체 검사를 거부하는 경우 질병관리청장, 지자체장은 감염병병원체 강제검사를 실시할 수 있다(제13조 제2항).

5 Gesetz zur Verhütung und Bekämpfung von Infektionskrankheiten beim Menschen (약칭: Infektionsschutzgesetz: IfSG)

6 BVerwG, Urteil vom 22. 3. 2012 - 3 C 16. 11, 갓번호 20, 24, 25, 32.

7 2020년 11월 18일 개정. BGBl. I S. 2397.

8 2021년 4월 23일 개정. BGBl. I S. 802. 이에 대해서는, Greve/Lassahn, NVwZ 2021, 665면 이하를 참조. 특히 이에 대한 비판적인 교수의견서로는, Mangold, Grundrechtliche Bewertung einer Ausgangssperre zur Pandemiebekämpfung, 2021. 4. 20.를 참조.

9 자세히는 Greve/Lassahn, NVwZ 2021, 665면 이하를 참조.

10 이마저 150명을 초과할 경우 사전 예약을 통해서만 생필품 매장 방문이 가능하고, 식당도 배달서비스만 가능하게 된다. 제1항 2문 b) 참조.

11 의료, 치료 등 목적 및 미용 목적의 서비스는 마스크 착용이 가능한 서비스이고 24시간 이내 실시한 테스트의 음성 결과를 제출하는 경우에 한해 허용된다(제1항 1문 8호 참조).

12 일반론으로 전훈, "대재난에 대한 공권력의 대응과 한계", 법제연구 제59호, 2020.

13 공중보건법전 3편(질병 및 중독 대응) 제1권 감염병 대응 장의 제3장 중대한 보건 위협 및 위기 의 제1절의2에 규정하였다. 프랑스의 보건긴급사태에 대해서는, 전주열, "프랑스 헌법상 국가긴급권과 보건긴급사태의 시사점", 유럽헌법연구 제35호, 2021, 5면 이하 참조. 긴급사태에 해당하면 내무부장관 및 관선지사(préfet)가 권한을 행사한다.

14 보건비상사태는 코로나19 팬데믹 대응에 관한 법률(2020. 3. 23. 2020-290호)에 의해서 개시되었다가 다시 보건비상사태 연장 및 보완에 관한 법률(2020. 5. 11. 2020-546호)에 의해 보완되어 보건비상사태 종료에 관한 법률(2020. 7. 9. 2020-856호)로 종료된 바 있다. 이후 사태가 계속 확산되자 10월 들어 보건비상사태를 다시 선언하게 되는데 이를 법규명령(décret)의 형식으로 발동한다(2020년 10월 16일 법규명령 제2020-1262호, 10월 29일 법규명령 제2020-1310호, 2021년 1월 9일 법규명령 2021-16호). 보건비상사태는 계속 연장되고 있다(법률 2020. 11. 14. 2020-1379호, 2021. 2. 15. 2021-160호 등 참조). Gaillet, Verfassngsblog 2020-3-27(2021. 6. 25. 최종접속) 또한 참조.

15 Brasilien-Gainche, Verfblog 2021-3-18 (2021. 6. 25. 최종접속).

16 독일 내 비판으로는, Gärditz/Abdulsalam, GSZ 2020, 108면 이하; Lepsius, RuP 56 (2020), 265면 이하를 참조.

17 독일 상황에 대해 Kersten, ZfR 2020, 65; Weschpfennig, Die Verwaltung 2020 참조.

18 경찰질서법의 기존 위험(Gefahr) 법리를 확장하여 설명하려는 시도들은 위험의심(Gefahrverdacht)의 개념을 이용하고 경찰책임의 범위를 확장하여 해결하고자 한다. 가령 박원규, "감염병예방법상 이동제한조치에 대한 법적 검토", 2020, 109면 이하 참조. 경찰법상 위험방지법에서 리스크법으로의 규율 변화와 관련하여, 대표적으로 Di Fabio, Risikoentscheidung im Rechtsstaat, 1995; Jaeckel, Gefahrenabwehrrecht und Risikodogmatik, 2010을 참조.

19 유기훈 · 김도균 · 김옥주, "코로나19 공중보건 위기 상황에서의 자유권 제한에 대한 '해악의 원리'의 적용과 확장", 2020 참조.

20 팬데믹 상황에서 대응조치를 다룬 Klafki, Risiko und Recht, 2017 또한 리스크의 상황을 논의의 출발점으로 삼고 있다.

21 법률유보의 현대적 맥락에 대해서는, 김환학, "법률유보", 행정법연구 제40호, 2014를 참조.

22 가령 가축전염병예방법의 예가 있다. 관련 내용으로 김태호, "미국산 쇠고기 및 쇠고기 제품 수입위생조건 위헌확인" 헌법재판소 2008년 결정해설집, 2009 참조.

23 개괄적 수권조항으로서의 성격을 인정하는 견해로, 이기춘, "코로나-19에 따른 행정명령에 관한 시론적 소고", 2021, 10-11면 참조. 다만, 이 경우에도 강력한 기본권 제한을 일반조항에 근거하여 행하는 것에 대해서는 의문이 있다고 한다. 같은 논문, 16면 참조.

24 가령 BVerwGE 115, 189 (194); Pieroth/Schlink/Kniesel, Polizei-und Ordnungsrecht, § 7 Rn. 20. 이에 대한 이견의 소개로는, 손재영, 『경찰법』(제4판), 109-110면 참조.

25 독일 「감염병예방법」 제28c조에서 면역이 형성된 사람에게 방역조치의 완화나 면제를 할 수 있다는 규정은 차별 취급의 법적 근거를 둔 예이다.

26 집회제한 고시를 다툰 집행정지 사건으로 서울행정법원 2020. 8. 14, 2020아12441 결정; 서울행정법원 2020. 10. 2, 2020아12845 결정; 2020. 10. 8. 2020아878 결정; 인천지법 2020. 9. 20. 선고 2020아5319 결정 등이 있다. 헌법재판소에 제기된 사건으로 기지국을 통한 동선추적을 다툰 헌법소원(2020헌마1028)과 손실보상 없는 영업제한 규정을 다툰 헌법소원이 대표적이다.

27 https://dejure.org/corona-pandemie (2021. 6. 25. 최종접속) 참조.

28 https://url.kr/sbuzoh (2021. 6. 25. 최종접속) 참조.

29 방역 결과에 대해서 우리는 정보통신기술과 의료인프라를 일차적 방역성공의 주요 요인으로 꼽는 반면, 아시아의 방역성공을 국가적 조치에 대한 순응이나 자숙의 문화를 원인으로 꼽는 오리엔탈리즘적 시각도 있다. 후자가 갖는 편향에도 불구하고 코로나 사태에서 국가와 시민사회의 관계나 공동체와 개인적 자유의 관계, 법치와 인치의 관계에 대한 인식에서 결의 차이가 드러난 것은 사실이다. 긍정적인 측면에서건 부정적인 측면에서건 우리사회의 공동체적 문화가 코로나19의 파괴력 앞에서 적극 발현된 측면은 분명히 있고, 이에 대한 성찰은 코로나사태가 어느 정도 진정된 후까지 이어질 필요가 있다.

30 장진범 등, 『마스크가 말해주는 것』, 232면.

31 서울특별시가 서울광장 등의 집회를 제한하는 고시를 한 후 집회신고가 있자 「감염병예방법」 제49조 제1항 제2호에 따라 집회금지 통보를 한 사안이다. 서울행정법원 2020. 8. 14. 2020아720 집행정지 결정.

32 형사적 조치의 적절성에 대해서는 김두식, "감염병예방법상의 이동경로 추적과 역학조사거부죄에 대한 비판적 검토", 부산대학교 법학연구 62권 1호, 2021. 2. 121-156면; 이정민, "코로나19 대책과 형사법적 대응", 단국대 법학논총 제44권 3호, 2020 참조.

33 이용호 의원 감염병예방법 개정안 제42조 제9항(2020. 12. 8. 의안번호: 2106205).

02

코로나 사태의 전개와 감염병에 대한 입법적 대응

코로나 사태의 전개와 감염병에 대한 입법적 대응*

이 준 서**

Ⅰ. 코로나19 사태

2019년 12월 중국 후베이성(湖北省) 우한(武漢)에서 최초 발견된 이래로 1년 8개월 남짓한 기간이 경과했지만 여전히 코로나19(COVID-19) 바이러스의 확산세는 진정될 기미를 보이지 않고 있다. 세계보건기구(World Health Organization: WHO)는 2020년 2월 28일 전 세계를 대상으로 한 코로나19의 전파 및 영향 리스크(risk)를 가장 높은 단계인 '매우 높음'으로 상향하였고, 같은 해 3월 11일에는 코로나19 대유행(pandemic) 상황임을 선언하였으며, 10월에는 세계 인구 중 약 10%가 코로나19에 감염됐을 수도 있다고 밝힌 바 있다. 발생 3개월 만에 이미 약 114개국으로 확산되어 4천명 이상의 사망자를 발생시킨 코로나19의 전 세계 누적 확진자 수는 2021년 7월 현재 1억7천만 명에 육박하고 있다.

인류에게 코로나 바이러스에 대한 경험이 없었던 것은 아니지만, 증상 발생 후 수 일이 지나야 전파되는 사스(Severe Acute Respiratory Syndrome: SARS, 중증 급성호흡기 증후군)와 달리 코로나19는 증상 발생 초기부터 전파가 가능하다는 점, 잠복기가 길고 감염원이 불분명하거나 무증상 감염도 가능하다는 점, 치명률(case fatality rate: CFR) 자체는 사스와 메르스(Middle East Respiratory Syndrome: MERS, 중동 호흡기 증후군)에 비해 상대적으로 낮은 편이지만 노약자와 기저질환자의 치명률은 높다는 점, 높은 전파력으로 사람들이 밀집한 곳에서 집단감염이나 지역사회 감염과 같은 형태로 발생한다는 점이 특징이다. 따라서 코로나19에 대한 방역은 감염병의심자나 증상이 뚜렷하지 않은 확진자에 대해서도 적극적으로 이루어질 필요가 있으며, 사회적 거리두기와 철저한 격리를 통한 감염 예방이 병행되어야 한다.

"늑장대응보다 과잉대응이 낫다"는 방역당국의 인식이 필요 이상으로 정당화되는 것은 문제일 수 있지만, 종전과 같이 감염병이 국지적으로 발생하여 수개월 내에 종료될 수 있는 상황이 아니라, 장기간에 걸쳐 전 지역에 광범위하게 감염병의 대유행이 지속되고 있는 상황에서 국민의 생명과 건강을 보호하기 위한 정부의 개입 필요성이 높아진 것은 분명하다. 반면, 강화된 검역 · 방역조치는 기본권 침해를 비롯한 다양한 법적 문제와 맞닿아 있으므로,[1] 방역당국은 기본권의 침해를 최소화하면서도 공공의 안전을 목적으로 하는 검역 · 방역조치를 어느 정도까지 강화할 것인지를 고민해야 한다.

그동안 코로나19에 대응하면서 우리 사회가 경험하게 된 다양한 사건들은 감염병의 확산을 방지하기 위한 검역 · 방역조치와 그에 따른 법적 과제를 다시 한 번 살펴볼 수 있는 계기를 마련하고 있다. 현 시점에서는 감염병의 예방 및 관리를 위한 새로운 법제 개선방안이나 정책을 제안하기보다는, 그동안 정부가 시행해왔던 검역 · 방역조치를 보다 적절한 방식으로 지속할 수 있도록 감염병 대응에 관련된 법적 쟁점과 과제를 검토하는 것이 중요하다. 이러한 목적에 따라 이하에서는 우리 사회의 코로나19 발생 경과와 그에 따른 검역 · 방역 조치 및 이른바 '코로나 3법'[「감염병의 예방 및 관리에 관한 법률(이하 "「감염병예방법」"이라 한다)」, 「검역법」, 「의료법」, 이하 이 3개의 법률을 "코로나 3법"이라 한다]을 통해 강화된 입법 내용을 살펴보고, 코로나19 대응의 성과를 검토해보기로 한다.

Ⅱ. 코로나19에 대한 입법적 대응

1. 코로나 3법의 체계

감염병과 관련 있는 현행 법령을 몇 가지 군(群)으로 분류해보면, ① 감염병의 예방과 관리에 관한 법령, ② 공중보건의료에 관한 법령, ③ 의료기관 및 의약품 관련 법령, ④ 집단시설에서의 방역조치 등에 관한 법령 등으로 분류할 수 있다(<그림 1> 참조).

감염병과 관련된 일련의 행정작용을 포함하고 있는 가장 대표적인 법률은 「감염병예방법」이지만, 정부가 감염병 유입을 사전에 차단하거나 감염병이 발생한 경우 검역조치를 강화하기 위한 근거는 「검역법」에 있다. 구(舊)「검역법(법률 제15266호, 2017. 12. 19. 일부개정)」에서도 검역조사(제12조), 검역조치(제15조), 검역감염병 환자의 격리(제16조), 검역감염병 의심자에 대한

그림 1 **감염병 관련 현행 법령과 코로나 3법**

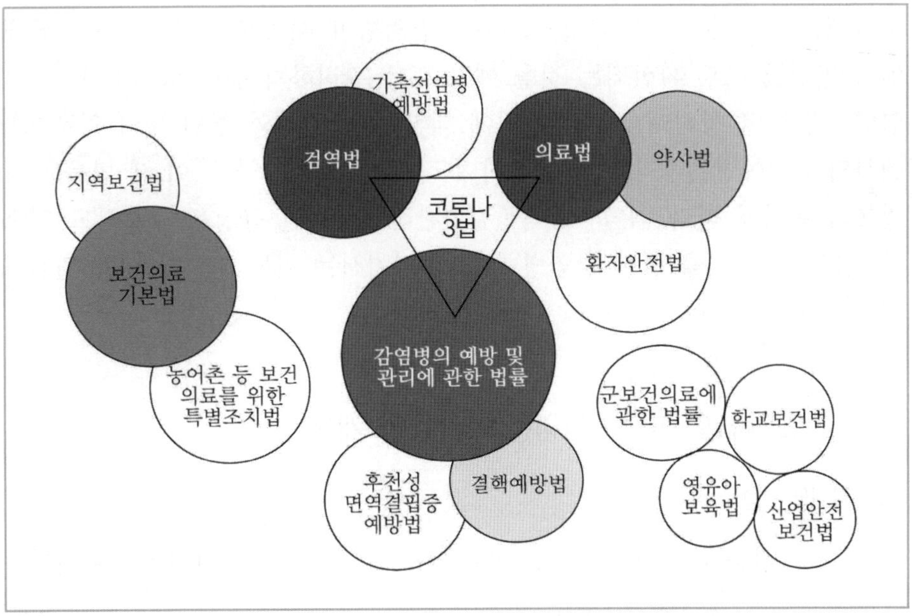

감시(제17조), 검역감염병 외의 감염병에 대한 예방조치(제20조) 등에 관한 사항은 규정하고 있었다.

메르스 사태에서와 같이 감염병은 병원과 같은 의료기관에서도 확산될 수 있기 때문에 「의료법」에도 감염병의 예방과 관리에 대한 근거가 포함되어 있다. 구 「의료법(법률 제16555호, 2019. 8. 27. 일부개정)」에서는 병원감염을 예방하기 위한 의료인과 의료기관장의 의무(제4조 제1항), 감염병의 역학조사 및 예방접종에 관한 역학조사를 위하여 필요한 경우 의료기관장의 감염병환자등의 진료기록 제출 의무(제21조 제3항), 감염병환자 등의 진료 기준의 준수의무(제36조 제9호) 등에 관한 내용이 있었다. 또한 일정 규모 이상의 병원급 의료기관의 장은 병원감염 예방을 위하여 감염관리위원회와 감염관리실을 설치 · 운영하고 감염관리 업무를 수행하는 전담 인력을 두는 등 필요한 조치를 하도록 하였고(제47조 제1항), 「감염병예방법」에 따른 감염병이 유행하는 경우 환자, 환자의 보호자, 의료인, 의료기관 종사자 및 경비원 등 해당 의료기관 내에서 업무를 수행하는 사람에게 감염병의 예방을 위하여 필요한 정보를 제공하거나 관련 교육을 실시할 의무를 부여하였다(동조 제2항).

요컨대, 감염병이 외부로부터 국내 유입되기 전 단계에서 감염병을 차단하기 위한 조치는 「검역법」을 통하여, 감염병이 해외에서 유입되거나 국내에서 발생한 이후 확산되는 것을 예방 또는 관리하기 위한 방역조치는 「감염병예방법」을 통하여, 감염병환자에 대한 정보 관리와 병원 등의 의료기관에서의 감염예방은 「의료법」을 통하여 각각 규율하고 있다. 이 세 법률은 각 법률의 목적에 따라 검역 · 방역 · 감염관리 등 관련 규정을 구분하고 있으나, 검역 및 방역을 통한 감염병 대응에 있어서는 이들 조치가 상호 밀접하게 연계되어 있다.

2. 코로나19 이전 「감염병예방법」의 개편

1) 배 경

사스, 신종플루(H1N1: 신종인플루엔자A), 메르스, 코로나19로 이어지는 대규모 감염병의 발생 주기는 점차 짧아지고 있으며, 감염병 유행의 리스크는 국내외에서 지속적으로 발생하고 있는 추세이다. 이러한 대규모 감염병이 발생할 때마다 방역조치와 더불어 방역 관련 문제점과 현안을 해결하기 위한 법적 대응이 병행적으로 이루어졌는데, 메르스 사태로 2015년과 2018년 사이에 「감염병예방법」이 수차례 개정된 것이 그 예이다.

2) 2015년 개정

2015년 메르스가 발생하자, 보건복지부장관으로 하여금 국민의 건강에 위해가 되는 감염병이 확산되는 경우 감염병 환자의 이동경로, 이동수단, 진료의료기관 및 접촉자 현황 등 국민들이 감염병 예방을 위해 알아야 하는 정보를 신속히 공개하도록 하고(제34조의2 신설), 긴급한 대처가 필요한 경우 방역관이 감염병의 예방 · 방역대책, 감염병환자등의 진료 · 보호를 수행하기 위하여 통행의 제한 및 주민의 대피, 감염병의 매개가 되는 음식물 · 물건 등의 폐기 · 소각, 의료인 등 감염병 관리인력에 대한 임무부여 및 방역물자의 배치 등 감염병 발생지역의 현장에 대한 조치를 할 수 있도록 하였다(제60조).

감염병 역학조사에 관한 사무를 처리하기 위하여 역학조사관을 보건복지부에 30명, 시 · 도에 각각 2명 이상 두도록 하고, 긴급한 상황으로서 즉시 조치를 취하지 않으면 감염병이 확산되어 공중위생에 심각한 위해를 가할 것으로 우려되는 경우 역학조사관이 감염병환자가 있는 장소의 일시적 폐쇄 등의 조치를 할 수 있도록 하였다(제60조의2 신설).

메르스 종료 후인 2015년 말에는 동법의 개정이 추가적으로 추진되었는데, 보건복지부장관이 예방접종통합관리시스템을 구축 · 운영하도록 법적 근거를 마련하고, 예방접종통합관리시스템의 구축 · 운영을 위하여 예방접종 대상자의 인적사항 등 필요한 자료를 수집 · 관리 · 보유할 수 있도록 하였다.

메르스와 같은 신종감염병의 국내유입에 대비하여 감염병 연구 · 예방, 환자의 진료 및 치료 등을 전문적으로 담당하는 감염병 전문병원 또는 연구병원을 설립 · 지정하여 운영하도록 하고(제36조의2 신설), 감염병 확산을 방지하기 위해 감염병 확인 조사 · 진찰을 거부하는 사람에 대하여 강제 조사 · 진찰, 격리 등 조치를 취할 수 있도록 하였다(제42조 제2항부터 제8항까지 신설).

입원 또는 격리된 사람에 대하여 예산의 범위 내에서 생활지원 및 그 밖의 재정적 지원을 할 수 있도록 하고(제70조의4 신설), 이 법에 따른 감염병의 발생 감시, 예방 · 관리 및 역학조사업무에 조력한 의료인 또는 의료기관 개설자에 대하여 예산의 범위 내에서 재정적 지원을 할 수 있도록 하였다(제70조의3).

이밖에도 환자 진료로 인하여 해당병원의 병동 폐쇄 및 진료중단 등의 조치로 손실을 입은 의료기관 등에 대하여 손실보상심의위원회의 심의 · 의결에 따라 그 손실에 상당하는 금액을 보상할 수 있도록 하는 등(제70조, 제70조의2 신설) 신종감염병에 대한 연구 등 준비 단계부터 환자의 관리 및 감염병 대응, 손실보상까지의 일련의 감염병 관리 체계를 구축하였다.

3) 2018년 개정

2018년 3월 개정에서는 질환의 특성에 따라 현재 제1군부터 제5군까지 '군(群)'별로 구분되어 있는 감염병 분류체계를 감염병의 심각도 · 전파력 · 격리수준 · 신고시기 등을 중심으로 한 '급(級)'별 분류체계로 개편하였다(제2조). 이에 따르면, 치명률이 높거나 집단 발생의 우려가 커서 발생 또는 유행 즉시 신고하여야 하고 음압격리와 같은 높은 수준의 격리가 필요한 감염병은 제1급, 발생 또는 유행 시 24시간 이내에 신고하여야 하고 격리가 필요한 감염병은 제2급, 발생 또는 유행 시 24시간 이내에 신고하여야 하는 감염병은 제3급, 유행 여부를 조사하기 위하여 표본감시 활동이 필요한 감염병을 제4급으로 각각 분류된다.

2015년 메르스 사태 중 이를 책임 있게 관리해야 할 컨트롤타워가 불명확하다는 지적이 불거지기 시작하였는데, 그 이후에도 감염병 관련 위기상황에 대한 컨트롤타워 논란은 명확하게 해소되지 않았다. 이에 개정법에서는 감염병 정보의 수집 · 전파, 상황관리, 감염병이 유입되거나 유행하는 긴급한 경우의 초동조치 및 지휘 등 이른바 컨트롤타워의 역할을 수행할 수 있는 긴급상황실을 설치 · 운영할 수 있는 법적 근거를 마련하였다(제8조의5 신설).

감염병의 예방 및 관리에 관한 주요 시책을 심의하기 위한 기구인 감염병관리위원회 위원장을 보건복지부차관에서 질병관리본부장으로 변경하고, 위원 수를 현행 20명 이내에서 30명 이내로 확대하여 구성과 운영에 내실과 효율을 기했다(제10조). 감염병환자와 접촉한 자를 격리할 수 있는 접촉자격리시설의 지정을 위한 법적 근거를 마련하였고(제39조의3 신설), 시 · 도 소속 2명 이상의 역학조사관 중 1명 이상은 의사로 임명하도록 하였다(제60조의2).

4) 검 토

메르스 발생에 따른 「감염병예방법」의 주된 개정 내용은 신종감염병에 대한 연구 등 준비 단계부터 환자의 관리를 위한 시스템을 운영하고, 감염병의 분류를 개편하였으며, 감염병 대응 및 관리, 손실보상까지의 일련의 감염병 관리 체계를 구축한 것이다. 이와 더불어 치명률이 높거나 집단 발생의 우려가 커서 음압격리와 같은 높은 수준의 격리가 필요한 감염병을 우선적으로 관리할 수 있는 기반을 마련하였고, 감염병이 유입되거나 유행하는 긴급한 경우의 초동조치 및 지휘를 할 수 있는 긴급상황실과 감염병환자와 접촉한 자를 격리할 수 있는 접촉자격리시설을 지정 · 운영할 수 있도록 하였다. 이 밖에도 국민들이 감염병 예방을 위해 알아야 하는 정보공개 및 감염병 발생지역의 현장에 대한 조치를 강화하고, 역학조사관을 확보하는 한편, 예방접종통합관리시스템을 구축 · 운영하여 필요한 자료를 수집 · 관리 · 보유할 수 있도록 하였다. 또한 감염병 전문병원 또는 연구병원을 설립 · 지정하여 운영하도록 함으로써 감염병에 대한 전문적 관리를 제고하려 하고, 입원 · 격리된 사람은 물론 감염병의 발생 감시, 예방 · 관리 및 역학조사업무에 조력한 의료인 또는 의료기관 개설자에 대하여 예산의 범위 내에서 재정적 지원을 할 수 있도록 하였다.

메르스에 대응하기 위한 「감염병예방법」의 개정과 방역체계의 정비에도 불구하고, 이른바 '슈퍼전파자(super-spreader)'로 인한 대구 지역 확진자의 폭발적인 증가, 감염병의심자들의 진단검사 회피, 자가격리 미준수에 따른 실효성 확보, 마스크 등 의약외품의 공급 원활화의 필요성이 제기되었고, 이러한 문제들을 해결하기 위한 관련 법령의 개정이 긴급하게 이루어졌다. 2020년 2월 26일 재석 의원 237인의 만장일치로 코로나 3법이 국회 본회의에서 가결되었다.

3. 코로나19 이후 코로나 3법의 개편

1) 검역법 일부 개정 사항

2020년 1월 20일 우한 폐렴으로 최초 확진된 1번 환자(35세 중국인 여성)를 제외하면, 이후 2, 3, 4번 환자 모두 검역을 통과한 상태로 입국했다. 2번 환자는 입국 당시 발열 증상이 있어 능동감시 대상자로 분류됐지만, 3번과 4번 환자는 무증상으로 입국해 증상이 나타날 때까지 지역사회에 노출되는 문제가 발생하였다.[2] 이에 따라 개정된 「검역법」에서는 집중적인 검역이 필요한 지역을 '중점검역관리지역'으로 지정할 수 있도록 하여,[3] 필요한 지역의 관리를 강화할 수 있는 기반을 마련하였다(제2조 제8호, 제5조 제1항). 검역관리지역이나 중점검역관리지역에 체류하거나 경유하여 국내에 입국하는 사람 또는 의심증상이 있는 사람에게 검역소장에게 건강상태에 대한 신고의무를 새롭게 부과하기도 하였다(제12조의2 제1항).

특히 중요한 개정사항은 출입국의 금지 또는 정지 요청의 대상을 확대한 것인데, 질병관리청장[4]은 공중위생상 큰 위해를 끼칠 염려가 있다고 인정되는 검역감염병[5] 환자와 의심자를 비롯한 검역감염병 위험요인에 노출된 사람과 검역관리지역 등에서 입국하거나 이 지역을 경유하여 입국하는 사람에 대해서 입국 · 출국의 금지 또는 정지를 법무부장관에게 요청할 수 있도록 하였다(제24조).

2) 「감염병예방법」 일부 개정 사항

(1) 초기 개편

2020년 2월 18일 신천지 예수교 증거장막선전(이하 "신천지"라 한다)라는 종교단체 신도인 31번 환자의 코로나19 확진검사 거부 및 교회 예배 참여로 대구지역에 대규모 확진 사태가 발생했다. 이틀 후 신천지는 자체적 시설폐쇄 및 긴급방역을 실시했으나, 방역당국은 역학조사를 위한 신도들의 명단확보에 어려움을 겪었으며, 그 사이 코로나19는 급격하게 확산되어 총 5,212명의 확진자가 발생하였다. 개정된 「감염병예방법」에서는 감염병환자로 의심되는 사람[6]이 감염병 병원체 검사를 거부하는 경우 의사 등이 관할 보건소장에게 신고할 수 있도록 하였고(제11조제1항 제4호), 보건소장을 경유하여 보고를 받은 질병관리청장, 시 · 도지사 또는 시장 · 군수 · 구청장은 해당하는 자가 제1급감염병[7] 환자로 의심되는 경우 감염병병원체 검사를 할 수 있도록 하였다(제13조 제2항).

감염병을 예방하기 위한 조치로 질병관리청장, 시 · 도지사 또는 시장 · 군수 · 구청장으로 하여금 감염병 전파의 위험성이 있는 장소 또는 시설의 관리자 · 운영자 및 이용자 등에 대하여 출입자 명단 작성, 마스크 착용 등의 방역지침을 준수하게 하고, 버스 · 열차 · 선박 · 항공기 등 감염병 전파가 우려되는 운송수단의 이용자에 대하여 마스크 착용 등 방역지침의 준수를 명할 수 있게 하였다(제49조 제1항 제2의2호, 제2의3호).

정보공개와 관련하여 질병관리청장은 국민의 건강에 위해가 되는 감염병 확산으로 인하여 「재난 및 안전관리 기본법」 제38조 제2항에 따른 '주의' 이상의 위기경보가 발령되면 감염병 환자의 이동경로, 이동수단, 진료의료기관 및 접촉자 현황 등 국민들이 감염병 예방을 위하여 알아야 하는 정보를 정보통신망 게재 또는 보도자료 배포 등의 방법으로 신속히 공개하도록 하였다(제34조의2 제1항).[8] 이와 더불어 질병관리청장이 감염병 예방 및 감염 전파의 차단을 위하여 필요한 경우 국민건강보험공단의 정보시스템, 건강보험심사평가원의 정보시스템, 감염병의 국내 유입 및 확산 방지를 위하여 필요하다고 인정하여 지정하는 기관의 정보시스템 등을 활용하여 보건의료기관에 관련 정보를 제공하도록 규정하였다(제76조의2 제4항).

의심 단계를 넘어서 제1급감염병이 발생한 경우는 강제처분을 할 수 있도록 하는 조문이 신설되기도 하였다. 질병관리청장, 시 · 도지사 또는 시장 · 군수 · 구청장은 제1급감염병이 발생한 경우 해당 공무원으로 하여금 감염병의심자에게 ① 자가(自家) 또는 시설에 격리, ② 격리에 필요한 이동수단 제한, ③ 유선 · 무선 통신, 정보통신기술을 활용한 기기 등을 이용한 감염병의 증상 유무 확인이나 위치정보의 수집, ④ 감염 여부 검사 등의 조치를 하게 할 수 있으며(제42조 제2항), 진찰결과 감염병환자 등으로 인정된 경우 공무원과 동행하여 치료를 받게 하거나 입원시킬 수 있다(제42조 제3항). 강제처분을 위하여 관할 경찰서장에게 협조를 요청할 수 있는 경우도 조사 · 진찰뿐 아니라 격리 · 치료 · 입원 조치 등으로 확대하였다(제42조 제6항). 입원 또는 격리조치 위반에 따른 벌칙도 현행 300만원에서 1년 이하의 징역, 1,000만원 이하의 벌금으로 상향하여 실효성을 높였다(제79조의3).

이밖에도 감염병의 관리 및 감염 실태를 파악하기 위한 실태조사 권한을 강화하거나(제17조 제2항), 「의료법」에 따른 의료기관을 감염병관리기관으로 지정하고(제36조 제1항), 감염병관리기관이 아닌 의료기관의 감염병관리시설을 설치 · 운영하기 위하여 신고를 한 경우 이를 수리하도록 하는 등(제36조 제1항) 보건복지부장관, 질병관리청장 및 시 · 도지사의 역할이나 권한의 일부가 강화되었다.

한편, 코로나19의 확산에 따른 국민들의 불안이 증가함에 따라 마스크 사재기에 따른 품귀현상이 발생하였는데, 이러한 부작용을 방지하고 마스크 등의 수급을 안정화시키고자, 제1급 감염병의 유행으로 예방 · 방역 및 치료에 필요한 의약외품(수술용 · 보건용 마스크가 이에 해당한다), 의약품 등 물품의 급격한 가격 상승 또는 공급부족으로 국민의 건강을 현저하게 저해할 우려가 있을 때에는 그 의약외품 등의 수출이나 국외 반출을 금지할 수 있도록 하였다(제40조의3 제1항). 또한 「보건용 마스크 및 손소독제 긴급수급조정조치(식품의약품안전처고시 제2020-9호)」를 통해 보건용 마스크 또는 손소독제 생산업자로 하여금 생산량 · 수출량 · 출고량 · 재고량 등을 식품의약품안전처장에게 신고하도록 하고(제3조), 일정 수량 이상의 제품을 판매하는 경우에도 신고하도록 하고(제4조), 공적마스크 5부제 시행을 통하여 수급에 안정을 되찾았다.

(2) 중기 개편

제1급감염병이 발생한 경우는 강제처분을 할 수 있도록 하는 조문은 이후 다시 한번 개정되었다. 질병관리청장, 시 · 도지사 또는 시장 · 군수 · 구청장은 제1급감염병이 발생한 경우 해당 공무원으로 하여금 감염병의심자에게 할수 있는 조치에 ① 자가(自家) 또는 시설에 격리, ② 격리에 필요한 이동수단 제한, ③ 유선 · 무선 통신, 정보통신기술을 활용한 기기 등을 이용한 감염병의 증상 유무 확인이나 위치정보의 수집, ④ 감염 여부 검사 등의 조치를 하게 할 수 있도록 하였다(제42조 제2항).

2020년 4월 27일부터 방역당국은 자가격리 관리강화의 일환으로 자가격리 안심밴드 제도를 시행하였는데, 이 제도는 「감염병예방법」 제41조 및 제42조에 따른 자가격리 의무를 위반한 자에게 적용할 목적으로 도입되었다.[9] 안심밴드 착용에 대한 관련 법령의 명확한 근거가 부족하다는 지적이 제기되자, 국회는 「감염병예방법」 제42조 제2항 제2호를 개정하여 "질병관리청장, 시 · 도지사 또는 시장 · 군수 · 구청장은 제1급감염병이 발생한 경우 해당 공무원으로 하여금 감염병의심자에게 (…) 유선 · 무선 통신, 정보통신기술을 활용한 기기 등을 이용한 감염병의 증상 유무 확인" 외에 "위치정보의 수집"을 포함시켰다.[10] 비록 개인의 동의하에 안심밴드를 착용시킨다고 하더라도, 대상자를 감염병으로부터 보호받아야 할 국민이 아닌 통제되어야 할 잠재적 범죄자으로 취급하는 것은 아닌지, 신체의 자유, 사생활의 비밀과 자유, 거주 · 이전의 자유 등을 동의가 가능한 대상으로 볼 수 있는지의 문제가 남는다.

3) 의료법 일부 개정 사항

개정 「의료법」에서는 보건복지부장관이 의료관련감염 시스템[11] 구축 · 운영에 대한 보고 또는 자료의 제출을 명할 수 있도록 하는 한편(제47조 제7항), 의료기관의 장을 비롯한 의료인, 종사자, 환자 등이 의료관련감염에 대하여 자율보고를 할 수 있도록 하여 감염 감시체계를 강화하였다(제47조 제8항). 또한 의료기관 개설자로 하여금 해당 의료기관이 폐업 또는 휴업할 경우 관할 보건소장에게 진료기록부 등을 이관하거나(제40조의2 제1항), 보건복지부장관이 폐업 또는 휴업한 의료기관의 진료기록부 등을 효과적으로 보존 · 관리할 수 있는 진료기록보관시스템을 구축 · 운영할 수 있도록 하였다(제40조의3 제1항).

4. 개정 코로나 3법의 평가

질병관리청장이 공중위생상 큰 위해를 끼칠 염려가 있다고 인정되는 검역감염병 환자 등(검역감염병 환자와 의심자를 비롯한 검역감염병 위험요인에 노출된 사람)과 검역관리지역 등에서 입국하거나 이 지역을 경유하여 입국하는 사람에 대해서도 입국 · 출국의 금지 또는 정지를 할 수 있도록 법무부장관에게 요청할 수 있도록 한 것은 코로나19가 국내로 유입되는 것을 사전에 차단하고, 보다 명확한 관리대상을 특정하기 위한 검역조치의 대상과 방법을 보완한 것이다.

「감염병예방법」에서는 감염병환자로 의심되는 사람이 감염병병원체 검사를 거부하는 경우 의사 등이 관할 보건소장에게 신고할 수 있도록 하였고, 보건소장을 경유하여 보고를 받은 질병관리청장, 시 · 도지사 또는 시장 · 군수 · 구청장은 해당하는 자가 제1급감염병 환자로 의심되는 경우 감염병병원체 검사를 할 수 있도록 하였는데, 대구 · 경북지역을 중심으로 발생했던 신천지교회 소속 교인들이 검사를 거부 또는 회피하거나 집회 자제 요청에도 불구하고 종교행사를 개최함에 따라 지역감염의 위험성을 확대시켰던 사건에 대응한 조치로 볼 수 있다.

법률 개정과 더불어 정부와 지방자치단체는 자가격리[12] 위반에 대하여 적극적인 적발과 고발 조치를 할 것을 예고하였다. 과소한 벌칙을 상향하고 엄정하게 적용하여 제도의 실효성을 제고하려는 것은 타당해보이나, 벌칙의 강화가 자가격리에 관한 모든 문제를 해결할 수 있을 것으로 기대하기는 어렵다. 자가격리를 위반하여 지역감염의 원인이 되는 사례를 최소화하기 위해서는 형벌의 강화 외에도 원칙적인 시설 격리, 보충적인 자가격리의 원칙을 준수하면서, 자가격리에 대한 교육과 홍보를 통한 인식 함양, 자가격리에 대한 명확한 지침, 자가격리로 인해 발생한 손실의 보전 등 관련 제도 개선이 병행되어야 한다.

코로나19 확진자 발생 및 그 이동경로에 따라 울산병원 응급실, 청도대남병원, 은평성모병원, 청주 효성병원 등 의료기관이 폐쇄된 바 있다. 「의료법」의 개정을 통하여 의료기관 개설자로 하여금 해당 의료기관이 폐업 또는 휴업할 경우 관할 보건소장에게 진료기록부 등을 이관하거나, 보건복지부장관이 폐업 또는 휴업한 의료기관의 진료기록부 등을 효과적으로 보존 · 관리할 수 있는 진료기록보관시스템을 구축 · 운영할 수 있도록 하였는데, 이때 폐쇄된 병원이 휴업함에 따라 감염병 환자의 관리 공백이 발생할 우려를 진료기록부 등의 이관이나 진료기록보관시스템의 운영을 통하여 상당부분 해소할 수 있게 되었다.

Ⅲ. 코로나19 대응의 법제적 성과와 과제

1. 코로나19 대응의 법제적 성과

1) 철저한 검사 · 추적 · 치료

2020년 3월 신천지 사태 여파로 인하여 누적 확진자 5천명을 넘어섰다. 중앙재난안전대책본부는 강도 높은 사회적 거리두기를 시행하였고, 교육부 또한 학교 안팎 고강도 사회적 거리두기를 시행하였다. 선제적으로 초 · 중 · 고등학교의 개학을 연기하여 온라인 수업으로 대체하였고, 이른바 '집단감염 위험시설(종교시설, 실내체육시설, 유흥시설, 요양시설, 콜센터, PC방, 노래연습장, 학원 등을 말한다)'에 방문하는 자를 대상으로 QR코드를 이용한 전자출입명부를 작성하도록 하는 등 학교 및 지역사회에서 코로나19가 확산될 경로를 차단하는 한편 확진자를 추적할 수 있는 수단을 마련하였다. 개정된 「감염병예방법」에 따라 감염병 전파의 위험성이 있는 장소 또는 시설의 관리자 · 운영자 및 이용자 등에 대하여 출입자 명단 작성, 마스크 착용 등의 방역지침을 준수할 수 있도록 한 효과이다(제49조 제1항 제2의2호, 제2의3호).

자가격리 해제 전 검사, 호흡기질환 증상자 검사, 광범위한 접촉 범위 설정 및 검사 확대 등 검사 범위를 확대하여 감염병 접촉자와 의심자를 추적한 것도 성공적인 방역의 기반이었다. 우리나라는 유럽이나 미국과 달리 국경봉쇄 조치 없이[13] 엄격한 사회적 거리두기 조치를 실행하면서 빠르게 전파를 통제했는데, 철저한 검사(Test), 추적(Trace), 치료(Treat)라는 전략에 기인한 결과라고 분석한 연구도 있다.[14] 정부는 이른바 K-방역 모델인 검사 · 확진, 역학 · 추적, 격리 · 치료를 ISO 국제표준으로 제안하는 것을 추진하고 있다. 우리 정부의 방역이 성공적으로 평가받음에 따라, 코로나19 진단키트의 수출이 증가하고, 경기침체가 둔화되는 등 방역이 경제적 성과로 이어지기도 했다.

2020년 8월 15일 4 · 15 부정선거 국민투쟁본부 집회에 사랑제일교회 신도들이 합세하여 경찰 추산 5천명이 광화문 광장에 운집하였다. 8월 14~16일 간 수도권 확진자 74명, 145명, 245명으로 급증하기 시작하였고, 8월 16일 서울과 경기도 지역은 사회적 거리두기를 2단계로 격상하였으며, 같은 달 30일 사회적 거리두기를 2.5단계로 강화하였다.[15] 이에 따라 오후 9시 이후 음식점, 제과점 등 이용이 금지되고, 실내 체육시설은 운영이 중단되고, 프랜차이즈형 커피전문점은 포장 배달만 허용되고, 요양병원 · 요양시설의 면회가 금지되었다. 이 조치는 사회적 거리두기를 5단계로 개편하기 이전에 이루어졌지만, 종전 3단계로 구성되었던 사회적 거리두기를 보다 세분화하고 지역적 유행과 전국적 유행 단계에 따른 조치를 구분하는 분기점이 되었다.

2020년 9월 22일 동절기 독감유행에 따라 코로나19와 독감 증상의 중복과 혼동을 방지하기 위하여 독감예방접종 백신을 3가에서 4가로 변경하였고, 무료접종대상에 만 13세부터 만 18세인 중 · 고등학생과 만 62세부터 만 64세까지의 노년층을 포함시켰다. 이에 따라 전 국민의 37%인 1천9백만명이 무료접종대상에 포함되었다. 「감염병예방법」에 따른 예방접종의 실시기준과 방법을 적절히 보완한 결과이다(법 제32조 제2항 및 동법 시행규칙 제26조).

2) 신속한 대응 조치

2020년 초 질병관리청(당시 질병관리본부)은 대한진단검사의학회, 대한임상검사정도관리협회 등과 협의하여, 씨젠(Seegene), 코젠바이오텍(Kogene Biotech)과 같은 민간기업에게 제조 지침을 제시하면서 진단키트의 대량생산을 요청했다. 민간기업에서 생산한 진단키트는 질병관리청에서 신속하게 유효성을 평가하고, 식품의약품안전처에 긴급사용 승인을 요청하여, 국립인

천공항검역소, 전국 18개 보건환경연구원, 전국 의료기관에 공급하여 감염병 의심자를 검사하는 용도로 활용되었다. 진단키트의 유효성 평가와 사용 승인까지 통상 6개월이 소요되는데, 이때는 긴급사용 승인까지 약 2주가 소요되었다.

긴급사용 승인에 따라 질병관리청장이 인정하는 의료기관에서 코로나19 진단 검사가 가능하게 되었다. 방역 당국이 검사 권한을 정부기관으로 제한하지 않고, 자체 검사 역량을 갖춘 일선 의료기관도 검사할 수 있도록 민관 협력을 선택한 것도 방역의 성공요인 중 하나이다. 민간기업이 대량 생산한 진단키트를 사용해 정부기관과 의료기관이 분담해서 검사함으로써 신속한 대량 검사가 가능했다. 민간의료기관까지 진단검사를 할 수 있도록 확대한 것은 보다 신속하고 광범위한 확진자 확인을 통해 접촉자를 조기에 발견하고, 신속한 자가 격리 등의 후속 조치를 정부와 지자체, 민간이 유기적으로 협조하여 효과적인 방역 정책을 추진할 수 있는 기반이 되었다.

3) 유연한 대처

코로나19가 폭발적으로 증가하면서 확진자들을 치료할 수 있는 의료시설의 부족문제가 부각되기 시작했다. 이에 방역당국은 중증도에 따라 환자를 분류해서 경증환자는 생활치료센터에 격리 조치하고, 중증환자는 병원으로 입원시켜 집중 치료를 하는 방식을 채택하였다. 이는 2020년 1월 30일 중국 우한에서 임시 귀국한 교민들을 충북 진천 국가공무원 인재개발원에 2주간 격리하였던 사례를 활용한 것이다. 이러한 조치는 코로나19의 특성상 확진자의 80%는 별도의 의학적 처치가 없어도 자가치유가 가능하기 때문에, 자가격리에 따른 코로나19의 감염 가능성을 줄이고, 한정된 입원공간을 중증환자를 위해 일정 부분 확보할 수도 있으며, 환자의 증상이 중증으로 이어질 경우 의료진이 대응하기도 용이하다는 장점이 있다.

2020년 2월 23일 대구 칠곡 경북대학병원에서 최초로 드라이브 스루(Drive Through) 선별진료소를 통한 코로나19 진단검사가 시행되었다. 역학조사, 의사면담, 검체 채취가 통상 30분에서 1시간 정도 소요되었다면, 드라이브 스루 검사는 의료진과 감염병의심자의 접촉을 줄이고 검체 채취까지의 시간을 약 10분 정도로 단축시켰다.

사회적 거리두기는 최초 서울시에서 캠페인으로 시행했던 것이었다. 방역당국은 이 캠페인을 사회적 거리 두기를 행정 명령 등으로 강화해서 3월 22일부터 5월 5일까지 공식적인 사회적 거리 두기를 시작했다. 이 기간 가정과 회사는 물론이고, 곳곳에서 코로나 시대의 새로운 표준으로 자리 잡으며 사회적 거리 두기는 바이러스의 전국적인 확산을 막는 데 기여했다.

2. 코로나19 대응의 법제적 과제

우리 방역당국이 성공적인 방역을 진행하고 있다는 평가에도 불구하고, 코로나19의 유행은 상당기간 지속될 것이어서 이에 대한 장기적 대응과 관련하여 우리 사회가 준비해야 할 과제도 적지 않다. 강화된 방역조치는 국민의 기본권과의 충돌을 야기한다. 방역조치의 인권 침해 여부, 개인정보 자기결정권, 종교집회 및 결사의 자유, 집회 결사의 자유 등이다.

1) 자가격리 안심밴드와 인권

비록 개인의 동의하에 안심밴드를 착용시킨다고 하더라도, 안심밴드 착용 대상자를 위치추적 전자장치 착용 대상자와 동일시하게 됨에 따라 감염병의심자를 감염병으로부터 보호받아야 할 국민이 아닌 통제되어야 할 잠재적 범죄자로 취급하는 부정적인 시각을 낳는다는 문제가 있다. 또한 신체의 자유, 사생활의 비밀과 자유, 거주 · 이전의 자유 등 개인의 기본권을 과도하게 침해하고 있다. 이러한 기본권들이 동의에 의한 침해가 가능한 대상으로 볼 수 있는지의 문제도 남는다.

2) 기지국 접속자에 대한 정보수집

헌법 제10조와 제17조는 개인의 사적 활동이 타인으로부터 침해되거나 사생활이 함부로 공개되지 아니할 소극적인 권리는 물론, 자신에 대한 정보를 자율적으로 통제할 수 있는 적극적인 권리까지도 보장하고 있다.[16] 따라서 개인은 헌법상 보장되는 인격권의 일종으로서 자신에 관한 정보가 언제 누구에게 어느 범위까지 알려지고, 이용되도록 할 것인지를 스스로 결정할 수 있는 권리인 개인정보자기결정권[17]을 갖는다. 비록 감염병의 확산을 방지하기 위한 취지이기는 하나, 개인의 신체, 신념, 사회적 지위, 신분 등과 같은 개인의 동일성을 식별할 수 있게 하는 일체의 정보를 대상으로 한 조사수집 · 보관 · 처리 · 이용 등의 행위는 모두 원칙적으로 개인정보자기결정권에 대한 제한에 해당한다는 점에서 이번 방역당국의 정보수집활동에 대해서도 개인정보자기결정권에 대한 침해가 문제된다.

「감염병예방법」에 따르면, 질병관리청장은 감염병 예방 및 감염 전파의 차단을 위하여 필요한 경우 관계 중앙행정기관의 장, 지방자치단체의 장, 공공기관, 의료기관 및 약국, 법인 · 단체 · 개인에 대하여 감염병환자등 및 감염병의심자에 관한 인적사항, 처방전 및 진료기록부등, 출입국관리기록, 그 밖에 이동경로를 파악하기 위한 정보를 요청할 수 있고(제76조의2 제1항), 질병관리청장, 시 · 도지사 또는 시장 · 군수 · 구청장은 감염병 예방 및 감염 전파의 차단을 위하여 필요한 경우 감염병환자등 및 감염병의심자의 위치정보를 경찰청, 지방경찰청 및 경찰서 등 경찰관서의 장에게 요청할 수 있다. 이 경우 질병관리청장, 시 · 도지사 또는 시장 · 군수 · 구청장의 요청을 받은 경찰관서의 장은 「위치정보의 보호 및 이용 등에 관한 법률」 제15조 및 「통신비밀보호법」 제3조에도 불구하고 개인위치정보사업자, 전기통신사업자에게 감염병환자등 및 감염병의심자의 위치정보를 요청할 수 있고, 요청을 받은 위치정보사업자와 전기통신사업자는 정당한 사유가 없으면 이에 따라야 한다(제76조의2 제2항).

서울시가 이동통신사 3사로부터 2020년 4월 24일부터 5월 6일까지 자정에서 05시 사이에 이태원 클럽 주변의 기지국에 접속한 사람들 가운데 30분 이상 체류한 자에 대한 통신정보의 제공을 요청한 것에 대하여, 서울시가 경찰관서의 장을 거치지 아니하고 이동통신 3사로부터 직접 통신정보를 제공받아 수집한 것에 대해서는 「감염병예방법」 제76조의2 제2항에 따른 절차를 위반한 것으로도 볼 수 있다. 기본권의 제한을 법률에 의하도록 한 취지에 따르면 법률 내용의 적용 또한 엄격해야 하기 때문이다.

3) 종교행사의 자유와 종교적 집회 및 결사의 자유

헌법 제20조 제1항은 "모든 국민은 종교의 자유를 가진다."고 규정하고 있다. 종교의 자유는 신앙의 자유와 종교행사의 자유, 종교적 집회 및 결사의 자유, 종교 교육의 자유로 구분할 수 있는데, 내심의 영역인 신앙의 자유는 종교를 선택할 자유를 의미하므로 그것이 외부로 표출되지 않는 한 다른 공익과 충돌할 가능성은 낮다. 반면 종교행사의 자유나 종교적 집회 및 결사의 자유는 신앙을 외부적으로 표현하는 예배 · 의식 등을 행하는 자유여서 주로 언론 · 출판 · 집회 · 결사의 형태로 발현되기 때문에 다른 이익과의 충돌이 발생할 여지가 있다. 종교적 집회 및 결사의 자유는 일반적인 집회 · 결사의 자유보다 한층 높은 보장을 받지만, 무제한으로 인정되는 것이 아니며 법률에 의해 제한될 수 있는 상대적 자유에 해당한다.[18] 나아가 법률을 위반하는 종교적 행위는 그것이 비록 교리에 따른 것이라고 할지라도 일반적 행위와 마찬가지로 규제될 뿐 특별한 예외가 적용되지 않는다.

헌법 제36조 제3항에서는 "모든 국민은 보건에 관하여 국가의 보호를 받는다"고 규정하고 있다. 코로나19의 확산과 종교적 집회 및 결사의 자유에 대한 교회의 주장에 비추어보면, 두 가지 권리가 서로 충돌하는 것처럼 보일 수 있다. 모든 국민은 자유롭게 종교행사를 하고 특정 종교인들 간의 결사와 집회를 할 권리가 있지만, 국가는 감염병으로부터 종교행사 및 집회를 하고자 하는 국민은 물론 그 밖의 국민들의 생명과 건강을 보호해야 하기 때문이다. 헌법 제37조 제2항에 따라 종교적 집회 및 결사의 자유를 "국가안전보장 · 질서유지 또는 공공복리를 위하여 필요한 경우에 한하여 법률로써 제한"할 수 있는 경우에 대하여, 「감염병예방법」에서는 질병관리청장과 지방자치단체의 장이 "흥행, 집회, 제례 또는 그 밖의 여러 사람의 집합을 제한하거나 금지하는" 조치를 취할 수 있다고 규정하고 있다(제49조 제1항). 국무총리가 발표한 담화문과 집회제한명령은 이 조문을 통한 조치에 해당한다.

「감염병예방법」의 이 조문은 종교의 자유에 대한 '본질적인 내용'을 침해한 것으로 볼 수 없다. 집회금지명령은 개인의 신앙과 종교활동에 대한 금지가 아니라 감염병의 위험으로 교인들이 집합하여 종교행사 및 집회를 하는 것을 일정 부분 제한(2m 이상 거리 두기, 마스크 착용, 발열체크와 소독 등)한 것이다. 코로나19 상황에서는 신앙이 외부로 표출되면서 타인의 기본권을 침해할 우려가 있기 때문이다. 종교의 자유에 대한 기본권의 본질적인 내용이 침해되지 않는다면 종교의 자유가 억압받고 있다는 일부 개신교의 주장은 적절하지 않다.

유사한 사례로 "종교 행사 금지 조치가 종교의 자유를 심각히 침해하더라도 생명을 위험으로부터 보호하는 것이 종교 자유에 대한 기본 권리보다 우선한다"고 판단한 독일 연방헌법재판소의 판례를 참고할 만하다.[19] 종교의 자유와 생명 · 건강 기본권은 모두 중요하지만 현재와 같은 긴급한 상황에서는 생명과 건강에 관한 권리가 우선한다는 것이다. 다만, 동 재판부는 "정부는 종교 자유의 침해를 최소화하기 위한 가능한 모든 방법을 고려해야 한다"며 "종교활동의 제한은 단기적으로 적용될 것이며, 정부는 코로나19 추이를 투명하고 명확하게 공개할 의무가 있다"는 것을 분명히 했다.[20]

Ⅳ. 마치며

2015년 메르스가 발생했을 때 우리나라의 재난관리 거버넌스와 정부의 방역체계는 심각한 도전을 맞게 되었다. 초동대응의 실패, 컨트롤 타워의 부재, 감염병환자등에 관한 정보 차단, 병원감염의 확산 등으로 인하여 우리나라는 아시아에서 가장 많은 186명의 확진자와 36명의 사망자가 발생했다. 2018년 메르스가 다시 한 번 발생하여 큰 피해 없이 종식된 이후, 감염병에 대해서는 "늑장대응보다 과잉대응이 나은 법"이라는 인식이 정당화되었고, 코로나19에 대응하는 질병관리청을 비롯한 지방자치단체 등 방역당국의 대응은 보다 향상 · 강화되었다. 방역체계의 정비와 감염병 정보에 대한 관리방식 또한 지속적으로 보완되었으며, 감염병에 대한 국민들의 인식과 관심도 매우 높아졌다.

그동안 우리 정부와 국민은 사스와 메르스의 경험과 교훈을 통하여 습득하고 정비한 방역체계와 방식에 따라 비교적 안정적인 코로나19 방역을 수행해왔다. 특히, 코로나 3법은 우리나라가 코로나19에 따른 위기를 극복함에 있어 신속하고 적극적 방역을 할 수 있는 근거가 되었다. 「검역법」, 「감염병예방법」, 「의료법」을 상호 연계함으로써 검역과 방역체계를 보완하고, 코로나19와 같은 감염병 확산에 대한 정부와 지방자치단체의 대응역량을 강화하는 한편, 코로나19의 확산을 방지하기 위하여 의료기관과 감염병의심자 등에게 보다 강력한 의무를 부과하는 등 국민의 건강 유지와 안정적 생활을 위해 필요한 조치를 강구하기 위한 시의적절한 입법적 대응이라고 할 수 있다. 코로나 3법을 기반으로 한 방역당국의 코로나19 대응에 대하여, 해외 언론이나 연구들은 이른바 'K-방역'의 성공요인을 분석하며, 매우 긍정적인 평가를 내리고 있다.[21]

방역조치와 같이 기본권을 제한할 여지가 많은 검역 · 방역조치를 시행하기 위해서는 사회적 공론화와 의견수렴을 통한 명확한 입법적 근거가 필요하지만, 안타깝게도 신종 감염병의 빈번한 발생은 방역조치의 근거가 되는 법제에 대한 사회적 합의를 도출할 수 있는 충분한 시간을 제공해주지 않는다. 코로나 3법에 대해서 당면 문제의 해결에 치중하여 그 입법 과정에서 논의가 충분하지 못했다는 지적이 있을 수 있으나, 비록 감염병 사태가 진행중이라고 하더라도 관련 법령의 개정을 통하여 감염병 대응조치를 강화하고 관리체계를 정비할 수 있다면, 개선이 필요한 사항에 대해서는 신속한 법률 개정과 제도 개선을 추진하는 것이 바람직하다. 2015년과 2018년 메르스 사태에 따른 「감염병예방법」의 개정과 코로나19에 따른 코로나 3법의 개정 모두 감염병 발생 이후 현존하는 문제점들을 해결하기 위한 적절한 법제 개선 사례로 볼 수 있다. 아울러 이번 감염병 사태가 진정된 후에는 정부와 지방자치단체의 검역과 방역조치의 성과분석을 통하여 기존의 문제점을 보완하고 보다 지속적인 감염병의 예방 및 관리방안을 마련할 수 있는 추가적인 법제 개선방안이 마련될 필요가 있다. 사스, 신종플루, 메르스, 코로나19로 이어졌던 대규모 감염병의 발생 및 전파사례를 보면, 이번 사태가 종식된 이후에도 이와 유사한 대규모 감염병이 발생할 가능성과 리스크는 여전히 존재하기 때문이다.

K-방역에 대한 긍정적인 평가에도 불구하고, 정부의 방역조치에 따라

발생하게 되는 법적인 문제점에 대해서는 보다 면밀한 검토와 세심한 주의가 필요하다. 감염병의 예방과 관리를 위하여 부득이하게 개인의 기본권을 제한함에 있어서는 목적의 정당성, 목적달성을 위한 방법의 적정성, 피해의 최소성 및 그 입법에 의해 보호하려는 공공의 이익과 침해되는 기본권 사이의 법익의 균형성이 모두 갖춰져야 한다. 코로나19에 따른 사회적 변화를 고려하지 않은 채, 개인의 권리를 제한하거나 의무를 부여하는 방역당국의 조치를 섣불리 '위헌적'이라고 판단할 수는 없지만, 다수의 국민을 보호하기 위한 방역당국의 조치가 감염병으로부터 보호받아야 할 국민에 대한 신체의 자유, 사생활의 비밀과 자유, 거주 · 이전의 자유 등을 용이하게 제약할 수 있는 수단으로 남용되어서는 안 된다. 아울러 감염병의심자를 파악하기 위한 개인정보의 수집과 처리, 종교 집회의 제한 권고의 실효성 등 감염병 확산방지를 위한 정부의 검역 · 방역조치에 수반하는 사항들에 대해서는 보다 신중하고 세심한 주의를 기울여야 한다. 정부의 입장에서 코로나19의 확산을 방지하고 국민의 생명과 건강을 보호하기 위해서는 감염병환자와 감염병의심자 등 개인정보가 필요하지만, 그것을 수집하고 처리하는 원칙과 절차는 엄격히 준수되어야 한다. 종교적 집회의 자유 또한 원칙적으로 보장하되, 그 집회로 인하여 침해될 수 있는 다른 국민의 건강과 생명에 대해서는 보다 높은 차원의 보호가 전제되어야 한다.

미주

* "코로나19 대응의 성과와 법적 과제", 『한양법학』 제32권 1집, 2021. 2. pp.73-102를 수정한 것이다.

** 한국법제연구원 선임연구위원.

1 예를 들면, 검역 및 방역체계, 감염병 관리체계에 관한 정부·지방자치단체의 거버넌스, 방역조치에 대한 정부의 작위 또는 부작위에 따른 책임, 의료 관련 감염, 감염병 관련 리스크 커뮤니케이션, 감염병 의심자의 인권, 자가격리 위반에 대한 처벌의 적정성과 실효성, 손실보상 등이 제기될 수 있다. 이준서, 「감염병 예방 및 대응체계에 관한 법제 개선방안 연구」, 한국법제연구원, 2018, 27면.

2 특히 3번 환자는 증상이 나타난 뒤에도 사흘간 서울 · 경기 일대를 돌아다녔다. 6번 환자는 3번 환자와 함께 식사를 한 지인이다. 능동감시를 받던 중 검사 결과가 양성으로 나와 30일 서울대병원에 격리됐다. 26일 확진된 3번 환자는 다음 날 이동경로가 공개된 이래 '슈퍼 전파자' 가능성이 제기됐다. 그는 지인과의 식사 직전인 22일 오후 1시경 증상이 나타났다. 그 뒤에도 서울 강남구 성형외과와 호텔, 한강변 편의점, 강남구 역삼동과 대치동 일대 음식점 등 최소 6곳 이상을 방문했다. 무증상이던 기간까지 합하면 무려 닷새 동안 지역사회에 노출됐다. 22일 이후 사흘간 그와 접촉한 사람만 해도 95명에 이른다. 이 중 함께 식사를 하거나 투숙하는 등 밀접하게 접촉한 사람도 15명이다.

3 기존 검역감염병 의심자를 '검역감염병 접촉자'로 새롭게 정의함으로써 '증상'이 아닌 '접촉'을 기준으로 검역조치를 할 수 있도록 하였고(제2조 제5호), 종전 오염지역이라는 용어를 '검역관리지역'으로 보다 명확하게 변경함으로써(제2조 제7호), '오염'이라는 용어의 부적절성을 수정하였다.

4 2020년 8월 11일 「정부조직법」이 개정됨에 따라 질병관리본부가 질병관리청으로 승격되었고, 기존 보건복지부장관의 권한이 질병관리청장에게로 이관되었다(「정부조직법」 제38조).

5 검역감염병에는 2003년과 2015년 각각 유행하였던 사스와 메르스 외에도 "외국에서 발생하여 국내로 들어올 우려가 있거나 우리나라에서 발생하여 외국으로 번질 우려가 있어 보건복지부장관이 긴급 검역조치가 필요하다고 인정하여 고시하는 감염병"이 포함된다(제2조 제1호). 여기에는 급성호흡기증상을 나타내는 신종감염병증후군이 해당하므로 코로나19는 검역감염병에 해당한다.

6 감염병환자 외에 감염병의심자에 대한 정의를 추가하여 감염병환자등에 접촉하거나 접촉이 의심되는 사람, 「검역법」에 따른 (중점)검역관리지역에 체류하거나 경유한 사람, 또는 감염병병원체 등에 노출되어 감염이 우려되는 사람을 대상에 포함시켰다(제2조 제15호).

7 「감염병예방법」에서는 생물테러의 위협, 높은 치명률, 집단 발생의 우려, 음압격리의 필요성, 전파가능성 및 격리 필요성 등을 고려하여 감염병을 제1급에서 제4군까지로 분류·지정하고 있는데, 사스와 메르스를 포함한 신종감염병증후군은 제1급감염병에 해당한다. 제1급감염병은 생물테러감염병 또는 치명률이 높거나 집단 발생의 우려가 커서 발생 또는 유행 즉시 신고하여야 하고, 음압격리와 같은 높은 수준의 격리가 필요한 감염병을 말한다(제2조 제2호).

8 이 조문은 2015년 메르스 사태 이후 개정된 조문이다. 당시 질병관리본부는 감염이 발생한 병원명을 공개하지 않아 병원 내 감염이 악화되었다는 비판을 받았다. 이번 개정에서는 공개의 방법을 정보통신망 개제 또는 보도자료의 배포로 특정하였고, 공개된 사항 중 사실과 다르거나 의견이 있는 당사자는 보건복지부장관에게 이의신청을 할 수 있었던 기존의 조문을 "성별, 나이, 그 밖에 감염병 예방과 관계없다고 판단되는 정보로서 대통령령으로 정하는 정보는 제외"하도록 하였다. 그럼에도 불구하고 코로나19 발생 이후에도 확진자 동선에 대한 공개 여부에 대하여 질병관리본부와 서울시 · 경기도의 갈등이 발생하였다.

9 안심밴드는 「감염병예방법」상에 규정된 자가격리 의무를 위반한 자를 대상으로 하여 당사자의 동의하에 착용시키고 있다. 즉, 안심밴드는 모든 자가격리 대상자가 아닌 자가격리 의무를 한 번이라도 위

반한 자를 대상으로 하는 것이다.

10 개정이유에는 "감염병예방을 위한 각종 방역 조치 준수의무의 실효성을 확보하기 위하여 감염병의심자 격리에 필요한 이동수단 제한, 위치정보 수집, 감염 여부 검사 근거를 마련"하기 위함임을 밝히고 있다. 국가법령정보센터 <https://law.go.kr/lsInfoP.do?lsiSeq=222243&ancYd=20200929&ancNo=17491&efYd=20200929&nwJoYnInfo=N&efGubun=Y&chrClsCd=010202&ancYnChk=0#0000>

11 "의료기관 내에서 환자, 환자의 보호자, 의료인 또는 의료기관 종사자 등에게 발생하는 감염"을 '의료관련감염'이라고 정의하고(제4조 제1항), 의료기관을 개설하는 자로 하여금 의료관련감염을 예방하기 위한 사항을 준수하고(제36조 제13호), 그 예방을 위한 조치를 하도록 하였다(제47조). 종전 「감염병예방법」과 「의료법」 두 법률에서 각기 다르게 사용하였던 용어를 '의료관련감염'으로 일치시키면서 의료관련감염의 예방과 전파 차단을 위해 의료기관이 준수해야 할 운영기준의 근거와 의료관련감염 감시 시스템 구축의 근거를 마련한 것이다. 이준서, 「감염병 대응에 관한 법체계 및 주요내용」, 한국법제연구원, 2020, 21-22면.

12 2020년 2월 질병관리본부는 기존 밀접접촉자와 일상접촉자 구분을 폐지하고 일괄 접촉자로 통합하여 자가격리를 하도록 하고, 자가격리에 따른 생활 지원과 유급휴가 비용은 정부가 지원하기로 지침을 일부 변경하였다.

13 국경 폐쇄가 감염병 예방에 도움이 되지 않는다는 것이 WHO의 일관된 입장이다. 국경을 폐쇄하거나 여행, 무역을 제한할 경우 오히려 비공식적인 국경 이동이 발생해 질병 확산 가능성이 높아진다는 것이다. 국제보건규칙(International Health Regulation)에서도 "질병 확신을 통제하는 경우에도 국가 간 이동을 불필요하게 방해해서는 안 된다"는 원칙을 제시하고 있다(제2조). 허윤정, 「코로나 리포트」, 동아시아, 2020, 38면.

14 다만, 이 연구의 결론에서는 코로나19의 집단감염에 대한 사례를 찾고, 검사하고, 격리(치료)하는 것이 어려울 수 있는 한국보다 더 넓은 지형의 국가에서는 한국의 대응방식을 그대로 적용하는 것에 주의를 요한다는 것을 밝히고 있다. Amy Dighe et al., Response to COVID-19 in South Korea and implications for lifting stringent interventions, BMC Medicine 18, Article number: 321 (2020).

15 사회적 거리두기 2.5단계는 기존 단계에서는 마련되어 있지 않았던 조치인데, 이는 기존 2단계(실내 50인, 실외 100인 이상 집합금지, 초 · 중 · 고 원격수업, 무관중 스포츠 행사, 공공시설 운영 중단, 교회 대면예배 금지)에 오후 9시 이후 음식점, 제과점 등 이용 금지(포장 배달만 허용), 실내 체육시설 운영 중단, 프랜차이즈형 커피전문점 포장 배달만 허용, 학원 비대면 수업, 요양병원 · 요양시설 면회 금지 조치를 추가한 것이다. 방역당국은 2020년 11월 7일 사회적 거리두기를 5단계로 개편하였다. <http://ncov.mohw.go.kr/socdisBoardView.do?braid=6&brdGubun=1> (2021. 1. 10. 검색).

16 대법원 1998.7.24. 선고 96다42789 판결. '개인정보자기결정권'은 정보사회의 발전으로 정보가 제3의 자원으로 인정됨에 따라 헌법상의 기본권으로 보호대상이 되었지만, 보호의 범위와 관련해서는 내재적 제약을 인정할 수 있는지를 둘러싸고 다툼이 있다. 김호정, "정보기관의 정보수집 활동과 '개인정보 자기결정권'-서울중앙지방법원 2008가합40668판결 및 서울고등법원 2009나60189판결을 중심으로-, 「외법논집」 제39권 제1호, 한국외국어대학교 법학연구소, 2015. 2, 169면.

17 개인정보자기결정권이란 자신에 관한 정보가 언제 누구에게 어느 범위까지 알려지고 또 이용되도록 할 것인지를 그 정보주체가 스스로 결정할 수 있는 권리, 즉 정보주체가 개인정보의 공개와 이용에 관하여 스스로 결정할 권리를 말한다. 개인정보자기결정권의 보호대상이 되는 개인정보는 개인의 인격주체성을 특정하는 것으로 개인의 동일성을 식별할 수 있게 하는 일체의 정보라고 할 수 있고, 반드시 개인의 내밀한 영역이나 사적인 영역에 속하는 정보에 국한되지 않으며, 공적 생활에서 형성되었거나 이미 공개된 개인정보까지 포함된다. 헌법재판소 2005. 5. 26. 선고 99헌마513 결정.

18 종교적 집회 · 결사와 같은 종교실현의 자유와 같이 "이미 정신적, 내적 영역을 떠나 외부적으로 나타나는" 행위는 "인간의 내적 정신적 문제가 아니라 대외적인 것"이어서 법률적 제한이 가능하다는 것이 통설과 판례의 태도이다. 헌법재판소 2001. 9. 27. 선고 2000헌마159 결정; 헌법재판소 2004. 8. 26. 선고 2002헌가1 결정; 대법원 1982. 7. 13. 선고 82도1219 판결.

19 독일 헤센(Hessen)주에서 2020년 3월 17일부터 4월 19일까지 일반 시민의 이동제한을 명령하는 「코로나 바이러스 퇴치를 위한 네 번째 행정명령(Vierte Verordnung zur Bekampfung des Corona-

Virus, GVBl. S. 157)」 제1조에 따르면 "교회, 이슬람 사원, 유대 성당에서의 집회 및 다른 종교단체의 집회는 금지된다(Zusammenkünfte in Kirchen, Moscheen, Synagogen und die Zusammenkünfte anderer Glaubensgemeinschaften sind ebenfalls untersagt)." 이에 대하여 독일 헤센주의 한 가톨릭 단체는 종교의 자유(독일 기본법 제4조 제1항은 "신앙과 양심의 자유 그리고 종교적 · 세계관적 신념의 자유는 불가침"임을, 제2항은 "종교의 행사가 방해받지 않을 것이 보장"됨을 각각 규정하고 있다)는 무제한의 기본권으로서 제한될 수 없으며, 행정명령에 따른 금지는 비례의 원칙을 위반하였다는 주장을 하였는데, 이것이 헤센주 행정법원에 의해 기각되자, "이동제한에 따른 종교활동의 제한이 종교의 자유를 심각하게 침해한다"며 헌법소원을 제기하였다.
독일 연방헌법재판소는 생명과 신체에 대한 위험에 대한 보호는 이와 결부된 신앙의 자유에 대한 매우 중대한 침해에도 불구하고 현 상황 하에서는 그보다 우선한다고 판결했다. 교회에서의 집회금지가 중지될 경우 다수가 부활절에 교회를 방문할 것이며, 이것은 바이러스 감염위험, 감염 · 확진, 의료기관의 과부하, 최악의 경우 사망을 상당히 증가시킬 것이어서, 이러한 위험은 자발적으로 미사에 참가한 사람에게만 제한되지 않고 그 외의 사람들에게까지 영향을 준다고 밝혔다. BVerfG, Beschluss vom 10.04.2020-1 BvQ 28/20; 원문은 다음을 참조(<https://www.hessen.de/sites/default/files/media/staatskanzlei/2020-03-17_vierte_vo_bekaempfung_corona_virus__0.pdf> 2020. 8. 3. 검색); 박종욱, "'코로나19'로 인한 종교활동 제한에 대한 독일 연방헌법재판소의 합헌성 심사", 법률신문, 2020. 4. 20. 기고문.

20 BVerfG, Beschluss vom 10.04.2020-1 BvQ 28/20.

21 월스트리트 저널(Wall Street Journal)은 한국의 검진 기술, 중앙정부의 통제와 커뮤니케이션이 한국 방역의 성공임을 밝혔고("The Key to South Korea's success came from blending technology and testing like no other country, centralized control and communication - and a constant fear of failure (…)" The Wall Street Journal, "How South Korea Successfully Managed Coronavirus", 2020. 9. 25. 기사), 워싱턴 포스트(Washington Post)는 정부의 방역에 대한 사회의 비판과 시험이 개방되어 있기에 한국의 경제상황이 빠르게 향상되고 있다는 보도를 냈다("The South Korean response is stronger because it is open to criticism and examination. That's why their economic situation is likely to improve faster, along with their public (…)" The Washington Post, "South Korea shows that democracies can succeed against the coronavirus", 2020. 3. 11. 기사).

03

불운으로서의 감염: 팬데믹 상황에서 권리와 책임

Ⅰ. 위기 상황에서의 법적 책임
Ⅱ. 매개체 논변(vector argument) 비판
Ⅲ. 팬데믹 상황에서 개인이 부담해야 할 의무의 일반적 근거
Ⅳ. 불운의 직접적 결과에 대한 보상
Ⅴ. 결 어

불운으로서의 감염: 팬데믹 상황에서 권리와 책임*

손 제 연**

Ⅰ. 위기 상황에서의 법적 책임

1. 위기상황에서 전통적 법리의 이해

COVID-19의 팬데믹 상황에서 사회는 공동체 구성원들에게 여러 자유와 권리에 대한 제약을 감수할 것을 요구한다. 대부분의 구성원들, 그리고 특히 감염의 의심이 있는 사람들은 이동 및 사적 모임의 제한 조치에 적극적으로 응해야 할 것으로 보인다. 사람들의 사적 모임의 자유를 기반으로 소득을 창출했던 사람들은 방역적 고려에 따라 보상 약속이 없는 정부의 영업 제한 및 중단 조치로 인하여 소득이 심각하게 감소하더라도 일단 이를 수용하는 것이 공동체 구성원으로서 해야 할 마땅한 일인 것처럼 간주된다. 또한, 감염병의 악의의 또는 부주의한 전파매개자들은 가중적인 책임을 부담하고 응당 비난의 대상이 되는 것이 당연하다고 생각한다. 대부분의 건강한 구성원들에게는 백신을 맞아야 할 도덕적 의무가 있으며 나아가 이를 법적으로 직접 강제하거나 또는 경제적 불이익을 통한 간접적 강제를 통해 책임을 부여하는 것도 정당화될 수 있는 것처럼 보인다.

그러나 전통적인 법리는 개별 구성원이 부담해야 할 이와 같은 가중적이고 특별한 책임을 인정하는데 그다지 호의적인 것으로 보이지만은 않는다.

악의의 또는 과실 있는 감염자에게 그가 타인에게 감염병의 전파를 보다 용이하게 하는 행위, 예를 들어 외출과 부주의한 재채기를 했다는 사실 만으로 이와 같은 행위와의 일정한 인과적 관계를 통해 발생한 것으로 밝혀지는 손해에 대해, 확립된 현재의 법리나 사법적 관행이 원감염자에게 손해 발생에 대한 직접적인 민사적 책임을 추궁하리라는 것은 반드시 현실성 있는 예측만은 아닐 것이다(전파매개행위를 손해배상의 근거가 되는 불법행위로 인정할 가능성의 문제). 또한 고의나 과실에 의한 전파자에게 이에 대한 상해죄나 과실치상죄의 범주에 해당하는 형사 책임을 물으리라는 것도 크게 현실성은 없다(전파매개행위를 형사상 범죄로 인정할 가능성의 문제).[1] 이와 같은 전통적 법리는 아마도 자유로운 인격 발현에 수반하는 적극적이고 의도적인 개인의 행위만이 법률상 책임의 기초가 될 수 있다는 어떤 자유주의적 지향에 기인하고 있는 것으로 보인다.

그럼에도 불구하고 공중보건의 위기상황에서 다소 전향적이고 적극적으로 보이는 책임 강화의 요구가 전통적인 법리의 일관된 맥락 안에서 정당화될 수 있는가? 예를 들어 기존 법리의 해석만으로도 전파매개행위가 한 사람의 다른 사람에 대한 고의나 과실에 의한 침해로 평가되고 그 인과적 결과에 따른 손해배상을 인정할 수 있을까? 또한 기존 법리의 해석만으로도 이는 범죄로서의 비난과 처벌을 받을 자격이 충분한가? 팬데믹 상황에서의 특별한 제약을 긍정적으로 바라보는 관점에서는 기존 법리의 전향적인 해석 가능성과 입법적 정당화의 논리를 모색한다. 이 논리는 주로 평상시에는 일상생활에 수반하는 행동으로 간주되어왔던 전파매개를 용이하게 하는 활동을, 손해배상이나 형사책임의 구성요건이 되는 자유로운 인격에 의한 적극적인 법률상의 행위로 편입시키고, 나아가 팬데믹 상황에서 발생한 해악과 손실을 이러한 행위와의 인과적 연관 속에 위치시킨다. 대표적으로 유기훈 등은, "'공중보건'의 이름으로 개인의 자유를 제한하는 행위의 정당성과 그 도덕적 한계에 대한 법철학적 논의"를 제기하면서, "공중보건과 공익의 이름으로 개인의 자유제한이 이루어질 수 있는 도덕적 한계"를 검토한다. 이들은 해당 논문에서 "'인구집단에 대한 리스크(risk to population)' 개념을 포함한 '확장된 해악의 원리'"가 "개정 「감염병예방법」의 '격리위반', '치료거부', '검사거부'에 대한 처벌조항"을 비롯한 "국가의 자유 제한조치"에 대하여 이와 같은 '확장된 해악의 원리'가 적용될 수 있다고 주장한다.[2] 이들이 말하는 확장된 해악의 원리가 문제되는 지점은 크게 감염인의 행위자적 속성과 행위와 해악의 인과관계의 측면에서 논의된다.

그러나 자유주의적 법리의 본래의 정신과 취지에 비추어볼 때 팬데믹 상황에서 벌어지는 사태가 과연 기존의 법리를 전향적으로 적용하기에 합당한 것인지는 보다 면밀한 분석이 필요하다. 자연재해의 상황이나 팬데믹의 상황은 선택가능성의 여지를 감소시키고 오히려 불운의 영향을 증가시킨다. 광범위한 감염병의 전파는 개별 행위자의 부주의한 전파매개활동의 의도적 결과라기보다는 자연적 재난으로 인한 재해의 성격이 짙다. 그럼에도 불구하고 개인의 의도적 행위나 과실을 전제로 하는 불법행위 손해배상의 법리와 형사처벌제도 등을 위기상황에서 확장적으로 이용하려고 하는 것은 팬데믹의 불운과 재난으로서의 성격을 간과할 뿐만 아니라 사태의 본질과도 역행한다.

영향력 있는 자유주의적 분배 책임의 계산은 **개인의 선택가능성**과 **불운**의 영향을 가장 중요한 요소로 고려한다. 따라서 자유로운 선택의 여지가 있었던 평상시의 개인의 행위의 책임의 수준을 전제로 형성된 여러 재분배에 기여하는 제도와 사법적 판단 기준을 그대로 적용하게 되면, 새로운 재난적 상황에서 분배적 정의의 이상을 실현시키기 어려워진다. 불운한 재난 상황에서 기존의 법리나 관행이 전향적으로 고려해야 할 것은, 개인의 부주의함에 대한 **비난을 강화하는 것이라기보다**는, 취약계층에게 특별히 가혹하게 경험되는 재난적 불운으로 인한 결과의 방치 및 특정 조건의 사람들에게 비대칭적으로 불리한 방역적 규제로 인해 강화되고 있는 사회의 **불공정을 교정하는 것**이다. 따라서 팬데믹 상황에서 전향적으로 고려해야 할 법리는 오히려 방역의무의 이행으로 사실상 다른 사람이나 공동체의 사무를 관리한 것에 대한 비용상환의 문제(사무관리로 인한 비용상환), 국가가 공적 이익을 위하여 구성원의 재산에 대한 수용, 사용, 제한한 것에 대한 손실을 보상하는 문제(공공필요에 의한 손실보상), 나아가 대규모 감염병 상황으로 인한 직접적 손실로 악화된 **취약계층의 불평등한 지위의 교정**과 같은 것이다.

2. 자유주의 공동체의 이상

자유주의는 일반적으로 고의나 중대한 주의의무위반이 없는 한, 개인에게 타인이나 공동체에 발생한 해악의 책임을 인정하는데 매우 신중한 것으로 알려져 있다. 그러나 공중보건의 위기상황에서 평상시보다 개인은 더 많은 책임과 의무를 부담해야 할 것으로 보이는데 이와 같은 자유주의의 이상은 걸림돌이 되는 것으로 보일지도 모른다. 즉 위기상황이나 전쟁상황의 존재가능성 논거는, 자유주의를 근본적 이상이 아니라 평화로운 상황이라는 특수한 조건 아래에서만 그 설득력이 있는 조건부적 이상으로 전락시키는 것처럼 보인다. 위기상황론은 자유주의라는 재화를 공동체의 필수재에서 사치재로 전락시키고, 인류나 공동체 구성원의 존속과 유지, 경제적 발전의 자유주의에 대한 우선성을 재난이라는 상황을 통해 재발견하는 것처럼 보인다.

그러나 자유주의 공동체라는 이상은 위기상황론에 맥없이 무너지는 종류의 이상도 사치스러운 이상도 아니다. 자유주의 공동체의 이상이란 자유로운 인격체들이라면 합의할 만한, 각 개인의 삶을 최선으로 만들어 주려는 목적을 가진 공동체가 나아가야 할 방향을 제시하는 것이다. 이들의 합의는 위기상황에 대한 대응을 간과하지 않는다. 자유로운 인격들은 위기상황에서 개인의 책임과 의무의 증가나 국가의 적절한 간섭의 증가에 대하여 배타적으로 반응하지 않는다. 현대의 설득력 있는 수많은 자유주의의 문헌들은 고전적인 방식의 최소국가 모델을 고집하지도 않는다. 위기상황에서 자유주의의 이상을 정합적으로 성취하기 위해 중요한 것은, 책임의 증가와 국가 간섭의 증가를 무작정 거부하고 소극적 간섭의 방향으로 강제가능성을 축소하는 것이 아니라 급격하게 증가하는 해악을 긴급히 최소화해야 할 공동체의 당면과제에 대하여 각 개인의 의무와 책임의 범위를 자유주의적 토대 위에서 면밀하게 검토하고 재분배하는 일이다. 즉, 자유주의는 위기상황에서의 공익에 대한 구성원의 특별한 부담의 증가라는 게으른 기술을 자유로운 개인들의 삶에 대한 각자의 진정한 책임으로 돌릴 수 있는 보다 세심한 설명을 요구할 뿐이다.

3. 논증의 구성

다음의 Ⅱ.에서는 위기상황에서 증가하는 개인 책임의 정당화에 대한 자유주의적 대응의 현황을 살펴볼 것이다. 여기서는 자유주의가 다양한 방식의 적절한 국가적 간섭의 확대에 친화적이라는 사실을 확인한다. 다만, 위기상황론에 대한 대중적이고 유력한 자유주의적 대응으로 제시되는 소위 '매개체 논변'이, 근본적인 오해에 기반하고 있다는 점을 보인다. 이 논변의 오류는 의무 위반에 대한 비난가능성의 존재와 개인의 책임을 구성하는 근거를 혼동하는데 기인하고 있는 것으로 보인다. 이와 같은 혼동에 기반하여 도출되는 것으로 보이는 방역 업무와 그에 대한 비용 책임의 분배는 부당하게 비대칭적인 함축을 내포하게 된다. 특히, 그 오류의 실천적 귀결은 타인 사무로서 방역의무를 이행한 자와 취약계층에게 특별히 더 가혹한 것이라는 점을 분석할 것이다. 나아가 Ⅲ.에서는 방역상황에서 요구하고 있는 책임의 개별적 분배가 기초해야 할 대안적인 자유주의적 설명을 제공한다. 여기서는 팬데믹 상황에서 개인의 책임이 급격히 증가하는 주도적인 원인은 개인의 행위가 아니라 재난과 불운이라는 사실과 때로 일부 개인에게 비대칭적으로 특수한 역할의 의무적 부과가 정당화된다는 점을 인정하면서도, 그 비용은 기본적으로 동등 부담의 원칙에 기초해야 하며 특수한 분업적 행위 의무를 부담시키는 경우에는 반드시 그에 대한 공동의 비용 분담, 즉 보상이 수반되어야 한다는 점을 논증할 것이다. 마지막으로 Ⅳ.에서는 국가의 의도적 방역정책에 수반되는 책임과 의무의 분배 문제에 가려져 다소 경시되고 있는 팬데믹이라는 재난 그 자체가 가져오는 불운의 문제와 이에 대한 자유주의적 재분배의 요청의 긴급성을 재확인할 것이다.

Ⅱ. 매개체 논변(vector argument) 비판

1. 공중보건 윤리와 생명 윤리의 자유주의적 통합 시도

마가렛 배틴 등에 따르면, 대규모 감염병 문제는 임상의학의 문제라기보다는 공중보건의 영역에 속하는 것으로 이해되어 왔다. 임상의학은 병원에 방문한 개인의 건강을 다루기에 소위 개인 윤리와 밀접한 반면, 공중보건의 문제는 전체 인구의 관점에서 의료 문제를 파악하기에 소위 사회 윤리와 밀접하다는 식으로 생각할 수도 있다. 제도적으로도 공중보건 윤리(public health ethics)와 생명윤리(bioethics)는 별개의 학교나 연구소에서 별개의 학문적 길을 걸어왔으며 이에 공중보건의 윤리적 연구는 개인의 자유로운 결정을 강조해 온 생명윤리에 비해 보다 공리주의적이거나 실용주의적인 성향을 보여온 것이 사실이다.[3]

그러나 분명한 것은 두 개의 윤리가 구분될 수 없다는 것이다. 특히 대규모 감염병의 전파 기전을 알기 어렵고 세부적 통제가 불가능하기에 공중보건의 이익이 곧 개인의 이익과 큰 차이가 없고 즉각 모든 개인의 적극적 방역 협조 책임을 인정하는 것 이상의 대책을 발견하기 어려웠던 과거의 상황과는 달리, 이제는 공중보건을 위한 수많은 정책들이 일정 부분 선택의 영역이 되었고 분업에 따른 비용을 지불할 수 있는 효율적인 재분배 시스템이 제도적으로 확립되어 왔다는 사실도 자유주의적 통합의 요청에 한 몫을 하고 있다. 배틴 등에 따르면 이와 같은 두 윤리 사이의 자유주의적 통합가능성을 보여준 것은 AIDS감염병에 대한 대응을 마련하는 과정이었다. 광범위하고 급격한 전파를 유발하는 공기매개 감염병과는 달리, AIDS는 체액이나 혈액 등을 통해 전파되는 HIV 바이러스의 전파 특수성 때문에 감염자인 개인이 전파를 어느 정도 스스로 통제할 수 있는 것으로 보인다. 배틴 등은 이로부터 공중보건의 윤리와 생명윤리의 통합 가능성을 발견한다. AIDS환자는 단지 감염병의 피해자일 뿐만 아니라 감염병의 매개체(vector)이기도 하다는 사실, 즉 환자의 이중적 속성은, 자유주의 이상에 따른 책임 원칙이라는 생명 윤리의 길에서 우리를 이탈하게 하지 않으면서도 AIDS 방역 정책에서 감염인을 단지 피해자가 아니라 행위 통제의 대상으로 바라볼 공중보건 정책의 명분을 제공해 준다는 것이다.[4]

그러나 인간의 감염병에 대한 매개체적 속성으로부터 어떤 규범적 함축이 도출되는지에 대하여 배틴 등은 단정적인 주장을 회피한다. 해당 논문 274-284면에 걸쳐진 매개체적 속성에 대한 그들의 검토는 그것이 어떤 규범적 판단을 위한 단지 참고가 되는 인식자료일 뿐이라는 것인지, 그 자체가 해악적 결과의 행위로부터의 인과성을 보증한다는 것인지, 자유주의 전략이 개인들 사이의 어떤 관계적이고 상호주의적인 고려를 추가해야 한다는 것인지, 따라서 이로부터 부주의한 감염매개자에 대한 민형사상의 의무로 발전될 수도 있는 가중된 책임이 용인될 수 있다는 것인지에 대한 그들의 일관적인 입장을 명료히 파악할 수 없도록 열거되고 있을 뿐이다.[5]

2. 개인의 기본권 존중을 중시하는 헌법학적 시도

헌법을 비롯한 법제도의 이해에 있어서 개인의 자유로운 인격과 행위에 기한 책임을 강조하는 자유주의적 관점은 다소 막연한 공익보다는 개인의 기본권을 보다 신중하게 보호하려는 경향으로 주로 나타난다. 예를 들어, 전상현은 그의 논문에서 팬데믹 상황에서 방역에 따른 불가피한 개인의 자유와 권리의 제한을 인정하면서도 전문성, 위기상황 등을 근거로 기본권 침해의 심사기준을 완화하려는 경향을 우려한다.[6] 그는 전문성과 위기상황의 일반적 강조를 근거로 심사기준 완화를 원칙의 수준에서 천명해서는 안 되며, 개별 사안에서의 전문성과 긴급성의 요구를 구체적으로 포착하여 공익의 비교우위를 증명하는 심사기준의 유지와 적용이 과도한 기본권 제한을 억제할 수 있을 것이라고 주장한다.[7]

다만 그가 부인한 바와는 달리, 심사기준 자체를 완화하는 것과 구체적 사안에서 심사기준을 유지하면서도 전문성과 긴급성을 구체적으로 고려하는 것의 구별은 용이하지 않아 보인다.[8] 결정례들은 스스로 심사기준을 완화한다거나 이것이 이익형량의 정통적인 기준을 벗어나는 것이라고 명백한 방식으로 고백하지 않는다. 위기상황론을 암묵적으로 전제하더라도 전문성과 긴급성은 결국 개별 결정례에서 이익형량의 공익적 요소로 고려하게 된다는 점에서 두 관점에는 실천적 차이가 없다.

또한 공익의 상대적 우위만으로는 해당 공익의 증진에 효과적인 것으로 밝혀진 모든 법률과 정책이 기본권을 적절히 존중한다고 보기 어렵다. 현행 사법심사의 절차와 관행은 공익과 사익을 임의로 나누고 두 이익 사이의 소위 법익균형성 심사를 수행하는 것처럼 보인다. 개인사업자에게 1000만원의 비용을 발생시키는 영업 제한의 방역 정책으로 10억원 공동체 이익의 상실을 회피할 수 있다면, 개인 사업자의 이익을 희생하는 이와 같은 정책은 (최선은 아니라 하더라도) 헌법질서에 부합하는 것으로 인정될 것이다. 그러나 개인의 책임에 토대를 둔 자유주의적 헌법질서라면, 개인사업자의 영업중단으로 발생한 1000만원의 비용은 개인의 책임이 아니라 공동체 모두의 부담이라는 것을 확인할 것이고, 사법심사의 절차는 이와 같은 보상이 수반되지 않은 정책의 위헌성을 발견할 수 있어야 할 것이다. 그리고 아마도 침해최소성 심사의 성실한 수행은 이를 요구하고 있을 것이다.

그럼에도 그가 주장하는 바와 같이 우리의 사법심사 절차에서는 “감염병에 대한 예방이나 치료법이 아직 확인되지 않거나 부족한 상황에서는 … 감염병의 확산을 막기 위한 기본권제한 조치들에 대해 수단의 적합성과 침해의 최소성을 인정할 가능성이 크”고, “감염병의 방역에서 보호되는 공익은 … 공동체 구성원 전체를 보호하는 것이라는 점에서 법익균형성도 비교적 쉽게 인정될 수 있다.” 이는 현실의 사법심사 절차를 통해서는 공동체 모두의 부담을 부당하게 개인에게 전가하고 있는 많은 방역정책에서 위헌성을 인정하는데 실패할 것이라는 점을 함축한다. 이 현실적 형량 절차가 관심을 가져온 것은 대개 전체 공익의 사익에 대한 상대적 크기일 뿐이며, 이때 희생된 개인의 이익에 대한 보상의 부존재에 무관심한 경향을 보인다.

방역 상황에서 기본권 보호의 현실적 위기를 초래한 사법기관의 태도는 위기상황론의 강조 그 자체라기보다는 이익형량의 이와 같은 용이성, 즉 법익균형성 심사가 최소침해성 심사를 잠식하는 관행이라고 할 수 있다. 팬데믹 상황에서 현실의 구성원들이 체감하는 기본권의 위기 중 가장 중대한 부분은 사법심사의 절차가 이러한 보상제도에 대한 입법부작위를 쉽게 정당화하는데 기인하고 있다. 헌법 제23조 제3항은 국민의 재산권의 사용, 수용 뿐만 아니라 제한의 경우까지 공공필요에 따른 경우에도 반드시 정당한 수준의 보상을 하도록 적극적으로 규정하고 있지만, 결정례는 이 명시적으로 제도화된 보상 규정의 해석에 대해서도 소극적인 경향을 보이고 있다.[9]

나아가 입법자 역시 정당하고 완전한 보상에 소극적이며,[10] 기본권의 구출에 대한 기대는 학계의 일관된 태도를 통해 보더라도 요원하다. 타국의 특수한 법적 구조와 현실에 기초한 분리이론이나 경계이론을 선택적으로 수용하고,[11] 경계이론을 취하면서도 특별한 희생의 인정에 보수적이거나 분리 이론을 취하면서도 재산권 침해의 인정에는 소극적이거나 입법 재량을 확대하고,[12] 나아가 재산권 제한을 인정하더라도 정당한 보상의 범위를 최소화하고자 하는[13] 학계의 어떤 공통된 경향이, 다른 어느 나라보다도 그 범위를 확대하여 규정하고 있는 헌법 제23조 제3항의 확장된 재산권 보호의 의지를 형해화하고 공익의 우위 상황에서 이익형량에 있어 기본권의 최소침해성 검토를 누락하는 것을 합리화하고 있는 것처럼 보이기 때문이다.

3. 해악원리의 오용

앞서 설명하였듯 자유주의는 공동체 안에서의 개인이 부담하는 책임의 근거를 근본적으로 자유로운 인격에 기인한 결정과 행위 안에서 발견하고자 노력하고자 시도하며, 이는 공중보건의 위기에서도 마찬가지다. 자유주의는 팬데믹 상황에서 국가 방역 정책을 통해 증가된 의무와 책임의 근거를 자유로운 인격에 기인한 결정과 행위 안에서 발견하고자 노력한다. 이러한 시도 중 하나는 소위 '해악원리(harm principle)'의 관점에서 국가 간섭을 정당화하고자 하는 것이다. 해악원리는 국가가 개인의 자유로운 행위를 제약할 수 있는 것은 오직 그 행위가 타인에게 해악을 유발하는 경우일 뿐이라는 원리다. 이 원리는 존 스튜어트 밀이 자유주의적 관점에서 도출한 국가 간섭의 정식화의 한 버전으로 잘 알려져 있고 어떤 규제가 해악원리의 범위 내에서 이루어진다는 점은 일응 그 규제가 개인의 자유를 존중하는 것으로 평가되어 왔다.[14] 다시 말해 감염병의 규제가 해악원리의 관점에서 정당화될 수 있다면, 그와 같은 규제는 자유주의와 충분히 양립가능하다는 것이다.

1) 매개체 논변의 시도

그런데 감염병의 전파매개활동을 국가 간섭을 정당화하는 타인에게 해악을 유발하는 행위로 간주하는 데에는 난점이 있다. 감염병의 전파매개활동은 대개 환자의 일상적인 행위에 수반하는 것이고 이와 같은 일상의 연장선상에 있는 부주의한 활동을 자율적인 행위자의 해악 유발 행위로 평가하기는 어렵기 때문이다. 그러나 앞서의 배틴 등이 제안한 이중적 속성 관점을 토대로 하고 있는 유기훈 등의 후속 연구는 인간 육체의 매개체적 속성으로부터 개인이 부담해야 할 방역 책임의 확대가 정당화되는 것으로 간주한다. 이들은 "감염인은 감염을 운반하는 '매개체(vector)'라는 공중보건의 위험요소가" 되며, 이와 같은 점으로부터 "감염자에 대한 강제적 격리 및 치료와 같은 조치들은 … 매개체로서의 환자에 의한 '타인에 대한 해악'을 막는 것으로부터 정당성을 획득한다"고 주장한다.[15] 전후의 맥락을 함께 분석해 보면, 이들이 전제하고 있는 주장과 그 함축은 대략 다음과 같이 추정된다.

> [1] (전파매개행위를 하지 않을 의무의 정당화) 감염자나 감염될 확률이 높은 모든 공동체 구성원들은 (단지 감염병의 희생자가 아니라) 매개체이기 때문에, 자신이 감염자이거나 쉽게 감염되어 타인에게 전파매개자가 될 수 있다는 사실을 충분히 알고 있는 자유로운 행위자로서의 개인은 매개체로서 타인에게 끼칠 해악을 방지할 행위 의무가 있다. 나아가 이 의무의 위반과 관련하여 결과적 손해가 발생한 경우, 이 손해의 원인은 개인의 자유로운 전파매개행위에 일부 또는 전적으로 귀속될 수 있다.
>
> [2] (간섭 및 규제의 정당화) 따라서, 국가 간섭에 가장 소극적인 태도로 이해되어 온 전통적 해악원리를 국가 간섭을 정당화하는 자유주의의 정식으로 인정하더라도, 감염병의 매개체가 될 수 있는 인간에 대하여 매개방지행위와 그 위반에 기인한 손해배상의 법적 의무를 부과하는 것은 자유주의의 한계를 벗어나지 않는 정당한 간섭이다.
>
> [3] (비용에 대한 보상 및 재분배를 요구할 권리의 부재) 또한, 타인에 대한 해악 발생을 방지하기 위한 이와 같은 정당한 규제와 간섭에 따라 개인이 불가피하게 부담하는 비용은 전적으로 그의 개인적 책임의 이행에 수반하는 것이므로

이에 대한 국가와 공동체에 의한 보상이나 배상 의무는 일응 도출되지 않는다. 방역 활동으로 인하여 취약해진 개인의 처지는 다만 공동체 경제 회생과 개인의 기초 생활을 보장하기 위한 시혜적 측면이나 구호활동의 일환으로 자유주의 외적인 원리로부터 고려될 가능성이 있을 뿐이다.

이와 같은 설명은 방역 관련 규제가 지향하고 있는 철학을 가장 직관적으로 잘 묘사하는 것처럼 보인다. 방역활동의 의무를 정당화하는 이러한 논증을 '**매개체 논변**(vector argument)'이라고 하자. 매개체 논변을 받아들이면, 강화된 규제를 법률가들에게 친숙한 전형적 법률관계의 논의에 부합하도록 가장 직관적으로 정당화할 수 있게 되고 국가나 입법자는 보상과 재분배의 문제에 신경쓰지 않고 방역활동에 전적으로 매진할 수 있도록 면책되는 것 같다.

그러나 개인이 바이러스의 매개체가 될 수 있다는 속성이 그의 일상적 활동과 우연적 방식으로 결부되어 발생한 감염의 결과에 대한 원인을 개인의 일상적 활동의 탓으로 돌릴 수 있도록 만들어준다는 설명은 그 기초부터 의심스럽다. 분명 감염병의 전파 방식에 대한 의학적 지식이 보편화되고 국가의 방역활동으로 인하여 어떤 유형의 활동이 감염병의 확산에 기여하는지 충분한 교육이 제공됨으로써, 인간의 육체가 감염병의 숙주가 되고 전파경로가 된다는 사실, 재채기나 대화에 의해 발생하는 비말, 체액, 혈액 등의 관리에 주의를 기울여야 한다는 사실, 마스크 착용과 같은 간단한 처방이 전파율의 감소에 기여한다는 사실 등을 충분히 알 수 있었다는 점은 해악을 발생시킨 개인의 행위에 대한 어떤 비난가능성을 높여주고 책임을 증가시키는 중요한 요소가 될 수 있다. 그러나 바이러스의 매개체가 될 수 있다는 개인의 육체적 속성은 개인의 책임을 그 자체로 확인해주고 귀속시키는 요소가 아니다. 감염병 규제에 있어서 감염병의 환자인 사람들의 전파매개활동에 대하여 해악원리를 적용하고 그 결과적 해악에 대한 책임을 묻기 위해서는, 단지 인간의 육체(body)가 감염병의 전파경로가 될 수 있다는 매개체적 속성을 밝히는 것이 아니라, 그들의 전파매개활동과 이에 수반하는 결과에 대하여 환자인 사람들이 충분히 자율적인 선택가능성, 즉 행위주체성(agency)을 가지고 있는지를 직접적으로 검토해야 하는 것이다.

2) 매개체 논변의 오류: 비난가능성을 의무 부과의 근거로 혼동

매개체 논변을 통해 감염병 규제의 정당성을 옹호하려는 이들이 제공하고자 하는 것은 공중 보건의 위기에서 급격히 증가하고 있는 해악에 대한 적절한 방역적 행위의 책임을 구성원들에게 분담시킬 수 있는 설득력 있는 자유주의적 설명이라고 할 수 있다. 이들이 설명을 제공해야 한다고 상정하고 있는 목표는 크게 두 가지로 보인다. 하나는 전파매개자들이 수행한 매개활동을 그들이 자유롭게 통제할 수 있었다고 평가할 수 있는 설명을 제공하는 것이다. 다른 하나는 증가한 거대한 해악들을 가급적 모두 어떤 매개활동에 인과적 원인을 귀속시킬 수 있도록 연결짓는 것이다. 이와 같은 목표에 따라 이들은 한편으로는 매개체 논변을 통해 매개행위자에게 행위주체성과 비난가능성(또는 '비난할 만함', blameworthiness)을 인정하려고 하고, 다른 한편으로 원인이 된 행위나 행위자 속성의 인과적 귀결로 인정될 수 있는 해악의 범위를 확장시키려고 노력하고 있는 것으로 보인다.[16] 그러나 이와 같은 시도는 팬데믹 상황에서 증가하는 비난가능성의 지위를 오인하는데 기인한다.

우선, 비난할 만함은 의무 부과의 **일반적** 근거가 될 수 없다. 개인에게 방역과 관련한 활동에 대한 행위 책임을 인정하기 위해, 가급적 대부분의 해악적 결과를 어떤 비난의 소지가 있는 행위와 연관시키려는 시도는 성공적이지 않다. 자유주의적 설명의 근본적인 과제는 개인에게 부과되어야 할 방역 행위의 의무와 책임의 근거를 발견하는 것인데, 이와 같은 책임을 발견하기 위해 어떤 사전적이거나 가설적인 의무 위반이 반드시 전제되어야 할 까닭은 없다.[17] 많은 책임들은 어떤 비난할 만하지 않은 원인과 상황에 의해서 합당하게 부여될 수 있다. 예를 들어, 부모는 미성년인 자녀에 대해 양육의 책임을 지는데, 이 책임은 부모가 사전에 미성년자들에게 어떤 비난할 만한 행위를 했기 때문에 부담하는 것이 아니다. 물론 양육책임을 위반하게 되면 이는 비난할 만한데 이는 양육책임을 부여하는 원인이라고 상정되는 어떤 비난가능성과는 무관하다. 만약 모든 부모의 양육책임을 발생시키기 위해 부모의 비난가능성을 발견해야 한다면, 부모에게 "불출산 의무"의 위반와 같은 책임의 요소를 인정해야 할 것이다. 또한 민법상 위험부담의 다양한 법리는 그 근거에 대한 여러 자유주의적 설명이 가능하지만, 계약의 당사자 중 일방에게 불가피한 목적물의 멸실로 인한 위험을 부담하게 하는 이러한 정당화는 멸실을 유발한 어떤 행위의 존재와 그에 대한 비난가능성을 전제하지 않는다.

나아가, 의무 위반에 기인할 가설적 손실의 크기로부터 역으로 의무의 근거와 정도를 발견하는 논증도 마찬가지로 자유주의의 관점에서 오류이다. 이는 사회전체의 공리의 증가만을 개인의 의무 발생의 유일한 목표로 삼아도 좋은, 자유주의와는 결별하고 있는 논증에 기초하지 않을 수 없다. 이러한 논증을 채택하게 되면 다음과 같은 함축도 받아들이게 된다. 예를 들어, 만약 책임감 있고 성실한 어떤 사람 A의 형제와 그 배우자가 사망하였고 이로 인하여 양육자를 잃게 된 그 형제 부부의 자녀에게 **비용-편익의 관점에서 가장 적합한**(예를 들어 책임감 있고 자녀에 대해 잘 아는) 우수한 양육자의 후보가 바로 A라고 할 때, 그리고 이러한 관점에서 공동체가 양육자의 의무를 부과하는 경우 제대로 양육을 하지 못하였을 때 해당 자녀들과 사회 전체에 가장 큰 손실을 가져오고 가장 큰 비난을 받게 될 사람도 A라고 할 때, 그 사람이 양육자가 되기로 작정하지 않더라도 단지 가설적일 뿐인 손실의 크기 및 비난가능성으로 인해 양육의 의무 그 자체를 가장 가중된 형태로 부담하게 된다는 것이다. 가장 성실하고 적합한 사람에게 바로 그 성실함과 적합성을 이유로 가장 무거운 책임을 부과하는 이와 같은 논증의 건전성은 자유주의 사회가 거부하고 있는 **공리주의**와 같은 기초에 의해서만 정당화될 수 있을 것으로 보인다. 자유주의 사회가 이 이론과 결별하는 이유는 개인의 자유로운 인격적 삶을 근본적인 차원에서 사회 전체의 공리를 최대화하기 위한 수단에 희생시키기 때문이다. 매개체적 속성을 의무의 정당화에 활용하려는 다소 부주의한 시도는 자칫 자유주의의 길에서 탈선하여 사실상 “어떤 책임도 발견할 수 없더라도, 공동체 전체의 이익만 최대화된다면 개인의 희생은 전혀 고려될 필요가 없다.”는 공리주의의 함축을 가지게 된다는 점에 주의해야 한다. 따라서 비난할 만한 행위로부터만 책임을 발견하려는 일반적 시도나, 반대로 의무의 위반에 따른 손실의 상대적 크기가 책임 부과의 근거라는 설명 모두, 어떤 자유주의적 전제로부터도 정당화될 수 없다. 이는 기껏해야 공리주의와 같은 자유주의가 회피하고 있는 원칙들에 근거하고 있을 뿐이다.

그러나 우리는 이러한 시도와 설명에 기대지 않더라도 공중 보건의 위기에서 급격히 증가하고 있는 해악에 대한 적절한 방역적 행위의 책임을 구성원들에게 분담시킬 수 있는 설득력 있는 자유주의적 설명을 제공할 수 있다. 팬데믹 상황에서도 의무위반 없는 전파매개행위와 그로 인한 감염과 해악의 발생이 존재할 수 있으며, 이에 대한 책임 분담에 대한 자유주의적 설명은 충분히 가능하다.[18] 즉, 재난으로 기인한 불운한 피해는 누가, 어떻게, 얼마나 감당해야 하는가라는, 의무의 범위를 분배적 정의와 관련시켜 팬데믹의 특수성에 기초하여 구체화하는 방역 관련 의무의 성질과 범위에 대한 근본적인 논의, 즉 의무 부과의 근거의 논의에 있어서 비난가능성과 무관한 분담의 설명을 제공할 수 있다. 팬데믹 상황에서 개인에게 부과되고 있는 책임과 의무는 개인의 일탈의 존재여부와 무관하게 일반적으로 급격히 증가할 수 있기 때문이다.

그런데 팬데믹 상황에서는 부여된 각종 의무와 책임의 양이 증가했을 뿐만 아니라 그 위반 사례도 증가하고 이와 같은 위반에 대해 평상시에 비하여 상당히 가중된 비난이 가해져야 한다는 인식도 분명 증대하고 있다. 이와 같은 대규모 재난 상황에서 구성원들이 부담해야 할 것으로 보이는 방역 의무의 위반에 대한 비난가능성의 심대한 증가는 어디에서 유래하는가? 이는 그들이 재난의 위험을 초래했다는 사전적 행위의 비난가능성이나, 가설적 의무위반의 비용편익 분석으로부터 도출된 것이 아니다. 재난의 여건 안에서 이와는 무관한 의무부과의 어떤 독립적인 자유주의적 정당화 근거를 발견할 수 있으며, 이에 따라 합당하게 인정된 개인의 방역 의무를 위반한 것으로부터 독자적인 비난가능성이 도출되는 것이다. 이는 위반행위가 가져올 재난적인 결과에 대한 인식 및 예측능력 그리고 사회의 정당한 손실보상이 의무부과에 수반됨으로써 정당하게 확립되는 방역 행위의 기대가능성에 독립적으로 근거하고 있는 것이다.

3) 기존 이론과 정책의 매개체 논변 의존 비판

그런데 특정 당사자에게 불합리하게 가중된 방역의 책임을 부과하면서도 이에 대한 충분한 보상의 수반을 그 필연적 요건으로 하지 않고 있는 것으로 평가되는 여러 입법적 시도들은, 주로 개인의 방역책임을 인정하기 위해 해악원리를 확장하려는 매개체 논변과 유사한 정당화를 공유하고 있는 것으로 보인다. 이들은 개인이 방역활동에 참여하지 않는 행위를 즉각 비난가능한 적극적인 불법행위로 구성하거나, "만약 이를 위반하였을 경우"에 공동체에 미칠 손해의 막대함과 이를 근거로 그 위반이 상당한 비난이 가해질 만하다는 가설적 평가를 통해 방역행위의무를 정당화하는 전형적 오류에 기대고 있다. 앞서 설명한 헌법 제23조 제3항의 손실보상과 관련하여 소극적 경향을 보이는 입장들도 이러한 오류를 철학적 기반으로 삼고 있는 것으로 추정해볼 수 있다. 즉, 어떤 행위자가 특정한 가설적 의무를 위반하는 경우 사회에 막대한 손해를 유발하고 심지어 비난가능하다면, 바로 그 이유가 그 행위자에게 해당 의무를 부과할 근거가 될 수 있으며, 이는 본질적으로 그의 의무이므로 특별한 희생도 발생하지 않으며 따라서 그에 대해서는 어떤 정당한 보상도 동반될 필요가 없다는 것이다.

다중집합시설의 운영자들과 같이 팬데믹 상황에서 영업의 제한이나 중단과 같은 방역 의무를 부여받고 있는 구성원들은 이러한 제한을 받지 않고 있는 다른 종류의 업무에 종사하는 구성원들에 비해 비대칭적으로 가중된 의무를 수행하고 있다. 그러나 그들의 가중적 의무는 어떤 **다른 의무의 위반이나 비난가능성으로부터 도출된 것이 아니다**. 이와 같은 의무 이행에 따른 수혜자는 공동체 전체 구성원으로서 재산권 제한의 방식으로 이들이 수행하는 의무는 **공동 또는 타인의 사무를 관리**하는 것이다. 따라서 이러한 의무의 부과에는 그 타인 사무의 관리로 인한 기회비용에 대한 보상이 전제되어야 한다.[19] 그럼에도 불구하고 단지 의무 위반의 비난가능성에만 오로지 주목하며 의무부과 조치에 따라 개인이 감수하는 비용에 대한 재분배적 보상의 문제는 단지 사회적 구제 정책의 일환으로 간주하고 비대칭성의 문제를 근본적으로 해소하지 않고 있는 현재의 정책 경향은 이와 같은 부정의를 간과할 뿐만 아니라 의무 부과의 기초적 근거를 제공하지 못한다.

Ⅲ. 팬데믹 상황에서 개인이 부담해야 할 의무의 일반적 근거

그렇다면 보다 면밀한 자유주의적 관점은 팬데믹 상황에서의 개인의 의무와 부담을 어떻게 구성해야 하는가? 재난에 기인한 분배적 의무의 범위를 개인의 인격을 존중하는 자유주의적 관점에서 확립하기 위해서는 재난 상황의 특수성을 반드시 염두에 두어야 한다. 그리고 한편으로는 의무 위반의 가설적 비난가능성이나 결과적 해악의 크기로부터 의무의 존재 근거를 찾거나 책임의 범위를 도출하는 오류를 범하지 않도록 유의하면서, 다음과 같은 질문들에 대한 답변을 조심스레 발견해야 할 것이다. 특정 지역의 농지에 메뚜기떼가 휩쓸고 지나가 한 해 농사를 망쳤다고 했을 때, 해당 지역 농가의 피해는 농가 스스로가 온전히 부담해야 하는가? 나아가 해당 피해 농가의 메뚜기떼에 대한 사후적 방역 활동이 주변이나 전국의 다른 농지의 수확 등 사회 전체에 긍정적인 영향을 미친다고 할 때, 해당 농가는 방역 활동과 그에 대한 비용까지 모두 온전히 부담해야 할 의무가 있는가? 민법이 상린관계를 규율하고 있는 정신은 혹시 이와 같은 의무와 책임을 인정하는 어떤 보편적 원칙에 의거하고 있는 것은 아닌가? 아니면 해당 농가의 방역활동으로 인하여 수혜를 입는 모든 이들에게 비용을 분담해야 할 의무가 있는가? 방역활동을 하지 않음으로써 발생하는 것으로 추정되는 손해는 농가 관리자와 그의 부작위 행위로 그 책임과 원인이 귀속되는가? 방역활동의 의무가 확정된 경우, 방역활동의 주체가 이를 고의나 과실에 의해 충실히 수행하지 못한 경우, 그로 인한 손해에 대한 배상의 범위는 어디까지인가? 만약 재난의 특수성을 감안하지 않은 채 막연히 구성원들 사이의 민사적 관계(예를 들어 민사상 상린관계)로만 치부한다면, 메뚜기떼로 인한 직접적 경작 피해를 복구하기에도 벅찬 피해 농가의 공동체에 대한 책임의 범위는 부당하게 확장되는 것이 아닐까?

다음에서는 증가한 사회적 해악에 대한 대응의 책임을 기본적으로 동등한 부담의 원칙에 따라 해결해야 한다고 주장하면서도, 해악 원천에 사회적으로 인접하여 손실을 최소화할 수 있는 개인에 대하여 그 역할의 분배가 자유로운 사회계약에 기하여 때로는 비대칭적으로도 정당화될 수 있다는 점을 받아들인다. 하지만 이 정당화는 단지 역할의 비대칭적 분배에 대한 것일 뿐 그 비용 및 위험의 비대칭적 부담까지 분업적 사무의 책임을 부담한 당사자에게 정당화하는 것은 아니라는 점과, 이로부터 공동체가 방역의 책임과 역할을 부여하기 위해서는 이들의 타인 사무의 관리비용에 대한 분담이 필연적으로 동반되어야 한다는 점을 검토할 것이다.

1. 동등한 부담의 원칙과 분업의 원칙의 양립가능성

다중집합시설 사업자와 같이 어떤 비난할 만한 속성을 발견할 수 없는 특정인에게 방역활동과 관련하여 전체 사회가 부담한 팬데믹의 천문학적인 비용에 대한 지불의무 중 상당한 부분에 대한 의무와 책임을 비대칭적으로 부담시킨다는 것은 그 자체로 부당할 뿐만 아니라, 이미 감염병 사태로 심화된 심각하게 부정의한 분배 상태를 더욱 악화시킨다.[20] 그럼에도 불구하고 해악과 손실의 증가가 극대화되는 재난 상황에서 개인이 부담해야 할 책임도 어떤 방식으로든 증가할 수밖에 없다는 것은 명백한 사실이다. 그렇다면 이와 같은 해악과 손실 및 방역비용에 대한 책임은 일응 동등하게 부담해야 한다는 원칙 이상의 정당한 최선의 분배 원칙을 찾기 어렵다고 할 수 있다.

1) 동등한 부담의 원칙

분명 팬데믹 상황에서 방역의무가 증가하는 것은 대개 사회 전체에 복원해야 할 공동의 업무가 증가한데 따르는 것이지, 반드시 비난할 만한 개인의 행위가 증가했기 때문은 아니다. 또한 감염병에 대응하는 과정에서 벌어지는 평균적 구성원들의 집단적인 아노미로 인한 방역의무 소홀이나 사소한 개인의 일탈로 벌어지는 팬데믹 상황의 장기화와 지속, 추가적인 피해는 재난이 일반적으로 수반하지 않을 수 없는 일부로 이해하는 것이 더욱 타당할 것이다. 거시적 측면에서 이는 개인의 자유로운 의지에 기한 의무위반의 영역을 벗어난, 일종의 재난에 따른 통계적이고 확률적인 불운으로 통합되어 평가되는 것이 부당하지 않을 것이다.

이와 같은 불운한 해악의 발생에 대해 구성원들은 일단 균등한 의무의 부담을 진다고 보아야 한다. 이는 분명 개인에게서 비난가능성을 발견할 수 없는 해악들이지만, 재해로 인한 불가피하게 증가하여 나누어진 공평한 책임 부담분에 대하여 공동체의 합리적 구성원들은 단지 책임 부담분의 증가 자체를 이유로 개인의 자유가 부당한 방식으로 침해되었다고 주장할 수 없다.

2) 분업의 원칙과의 양립가능성

그런데 자유주의적 책임주의에 입각한 동등한 부담의 요청은 감염행위에 대한 일반적 지배를 인정하기 어려운 단지 매개체가 될 뿐인 자에게 타인에게 전파가 가능할 수 있는 매우 포괄적인 행위를 삼갈 부작위 행위나 특정한 전파차단 **행위**를 해야 할 특수한 의무를 부담시키는 논증이 전혀 불가능하다는 것을 함축하지 않는다. 감염병 상황에서 벌어지는 다양한 해악의 결과와 관련하여 사회의 회복을 위하여 구성원들에게 일정한 조치를 할 책임을 부과해야 한다는 것은 너무나 당연해 보인다. 문제는 이와 같은 책임을 동등 부담의 원칙과 조화롭게 이해할 수 있는가에 관한 것이다.

이 책임은 때로 감당하기에 쉽지 않아 보이는 방역의 의무를 형성하기도 하는데, 그럼에도 불구하고 어떤 비난가능성도 발견되지 않는 선의의 구성원에게 해당 방역의무를 인정할 수 있는 자유주의적 근거를 발견할 수 있어야 한다. 선체의 난파 자체에 대해 책임 있는 사람들은 모두 사망하여 남아있지 않은 어떤 난파선에서, 그럼에도 불구하고 남겨진 모두가 망망대해에서 살아남기 위해 각자 책임을 분담해야 한다는 것은 자명하다. 그리고 상황에 따라서는 각자의 역할을 상이하게 구분할 수 있는 적절한 근거도 발견할 수 있을 것이다. 난파선 안에 타고 있는 사람들 중 의료인이 있다면 그에게는 가급적 의료적 업무를 배당하고, 요리사 출신이 있다면 음식물의 제공을, 기계와 관련된 엔지니어가 있다면 선체의 기계적 결함의 보수를, 목수가 있다면 파손된 선체의 보수를 배당하는 것은 합리적일 뿐만 아니라 각각의 기능을 보유한 사람들에게 합당한 의무를 발생시킨다고까지 말할 수 있을 것이다. 이와 같은 책임의 당연한 분배가 단지 자유주의의 이름으로는 부과될 수 없으리라고 가정하는 것은 큰 오해다.

팬데믹에서 분배되어야 할 책임은 단지 대체가능한 비용적 책임으로만 구성될 수 없으며 개별 구성원들의 특수한 여건에 따라 비대칭적으로 구체적인 행위 책임을 상이하게 부과할 필요성이 있다. 일반 개인은 외출자제의 의무와 마스크 착용의 의무를, 다중집합시설의 관리자들은 영업의 자제를, 의료인은 긴급의료업무의 의무를, 건강한 개인은 백신 접종의 의무를 각각 부담할 수 있다. 이로부터 발견할 수 있는 책임 분배의 두번째 양상은 (주로 행위와 관련한) 책임의 분업적 분배라고 할 수 있다. 난파선에서 의료인은 의료업무를, 엔지니어는 기계의 보수를 담당하는 것이 합리적일 뿐만 아니라 의무라고 할 수 있는 것처럼, 차별적인 조건을 갖추고 있는 개인에게 차별적인 책임을 부과할 수 있다. 이 비대칭적 책임부과를 자유로운 개인이 용인할 수밖에 없는 근거는 어디에 있는가?

이는 균등분배의 원칙에 대한 존중과 사회적 비용을 최소화하는 효율적이고 효과적 분배에 대한 가설적인 사회계약의 가능성을 통해 정당화될 수 있다. 자유주의는 정치적 가치로서 자유의 우선성을 주장하는 입장으로, 밀이 잘 설파하였듯 "입증의 부담이 자유에 반하는 규제와 금지를 주장하는 쪽에 있다"는 주장을 통칭한다고 볼 수 있다.[21] 이와 같은 관점에서 보면, 홉스, 로크, 루소, 칸트 등에 의한 사회계약 이론은 그 정치형태에 대한 결과적 함축과 무관하게 자유주의적이라고 할 수 있다.[22] 잘 알려져 있듯, 홉스나 루소의 사회계약의 귀결은 개인의 현실적 자유를 상당히 제약하는 것으로 나타나지만, 이는 사회계약의 상황에서 개인의 자유를 가장 우선시했기 때문에 나타나는 귀결일 따름이다. 역설적으로 밀의 『자유론』에 나타난 논증을 공리주의에 기반한 것으로 해석하는 한, 밀은 이와 같은 의미에서 자유주의자라고 보기 어려울 수 있다. 밀의 자유주의적 귀결은 최대다수의 최대행복을 우선적 목적으로 하여 각 개인이 자신의 복지에 대해 가장 잘 알 수 있다는 논변에 기반하여 도출된 것이기 때문이다.[23] 존 롤즈, 로널드 드워킨와 같이 사회계약론적 가설을 적극적으로 활용하는 자유주의자들이 평등주의적 분배처럼 보이는 귀결을 자주 도출하는 것은 이 때문이다. 현대적으로 이해된 자유의 우선성은 단지 해악원리와 같은 지침부여형 정식화를 기계적으로 도출하는 것이 아니라, 구성원들의 자유로운 인격의 발현에 대한 심대한 존중이라는 근본원리 아래에서 (보통 '재분배정책'이라고 알려진) 일련의 권리와 책임들에 대한 배열(arrangements)과 재배열의 요청을 도출하게 된다.

나아가 양적으로 균등한 책임 분배와 공동체가 합의한 목표를 달성하고자 하는 가장 효율적이고 효과적 분배를 지향하는 분업과 같은 공정하고 자유로운 분배의 요구의 두 가지 양상은 다른 하나를 만족시키기 위해 어느 하나가 포기되어야 하는 필연적 관계에 있는 것은 아니다. 대개는 비용의 지불이라는 수단을 통해, 특정인에게 비대칭적으로 가중적으로 부과된 분업적 행위책임을 비용적 관점에서 보상함으로써 균등한 분배의 이상을 실현할 수 있다. 다시 말해, 균등한 분배의 대칭적 이상과 비대칭적 분업적 분배의 요청은 대체로 조화롭게 해결이 가능하다. 난파선에서 의료인만이 할 수 있는 업무가 과중하게 배당되는데 반하여 나머지 구성원들이 해야 할 일이 상대적으로 적다면, 나머지 구성원들은 공유한 가치에 대한 비용을 부담해야 한다고 할 수 있다. 메뚜기떼 사례에서 불운하게 피해를 입은 농작물 경작자가 긴급히 방역활동을 함으로써 전국의 피해를 방지할 수 있다면, 농작물 경작자는 긴급 방역활동을 부담할 분업적 의무를 지지만, 이에 대한 비용은 이를 통해 수혜를 입은 공동체 전 구성원이 부담하여야 한다. 감염병 상황에서는 바이러스에 가장 인접한 - 즉, 감염된 또는 다중집합시설을 운영하는 - 사람이 전파매개행위를 조장하지 않을 의무를 지지만, 이러한 자제로 인하여 발생하는 비용과 손실에 대해 공동체 전체가 양적 분배를 감당해야 한다. 개인의 능력이나 메뚜기떼나 바이러스와의 물리적 인접성은 특정인에게 차별적 **행위** 의무를 귀속시키는 분업적 책임분배의 양상만을 정당화한다.

이와 같은 두 가지 의무 양상의 양립가능성은 자신이 지배하는 물건과 같은 물리적 대상이 타인에게 미치는 해악에 대하여 그 관리자가 긴급한 책임을 져야 할 이유에 대한 좋은 설명을 제공하면서 동시에 그와 같은 책임의 이행에 따르는 비용을 상환받을 권리가 있음을 보여준다. 이와 같은 설명은 지배하는 물건이나 육체의 위험으로부터 발생하는 위험한 결과에 대한 책임을 단지 자신의 고의나 과실로부터 유발되었는가의 여부와 무관하게 부과할 수 있는 근거를 마련함과 동시에 부당한 비용의 전가와 희생을 막을 보상체계가 함께 확립되는 경우에만 그 의무부과가 정당하다는 것을 보여준다. 헌법 제23조 제3항의 공공필요에 의한 재산권 제한으로 손실보상을 하는 경우 그 보상의 "정당한" 범위 역시, 정합적인 자유주의적 관점을 취하는 한, 타인 사무에 대한 관리비용의 전가를 부인하는 이와 같은 의미로 해석되어야 할 것이다.

2. 비대칭적 역할 분배의 기준

팬데믹 등의 재난 상황과 관련하여 증가한 사회적 방역 비용에 대하여 동등한 책임 증가분을 배분하는 것이 아니라, 매개체 속성과 같은 특정한 관련성을 가진 구성원에게서 어떤 특별한 책임을 부과할 요소를 발견하거나 비용편익 분석을 통해 비대칭적인 책임부담을 부과하려던 일련의 시도들은, 팬데믹의 일반적 해악들로부터 일부 구성원들에게서 (예를 들어 비난가능성과 같은) 특별한 책임 증가의 요소를 발견할 수 있다는 것을 전제하고, 그러한 요소를 발견하려는 과정에서 예를 들자면 매개체적 속성이나 비난가능한 행위를 했는지 여부에 주목해 왔다. 그러나 이는 책임의 부과할 수 있는 합당한 요소가 되기 어려운데 이를 다시 한 번 구체적으로 분석해 보자.

1) 비난가능성은 일반적 기준이 될 수 없다

특정 행위자의 원인 제공으로 인한 비난가능성을 책임의 대칭성을 깨뜨리는 한 후보자로 검토해보자. 이는 언뜻 매우 설득력있는 것처럼 보인다. 누군가는 앞의 메뚜기떼 사례에서 농경지 경작자들의 책임을 배제하는 것은 경작자들에게 메뚜기떼 발생에 대한 고의나 과실이 결여되어 비난가능성이 없기 때문일 뿐이라고 할 수도 있다. 이들은 만약 일부 경작자들이 정부의 경고에도 불구하고 메뚜기떼를 유인할 수 있다고 알려진 특정 작물 G를 심어서 메뚜기떼의 발생에 기여하였다고 한다면, 그들에게 일정한 과실을 인정할 수 있고 비난가능성이 있다고 할 수 있다고 주장할 것이다. 이에서 더 나아가, 작물 G를 심은 경작자들은 메뚜기떼의 습격으로 인한 손해의 확장을 저지하기 위한 비용에 대한 (예를 들어 연대적) 배상 책임이 있다고 할 수도 있다.

그러나 앞서 매개체 논변에 대한 비판적 고찰을 통해 설명하였듯, 보통 비난가능성은 책임의 일부를 가중하는 요소일 수는 있으나 책임의 존재를 근거짓는 일반적 요소일 수는 없다. 특히 팬데믹 해악의 가장 큰 비중을 차지하는 대부분의 사안에서 특정 개인에게 그 비대칭적 책임을 돌릴 수 있는 비난가능성을 발견할 수 없다. 팬데믹의 자연재해적 성격은 많은 책임의 발생이 비난가능한 사전적 원인을 제공하는 행위를 했느냐 여부와 무관하게 발생한다는 사실을 쉽게 파악할 수 있다. 앞서 살펴보았듯, 부모는 미성년인 자녀에 대해 양육의 책임을 지는데 이 책임은 부모가 사전에 미성년자들에게 어떤 비난가능한 행위를 했기 때문으로 볼 수 없으며, 이와 같은 책임에 대한 더 좋은 자유주의적 설명을 제공할 필요가 있다. 예를 들어, 부모의 자녀에 대한 양육책임이란 공동체 전체의 복리와 해악에 대한 권리와 책임의 합당한 균등한 분배와 나아가 인류애와 같은 보편적 가치를 실현하는 것이 개인의 자유로운 인격 발현과 밀접하다는 인식을 공유하고 이에 적극적 연대의 소명을 다하려는 자유로운 인격들이 합의한 사회계약적 의무로 이해될 수 있다. 여기서 부모의 책임이 발생하기 위해 어떤 사전적 행위의 비난가능성도 전제되지 않는다.

2) 비난가능성을 발생시킨 행위의 인과적 귀결에 대한 책임귀속 범위의 한계

물론 사회계약에 참여한 사람들은 누군가의 비난가능한 행위로 인해 사회의 손해가 증가한 것이 분명하다면 그에게 **일정부분** 그 손해의 회복 책임을 부과하고자 할 것이다. 그러나 비난가능한 행위로부터 일정한 의무의 부담을 인정할 수 있는 예외적인 사안에서조차, 비난가능한 행위자의 책임이 관련한 행위가 가져오는 **모든 인과적 결과**에 미친다고 볼 수는 없다. 메뚜기떼 사례에서 특정 지역의 경작자들이 정부에 의해 권고된 예방조치를 다하지 못했다는 사실은 이 사실이 직간접적으로 매개된 전국적인 결과에 대한 무제한적인 책임을 함축하는 것은 아니다. 인간은 많은 경우 인과법칙을 의도적으로 이용하지만 인과법칙의 실현은 근본적으로 자연이 관장하는 영역이다. 감염사실과 해당 감염병의 위험성을 전반적으로 인지하고 있었던 비난가능성 있는 수퍼전파자 P_1과 감염사실도 모르고 팬데믹의 위기가 도래한 지도 알 수 없었던 비난가능성 없는 수퍼전파자 P_2가 사회에 동일한 재난을 가져오는 매개체의 역할을 할 수 있다는 사실, 초기 방역에 성공한 국가들과 방역에 실패한 국가들이 팬데믹 상태로 진입하는 것은 결국 시간차 문제일 뿐이라는 점 등은, 팬데믹 상황에서 개별 인간에게 귀속될 수 있는 의무 위반으로 인한 비난가능성은 자연의 원리가 함께 그 원인이 되어 조장한 불운의 결과에 대해 일부의 책임만을 귀속시킬 수 있다는 점을 잘 알려준다.

3) 해악 원천에 대한 사회적 인접성

비대칭적 책임을 근거지우는 보다 유력한 후보는, 한 사람이 그의 특정한 행위로 추가로 발생할 수 있는 사회적 해악을 다른 어떤 사람의 다른 행위에 비해서도 최소화할 수 있는 어떤 조건 – 즉 **사회적 인접성** – 을 가지는 경우, 그 사람에게 그 특정한 행위에 대한 의무를 인정할 수 있다는 설명이다.[24] 특정 농경지의 방역이 그 농작자에 대한 의무가 되는 경우는, 그의 방역행위가 메뚜기떼의 확산에 따른 사회 전체의 손실을 최소화할 수 있기 때문이라는 것이다. 이는 단지 해당 농경지가 메뚜기떼의 서식지가 되고 메뚜기떼 발생의 매개체가 되었다는 사실 자체로부터 어떤 비난가능성을 발견할 수 있다는 설명과는 다른 것이다.

이와 같은 법리의 정당화는 이미 다른 법률관계에서도 드러나고 있다. 예를 들어, 집 앞의 눈을 치울 책임은 집의 거주자에게 있다는 원칙과[25] 질병과 관련된 재난에 대한 일차적 대응의 책임은 의료인들에게 부과하는 등, 일종의 사회적 인접성이 공동체 안에서 부과할 수 있는 비대칭적 책임의 정당한 분배의 근거들 중 하나라고 보는 이론의 정당화 가능성은 충분히 수긍할 수 있을 것이다. 또한 일반적으로 소유하거나 점유하고 있는 물건으로부터 발생할 수 있는 다양한 위험요소에 대하여 그 소유주가 관리에 대한 책임을 질 수 있다는 점은 물권법상의 상린관계와 같은 어떤 유사성이 있어 보이는 사법적 논의에서 확립된 바도 있다. 이와 같은 논의들은 매우 유사한 측면이 있는데 바로 일종의 인접성을 책임 증가의 요소로 중시하고 있다는 점이다.

4) 행위 책임과 비용 책임의 구분

그러나 이와 같은 사회적 인접성이 특정 개인에 대한 책임의 비대칭적 발생을 유발한다는 것으로 책임에 대한 모든 설명을 마무리짓는 것은 불충분하다. 비난가능성이 없는 책임들의 증가는 앞서 살펴보았듯 일반적으로 공동체 구성원들에게 1/n 균등 분할 책임을 부과하는 것을 최우선의 원칙으로 한다. 그런데 사회적 인접성을 가진 구성원들이 특별한 행위 책임을 진다고 하는 것이 동등한 부담의 원칙을 배제할 수는 없다. 두 원칙은 배타적이지 않으며, 사회적 인접성에 의한 특별한 행위책임의 부과를 정당화하는 원칙과 동등한 부담을 정당화하는 근본적 원칙은 다음에서 설명하듯 양립가능하다.

해악과 사회적 인접성을 가진 사람에 대한 특별한 행위 책임의 원칙은 "사회 전체에 유발될 해악의 총량을 가능한 한 최소화해야 한다."는 해악 최소화의 원칙에서 도출되는 것이다. 팬데믹의 해악의 총량은 고정값을 가지는 것이 아니라 그 대응에 따라 줄어들 수 있다. 지금까지 논의를 유보해 왔던 재난에 대응하는 공동체 구성원들의 사회계약에서 도출되는 연대책임의 속성 중 하나는 1/n의 속성을 가질 뿐만 아니라 공동체 구성원들이 가급적 해악의 증가를 가능한 한 늦추거나 최소화하는 최선의 방법을 선택할 의무를 동시에 부과한다고 볼 수 있다. 방역은 누가 어떤 종류의 책임을 가지느냐에 따라서도 효율성과 효과에 대한 상당한 차이를 유발하는데 이로부터 적절한 분업의 책임이 도출된다.

이와는 달리 모든 이들이 재난의 해악 증가분을 균분해야 한다는 원칙은 해악 최소화의 원칙이 아니라 불운의 결과에 대한 동등한 부담이라는 보다 근본적인 분배 정의의 원칙으로부터 도출된다. 따라서 동등부담 원칙은 동등한 분업의 요청과 배타적 관계에 있지 않다. 공동체 구성원들은 특별한 사회적 인접성을 가진 구성원들에게 가장 신속하고 전문적인 대응을 하도록 위탁하면서도 동시에 그 비용의 부담을 균분할 수 있다. 즉, 팬데믹에 따른 구성원들의 책임은 (1) 1/n과 같은 동등한 양적 분담의 기준을 가짐과 동시에, (2) 증가하는 해악 총량의 최소화를 목표로 적절한 분업의 책임을 지는, 최소한 두 가지 양상을 포함하도록 구성되어야 하며 두 원칙은 동시에 실현될 수 있다는 것을 알 수 있다.

정리하자면, 책임에 대한 분업 논거는 사회적으로 가장 인접한 – 즉 팬데믹으로 인한 사회적 비용을 최소화 할 수 있는 물리적 접근성이나 전문적 능력을 갖춘 – 구성원이 문제 해결을 위한 행위 의무를 타인에게 전가하지 않고 신속히 또는 전문적으로 직접 수행할 – 즉 비용을 최소화할 – 의무를 부과한다. 최초 전파자가 될 가능성이 있는 사람 B에게 하필 비대칭적으로 이동의 제한을 부과하는 것, 의료인들에게 방역 최전선의 의무를 부담시키는 것은 이와 같은 해악 최소화 책임 논변에 의해 지지된다. 그러나 이 논변으로 분업적 행위를 수행한 자에 대한 공동체의 사회적 보상 의무가 면제되는 것은 아니다. 공동체는 B의 분업적 행위를 통해 해악의 감소라는 이득 I를 얻은 반면 B에게는 자신의 일반적 행동의 자유를 제약하는 의무를 수행함으로써 포기한 비용 C_B가 발생한다. 이때 (2)의 분업적 의무의 발생이 타 공동체 구성원들이 부담하는 (1)의 균분 책임을 제거하지 않는다. 따라서 공동체는 C_B를 함께 부담하고 B에게 보상해야 한다. 뿐만 아니라 I가 C_B에 비하여 상당히 큰 값을 가질 것이라는 점에서 이와 같은 재분배를 적절히 보장하지 않아도 좋을 어떤 정당화도 존재하기 어렵다.

자유주의적 사회계약은 사회적으로 인접한 행위자에게 발생한 신속한 대응의무의 이행으로 인해 발생한 비용을 상쇄하는 보다 더 합리적이고 공정한 분배적 보상책을 개발하여 이에 동의하였을 가능성이 크다. 만약 이에 동의하지 않는다면, 근접행위자의 신속한 재난 대응 의무 또한 인정하기 않기로 합의하였을 공산이 크다. 비용의 발생을 최소화할 수 있다는 사회적 인접성이 행위주체에게 특정한 규범적 행위의무(집 앞의 눈을 직접 치울 의무, 감염자가 치료에 적극적으로 임할 의무, 농지 경작자가 메뚜기떼를 퇴치할 행위를 할 의무 등)에 대한 책임을 발생시키는 하나의 고려사항이 되기는 하지만, 이는 근접성이 떨어지는 다른 구성원에게 그 의무를 부과하였을 때 증가할 비용의 발생을 막기 위한 이유일 뿐이기에 보상의 합의가 동시에 전제되지 않는 경우 그에게만 고유한 책임의 증가를 유발시키는 (동시에 피해자성이 가장 심각하게 드러날 가능성이 높은 당사자에게) 그런 편면적 의무만을 부과하는 사회적 합의는 결렬된다.

감염병 방역 정책의 경우에 적용해 보면, 이미 감염되어 면역이 형성될 가능성이 있는 당사자에게, 방역행위 이행으로 인해 발생하는 비용에 대한 보상이 없다면 타인에게의 전파가능성을 낮출 치료나 어떤 일련의 행위의 의무를 발생시킬 근거는 충분치 않다. 자유주의적 사회계약은 소위 선한 사마리아인 법을 일응 도출하지 않으며 주로 타인의 이익에 무관심한 상호적 관계의 계약으로 도출된다는 점을 명심할 필요가 있다. 따라서 치료나 행위 제한의 의무를 부담하는 구성원들에 대하여 공동체 전체가 이들이 짊어지는 불운에 대한 전체 비용을 다시 공동부담한다고 보아야 한다. 특히, 사회 전체는 사회전체의 복리를 최대화하기 위해 각자의 행위의무를 긴급하고 효율적으로 배분할 필요가 있는데, 어떤 이가 이를 긴급하게 직접 수행한다면 다른 이가 뒤늦게 수행할 때보다 사회적 비용이 최소화되는 경우 긴급한 특정한 행위를 수행할 의무가 부여되며, 이는 분업의 관점에서 주어지는 업무이지 무상으로 부과되는 업무가 아니다.

한쪽에는 행위 책임을 인정하고 나머지 구성원이 비용에 대한 부담을 공유하자는 논리는 새로운 것이 아니다. 세계자연기금(World Wide Fund for Nature)을 조성하려는 입장과 같은 시도나 아마존 보호 기금 조성 시도도 유사한 논리를 기반으로 한다. 예를 들어 아마존 보호 기금 조성의 핵심 논리는 주요한 인류 공동의 환경생태계와 근접거리에 있는 브라질에게 관리의 의무를 부과하고 대신 해당 환경과 원거리에서 그 수혜를 입는 국가들이 관리비용 보전의 의무를 인정하겠다는 것이다. 우리가 브라질 아마존의 산소를 통해 생명을 유지하고 있고, 브라질이 근접거리에 있는 아마존 개발을 자제하고 있다면, 이 자제로 인한 브라질의 비용을 수혜자들이 공동으로 부담해야 한다고 볼 수 있다는 것이다. 타인의 분업적 의무의 수행으로 인해 수반된 행위의무자의 기회비용은 이를 통해 수혜를 받은 관련 공동체와 구성원 전체가 균분하여야 한다는 것은 자유주의 정책의 당연한 귀결이다.

5) 강제할 수 없는 행위 유형의 존재

지금까지 본고의 서술은 팬데믹과 방역정책을 통해 발생하는 모든 해악과 권리와 자유의 제약이 통제불가능한 자연적 재난의 결과거나 적어도 경제적으로 효율적 정책이라는 점을 가정하고, 정당한 보상이 수반되기만 한다면 마치 거의 대부분의 자유의 권리를 제약할 수 있는 것처럼 논의를 전개해왔다. 그러나 이와 같은 접근은 위기상황론의 덫을 절반만 벗어나는 것이다. 모든 권리가 경제적 관점에서의 보상에 의해 제약될 수 있는 것으로 합의되리라 기대할 수 없으며 보상의 객관적 가치가 매겨지는 것이 불가능한 경우도 존재한다.[26] 경제적 효율성은 자유주의적 합의의 가능성이 큰 의무 부과의 하나의 근거이기는 하지만, 모든 종류의 행위 태양의 강제와 자유의 제약을 개인의 인격발현을 근본적 목표로 삼고 있는 자유주의적 사회가 이 효율성만을 근거로 합의하지는 않는다. 해악과 사회적으로 인접한 행위자에게 긴급한 복구 행위가 가능하고 이것이 의무로 인정되는 경우, 의무를 제때 수행하지 않아서 발생한 공동체의 해악이나 비용에 대하여 행위의무자는 일정한 비난가능성에 직면할 수 있는 것은 사실이며, 이는 책임의 한 요소로 기능할 수도 있다. 그러나 이 사회적 근접성 - 이를 이제 (물리적 거리와 무관하게) "자신이 직접 어떤 행위를 적절한 방식으로 수행하는 경우 다른 이가 다른 어떤 방식으로 수행할 때보다 사회적 비용을 최소화시키는 속성"으로 정의할 수 있을 것이다 - 을 가지고 있다는 것은 비용에 대한 공동의 부담이 수반되더라도 모든 종류의 행위에 대한 비난가능성과 의무를 발생시키는 충분한 또는 핵심적인 조건이라고 보기는 어렵다. 사회계약을 통해 많은 구성원들은 때로 특정한 형태의 행위의 요구는 설사 그 사람이 그 비용을 최대한으로 감소시키더라도 그 행위의 요구가 인격 존중의 본질을 해치는 한 그 수행의 의무나 책임을 부과하기는 어렵다는데 동의할 수 있다. 다시 말해, 구성원에게 사회적 비용을 최소화시키는 특정한 행위를 요구하는 것이 항상 정당화되는 것은 아니다.

대체 가능한 노동을 투여하거나 일정한 비용을 부담하는 등 주로 부담의 비율을 정하는 종류의 문제와는 달리, 한 개인에게 특정한 행위를 강요하는 문제는 개인의 인격에 대한 존중이나 자기 자신에 대한 주권적 지위와 밀접한 관련이 있다. 예를 들어, 세계적 경제 개발의 추세에도 불구하고 브라질에 대해서만 아마존 개발을 자제할 의무를 발견하는 논리의 근거는 여전히 빈약한 점이 있다. 이는 개인의 자신의 삶에 대한 어떤 주권적 지위의 행사와 관련된 영역에서도 마찬가지다. 때로는 어떤 보상을 통해서도 특정한 행위 의무를 발견하기 어려운 경우가 존재한다. 상당한 인구를 학살할 수 있는 폭탄을 설치해 두고 기폭장치를 확보한 어떤 테러리스트가 D라는 사람이 신도림역에서 나체로 춤을 추면 폭탄 테러를 멈추고 자수하겠다고 정부기관에 제안했다고 하자. 공동체 입장에서 D가 신도림역에서 나체로 춤을 출 때 사회적 비용이 가장 적게 지출된다고 하자. 이때 D는 지금 논의하는 "사회적 인접성"을 우연히 비자발적인 이유로(involuntarily) 가진다. 그러나 자발적 동기에 의해 수행되는 경우가 아니라면, 여전히 국가가 D에게 나체로 춤을 추게 하도록 요구할 수 있다고 보는 것은 부당하다. 또한 춤을 추지 않았다고 해서 그렇지 않았더라면 감소했을 사회적 비용을 설사 어떤 간접적 방식 - 예를 들어 춤을 추지 않는 경우 재학 중인 학교에의 출석이나 직장으로의 출근을 어렵게 하는 것 - 으로도 부담하게 하는 것은 전혀 합당해 보이지 않는다. D는 춤을 추지 않은 경우, 춤을 추었을 때 감소하지 않았을 사회적 (기회)비용에 대한 어떤 부담도 져서는 안 된다. 국가는 D에게 춤을 출 의무를 부담시키고 그 이행을 기대할 것이 아니라, 상당한 비용을 들여서라도 테러진압을 위한 작전을 수행해야 할 것이다. 해당 사회공동체에 대하여 테러 상황은 여전히 자연재해에 가깝고, 이에 대한 우연한 기이한 해결책이 제안되었다고 해서 인격에 대한 모욕을 수반하는 유형의 행위를 의무로써 강제할 어떤 권한도 공동체에 존재하지 않는다. 따라서 D에게는 이에 조력할 어떤 행위 책임도 발생하지 않는다. 이와 같은 테러의 위협 상황은 단지 그 사회에 대하여 통제할 수 없는 순전한 불운으로 한 사회에 발생한 것이고 이에 대한 적절한 해결책이 존재하지 않는 것일 뿐이다. D가 가지는 어떤 비-적절한 해결책에 대한 사회적 인접성은 오로지 D의 주권적 판단과 결정에 의해서만 고려될 수 있고, 그 해결책을 수행할 것인가의 여부는 자신에 대한 주권자적 지위를 가지는 D가 사회에 대한 자비로운 마음으로 공동체 규범의 외부에서 결정할 수 있을 뿐이다.

이와 같은 특정 유형의 행위를 강제할 수 있는지, 즉 규제를 통해 처분되는 당사자의 권리가 재산권 규칙의 보호를 받아야 하는지 아니면 책임 규칙의 보호를 받는 것이 적절한지에 대한 문제의 해결은, 무엇을 그 사람의 주권적 결단의 영역으로 고유하게 인정할 것인가의 기준을 발견하는데 달려있다. 예를 들어 우리는 보통 가장 의료기술이 좋다는 이유로 개인적인 신념 등에 기반한 이유로 의료인으로서의 직업을 그만 둔 어떤 사람에게는 팬데믹 상황이라 하더라도 공동체의 개인에 대한 의료행위를 강제하거나 그 위반에 대해 과태료를 부과해서는 안 된다는 어떤 자유주의적 상식에 기반한 직관을 가지고 있다. 이와는 달리, 내 집 앞 눈을 치울 의무와 같은 것을 부과하고 이에 위반하는 경우 과태료를 부과하는 것은 대개 정당화될 수 있다고 생각한다.

이와 같은 논의는 백신접종의 직접적 강제나 비접종자에 대한 사회활동의 직 · 간접적 제약이 정당화되는가와 같은, 팬데믹 상황에서 발생하는 주요한 난제와도 관련되어 있다. 백신접종의 강제 문제는 위의 두 사례 중 어느 사안과 더 유사한가? 사람들에게 백신 접종을 요구하는 것은 은퇴한 의료인에 대한 의료행위의 강제에 가까운가 아니면 내 집 앞 눈을 치울 의무를 부과하는 것에 가까운 것인가? 기본적으로 사회계약론적 자유주의는 자유롭게 인격을 발현하고자 하는 참여자들이 합당한 수준의 의사결정을 한다는 것을 전제로 구성원들이 자신의 처지에 대해서는 무지한 채로 원초적 입장에서 권리와 책임을 배분한다면, 이러한 결정은 자유를 가장 존중하는 것이라는 생각에 토대를 두고 있다. 원초적 입장이라면 어떠한 합의가 도출될 것이라 생각하는가? 이는 법적 권리의 본질에 관한 방대하고도 오랜 논쟁과 관련된 독립적 주제이므로 본고에서는 이에 대한 논의와 결론을 잠시 유보하고자 한다.

6) 사회적 장애로서의 감염병

감염병의 통제 조치 중에는 언뜻 합리적으로 보이지만 자유의 관점에서 보면 분명 가혹한 규제가 존재하는데, 본고는 이에 대해서도 정당한 자유 제한이 아닌 불운의 관점에서 설명해 보고자 한다. 감염병의 성격에 따라 단지 피해자일 뿐이며 감염에 대해 비난가능성이 없는 감염자조차 일시적인 억류나 격리조치를 넘어서는, 가장 핵심적으로 보이는 일상적인 생활의 자유나 복지의 향유 기회까지 영구적으로 박탈당하기도 한다. 예를 들어 에이즈 감염자는 여러 규제를 통해 성생활의 자유를 극단적으로 제한받고 있다. 우리나라를 포함한 많은 국가들은 에이즈 감염자가 성관계의 상대방에게 감염 사실을 사전에 고지하고 동의를 얻지 않은 경우를 심각하게 규제한다. 이에 대해 환자를 감염병의 매개체로 간주하고 환자의 성행위를 타인에 대한 해악으로 구성한 앞서의 설명은 이에 대한 쉬운 설명을 제공하였지만 그들에 대한 행위 제약이 인격적 관점에서 매우 가혹한 것이라는 점에 대한 정당화된 논변을 제공하지 못했다.

이와 같은 상황에서, 환자는 성생활을 (육체적으로는 아니지만) 사회적으로 할 수 없는 소위 "사회적 장애"를 가지게 된 것으로 이해되어야 한다고 말할 수 있다. 성행위와 같이 일상적이거나 보편적인 인간의 삶에 포함되어 있는 행위 수행의 가능성을 영구적으로 박탈하는 사회적 규제는 그 의무 부과의 근거나 의무 위반으로부터 어떤 비난가능성도 발견하지 못할 수 있다. 상황을 보다 분명하게 하기 위해 에이즈 감염에 전혀 책임이 없거나 심지어 강간과 같은 강력한 범죄의 피해자로서 에이즈에 감염된 사람을 가정해보자. 이들에 대한 성행위 금지의 규범적 통제는 국가 강제라는 수단에 의해 형성된 사실상의 물리적 장애로 이해된다. 물리적으로 회복 불가능한 장애를 가진 사람들이 불운한 사건과 결합하여 자연법칙에 의한 통제를 받고 있는 것이라면, 감염병에 걸린 사람들도 사회적으로 회복 불가능한 장애를 가지고 사회법칙에 의한 통제를 받게 되는 것이다. 이는 많은 감염병 환자들은 대개 무고하며 여전히 피해자로서 취급받고 추가적인 보호를 받아야 한다는 사실, 그리고 감염병 통제의 본질 및 규제정책이 나아가야 할 방향을 설명해 준다.

Ⅳ. 불운의 직접적 결과에 대한 보상

앞서 Ⅲ.에서는 주로 사회의 회복, 방역을 위한 의무의 정당한 부과에 대해 논의했다. 팬데믹은 기본적으로 자연재해라는 불운한 사건으로 다루어져야 하기 때문에, 팬데믹으로 인해 증가한 사회적 해악 총량에 대한 개개인의 방역 책임의 분담은 개인의 비난가능성과는 대개 독립적으로 일단 동등하게 구성되어야 한다는 것이다. 이와 같은 논의에서 불운은 모두에게 동일하게 발생한 것으로 간주되었고, 책임 부담의 논의는 동등한 부담의 원칙과 분업의 원칙을 기초로 전개되었다. 국가가 직접 개입하여 특정한 사회적 인접성을 가진 사람들에게 분업적으로 책임을 분화하는 논의는 필연적으로 이에 상응하는 비용청구권을 요청한다.

그러나 팬데믹의 불운에 대해 경제적 취약 계층이 보다 직접적으로 체감하는 문제는 국가가 개입하는 방역에 대한 분업적 행위 의무의 부과와 비용의 균분 문제보다는 팬데믹의 감염병 그 자체가 이미 불러일으킨 개인에 대한 해악과 그로 인한 처지의 심각한 악화라는 효과다. 감염병은 개인에게 크게 세 종류의 불운으로 작용한다. 먼저 (1) 병증 그 자체로 건강과 생명에 위협을 가함으로써 한 사람의 삶의 복지를 현저하게 감소시킨다. 둘째로 (2) 노무제공 행위를 방해하여 수입을 감소시킴으로써 사회에서의 처지를 절대적 기준에서 악화시킨다. 셋째로 (3) 감염병으로 인한 처지의 악화와 방역 정책으로 인한 이동(mobility) 등의 제약이 공동체 구성원들에게 동등하지 않은 불운으로 작동함으로써 불운이 특정한 처지의 사람들 - 예를 들어 직업상 업무 공간의 선택이 어려운 사람들 - 에게 편면적으로 매우 비대칭적으로 가중적인 가혹한 불운으로 작용할 수 있다. 예를 들어 어떤 사람들은 감염병의 전파가능성을 매우 손쉽게 감소시킬 수 있는 처지에 있는 반면, 다른 사람들은 감염의 위험과 전파매개자가 될 가능성을 피하기 어려운 처지에 있다. 다른 한편, 어떤 사람들은 특정 감염병에 저항력이 크고 그 증상이 미미한 반면, 다른 사람들에게는 감염병의 증상에 매우 취약하고 그 증상이 치명적일 수 있다. 이와 같은 사안에서 동등 부담의 원칙만으로는 자유로운 사회계약에 기반한 정의로운 분배가 실현되기 어렵다. 이와 같이 팬데믹이 직접 형성한 불평등한 불운의 효과는 어떻게 취급되어야 하는가? 국가는 이에 대하여 방관해도 좋은가?

이와 같은 비대칭적 불운의 문제는, 앞서 살펴본 방역 책임 부담의 동등한 재분배와 독립적이다. 현행 정책은 대개 방역활동을 위하여 추가적으로 발생한 비용의 분배에만 관심을 둔다. 이와 같은 정책은 이와 같이 재난으로 유발된 개개인의 손해는 개인이 감수하지 않을 수 없는 불운의 안타까운 결과로 남겨둔다. 다만 일종의 시혜적인 복지국가적 정신이나 최소 생활의 보장의 의무나 권리를 도출하는 이론에 따라 재난피해자에 대한 일정한 복구를 지원하고 있을 뿐이다.

그런데 자유주의적 운-상쇄 이론의 지지자들은 자신들이 선택하지 않은 행운과 불운에 의해 구성원들의 처지가 변경되는 것을 방치하는 것에 대해 부정적인 입장을 드러내고 이에 대한 보상을 고려해야 한다고 주장한다.[27] 능력과 노력에 따른 분배가 정의로울 것이라는 추정은 개인의 능력 나아가 노력의 격차가 대개 유전적 소질 및 가정환경과 같은 개인이 선택할 수 없는 행운과 불운에 따른 것이기에 옹호될 수 없다는 이와 같은 불운-상쇄 논변에 의해 가장 효과적으로 반박되고 있다.[28] 모든 이들을 동등한 인격으로 존중하는 것을 목표로 하는 정의의 실현은 순전한 불운과 행운의 영향을 적절히(이상적인 가상의 사회계약론적 합의의 수준에서) 감소시키는 공동체의 합리적 대응을 통해 성취된다. 자유주의적 사회계약설의 관점에서 불운의 효과를 상쇄시키는 보상을 유발하는 개인의 권리와 책임들의 체계가 자유로운 개인들 간의 정당한 원초적 합의의 그럴듯한 귀결이라는 점에서, 롤즈 이래로 불운 효과의 상쇄 논제는 자유주의를 이끄는 핵심 이념이 되어 왔다.[29]

대규모 감염병 상황이나 자연재해와 같은 비선택적 불운의 발생 자체가 이미 구성원들의 처지를 평균적으로 심각하게 악화시키고 있는데, 이와 같은 불운이 연쇄적으로 일으키는 분배상태의 불균형과 이에 수반했어야 할 사회의 재분배 의무의 불이행 및 지체상황은 취약계층의 처지를 부당하게, 그리고 추가적으로 악화시키고 있다. 게다가 대규모 감염병 사태에 있어 감염자의 책임을 확장하려는 정책적 시도들과 방역의 의무는 이동과 장소 선택의 제약으로 인해 전파매개행위를 유발할 가능성이 더 높은 취약계층의 구성원들에게 더 가혹하게 경험된다. 이들은 자신의 개인적 업무공간을 확보하기 어렵고 업무시간이나 이동경로를 용이하게 변경하기 어렵거나, 의료적 정보에 둔감하여 미숙한 판단을 할 수 있기에 적절한 보상과 교육이 수반되지 않는다면 부과된 법적 의무를 감당하기 어렵다. 이러한 부당한 정책의 정당화는 팬데믹의 본질적 성격이 자연재해에 가까운 순전한 불운이라는 점을 간과하고 감염자의 매개체적 속성에서 그 책임을 발견하려는 오류에 기대고 있다. 방역의 의무를 더 가혹하게 체감하는 계층의 구성원들은 팬데믹의 과정에서 점점 더 취약한 처지에 놓이기 쉬울 뿐만 아니라 이를 방관하는 정책은 개인의 권리를 침해하는 것으로써 부당하기까지 하다. 자유주의 공동체는 더 많은 재난적 상황을 겪고 있는 사람들에 의해 요청되고 있는 면밀하고 긴급한 불운의 상쇄 의무를 더 이상 외면해서는 안 될 것이다.

V. 결 어

정책입안자들과 사법적 판단자들은 전쟁에 직면한 상황에서 개인의 권리를 다소 경시하고 공동체의 보존과 같은 소위 "특정한 상황에서는 공적 가치를 우선해야 한다"는 식의 "쉬운 이익형량"으로의 유혹에 서둘러 빠지는 것 같다. 대규모 감염병 상황에서의 공중보건의 위기상황은 전쟁의 위기상황과 비교해도 과언이 아닐 것이기에 이와 같은 주장은 설득력 있게 느껴진다. 공동체 전체의 가치나 인류전체의 생존이 개인의 인격의 가치에 비하여 근본적 우월성을 가지는 것처럼 보이는 이와 같은 논제들은 소위 "국가 위기상황 반론"을 통해 자유주의에 완전하고도 궁극적인 승리를 거두는 것처럼 보인다. 그렇다면 자유주의는 일시적 평화상태에서만 그때그때 시혜적으로 인정되는 임시방편적 입장이었던 것인가?

다른 이들은 공적 가치로의 도피보다는 자유주의의 기초를 구제하기 위하여 해악의 증가와 그에 대한 비난가능성을 발견함으로써 공동체 구성원 개인에게 비대칭적으로 책임을 부담시키는 전략을 취한다.

그러나 두 종류의 주장 모두 재난 상황에서 반드시 교정되어야 할 핵심적 재분배의 역할을 수행하지 못하고 있다. 먼저 팬데믹이 침식하고 위협하는 핵심적 가치는 단지 "공동체 보존"이라고 불리는 모호한 공적 가치의 유지가 아니다. 또한 팬데믹으로 침식되는 가치는 감염병이 가져오는 건강과 생명 만이 아니다. 팬데믹으로 유발된 다양한 규제정책은 구성원들의 다양한 행위 및 경제적 권리를 제한하고 비대칭적 책임만을 강조하며 경제적 삶의 자원들을 불균형하게 배분함으로써 모든 구성원들의 인격적 삶에 대한 동등한 배려와 같은 자유주의의 근본적 가치를 침해한다. 그러나 재난을 극복하기 위해 분배되는 구성원의 책임은 전통적인 형사적 처벌에서 요구되어 온 것처럼 비난가능성과 비례하는 책임으로 연결지음으로써 발견될 수 있는 것이 아니다.

많은 이들은 팬데믹의 상황에서는 책임에 대한 균분 비례의 원칙과 자유주의적인 정당한 수준의 보상 원칙을 엄격히 요구하는 것은 위기상황에서 벗어날 수 있는 어떤 긴급한 정책을 위축시킬 수 있다는 점을 지적한다. 그러나 수긍할 만하고 또한 효율적인 재분배 정책들이 자유주의적 설명으로 충분히 정당화될 수 있다. 공동체 구성원들이 천문학적인 사무관리 보상 비용을 공동으로 감당해야 한다는 것은 재난의 크기에 비례하는 것으로써 충분히 납득할 수 있는 당연한 것이며 이에는 어떤 추가적인 복지국가적 논증도 필요하지 않다. 이와 같은 대안은 인격을 침해하지 않는 범위 내에서 사회적 인접성이 인정되는 행위 책임을 분업적으로 부과하고, 대신 각 구성원들이 부담한 행위책임으로 발생한 비용에 대하여 공동체는 공동의 보상 책임을 반드시 이행하도록 요구한다.

국가는 또한 재난적 위기상황의 불운에 훨씬 취약하고 민감할 수밖에 없는, 방역상황에서 급격한 처지의 하락을 경험하고 있는 계층에 대하여 심각한 자유와 권리의 침해가 지속되고 있다는 점을 인식해야 한다. 또한 그 피해의 특성상 이에 대한 재분배의 조치가 매우 신속히 이행되어야 한다는 점을 유의해야 한다.

미주

* 본고는 2021년 6월 17일, 한국공법학회 및 고려대학교 보건의료법센터에서 주최한 『제8차 사회적 재난과 보건안전법 연구포럼』에서 '불운으로서의 감염, 재난으로서의 팬데믹'이라는 제목으로 발표한 내용에 기초하였고, 『법철학연구』 제21권 제2호(2021. 8. 30)에 "불운으로서의 감염: 팬데믹 상황에서 자율적 행위자의 권리와 책임"이라는 제목으로 게재된 것을 한국법철학회와의 협의 후 수정 및 재구성한 것임을 밝힌다.

** 서울대학교 기초교육원 강의조교수.

1 물론 우리나라의 경우 후천성면역결핍증(AIDS)의 감염인이 전파매개행위를 한 경우 형사처벌하는 규정을 두고 있으며(후천성면역결핍증 예방법 제25조 제2호), 주로 성범죄에 수반하는 상해의 가중적 결과를 인정하는 근거나 부부간의 이혼과 관련한 민사사건에서 위자료 산정을 위한 추가적 근거로 성병의 전파매개행위가 인과관계가 상대적으로 분명한 사례에 한해 판례는 그 결과에 대한 책임을 전파매개행위자에게 인정하려는 경향을 보인다(대법원 2003. 2. 28 선고 2002도6250 판결 등 참조). 그러나 감염병의 전파매개행위가 (특히 호흡기 질환을 포함하는 경우) 일반적으로 다른 비난가능한 행위와의 결합없이 독자적으로 민사상 손해의 원인행위나 형사상의 상해죄나 과실치상죄를 구성하는 행위로 인정될 수 있을지는 분명하지 않다. AIDS 감염인 책임의 특수성에 대해서는 별도로 논의하게 될 것이다.

2 유기훈, 김도균, 김옥주, "코로나19 공중보건 위기 상황에서의 자유권 제한에 대한 '해악의 원리'의 적용과 확장 – 2020년 3월 개정감염병의 예방 및 관리에 관한 법률을 중심으로 –", 『의료법학』, 21-2, 2020, 109-110면.

3 Margaret P. Battin, Leslie P. Francis, Jay A. Jacobson, and Charles B. Smith, "The Patient as Victim and Vector: The Challenge of Infectious Disease for Bioethics", in *Blackwell Philosophy Guides to Medical Ethics*, Blackwell Publishing, 2007, 271면.

4 위 논문, 274-284면 참조.

5 위 논문, 274-284면 및 요약부분(286-287면) 참조.

6 전상현, "감염병 시대의 방역과 기본권보장의 쟁점", 『공법연구』, 49-2, 2020, 344-345면, 354-357면 등 참조.

7 위 논문, 357-358면.

8 위 논문, 358면.

9 헌재 1999. 4. 29. 94헌바37 등; 헌재 2004. 10. 28. 2002헌바41; 헌재 2010. 11. 25. 2009헌바105 등 참조. 우리 헌법 제23조 제3항은 독일기본법의 규정체계와는 달리 재산권의 수용 뿐만 아니라, 사용 및 제한에 대해서도 정당한 보상의 지급의무를 규정하는 광범위한 입법 형식을 취하고 있다.

10 참고, "'소급적용'은 없지만 … 손실보상법, 내일 본회의로"(국민일보, 2021. 6. 30.). http://news.kmib.co.kr/article/view.asp?arcid=0016006774&code=61111111&stg=ws_real.

11 이론적 계보에 대해서는, 김문현, "재산권의 사회구속성과 공용수용의 체계에 대한 검토 - 소위 분리이론 의 한국헌법상 수용에 대한 평가를 중심으로 -", 『공법연구』, 32-4, 2004 등 참조.

12 김태오, "COVID-19에 따른 영업제한과 손실보상의무 - 독일의 논의와 그 시사점 -", 『공법연구』, 49-2, 2021, 258-261면 등 참조.

13 예를 들어 정광현은 헌법 제23조 제3항의 '정당한 보상'의 범위를 공익사업주체가 실제로 얻은 이득으로 한정함으로써 국가 재정의 형편을 고려하고 있는데 이는 의문스럽다. 그에 따르면 가축 살처분 명

령의 경우 국가가 이득을 보지 않았으므로 '보상'의 정당한 가치가 존재하지 않는다는 것인데, 이는 '정당성'의 해석을 재산권 제한의 본질적 성격과 무관한 국가가 이득을 취했는지의 우연적 조건과 결부시킨 것으로서 타당하지 않다. 정광현, "헌법 제23조 제3항에서 '수용 · 사용 · 제한'의 개념", 『헌법학연구』, 25-3, 2019, 163, 면 등 참조. 본고는 정당한 보상의 기준이 되는 소위 '특별한 희생'의 범위를 타인 사무의 관리로 인해 재산권자가 포기한 기회비용의 산정으로 이해해야 한다는 점을 논증할 것이다.

14 다만, 해악원칙은 대중적으로 알려진 바와는 달리 자유의 우선성을 강조하는 근본적인 자유주의 원칙에서 도출되었다기보다는, 효용 최대화를 강조하는 공리주의의 전제로부터 도출된다고 보는 해석이 더 설득력 있고 밀의 문헌에서 나타나는 논증으로부터도 정확하다. 밀의 『자유론』 논지에서 각 개인의 국가 간섭으로부터의 자유를 확대할 것을 강조하는 이유는 개인의 자유를 근본적 가치로 보기 때문이 아니라, 사회 전체 효용을 최대화하기 위한 것이다. 그럼에도 이 지점에서 본고는, 해악원칙을 일단 수용할 만한 자유주의의 한 논제로 받아들이고, 매개체 논변이 해악원칙의 자유주의적 지향을 잘 견지하고 있는지 비판적으로 고찰하고자 한다. 존 스튜어트 밀(서병훈 역), 『자유론』, 책세상, 2010, 35-36면; 로저 크리스프(엄성우 역), 『밀의 공리주의』, 철학과현실사, 2014, 제8장 참조.

15 주2, 유기훈, 김도균, 김옥주(2020), 111면.

16 위 논문, 116-150쪽. 이 논문의 전체 목적이 해악의 확장가능성을 검토하여 현행 「감염병예방법」의 규제 정당화 논리를 제공하는 것이라고 보아도 무방하다.

17 책임 또는 의무 발견의 조건은 어떤 결과적 해악의 원인이 이미 발견된 책임과 의무에 대한 개인의 위반으로 이어지는 경우 이는 비난가능하며, 자신이 바이러스에 감염될 수 있거나 감염되었음에 대한 인식여부, 자신의 육체에 대한 부주의한 관리가 타인에게 해악을 유발할 수 있음에 대한 인식의 정도는 그 의무 위반 행위에 대한 비난가능성의 일부를 형성하거나 더 높여줄 수 있다는 사실과는 구분되어야 한다. 하지만 만약 어떤 의무가 있다면 그 의무위반은 심각하게 비난가능하다는 조건부적 사실이 의무 형성의 근거가 되는 것은 아니다.

18 이에 대해서는 다음의 Ⅲ.에서 상술할 것이다.

19 구체적 원칙에 대해서는 다음의 Ⅲ-2.에서 상술할 것이다.

20 다음의 뉴욕타임즈의 기사와 그래프는 이와 같은 상황을 간접적으로 보여준다. "Only the Rich Could Love This Economic Recovery"(The New York Times, 2021.07.12.). https://www.nytimes.com/interactive/2021/07/12/opinion/covid-fed-qe-inequality. html?action=click&module=Opinion&pgtype=Homepage.

21 Gerald Gaus, Justificatory Liberalism: An Essay on Epistemology and Political Theory, New York: Oxford University Press, 1996; J. S. Mill, Collected Works of John Stuart Mill, J. M. Robson (ed.), Toronto: University of Toronto Press, 1963, 21권, 262면.

22 Gerald Gaus, Shane D. Courtland, and David Schmidtz, "Liberalism", The Stanford Encyclopedia of Philosophy (Fall 2020 Edition), Edward N. Zalta (ed.), URL = <https://plato.stanford.edu/archives/fall2020/entries/liberalism/>.

23 존 스튜어트 밀(서병훈 역), 『자유론』, 책세상, 2010, 38면; 로저 크리스프(엄성우 역), 『밀의 공리주의』, 철학과현실사, 2014, 제8장 참조.

24 이는 이른바 "최소비용회피자"에 대하여 계약의 이행과 관련한 위험을 부담시키는 것이 **경제적으로 효율적**이라는 위험부담의 논리에 대한 법경제학적 주장을 부분적으로 채택하게 되는 것이지만, 논증의 방향은 근본적으로 다르다. 포즈너와 로젠필드가 최소비용회피자 위험부담의 원칙이 전체 사회의 관점에서 경제적으로 효율적이라는 사실을 정당화하고 있다면(Posner · Rosenfield,1977), 본고에서 전개하는 사회적 인접성에 따른 의무 부과의 정당화는 그와 유사한 경제적 효율성을 보장하는 의무 부과의 원칙이 재난 상황의 방역행위에 대한 분업적 책임 분배의 상황에서 **자유주의적 관점**에서 부분적으로 채택 · 정당화될 것이라는 주장이다. 윤진수 · 이동진, "제5장 계약법의 법경제학", (김일중 · 김두얼 편)『법경제학 이론과 응용』, 도서출판 해남, 237-240면 참조.

25 참고, 자연재해대책법 제27조(건축물관리자의 제설 책임) ① 건축물의 소유자 · 점유자 또는 관리자로

서 그 건축물에 대한 관리 책임이 있는 자(이하 "건축물관리자"라 한다)는 관리하고 있는 건축물 주변의 보도(步道), 이면도로, 보행자 전용도로, 시설물의 지붕(대통령령으로 정하는 시설물의 지붕으로 한정한다)에 대한 제설 · 제빙 작업을 하여야 한다.

26 이와 같은 논지를 귀도 캘러브레시(Guido Calabresi)와 더글러스 멜라메드(Douglas Melamed)의 유명한 표현을 통해 기술해 본다면, 지금까지의 본고의 논의는 방역과 재분배와 관련된 모든 권리가 소위 '책임 규칙(liability rules)'의 보호를 받는다는 전제 아래에서 정당한 책임의 귀속과 보상의 논의를 전개한 것이지만, 사실 어떤 권리들은 '재산권 규칙(property rules)'의 보호를 받는 것이 합당하고 다른 어떤 권리들은 '처분불가능성(inalienability)'을 가질 수도 있다는 점에 주의할 필요가 있다. 이들에 따르면, 어떤 권리가 객관적으로 결정된 만큼의 보상을 하고 그 권리를 침해할 수 있는 그런 규칙에 따라 보호받는 경우 이 권리는 '책임 규칙'의 보호를 받는 것이고, 어떤 권리의 박탈이 오로지 이전 소지자의 자발적 거래를 통해서만 이루어질 있다면 이 권리는 '재산권 규칙'의 보호를 받는 것이며, 어떤 권리의 타인에게로의 이전을 규칙이 전혀 허용하지 않는다면 이 권리는 '처분불가능성'을 가지고 있다. 귀도 캘러브레시/더글러스 멜라메드(김대근 역), "재산권 규칙, 책임 규칙, 그리고 처분불가능성: 대성당에 대한 한 가지 인상", 『법철학연구』, 제21권 제1호, 2018, 449-451면 참조.

27 "평등의 근본적 목적은 응당하지 않은 불운에 대하여 보상하는 것이다." Elizabeth S. Anderson, "What is the point of Equality?", *ETHICS*, 109, 1999, 287-288면.

28 롤즈도 같은 논변을 제시한다. "그래서 더 큰 천부적 재능 … 을 가진 사람이 … 더 많은 이익을 얻도록 하는 협동 체제에 대해 권리를 갖는다는 것은 옳지 못하다. 우리가 사회에서 우리의 최초 출발 위치에 대해 응분의 자격을 갖는 것이 아니듯이, 천부적 자질의 배분에서 우리의 위치에 대해 역시 응분의 자격을 갖는 것은 아니다. 우리가 자신의 능력을 개발하도록 노력할 수 있게 해주는 우월한 성격에 대해 응분의 자격을 갖는다는 주장 역시 의문스럽다. 왜냐하면 그의 성격은 대체로 자신의 공로라고 주장할 수 없는 훌륭한 가정이나 사회적 여건에 달려 있기 때문이다. 응분의 몫이라는 개념은 여기에 적용될 수 없다고 생각한다." 존 롤즈(황경식 역), 『정의론』, 이학사, 2003, 17절.

29 로널드 드워킨(Ronald Dworkin)은 운을 순전한 운(brute luck)과 선택 운(option luck)으로 나누고 있다. 한 사람이 사업가가 되기로 선택하거나, 도박을 하기로 해서 벌어지는 행운과 불운은 선택적 운이라고 할 수 있다. 여기서 재분배의 요소로 주로 고려되어야 할 것은 순전한 운이다. 로널드 드워킨(염수균 역), 『자유주의적 평등』, 한길사, 2005, 147-148면.

PART

02

코로나19 방역에서 기본권 보장

04

코로나 방역과 기본권 보장 질서

코로나 방역과 기본권 보장 질서*

전 상 현**

Ⅰ. 머리말

코로나19 사태의 경험은 감염병 시대에서의 기본권보장이라는 문제를 제기한다. 국민의 생명과 신체의 안전을 지키는 것은 국가의 가장 기본적인 임무이다. 방역정책을 수립하고 시행하는 것은 개인의 기본권 보호라는 국가의 의무를 이행하는 것이지만, 그러한 방역조치들은 개인의 자유와 권리에 대한 제한을 요구하는 것들이어서 기본권침해의 문제를 야기한다.

그러나 개별 의료행위를 둘러싼 법적 쟁점들이 계약법이나 불법행위법 같은 사법(私法)의 영역에서 비교적 활발하게 논의되어 온 것과는 달리, 국가의 방역정책과 관련한 헌법적 쟁점들에 대한 논의는 제대로 이루어지지 못하고 있었다.[1] 2000년대에 들어 사스(SARS, 중증급성호흡기증후군), 신종인플루엔자(H1N1), 메르스(MERS, 중동호흡기증후군) 등 강력한 전염병이 주기적으로 발생하면서 정부의 방역정책이 중요한 국가작용의 하나로 인식되고, 급기야 코로나19의 출현으로 인해 지금까지 경험해 보지 못한 강력한 방역정책이 시행되면서, 방역을 통한 국가의 기본권보호의무와 방역으로 인한 개인의 기본권제한 문제가 중요한 문제로 다루어지게 되었다.

이 글은 이른바 “감염병의 시대”에 방역과 관련하여 제기될 수 있는 기본권의 보호와 제한에 관한 쟁점들에 대해 검토해 보고자 한다. 먼저 감염병의 방역으로 인해 그 침해가 문제되는 기본권에는 어떤 것들이 있는지 '감염병의 예방 및 관리에 관한 법률'의 방역조치들을 중심으로 살펴본다(Ⅱ). 다음으로 방역정책의 수립과 집행에 있어서 행정기관으로의 권한위임 현상과 그에 따른 문제점을 살펴본다. 방역은 과학적 지식에 근거한 전문성이 요구되는 영역이라는 점에서 행정기관으로의 권한위임이 정당화되지만, 행정기관으로의 권한위임에는 언제나 민주적 통제의 문제가 제기된다(Ⅲ). 방역으로 인한 기본권제한의 경우 기본권침해 여부에 대한 사법심사의 심사기준도 문제된다. 방역정책의 수립과 집행은 감염병으로 인한 국가적 위기상황에서 고도의 전문성에 근거한 판단의 결과이므로 사법심사의 심사기준이 완화되어야 한다는 주장이 있으나, 그러한 주장이 과연 정당한 것인지에 대해서는 검토가 필요하다(Ⅳ). 마지막으로, 살펴볼 것은 사회적 기본권과 국가의 기본권보호의무에 관해서다. 감염병의 위협으로부터 생명과 신체의 안전을 보호하고 기본적인 생계와 인간다운 삶을 보장하는 것은 국가에게는 의무이자, 개인에게는 권리이다. 건강과 복지에 관한 사회적 기본권과 국가의 기본권보호의무는 감염병의 시대에 그 중요성이 더욱 커질 수밖에 없다(Ⅴ).

Ⅱ. 방역과 기본권제한

1. 국가기능으로서의 방역과 기본권제한

방역(防疫)은 감염병으로부터 국민의 생명과 건강을 보호하기 위한 활동이다. '감염병의 예방 및 관리에 관한 법률'(이하 "「감염병예방법」")은 국민 건강에 위해가 되는 감염병의 발생과 유행을 방지하고, 국민의 건강 증진 및 유지에 이바지하는 것을 목적으로 한다. 감염병이란 병원균이 체내에 들어와 일으키는 질병을 말하는데, 감염병 중에서도 특히 사람과 사람 사이에 전염되면서 전파되는 질병을 전염병이라고 부른다.[2]

국가의 가장 중요한 기능 중 하나가 개인의 생명과 신체, 재산을 보호하는 것이라고 할 때, 방역은 국가의 1차적인 임무로서 치안의 확보만큼이나 기초적인 국가기능이다. 유길준(兪吉濬)은 『서유견문(西遊見聞)』에서 '위생(衛生)에 관한 규칙도 정부가 관계하는 것 가운데 큰 조목의 하나'로서 '위생에 관한 법을 정하여 국민들로 하여금 지키게 하고 만약 소홀한 자가 있으면 엄법으로 처단'할 것을 요구하면서, '대도시에 오물을 버리는 짓을 금지하지 않는 것은 시중에 호랑이를 풀어 놓는 것과도 같다'고 하였다.[3] 근대국가에게 요구되는 가장 기본적인 임무 중 하나가 공중보건과 방역임을 강조하고 있는 것이다. 현행 헌법은 제36조 제3항에서 "모든 국민은 보건에 관하여 국가의 보호를 받는다"고 하여 보건에 관한 국가의 의무를 명시하고 있다. 방역을 소홀히 하여 국민의 건강을 보호하지 못한다면 이는 헌법이 명시한 국가의 의무를 해태하는 것이 된다.

그러나 방역은 불가피하게 개인의 자유와 권리를 제한한다. 개별적인 의료행위가 주로 의료인과 환자 사이의 관계에서 이루어지는 사적인 생활영역의 문제임에 반해, 공중보건이라는 이름으로 행해지는 방역은 국가가 주체가 되어 공동체 구성원 전체를 대상으로 하는 권력작용이다.[4] 코로나19 사태에서 체험하고 있듯이, 마스크착용의 강제, 집합의 제한 또는 금지, 의심환자의 격리, 환자의 강제입원, 감염경로 확인을 위한 개인의 이동경로 파악 및 공개 등은 개인의 자유에 대한 중대한 제한을 의미한다. 방역을 위한 조치들이 결국은 개인의 생명과 건강을 보호하기 위한 것이라고 해서, 그로 인한 기본권제한이 언제나 정당화될 수 있는 것은 아니다. 개인의 생명과 건강을 위해서라면 그 개인이 원하지 않는 방식으로도 국가가 언제든지 그의 삶에 개입할 수 있다고 한다면, 우리 헌법의 궁극적 이념이라고 할 수 있는 개인의 자율과 인간존엄은 보장되기 어렵기 때문이다.

2. 「감염병예방법」의 방역조치와 제한되는 기본권

「감염병예방법」이 규정하고 있는 방역조치들 가운데 기본권침해의 문제를 야기할 수 있는 주요 조치들과 그 조치들로 인해 제한되는 기본권의 내용을 살펴본다.

1) 집합금지

질병관리청장, 시·도지사 또는 시장·군수·구청장(이하 "질병관리청장 등")은 감염병을 예방하기 위하여 흥행, 집회, 제례 또는 그 밖의 여러 사람의 집합을 제한하거나 금지할 수 있다(제49조 제1항 제2호). 흥행(興行), 집회(集會), 제례(祭禮)를 예시하고 있으나 그 밖의 여러 사람의 집합을 대상으로 하므로, 다수의 모임을 전제로 하는 활동들은 모두 제한 또는 금지의 대상이 될 수 있다. 이는 집회의 자유를 제한하는 것이지만, 흥행(興行)을 명시함으로써 직업(수행)의 자유도 제한하고, 제례(祭禮)나 종교행사를 목적으로 한 집합에 대해서는 종교의 자유도 제한하게 된다.

종교의 자유와 관련하여 문제되는 것은 집합금지로 인한 기본권제한의 효과가 종교마다, 그리고 개인마다 다를 수 있다는 것이다. 집단적 종교행사가 교리(教理) 또는 개인의 신앙생활에서 갖는 의미가 종교나 사람마다 다르기 때문이다. 예컨대, 집단적 예배가 중요한 교리로 받아들여지는 종교에서는 집합금지로 인한 부담이 매우 크겠지만 집단적 예배가 큰 의미를 갖지 않는 종교에서는 집합금지로 인한 종교의 자유 제한 정도는 크지 않을 수 있다. '집회 및 시위에 관한 법률'에서 종교집회를 규율의 대상에서 제외하고 있는 것처럼 「감염병예방법」에 의한 집합금지에 있어서도 종교적 집회는 다르게 규율되어야 한다는 주장도 있다.[5]

그러나 방역을 목적으로 한 집합금지명령은 사람들 사이의 접촉을 통한 감염병 전파를 차단하기 위한 것이므로, 집회의 목적이 무엇인지에 따라 규율이 달라질 수는 없다. 방역을 위해 집합을 금지하는 이유는 사람들 사이에 물리적, 공간적 거리를 두기 위한 것일 뿐, 그 사람들이 왜 모이려고 하는지는 방역의 관점에서 아무런 의미를 가질 수 없다. 만약 집회의 목적에 따라 집합금지의 규율을 달리 적용한다면, 그것은 집합금지 자체가 불필요한 제한임을 반증하는 것일 수 있다. 방역 목적의 집합금지에 있어서 종교적 집회에 대해 예외를 인정한다면, 이는 평등권 침해는 물론이고, 국가가 종교를 우대한다는 점에서 정교분리원칙 위반의 문제도 야기할 수 있다.

방역의 관점에서 이루어지는 집합금지에서 규율의 기준이 되는 것은 집합의 목적이나 내용이 아니라 참가자들 사이의 물리적, 공간적 거리의 확보 가능성이어야 한다. 따라서 가장 중요한 기준은 집합의 장소와 규모이다. 즉 집합의 장소가 옥외(屋外)인지 아닌지, 얼마나 넓은 장소인지, 그리고 그 모임에 참가하는 인원수는 어느 정도인지에 따라 집합금지의 규율이 달라질 수 있는 것이다. 집합금지의 규율에서 집합의 목적이 고려되는 경우란, 목적 그 자체 때문이 아니라 그러한 목적의 집합에서 전형적으로 수반되는 행위들이 방역의 관점에서 어느 정도의 위험성이 있는지에 대해 판단하는 경우뿐이다.

2) 시설에 대한 일시폐쇄 등

질병관리청장등은 감염병이 유행하면 그 전파를 막기 위해 감염병환자등이 있는 장소나 병원체에 오염되었다고 인정되는 장소를 일시적으로 폐쇄하거나 일반 공중의 출입을 금지할 수 있다(제47조 제1호). 이는 시설의 사용·수익을 제한한다는 점에서 먼저 재산권에 대한 제한을 의미하고, 영업시설의 경우에는 직업(수행)의 자유에 대한 제한도 초래한다. 재산권에 대한 제한의 경우 헌법 제23조 제1항·제2항의 사회적 제약으로 볼 것인지, 헌법 제23조 제3항의 공공필요에 의한 사용제한, 즉 공용수용으로 볼 것인지 문제된다. 헌법재판소는 가축의 전염병 확산을 막기 위한 가축살처분과 도축장사용정지명령에 대해 공용수용이 아닌 사회적 제약으로 보고 있는바,[6] 이러한 입장에 따른다면 시설폐쇄의 경우에도 공용수용에 따른 보상 문제는 발생하지 않는다. 다만, 시설폐쇄로 인한 부담의 정도가 매우 큰 경우에는 기본권 제한의 효과를 완화하는 조정적 보상이 필요할 수 있다. 병원체에 오염되었거나 오염되었다고 의심되는 물건에 대한 폐기처분(제47조 제4호, 제49조 제1항 제6호)에 대해서도 동일한 문제가 제기된다.

공중위생에 관계있는 시설이나 장소에 대한 소독 기타 필요한 조치의 명령(제49조 제1항 제8호)은 명확성원칙이 문제될 수 있다. 우선 명령의 대상이 되는 "공중위생에 관계있는 시설"이 무엇인지 그 범위를 확정하기가 쉽지 않다. 공중위생관리법의 규율대상인 "공중위생영업"을 의미하는 것으로 볼 수도 있으나, 방역의 관점에서 보았을 때 공중위생에 관계있는 시설의 범위는 훨씬 더 넓다. 극장이나 음식점을 포함한 이른바 공중접객업에 제공되는 시설은 물론이고, 관공서나 학교 등 그 목적이 무엇이건 간에 공중이 출입하는 시설은 모두 여기에 해당할 가능성이 있기 때문이다. 또한 공중위생에 관계가 있다는 것이, 시설의 본래 목적을 말하는 것인지 아니면 그 시설에서 실제로 이루어지는 활동을 기준으로 한 것인지도 분명하지 않다. 미국에서는 에이즈(AIDS)의 발생과 급격한 확산이 이루어지던 1980년대 중반, 남성 동성애자들 사이의 성행위가 공공연히 이루어지고 있던 목욕탕에 대해 폐쇄명령을 내린 바 있는데, 목욕탕 자체가 에이즈 감염에서 위험한 시설은 아니었음에도 그 목욕탕에서 이루어지는 실제 행위들을 근거로 폐쇄명령을 내렸던 것이다. 뉴욕시의 시설폐쇄는 '고위험 성행위'가 이루어지는 시설을 폐쇄할 수 있도록 한 뉴욕주보건지침에 따른 것이었지만, 목욕탕의 원래 목적이 그러한 시설에 해당한다고 볼 수 없으며, 만약 동성간 성행위가 이루어지는 곳을 대상으로 한 것이라면 주택이나 호텔 등도 폐쇄명령의 대상이 될 수 있었다.[7]

3) 입원 또는 격리

환자를 입원 또는 격리시키는 것은 환자의 치료 목적에서 뿐 아니라 감염병의 전파를 차단하기 위한 가장 기초적인 방역조치라고 할 수 있다.[8] 「감염병예방법」에 따르면 제1급감염병 및 질병관리청장이 고시한 감염병에 걸린 감염병환자는 입원치료를 받아야 하며, 입원치료를 거부하는 경우 처벌된다(제41조 제1항, 제79조의3). 나아가 질병관리청장등은 감염병의심자에 대해서도 격리 또는 입원시킬 수 있다(제49조 제1항 제14호). 이러한 조치들은 신체의 자유와 거주이전의 자유, 자기결정권을 제한한다.

위험성이 높은 감염병에 한하여 환자를 강제입원시키는 것은 기본권제한이 정당화될 가능성이 크지만, 감염병의심자에 대해서까지 의사에 반하는 격리와 강제입원은 최소침해성이 문제될 수 있다. 「감염병예방법」은 감염병의심자에 감염병환자 등과 접촉한 사람 뿐 아니라 "접촉이 의심되는 사람", "검역관리지역 또는 중점검역관리지역에 체류하거나 그 지역을 경유한 사람으로서 감염이 우려되는 사람", "감염병병원체 등 위험요인에 노출되어 감염이 우려되는 사람"도 포함하고 있다(제2조 제15호의2). 따라서 감염병의심자의 범위는 매우 넓어질 수 있다. 감염병의심자로 분류되는 사람들 중에는 강제격리가 불필요한 경우도 있을 수 있고, 격리 자체는 필요하더라도 모든 감염병의심자의 격리기간을 일률적으로 정하는 것은 과도한 기본권제한이 될 수 있다.9

4) 이동경로 등의 공개

「감염병예방법」은 감염병 확산으로 인해 '재난 및 안전관리 기본법'에 의한 위기경보가 '주의' 이상 발령되면, 질병관리청장등으로 하여금 감염병환자의 이동경로, 이동수단, 진료의료기관 및 접촉자 현황 등 감염병 예방을 위하여 국민들이 알아야 할 정보를 신속히 공개하도록 하고 있다(제34조의2 제1항). 또한 질병관리청장 또는 시 · 도지사는 감염병 예방 및 감염 전파의 차단을 위하여 필요한 경우 관계 중앙행정기관의 장, 지방자치단체의 장, 공공기관, 의료기관 및 약국, 법인 · 단체 · 개인에 대하여 감염병환자 및 감염병의심자의 성명, 주민등록번호, 주소, 전화번호, 처방전, 진료기록부, 출입국관리기록의 제공을 요청할 수 있고, 그 밖에 이동경로를 파악하기 위하여 대통령령으로 정하는 정보도 요청할 수 있다(제76조의2 제1항).

이로써 감염병환자 및 감염병의심자는 사생활의 비밀과 자유 또는 개인정보자기결정권을 제한받는다. 정보제공의 요청대상은 국가, 지방자치단체, 공공기관에 제한되지 않으며, 법인과 단체, 개인을 모두 포함하므로 국가기관과 사인(私人)을 불문하고 사실상 모든 개인과 단체에 대해 정보제공을 요청할 수 있다. 제공되는 정보들 중 처방전이나 진료기록부와 같은 정보들에는 민감한 정보 또는 내밀한 영역에 속하는 정보가 포함될 수 있다. 위 법률조항에 따라 제정된 대통령령에 의하면 신용카드 · 직불카드 · 선불카드와 교통카드의 사용명세와 CCTV의 영상정보도 수집대상 정보에 포함되는데(시행령 제32조의2), 이러한 정보들의 수집은 개인의 사생활 영역 전반에 대한 광범위한 제한을 의미한다. 수집된 정보의 보관, 이용 등에 대한 통제와 삭제절차 등이 사생활의 비밀과 자유, 개인정보자기결정권 보호의 중요한 문제로 대두된다.

5) 건강진단 및 예방접종

질병관리청장등은 감염병에 감염되었을 것으로 의심되는 사람에 대해 건강진단을 받게 하거나 예방접종을 받게 하는 등의 조치를 할 수 있다(제46조, 제49조 제1항 제3호). 건강진단이나 예방접종을 강제하는 것은 자기결정권과 신체의 자유(신체의 완전성)에 대한 제한을 의미한다. 특히 건강진단을 거부하거나 기피한 자는 처벌될 수도 있다(제81조 제10호).

예방접종의 강제에 관하여, 미국연방대법원은 1905년 Jacobson v. Massachusetts 판결(이하 "Jacobson 판결")에서 지방자치단체가 천연두 확산에 대응하여 모든 주민에게 천연두 예방백신의 강제접종을 명할 수 있도록 한 매사추세츠주 법률이 수정헌법 제14조의 적법절차원칙에 의해 보장되는 자유를 침해하지 않는다고 판단한 바 있다.[10] 모든 공동체는 자기방어의 원리에 근거하여 그 구성원들을 보호할 권한이 있고 지역사회의 안전을 보호하는 것은 주(州) 정부와 지방자치단체의 권한에 속하므로 위와 같은 방역조치를 무효로 하는 것은 연방대법원이 다른 국가기관의 권한을 빼앗는 것과 같다고 하였다.[11] 법원으로서는 방역조치가 입법목적에 아무런 도움이 되지 않거나(no real or substantial relation), 헌법상 보장된 권리를 의심할 여지없이(beyond all question) 명백하게 침해하는 때에만, 사법심사를 통해 무효화할 수 있다고도 하였다.[12] 이 판결은 오늘날에도 미국에서 공중보건(public health) 영역의 리딩케이스로 받아들여지고 있지만,[13] 예방접종을 강제할 수 있는지의 문제는 여전히 논쟁의 대상이 되고 있다. 우리의 「감염병예방법」은 건강진단과는 달리 예방접종에 대해서는 거부하더라도 처벌의 대상으로 규정하지는 않고 있다.

Ⅲ. 행정기관으로의 권한위임

1. 「감염병예방법」의 권한위임

「감염병예방법」은 방역에 관한 주요 결정 권한들을 행정기관에 대폭 위임하고 있다. 우선 제2조는 감염병을 위험 정도에 따라 제1급감염병부터 제4급감염병까지 나누어 규정하면서, "갑작스러운 국내 유입 또는 유행이 예견되어 긴급한 예방관리가 필요하여 질병관리청장이 보건복지부장관과 협의하여 지정하는 감염병"을 제1급 내지 제3급 감염병에 추가할 수 있도록 하고 있다.[14] 「감염병예방법」의 적용대상 중 일부를 질병관리청장이 결정할 수 있게 한 것으로, 법률(「감염병예방법」)의 내용을 그때그때 행정기관(질병관리청장)이 보충할 수 있도록 한 것이다.

또한 「감염병예방법」은 환자의 이동경로, 이동수단, 진료의료기관 및 접촉자 현황 등을 공개하도록 하였는데(제34조의2 제1항), 정보공개 및 삭제와 이의신청의 범위, 절차 및 방법 등에 관하여 필요한 사항은 보건복지부령에 위임하였다(같은 조 제5하). 이에 따라 제정된 '「감염병예방법」 시행규칙'은 공개되는 정보의 범위를 감염병의 위기상황, 감염병의 특성 및 역학적 필요성을 고려하여 질병관리청장이 결정하도록 하였다(시행규칙 제27조의4). 결국 방역을 위해 공개되는 정보의 범위를 질병관리청장이 결정하도록 한 것이다.

그 밖에도 「감염병예방법」은 방역조치의 결정과 시행을 대부분 질병관리청장과 지방자치단체의 장(시 · 도지사, 시장 · 군수 · 구청장)의 권한에 맡기면서, 구체적인 방역조치의 결정에 관하여 상당한 범위의 재량을 부여하고 있다.

2. 권한위임의 근거와 문제점

방역을 위해서는 무엇보다도 감염병의 정체(正體)와 위험성을 정확히 파악하여야 한다. 감염원(感染源)이 무엇인지, 감염의 방식과 조건은 무엇인지, 전염력은 얼마나 강한지, 그리고 생명이나 건강에 어느 정도의 위험을 초래하는지 등에 관한 정확한 판단이 무엇보다도 중요하다. 이러한 판단을 위해서는 의학(醫學)과 역학(疫學)의 전문지식이 요구되므로, 방역정책의 수립과 집행에는 전문가의 의견이 중요한 역할을 한다. 이는 민주적 의사결정구조가 방역정책의 결정에서는 도움이 되지 않을 수도 있음을 의미한다. 무지에 근거한 지나친 공포심 또는 과학적 근거없는 낙관론이 공동체 구성원들의 다수를 지배하고 있다면, 민주적 의사결정과정에 근거한 정책결정은 방역의 실패로 이어질 가능성이 크다. 따라서 방역정책의 결정에서는 민주적 의사결정보다 과학적 판단과 전문성에 근거한 결정이 더 중요하다고 볼 수 있다.

방역정책의 수립과 집행에서 중요한 또 하나의 요소는 신속성이다. 감염병의 발생 초기에 신속하고 적절한 방역조치를 취하지 못하고 감염병의 유행이 걷잡을 수 없이 확산되면 의료시스템과 방역시스템의 붕괴로 이어질 수도 있다. 특히 전염성이 강한 질병일수록 발병 초기에 신속하고 강력한 억제조치가 요구된다. 따라서 방역정책의 결정과 집행에서는 전문성 못지않게 신속성 또한 중요한 요소가 아닐 수 없다. 이처럼 방역의 규율권한을 행정기관에 대폭 위임하는 것은 정책의 결정과 집행에서 요구되는 전문성과 신속성 관점에서 정당화될 수 있다.

그러나 행정기관으로의 권한위임은 기본권제한의 내용과 범위, 절차 등이 법률이 아닌 행정기관의 결정으로 정해진다는 점에서 헌법적 문제를 야기한다. 예컨대, 앞에서 언급한 환자의 이동경로와 접촉자현황 등의 정보공개는 사생활의 비밀과 자유 또는 개인정보자기결정권에 대한 중요한 제한을 초래하는 것임에도, 공개되는 정보의 범위를 질병관리청장이 결정한다면 이는 법률유보원칙 또는 의회유보원칙 위반의 문제를 야기한다. 더욱이 행정입법(대통령령, 총리령, 부령)에 위임하는 것이 아니라 보건복지부장관이나 질병관리청장 또는 지방자치단체의 장과 같은 행정기관 독자적인 권한으로 위임하는 경우에는, 헌법이 전혀 예정하지 않은 규범형식(고시, 훈령, 지침 등 이른바 행정규칙)에 의해서도 기본권이 제한될 수 있다는 것을 의미한다. 이러한 위임방식에 대해 헌법재판소는 전문성을 요구하는 영역에서는 불가피한 것으로 보아 허용된다고 보고 있으나, 헌법이 예정하지 않은 입법형식이라는 점에서, 그리고 행정기관의 장이 단독으로 기본권제한의 내용과 방식을 결정할 수 있다는 점에서 문제가 있다.

3. 민주적 통제의 필요성

방역정책의 결정에는 의학과 역학의 전문성이 요구된다 하더라도, 과학적 전문성만으로 정책을 결정할 수는 없다. 과학적 관점에서 아무리 효과적인 방역정책이라 하더라도 국민들이 받아들일 수 없는 기본권제한을 요구한다면 그 정책은 선택될 수 없다. 방역의 관점에서 더 효과적이긴 하지만 기본권제한의 정도 역시 그만큼 더 큰 정책을 선택할 것인지, 덜 효과적이지만 기본권제한의 정도는 작은 정책을 택할 것인지, 방역의 효과에서 동일하다면 어떤 기본권에 대한 제한을 선택할 것인지 등의 문제는 방역의 전문성만으로는 결정할 수 없는 문제이다. 과학적 판단에 입각하여 객관적인 사실을 확인하고 예측하는 것은 전문가의 중요한 역할이지만, 그러한 객관적인 사실과 예측을 전제로 어떤 정책을 선택할 것인지는 결국 공동체 구성원들이 결정하여야 한다.

코로나19에 대한 대응에서 유럽이나 미국은 특정지역의 봉쇄(lockdown)나 재택명령(stay-at-home order) 같은 방식은 선택했지만, 우리나라는 환자 및 그 접촉자의 이동경로를 추적하여 잠재적 감염자들을 선제적으로 검사하는 방식을 취하였다.[15] 이른바 '추적(Trace), 검사(Test), 치료(Treat)'의 방식으로서, 이는 지역봉쇄나 재택명령과는 달리 비교적 자유로운 일상생활을 보장한다는 점에서는 기본권제한의 정도가 약하다고 할 수 있지만, 사생활의 비밀이나 개인정보자기결정권에 대해서는 중대한 제한을 초래하는 방식이다. 이른바 "K-방역"이라는 찬사를 받기도 하지만, 동시에 개인의 프라이버시에 대한 과도한 침해라는 비판 또한 높다. 유럽이나 미국에서 우리와 같은 방역정책을 채택하기 어려웠던 이유는, 이동경로 추적을 위한 정보인프라가 우리나라만큼 갖추어지지 못했다는 기술적 제약때문일 수도 있지만, 그보다는 개인의 프라이버시 보호에 대한 요구의 정도가 우리나라에 비해 훨씬 높은 사회들이어서 방역의 관점에서는 아무리 효과적이라도 그것이 가져올 프라이버시 제한의 효과를 수인할 수 없었기 때문이라고 보는 것이 더 정확한 평가

일지 모른다.

결국 전문성에 근거한 판단이 중요하게 고려되는 방역정책에 있어서도 정책의 최종적인 결정권한은 공동체 구성원들인 국민들이 보유하여야 한다. 따라서 방역정책의 결정과정에서도 국민들의 의사가 반영될 수 있어야 하고, 국민들이 최종적인 결정권을 행사할 수 있어야 한다. 이는 방역의 영역에서 전문성이나 신속성을 근거로 행정기관에 권한을 위임하는 경우에도 그 권한 행사에 대한 민주적 통제는 반드시 필요하다는 것을 의미한다.

Ⅳ. 심사기준

1. 방역에서의 심사기준 완화 근거

사법심사에서 심사기준 완화의 근거는 대체로 민주주의원리와 사법부의 능력 문제로 나누어 볼 수 있다. 민주적 정당성과 책임성이 부족한 사법부는 가급적 입법부와 행정부의 판단을 존중하여야 한다는 주장은 민주주의원리를 강조하는 것이고, 사법부의 판단이 언제나 옳다는 보장이 없고 특정 영역에서는 사법부의 판단능력이 입법부나 행정부에 비해 부족하므로 입법부나 행정부의 판단을 존중하는 것이 더 타당한 결론을 가져온다는 주장은 사법부 능력의 한계를 지적하는 것이다. 먼저 민주주의원리를 이유로 방역정책에 대한 심사기준 완화를 주장하기는 어렵다. 방역정책의 수립과 집행을 담당하는 기관이 다른 영역들에 비해 특별히 더 민주적 정당성이나 책임성이 강화되어 있다고 보기 어려울 뿐 아니라, 앞서 보았듯이 방역의 규율권한은 행정기관에 대폭 위임되어 있어서 민주적 정당성은 오히려 약화되어 있기 때문이다. 따라서 방역정책에 대한 심사기준 완화의 근거는 전문성에 관한 것이 될 수밖에 없다. 제너럴리스트인 법관들로 구성된 법원은 방역정책의 전문성에 있어서는 입법부나 행정부에 비해 훨씬 부족할 것이므로, 입법부나 행정부의 결정을 존중(deference)하는 것이 바람직하다는 주장인 것이다.

앞에서 본 미국연방대법원의 Jacobson 판결은 주(州) 또는 지방자치단체의 방역조치가 입법목적에 아무런 도움이 되지 않거나(no real or sub-stantial relation) 헌법상 보장된 권리를 의심할 여지없이(beyond all question) 명백하게 침해하는 때에만 무효라고 할 수 있다고 하여 매우 완화된 심사기준을 적용하였다. 이러한 판결의 태도를 권력분립원리(연방주의)나 민주주의 원리로 설명할 수도 있지만, 그 판결에서 '예방접종이라는 정책이 과연 천연두 예방을 위해 적절한 것인지에 관하여 의학계에서 서로 상반된 이론들이 충돌하는 상황에서 어떤 견해를 선택할 것인지는 법원이 아니라 입법부의 권한'이라고 한 것은[16] 법원에 비해 전문성을 갖춘 기관의 판단을 존중한다는 태도로 볼 수도 있다.[17]

한편, 방역정책에 대해 심사기준 완화의 근거로 생각해 볼 수 있는 또 하나의 요소는 이른바 "위기상황론"이다. 국민의 생명과 건강에 대한 위험성이 큰 병원균의 출현과 유행은 국가적 위기상황인데, 그러한 위기상황에 대처하기 위한 방역조치들은 일반적인 공권력작용과는 달리 예외적이고 비상적인 조치로서의 성격을 가지므로, 사법심사를 통해 방역조치들이 쉽게 무효로 되어서는 안 된다는 것이다. 방역조치에 대해 엄격한 사법심사를 적용할 경우, 신속하고 유효적절한 방역을 어렵게 함으로써 자칫하면 공동체 구성원 전체를 위기에 몰아넣을 수도 있다는 우려가 바탕에 깔려 있는 것이다.

2. 심사기준 완화의 근거에 대한 검토

1) 전문성

방역정책은 의학(醫學), 역학(疫學), 통계학(統計學) 등 과학적 지식을 전제로 그 정책이 장래에 미칠 효과에 대한 예측을 토대로 결정되어야 하므로 전문성이 요구된다. 그러나 이와 같은 전문성이 방역정책에서만 요구되는 것은 아니다. 정도의 차이는 있겠지만 모든 법적 규율은 특정한 정책이 장래에 미칠 효과에 대한 예측을 토대로 결정된다는 점에서 정책결정에 전문성을 필요로 한다. 사법심사는 헌법규범의 의미에 비추어 특정한 입법이나 공권력작용의 효력을 판단하는 것으로, 본질적으로 규범적 판단이라고 할 수 있지만 그 판단을 위해서는 특정한 정책의 효과에 대한 사실적 판단을 필요로 한다. 특정한 정책을 위해 선택된 수단이 입법목적 달성에 얼마나 효과적인지를 판단하는 수단의 적합성 문제나, 동일한 정도의 목적달성을 위해 보다 덜 침해적인 수단은 없는지를 판단하는 침해의 최소성 문제는 사실에 관한 판단이다. 이러한 판단에는 언제나 정책의 내용과 효과에 대한 지식이 요구된다. 또한 정책의 효과와 기본권제한의 정도는 가정적 상황에 대한 예측판단으로 이루어진다는 점에서 언제나 불확실성의 문제도 제기된다.

그러나 특정한 방역정책의 효과나 다른 대안의 존재에 대한 판단에 전문지식이 필요하다고 해서, 그것이 곧 심사기준의 완화를 요구하는 것은 아니다. 법관은 방역 뿐 아니라 다른 규율영역에 대해서도 입법부나 행정부에 비해 일반적으로 전문성이 부족하다. 그럼에도 불구하고 모든 규율영역에 대해 사법심사를 할 수 있는 것은 법관 스스로 해당 분야의 전문성을 갖추었기 때문이 아니라, 해당 분야의 전문가로부터 설명을 듣고 그러한 설명이 지니는 설득력의 정도를 평가할 수 있기 때문이다. 법원이나 헌법재판소는 자신의 독자적인 지식으로 정책의 효과를 스스로 예측하거나 직접 대안을 찾는 것이 아니라, 문제된 정책의 효과와 대안에 대하여 설득력 있는 설명을 구하는 방식으로 판단하는 것이다. 따라서 정책의 수립과 집행을 위해 요구되는 전문성과 사법심사의 단계에서 요구되는 전문성은 그 정도가 다를 수 있다. 법원이나 헌법재판소가 특정한 정책의 수립과 집행을 위해 요구되는 정도의 전문성을 갖추지 못하였다는 사실만으로 사법심사의 기준 자체를 완화할 이유는 없는 것이다.

무엇보다도 사법심사는 정책의 효과와 기본권제한의 정도에 대한 사실적 판단만으로 해결되지 않는다. 어떤 기본권이 제한되는지, 어느 정도로 제한되는지, 달성되는 공익의 가치와 비교했을 때 과연 수인할 수 있는 정도인지 등에 대한 판단들은 개별 정책의 전문성만으로 해결될 수 없는 규범적 가치판단의 문제이다. 이러한 판단에 있어 가장 전문성을 갖춘 기관은 사법부, 즉 법원과 헌법재판소이다.

2) 위기상황론

감염병의 대유행으로 인한 "국가적 위기상황"도 방역으로 인한 기본권 침해 여부에 대한 심사기준을 완화할 근거가 될 수는 없다. 위기상황을 강조하는 이유는 통상적인 심사기준을 적용할 경우 그 엄격성으로 인해 위기상황에 대한 효과적인 대처가 어려울 수 있다는 우려에서 나온 것이지만, 심사기준을 완화하지 않더라도 위기상황에서 필요한 조치들의 합헌성은 얼마든지 인정될 수 있기 때문이다.

기본권제한을 통해 달성하려는 공익은 대개 추상적이고 간접적이어서 구체적으로 체감하기가 어렵다. 그러나 코로나19 사태의 경험에서 보듯이 감염병으로 인한 국가적 위기상황에서는 방역의 공익이 생생하게 체감된다. 사망자나 중증환자의 발생을 주변에서 목격하고, 감염의 확산 추세가 구체적인 수치들(사망자수, 감염환자수 등)을 통해 가시화되기 때문이다. 또한 감염병에 대한 예방이나 치료법이 아직 확인되지 않거나 부족한 상황에서는(예방이나 치료법이 확실하고 충분하다면 위기상황이라고 할 수 없다), 감염병의 확산을 막기 위한 기본권제한 조치들에 대해 수단의 적합성과 침해의 최소성을 인정할 가능성이 크다. 또한 감염병의 방역에서 보호되는 공익은 일부 개인들에 대한 법익의 보호가 아니라 생명과 건강에 대한 위협으로부터 공동체 구성원 전체를 보호하는 것이라는 점에서 법익균형성도 비교적 쉽게 인정될 수 있다. 결국 방역의 국가적 위기상황이 현실적으로 존재하는 경우에는, 통상적인 심사기준을 적용하더라도 방역을 위해 필요한 조치들이 무효로 될 가능성은 크지 않다.

오히려 위기상황이라는 논리를 지나치게 강조할 경우, 사법심사 자체가 무의미해질 정도로 기본권제한을 쉽게 정당화할 위험이 있다. 미국은 제2차 세계대전 당시 행정명령으로 태평양연안에 거주하는 일본인들(일본계 미국인들을 포함)을 내륙으로 강제이주시켜 집단수용하였는데, 연방대법원은 Korematsu v. U.S. 판결에서 이 조치를 합헌이라고 판결하였다.[18] 연방대법원은 인종을 이유로 한 차별이므로 가장 엄격한 심사(most rigid scrutiny)를 적용한다고 하였지만,[19] 일본계이기만 하면 미국 국적을 가진 시민도 포함하여 국가안보에 실제로 위협이 될 만한 사유가 있는지도 묻지 않은 채 강제이주와 집단수용을 명하고 그에 대해 다툴 수 있는 절차도 부여하지 않은 것을 두고 합헌이라고 한 것은 전시(戰時)라는 국가안보의 위기상황만을 강조하여 제대로 된 기본권침해 심사를 사실상 포기한 것이라는 비판이 가능하다.[20]

최근 미국에서는 국가적 위기상황에서의 기본권제한 조치들에 대해서는, 이른바 '보상조건부 기본권제한'의 정당성을 인정하자는 견해들도 제시되고 있다. 국가적 위기상황에서는 기본권침해가 분명한 사안에서도 법원이 위헌판단을 부담스러워 하여 합헌으로 판단하는 경향이 있음을 전제로, 어차피 기본권침해를 수인할 수밖에 없다면 이른바 가치보장원칙(liability rule)을 원용하여 기본권제한 자체는 허용하되 반드시 보상이 필요한 것으로 해석하자는 주장이다.[21] 사법(私法)의 영역에서 논의되어 온 "권리보장원칙(property rule)"과 "가치보장원칙(liability rule)"의 논의를 헌법상 기본권에도 적용해 보려는 시도이다.[22] 방역과 관련해서는 강제적인 예방접종이나 격리조치로 인한 기본권제한의 경우에 그로 인한 손해를 보상하는 조건으로 기본권제한의 정당성을 인정하자는 주장이 제기되고 있다.[23] 특히 코로나19 사태와 관련해서는 재택명령(stay-at-home order)이나 집합금지명령으로 인한 기본권침해 여부의 심사에서, 정부가 제공하는 각종 재정적 지원정책들을 기본권제한의 상쇄효과로서 고려하여야 한다는 주장도 있다.[24] 그러나 재산적 가치가 핵심적인 의미를 갖는 재산권에 대해서도 가치보장보다는 존속보장이 우선하는 법인데, 재산권 이외의 기본권들에 대해서 보상만 주어지면 기본권제한이 정당화될 수 있다는 논리는 우리 헌법상 받아들이기 어려운 주장이다. 국가적 위기상황에서 사법심사가 본연의 역할을 하지 못하는 현실을 고려한 고육책이라고는 하지만, 현실의 개선은 국가적 위기상황에서도 기본권보장을 위한 사법심사 본연의 임무를 강조함으로써 해결할 일이지, 현실의 어려움을 이유로 기본권침해 상황을 수인하라는 요구는 부당하다.

3. 심사기준 논의의 의미

방역의 전문성과 위기상황을 강조하여 심사기준을 완화하고자 하는 것은 사법부가 판단을 그르쳐 방역을 위해 반드시 필요한 조치들을 무력화시키지나 않을까 하는 우려의 표현이다. 그러나 우리 헌법의 기본권침해 심사에서 요구되는 과잉금지원칙 또는 비례원칙은 본질적으로 형량(衡量, balancing) 구조이므로, 전문성과 위기상황의 강조를 통해 반영하고자 하는 이익은 심사기준을 완화하지 않고서도 개별 사안들에서 얼마든지 고려될 수 있다. 개별 심사에서의 이러한 고려에 대해, 그것이 실제로는 심사기준을 완화하는 것이라는 비판이 있을 수 있으나, 심사기준 자체를 완화하는 것과 심사기준을 그대로 적용하면서 개별 사안에서의 전문성과 긴급성을 고려하는 것은 구별되어야 한다. 전문가의 판단이라는 이유로, 또는 국가적 위기상황이라는 명분으로 심사기준을 일률적으로 완화하면, 기본권침해가 문제되는 대부분의 사안들이 제대로 된 심사를 거치지도 않은 채 사법심사의 그물망을 통과하게 된다. 방역이라는 이름으로 행해지는 조치들에 대해 사실상 그 방역조치의 정당성에 대한 입증을 요구할 기회조차 사라지는 것이다.[25] 반면, 통상적인 사법심사의 심사기준을 적용하는 경우에는, 개별 방역조치들에 대해 그 필요성을 인정할 수 있는 설득력 있는 근거를 구체적으로 요구하게 된다. 이로써 방역을 명분으로 행해지는 무분별한 규제나 과도한 기본권제한을 억제할 수 있다. 방역정책을 수립하고 시행하는 기관은 전문적 영역이라거나 국가적 위기상황이라는 이유를 들어 사법심사를 쉽게 피해갈 수는 없으므로 불필요한 기본권제한이 발생하지 않도록 세심한 주의를 기울일 것이기 때문이다.

V. 사회적 기본권과 기본권보호의무

1. 건강권

1) 근 거

감염병의 시대에 특히 주목되는 헌법조항은 "모든 국민은 보건에 관하여 국가의 보호를 받는다"고 규정한 제36조 제3항이다. 보건(保健)이란, 말 그대로 건강을 보호하는 것이므로 이 조항은 모든 국민이 건강에 관하여 국가로부터 보호를 받는다는 의미이다. 생명과 신체의 안전은 모든 기본권행사의 전제가 되고 국가는 헌법 제10조 제2문에 의해 기본권보장의무가 있으므로, 제36조 제3항이 없더라도 국가는 감염병으로부터 국민을 보호할 의무가 있다. 안전에 관한 국가의 보호의무를 전제로 안전권이라는 기본권을 도출하는 입장에서는[26] 감염병으로부터의 안전권이라는 기본권을 도출할 수도 있을 것이다. 그러나 우리 헌법에서 국가로부터 건강에 대한 보호를 받을 권리는 위와 같은 일반조항(제10조 제2문)이나 안전권이라는 이론구성에 의할 필요가 없다. 제36조 제3항이 구체적이고 명시적으로 규정하고 있기 때문이다.

헌법 제36조 제3항이 국가의 의무만을 규정한 것인지, 아니면 기본권조항인지에 대해, 헌법재판소는 "헌법 제36조 제3항이 규정하고 있는 국민의 보건에 관한 권리" 또는 "보건권"이라고 하면서, "국민이 자신의 건강을 유지하는 데 필요한 국가적 급부와 배려를 요구할 수 있는 권리를 말하는 것"이라고 하여 기본권임을 인정하고 있다.[27] 학설도 제36조 제3항으로부터 "건강권", "보건에 관한 권리" 또는 "보건권"을 기본권으로 인정하고 있는 것이 일반적이다. 감염병으로부터 건강을 지키기 위해 필요한 조치들을 국가에 대해 요구할 수 있는 권리가 헌법 제36조 제3항에 의해 기본권으로 보장되고 있는 것이다. 다만, "보건권"이나 "보건에 관한 권리"라는 표현보다는 개인의 권리라는 성격이 보다 잘 드러나고 의미도 분명한 건강권이라는 용어가 더 적절하다고 생각된다.

2) 내 용

헌법재판소는 건강권의 내용에 관하여, 국가가 국민의 건강을 침해하여서는 안 된다는 소극적인 의무를 부담하는 것에서 한걸음 더 나아가 국민의 보건을 위한 정책을 수립하고 시행하여야 할 적극적인 의무를 부담한다고 하였다.[28] 이는 건강권에 자유권도 포함되는 것으로 보는 것이지만 국가에 의한 건강 침해는 생명권이나 신체의 자유에 의해 이미 보호되고 있으므로 제36조 제3항의 존재 의미는 국가적 급부와 배려를 요구할 수 있는 권리, 즉 사회적 기본권으로서의 성격에서 찾아야 한다. 건강권이 혼인과 가족생활에 관한 조항과 함께 규정되어 있다고 해서 가족생활과 관련한 건강 문제로 제한하거나 건강권의 자유권적 성격을 강조할 필요는 없다.

그렇다면, 감염병으로부터 건강을 보호하기 위하여 개인이 헌법 제36조 제3항에 근거하여 국가에 대해 무엇을 요구할 수 있는지가 문제된다. 감염병의 예방과 차단을 위한 정책의 수립과 집행을 요구할 수 있는 것에 그치는지, 아니면 의료서비스나 의료물품의 공급과 같은 구체적인 급부를 요구할 수 있는지, 구체적인 급부를 요구할 수 있다면 어느 정도의 수준까지 요구할 수 있는지가 문제된다. 이는 사회적 기본권 일반에 대해 제기되는 문제로서 사회적 기본권을 이른바 추상적 권리로 이해할 것인지, 아니면 구체적인 권리로 이해할 것인지에 관한 문제이다. 우선, 감염병에 의한 질병으로부터 국민의 건강을 보호하기 위하여 국가는 방역에 관한 법률을 제정하고 시행하는 등 필요한 정책을 수립하고 집행할 의무가 있다. 「감염병예방법」과 검역법은 이러한 목적에서 제정된 대표적인 법률들이며 그 밖에도 의료서비스의 제공과 관련된 여러 법률들이 이미 제정되어 시행되고 있다.[29] 이러한 상황에서 건강권의 내용을 추상적 권리로만 파악하는 것은, 명시적인 헌법조항을 통해 독자적인 기본권으로서 건강권을 규정하고 있는 우리 헌법의 취지를 충분히 살리는 해석으로 보기 어렵다. 건강권이 보다 실질적인 의미를 갖기 위해서는 국가에 대해 구체적인 내용의 급부까지 요구할 수 있는 권리로 보아야 할 것이다.

헌법재판소는 인간다운 생활을 할 권리와 관련하여, 국가에 대해 구체적으로 무엇을 요구할 수 있는지는 입법을 통해 비로소 결정되는 것이라고 보면서도 인간존엄에 상응하는 "최소한의 물질적인 생활에 필요한 급부를 요구할 수 있는 권리"는 입법이 없더라도 헌법조항으로부터 직접 도출될 수 있다고 하였다.[30] 이러한 판시를 건강권에 적용해 보면, 감염병으로부터 건강의 보호를 위해 국가에 무엇을 요구할 수 있는지는 의료와 방역에 관한 법률을 통해 비로소 정해지는 것이지만, 상황에 따라서는 법률에 의하지 않고서도 헌법 제36조 제3항의 건강권에 근거하여 구체적인 의료서비스나 방역물품의 공급을 국가에 대해 요구할 수 있다고 해석할 수 있다. 예컨대, 「감염병예방법」은 예방접종계획의 수립 및 시행과 약품 등의 비축의무를 국가와 지방자치단체에 부과하고 있고(제4조 제2항 제3호, 제10호), 국민은 감염병에 대한 진단 및 치료를 받을 권리가 있으며 국가와 지방자치단체는 그 비용을 부담하여야 한다고 규정하고 있다(제6조 제3항). 이러한 조항들은 개별적인 입법을 통해 건강권의 내용이 구체화된 것이지만, 위와 같은 조항들이 존재하지 않는다고 하더라도 일정한 상황 하에서는 헌법 제36조 제3항을 근거로 개인은 국가에 대해 감염병에 대한 진단과 치료, 예방접종, 의약품 또는 방역물품의 공급 등을 요구할 수 있다고 보아야 한다. 이러한 구체적인 급부의무가 인정되는 상황에서 국가가 그에 상응하는 급부제공에 실패한다면 이는 헌법 제36조 제3항에 위반하여 국민의 건강권을 침해하는 것이 될 것이다.

다만, 건강권에 의해 직접 도출되는 급부의 내용이 구체적으로 무엇인지를 이론적, 선험적으로 미리 확정하기는 어렵다. 구체적인 감염병의 유행 상황을 전제로 그 감염병이 건강에 미치는 위험성, 예방 또는 치료 수단의 존재 여부, 의약품이나 방역물품 등의 조달가능성, 정부의 재정상황 등을 고려하여 결정될 수밖에 없을 것이다.[31] 이와 관련하여 제기될 수 있는 현실적 문제로는, 백신이나 치료제 등 의약품이나 방역물품의 공급이 부족한 상황에서 국가가 어떤 기준에 따라 급부를 제공하여야 하는가이다. 이 경우에는 건강권 이외에 평등권 문제도 제기된다.[32]

2. 감염병으로 인한 사회적 재난과 국가의 보호의무

감염병의 대유행은 단지 건강만을 위협하는 것이 아니라 사회적, 경제적 피해도 초래한다. 감염병의 확산을 막기 위한 방역조치들, 예컨대 이동제한, 집합금지, 시설폐쇄 등과 같은 조치들은 경제활동에 직접적인 타격을 가하여 소규모자영업자나 임시직 또는 일용직 노동자 등과 같은 사회적 취약계층의 생계마저 위협한다. 이러한 상황에서 국가는 감염병의 유행과 방역조치에 따른 경제적 타격으로부터 피해를 입은 국민들을 보호할 의무가 있는데, 그 근거가 되는 조항이 헌법 제34조 제1항과 제6항이다.

헌법 제34조는 제1항에서 "인간다운 생활을 할 권리"를 규정한 후 제2항부터 제6항까지 인간다운 생활의 보장을 위한 국가의 의무를 구체적으로 언급하고 있다. 제6항은 재해의 예방과 그 위험으로부터 국민의 인간다운 생활을 보장할 의무를 규정하고 있는데, 감염병의 대유행 역시 재해(災害)의 일종이므로, 감염병의 확산과 그에 대응한 방역정책이 야기하는 사회적, 경제적 피해로부터 국민의 인간다운 생활을 보장하는 것은 헌법 제34조 제6항에 따른 국가의 의무이다. 제34조 제6항에 따른 국가의 의무를 구체화한 법률로서 '재난 및 안전관리 기본법'이 있는데, 이 법은 감염병의 확산을 사회재난으로 정의하고(제3조 제1호 나목) 재난으로 피해를 입은 주민의 생계안정과 기업의 경영안정을 위한 금융지원 등을 규정하고 있다(제66조 제3항). 코로나19 사태에서 시행된 '긴급재난지원금'이나 '긴급고용안전지원금'과 같은 조치들은 이러한 조항에 근거한 것들이었다.

한편 헌법 제34조 제6항은 "국가는 …… 노력하여야 한다"고 규정하고 있어 "모든 국민은 …… 국가의 보호를 받는다"고 한 제36조 제3항의 건강권 조항과는 문언상 차이가 있는데, 이러한 차이를 어떻게 해석할 것인지 문제된다. "노력하여야 한다"는 표현이 국가의 보호의무 자체를 부인하는 것으로 볼 수는 없지만, 보호의무 자체는 인정하면서도 그 이행의 방식에는 매우 광범위한 국가의 재량이 있다는 것을 반영한 것으로 볼 수 있을 것이다. 이 조항에서 말하는 재해(災害)의 범위는 실로 광범위하고 재해의 예방과 그 위험으로부터 국민을 보호하기 위한 수단에도 무수히 많은 선택가능성이 있기 때문이다.

3. 건강권과 건강보호의무의 심사기준

사회적 기본권은 대부분 국가로부터 적극적인 급부를 요구하는 것을 내용으로 하므로 그 기본권의 실현은 국가의 적극적인 의무이행에 달려 있다. 말하자면 사회적 기본권과 국가의 기본권보호의무는 표리관계에 있다. 따라서 사회적 기본권에 대한 침해 여부의 심사기준은 국가의 기본권보호의무 위반 여부에 대한 심사기준과 내용상 차이가 없다. 건강권에 대한 심사기준에 관하여 헌법재판소는 "건강의 유지에 필요한 국가적 급부와 배려를 요구할 수 있는 국민의 권리에 대응하여 국민의 보건을 위한 정책을 수립하고 시행하여야 할 국가의 보호의무를 위반하였는지 여부"라고 하였다.[33]

그런데 헌법재판소가 기본권보호의무 위반에 대한 심사기준으로 적용하고 있는 과소보호금지원칙은 '국가가 기본권보호에 관한 입법을 전혀 하지 아니하였다든가 그 내용이 현저히 불합리하여 헌법상 용인될 수 있는 재량의 범위를 명백히 일탈한 경우에 한하여 헌법에 위반된다'는 것으로,[34] 기본권보호의무의 이행에 관하여 국가에 지나친 재량을 인정함으로써 사실상 심사기준으로써 거의 기능하지 못한다는 문제가 있다. 오늘날 사회적 기본권의 실현과 관련하여 국가가 전혀 입법을 하지 않고 있는 경우는 거의 없으며, 그 내용이 현저히 불합리한 입법도 쉽게 찾을 수 없기 때문이다.

이러한 문제점을 인식하여, 기본권 보호의무의 심사기준을 그 보호의 대상에 따라 개별화 또는 유형화하여 심사의 강도를 달리 해야 한다는 주장들이 제기되어 왔다. 예컨대, 기본권보호의무에 관한 헌법재판소의 리딩케이스라고 할 수 있는 '구 교통사고처리특례법' 사건의 반대의견(위헌의견)에서는 과소보호금지원칙 자체는 받아들이면서도, 헌법재판소의 통제 강도는 관련된 기본권적 법익의 중대성, 그 침해의 심각성, 그 침해의 빈도 등에 따라서, 보호의무 위반이 일견 명백한지, 입법자가 제시한 보호구상(保護構想)이 설득력이 있는지, 입법내용에 대한 엄밀한 통제가 필요한지 등으로 달라질 수 있다고 하였다.[35] 그 후에도 광우병과 관련하여 안전성 문제가 제기되고 있던 미국산쇠고기에 대해 농림수산식품부가 수입조건을 완화한 것이 국민의 생명과 신체의 안전을 보호할 국가의 의무를 위반한 것인지 문제된 사건에서, 반대의견(위헌의견)은 보호법익과 위험의 내용에 따라 심사강도를 달리 해야 한다면서, 특히 기본권보호에 관하여 의회가 직접 정하지 않고 하위법령으로 결정하도록 한 경우에는(이 사건의 농림식품수산부 고시) 더 엄격한 기준에 의하여 심사할 필요가 있다고 하였다.[36]

한편, 최근 헌법재판소는 공직선거의 선거운동방법으로 확성기 사용을 규정하면서 소음규제에 필요한 최고출력의 제한을 두지 않고, 사용장소와 사용시간에 대한 규제도 미흡하게 규정한 것은 쾌적한 환경에서 생활할 권리를 침해한다고 결정하였다.[37] 이 결정에서 헌법재판소는 어떠한 경우에 과소보호금지원칙에 미달하게 되는지에 대해 "개별 사례에 있어서 관련 법익의 종류 및 그 법익이 헌법질서에서 차지하는 위상, 그 법익에 대한 침해와 위험의 태양과 정도, 상충하는 법익의 의미 등을 비교 형량하여 구체적으로 확정하여야 한다"고 하였다.[38] 이러한 판시는 동일한 조항에 대한 종전의 합헌결정에서 반대의견이 제시한 내용을 수용한 것이었는데,[39] 종전의 반대의견에서는 환경권이 생명 · 신체의 안전과 밀접하게 관련된다는 점을 고려하여 위험의 직접성 · 심각성 · 불가역성 등도 함께 검토하여 입법내용에 대한 보다 엄격한 통제가 필요하다고 하였다.[40]

과소보호금지원칙의 심사강도를 상향조정하려는 위와 같은 주장들은 그 자체로 충분히 설득력이 있지만, 특히 건강권 또는 건강에 대한 국가의 보호의무에 있어서 중요한 의미를 갖는다. 모든 사회적 기본권에 있어서 국가의 보호의무의 수준이 같다고 할 수는 없고, 같은 건강권이라 하더라도 경미한 질병으로부터의 보호인지 치명률이 높은 위험한 질병으로부터의 보호인지에 따라 국가에 요구되는 보호의무의 수준은 다를 수밖에 없다. 사회적 기본권 실현을 위한 국가의 보호의무는 일반적으로 추상적인 수준에서 인정되고 그 이행방식에 폭넓은 재량이 인정된다고 할 수 있지만, 구체적인 상황에서는 재량이 축소되어 특정한 내용의 보호의무만이 인정되는 경우도 있을 수 있으며, 보호법익의 중요성이나 위험성, 침해의 정도 등에 따라 재량의 범위는 달라질 수 있다.[41] 건강권에서 문제되는 보호법익은 생명과 신체의 안전으로서 매우 중요한 법익이고, 위험의 직접성 · 심각성 · 불가역성이 인정되는 경우들도 있다. 이러한 점들을 고려할 때, 건강권 중에서도 특히 생명과 신체에 중대한 위협을 가하는 위험한 감염병으로부터의 보호가 문제되는 경우에는 다른 영역들에 비해 훨씬 더 높은 수준에서 국가의 보호의무가 설정되어야 할 것이다.

Ⅵ. 맺음말

코로나19 사태는 새로운 감염병의 출현과 확산에 따른 위기상황에서 방역과 관련한 기본권보장의 문제를 제기하고 있다. 「감염병예방법」이 규정한 방역조치들은 대부분 개인의 자유와 권리에 대한 제한을 가져온다. 특히 집합금지, 시설폐쇄, 강제적인 건강진단과 입원 또는 격리, 이동경로 등 정보공개 등으로 인한 기본권제한의 효과는 그 정도가 결코 작지 않다. 방역은 공동체 구성원 전체의 생명과 신체의 안전을 보호하기 위한 것이라는 점에서 기본권제한이 정당화될 수 있지만, 방역이라는 이름으로 모든 기본권제한이 정당화될 수는 없다.

방역정책의 수립과 집행에는 의학적 지식에 기초한 전문성이 요구된다. 이러한 전문성의 요구는 방역에 관한 규율권한의 상당 부분을 행정기관으로 위임하는 현상을 가져온다. 그러나 방역정책은 전문가의 과학적 판단만으로 결정될 수 없다. 방역정책이 가지는 기본권제한의 효과를 고려할 때, 어떠한 기본권에 대해, 어느 정도의 제한을 감수하면서, 어느 정도의 효과를 가지는 방역정책을 선택할 것인지는 공동체 구성원이 민주적 의사결정구조에 의해 스스로 결정할 수 있어야 한다. 방역의 전문성을 이유로 한 행정기관의 권한위임에 대해 민주적 통제가 필요한 이유이다.

방역정책에 요구되는 전문성과 감염병이 초래하는 위기상황을 고려하여 심사기준을 완화하여야 한다는 주장도 제기될 수 있으나, 기본권침해 여부라는 규범적 판단을 방역에 관한 과학적 판단으로 대체할 수 없으며, 심사기준을 완화하지 않더라도 개별 사안의 특수성을 고려하여 얼마든지 적정한 결론을 도출할 수 있으므로 심사기준의 일률적인 완화는 불필요하다. 방역이라는 명분으로 행해지는 과도한 기본권제한을 억제하기 위해서라도 심사기준의 완화는 바람직하지 않다.

감염병의 시대에서는 사회적 기본권과 국가의 기본권보호의무에 대한 재조명이 필요하다. 헌법 제36조 제3항은 건강권을 독자적인 기본권으로 명시하고 있으므로 개인은 국가에 대해 건강의 보호를 요구할 기본권을 갖는다. 또한 국가는 감염병의 확산 또는 그에 대한 방역조치들로 인해 기본적인 생계나 인간다운 삶이 위협받고 있는 국민들을 보호하여야 한다. 이러한 사회적 기본권과 국가의 기본권보호의무는 표리관계에 있어 같은 내용의 심사기준이 적용되는데, 감염병의 시대에 국민의 건강을 보호하기 위해서는 국가의 적극적인 행위가 필수적임을 고려할 때, 사회적 기본권과 기본권보호의무의 심사기준은 보다 강화될 필요가 있다.

미주

* 이 글은 "감염병 시대의 방역과 기본권보장의 쟁점"이라는 제목으로 공법연구 제49집 제2호, 한국공법학회(2020. 12.), 341-370면에 게재된 글을 일부 수정한 것이다.

** 서울대학교 법학전문대학원 교수.

1 박지용, "공중보건법학의 개념과 이념적 기초", 저스티스, 통권 제141호, 한국법학원, 2014, 85쪽.

2 홍윤철, 팬데믹, 포르체 (2020), 13면. 종전의 전염병예방법이 2009년 '감염병의 예방 및 관리에 관한 법률'로 전부개정되면서 "전염병"이라는 용어를 "감염병"으로 변경한 것은 사람들 사이에 전파되지 않는 질병, 즉 전염병이 아닌 감염병도 관리대상으로 명확히 하려는 것이었다. 국가법령정보센터 '감염병의 예방 및 관리에 관한 법률'(2009. 12. 29. 법률 제9847호 전부개정)의 "제정 · 개정이유" 참조.

3 유길준 지음, 허경진 옮김, 서유견문, 서해문집, 2004, 198-199쪽.

4 이상돈, "법을 통한 보건과 의료의 통합? -「보건의료기본법」의 체계기획에 대한 비판과 전망-", 고려법학, 제36권, 고려대학교 법학연구원, 2001, 122-123쪽.

5 명재진, "코로나 사태와 종교의 자유", 교회와법, 제7권 제1호, 한국교회법학회, 2020, 12-13쪽.

6 헌재 2014. 4. 24. 2013헌바110, 판례집 26-1하, 88, 93-94(가축살처분); 헌재 2015. 10. 21. 2012헌바367, 판례집 27-2상, 708, 719-720(도축장사용중지명령).

7 뉴욕주 법원은 AIDS의 높은 사망률에 비추어 볼 때 공중의 건강과 안전을 보호하는 것은 긴절한 공익(compelling interest)이고, 그러한 공익을 위한 폐쇄명령이 그 시설을 이용하는 사람들의 기본권을 침해하는 것은 아니라고 하였다. New York v. New St. Mark's Baths 497 N.Y.S. 2d 979 (1986).

8 각종 전염병에 대한 치료제가 없던 구한말과 일제강점기에 전염병에 대한 기본 대책은 환자의 격리수용이었다고 한다. 정민재, "전염병, 안전, 국가: 전염병 방역의 역사와 메르스사태", 역사문제연구, 제34호, 역사문제연구소, 2015, 520-521쪽.

9 김소연, "기본권으로서의 안전권 인정에 대한 헌법적 고찰", 공법연구, 제45집 제3호, 한국공법학회, 2017, 190-191쪽.

10 Jacobson v. Massachusetts, 197 U.S. 11 (1905).

11 위 판례집, 27-28쪽.

12 위 판례집, 30-31쪽.

13 이 판결의 내용과 역사적 의미에 대해서는 Lawrence O. Gostin, *Public Health Law: Power, Duty, Restraint*, University of California Press, 2008. 116-131쪽; Nan D. Hunter, *The Law of Emergencies: Public Health and Disaster Management*, Butterworth-Heinemann 2009, 23-31쪽. 이 판결을 소개하고 있는 국내문헌으로는 박지용, "Jacobson v. Massachusetts 판결의 역사적 의미", 미국헌법연구, 제28권 제1호, 미국헌법학회, 2017, 79-108쪽.

14 2018. 3. 27. 개정된 「감염병예방법」(법률 제15534호, 2020. 1. 1. 시행)에서는 보건복지부장관이 지정하는 것으로 규정하고 있었으나, 2020. 8. 11. 개정된 정부조직법(법률 제17472호, 2020. 9. 12.)이 질병관리청을 신설하면서, 질병관리청장이 보건복지부장관과 협의하여 결정하는 것으로 개정하였다.

15 권건보, "감염병 위기 대응과 정보인권", 공법학연구, 제21권 제3호, 한국비교공법학회, 2020, 7쪽.

16 197 U.S. 11 (1905), 30쪽.

17 Lawrence O. Gostin & Lindsay F. Wiley (Ed.), *Public Health Law and Ethics*, (3rd edition), University of California Press, 2018, 152쪽 참조.

18 323 U.S. 214 (1945). 미국은 1942년 행정명령으로 미국 영토 내에서 적국인 일본과 협력할 우려가 있다는 이유로 태평양연안에 거주하는 일본인들(일본계 미국인들을 포함하여) 약 110,000명을 내륙으로 강제이주시켜 집단수용소에 수용하였는데, 연방대법원은 위와 같은 조치에 대해 합헌으로 판결했다.

19 위 판례집, 216쪽.

20 Erwin Chemerinsky, "Korematsu v. United State: A Tragedy Hopefully Never to Be Repeated", *Pepperdine Law Review*, vol.39 no.1, 2011, 168-169쪽.

21 대표적으로, Eugene Kontorovich, "Liability Rules for Constitutional Rights: The Case of Mass Detentions, *Stanford Law Review*, vol. 56, no.4, 2004, 755-834쪽.

22 권리보장원칙(property rule)이란 권리자의 동의가 없는 한 권리를 제한할 수 없다는 것이고, 가치보장원칙(liability rule)이란 객관적 가치를 보상하기만 하면 권리자의 동의 없이도 권리제한이 정당화될 수 있다는 것이다. 법경제학자 캘러브레시와 멜라메드가 체계화한 것으로, 거래비용이 높은 권리들에 대해서는 가치보장원칙을 적용하는 것이 사회적으로 더 효율적이라는 주장이다. Guido Calabresi and A. Douglas Melamed. "Property Rules, Liability Rules, and Inalienability: One View of the Cathedral," *Harvard Law Review*, vol. 85, no. 6, (1972), p.1089-1128.

23 Eugene Kontorovich, 앞의 글, 825-826쪽.

24 Craig Konnoth, "Narrowly Tailoring the COVID-19 Response", California Law Review Online, 11, 2020, pp.193-208. (DOI: https://doi.org/10.15779/Z38HX15R59.)

25 이 점을 지적하면서 공중보건의 영역에서도 합리성심사를 할 것이 아니라 개별 사안에 따라 심사의 강도를 조절하는 방식(sliding scale)이 타당하다는 주장으로는 Lawrence O. Gostin, 앞의 책, 143-144쪽.

26 예컨대, 송석윤, "기본권으로서의 안전권에 관한 시론적 연구", 법학논집, 제8권 제1호, 이화여자대학교 법학연구소, 2003, 1-32쪽; 이부하, "생명 · 신체에 대한 안전권에 대한 헌법적 고찰", 법과정책, 제25집 제2호, 제주대학교 법과정책연구원, 2019, 119-142쪽; 전광석, "국민의 안전권과 국가의 보호의무", 법과인권교육연구, 제8권 제3호, 2015, 143-157쪽.

27 헌재 1995. 4. 20. 91헌바11, 판례집 7-1, 478, 491; 헌재 2009. 11. 26. 2007헌마734, 판례집 21-2하, 576, 597; 헌재 2013. 9. 26. 2010헌마204 등, 판례집 25-2하, 1, 19; 헌재 2012. 2. 23. 2011헌마123, 판례집 24-1상, 365, 371; 헌재 2018. 5. 31. 2015헌마1181, 판례집 30-1하, 238, 246; 헌재 2020. 4. 23. 2017헌마103, 판례집 32-1상, 403, 420.

28 헌재 1995. 4. 20. 91헌바11, 판례집 7-1, 478, 491; 헌재 2009. 11. 26. 2007헌마734, 판례집 21-2하, 576, 597; 헌재 2013. 9. 26. 2010헌마204 등, 판례집 25-2하, 1, 19; 헌재 2012. 2. 23. 2011헌마123, 판례집 24-1상, 365, 371; 헌재 2018. 5. 31. 2015헌마1181, 판례집 30-1하, 238, 246; 헌재 2020. 4. 23. 2017헌마103, 판례집 32-1상, 403, 420.

29 예컨대, 의료법, 의료급여법, 보건의료기본법, '공공보건의료에 관한 법률', '장애인 건강권 및 의료접근성 보장에 관한 법률', '재난적의료비 지원에 관한 법률', '지방의료원의 설립 및 운영에 관한 법률' 등이 이미 제정되어 시행되고 있다.

30 헌재 1995. 7. 21. 93헌가14, 판례집 7-2, 1, 30-32.

31 참고로, 유럽인권재판소는 개인의 생명에 관한 국가의 적극적 보호의무를 인정하지만 감염병의 확산방지를 위해 국가에게 어느 정도의 의무가 있는지에 대해서는 이른바 판단여지이론(margin of appreciation)을 적용하여 회원국들의 폭넓은 재량을 인정한다. David Harris, Michael O'Boyle, Ed Bates and Carla Buckley, *Law of The European Convention on Human Rights*, Oxford University Press, 2018, 214-215쪽. 국민의 생명과 건강에 대한 국가의 보호의무 위반에 관한 유럽인권재판소 판례를 소개하고 있는 것으로는 김성진, "국가의 국민 안전보장의무-유럽인권재판소 판례를 중심으로-", 강원법학, 제52권, 강원대학교 비교법학연구소, 2017, 180-181쪽.

32 이 문제를 논하고 있는 것으로는 정문식, "감염병의 대유행에 있어서 의약품 부족 시 의약품 제공기준에 관한 헌법적 정당성", 의료법학 제13권 제1호, 대한의료법학회, 2012, 174-190쪽. 한정된 의료자원의 공정한 분배라는 '의료영역에서의 정의(正義)' 문제로 설명하고 있는 것으로는 김준혁, "코로나

19로 인한 응급 상황에서 의료자원 분배 및 백신 접종의 우선순위 결정”, 생명, 윤리와 정책, 제4권 제1호, 국가생명윤리정책원, 2020, 67-96쪽.

33 헌재 2020. 4. 23. 2017헌마103, 판례집 32-1상, 403, 421.

34 헌재 1997. 5. 29. 94헌마33, 판례집 9-1, 543, 555.

35 헌재 1997. 1. 16. 90헌마110 등, 판례집 9-1, 90, 131(재판관 김진우, 이재화, 조승형). 이 사안에서는 생명 · 신체라는 법익의 중대성, 그에 대한 위험의 직접성 · 심각성 · 상대적으로 높은 개연성에 비추어 볼 때 입법내용에 대한 엄격한 통제를 가하여야 한다고 보았다. 같은 취지에서 이 부분 판시를 소개하고 있는 것으로는 송석윤, 앞의 글, 22-23쪽 참조.

36 헌재 2008. 12. 26. 2008헌마419 등, 판례집 20-2하, 960, 993-994(재판관 송두환의 반대의견).

37 헌재 2019. 12. 27. 2018헌마730, 판례집 31-2하, 315.

38 헌재 2019. 12. 27. 2018헌마730, 판례집 31-2하, 315, 322.

39 재판관 김희옥, 김종대, 민형기, 목영준의 반대의견. 헌재 2008. 7. 31. 2006헌마711, 판례집 20-2상, 345, 364-365.

40 위 판례집, 같은 면.

41 전광석, 앞의 글, “국민의 안전권과 국가의 보호의무”, 법과인권교육연구, 제8권 제3호, 2015, 148-150쪽.

05

종교적 집회의 자유

종교적 집회의 자유*

송 기 춘**

Ⅰ. 코로나19와 인권: K-방역 또는 보건독재?

코로나19의 전세계적인 유행 이후 정부는 2년 가까이 감염병 확산 방지를 위하여 매우 강력하게 검사(Testing), 추적과 격리(Tracing), 치료(Treatment) 및 사회적 거리두기 등의 정책을 시행해 왔다. 또한 백신 접종을 실시하여 감염위험을 낮추었다고 평가된다. 반면 백신은 아직 시험 중일뿐이라는 비판적 견해도 있다. 코로나19 유행 초기부터 지금껏 알려지지 않았던 역병(疫病)으로부터 어떻게든 사람의 생명을 구하고 건강을 지키기 위해 필요한 강력한 조치를 시행해야 하고 국민은 이를 따라야 한다는 암묵적 동의가 사람들 사이에 작동하면서 그야말로 순식간에 자유에 대한 제한이 큰 저항 없이 수용되었다. 코로나19의 방역을 위한다는 명목으로 국민의 자유와 권리에 대한 강한 제한 조치가 시행되고 있으나 대규모의 집회를 개최하기 어려워 이에 대한 반대나 항의가 제대로 이뤄지지 못하는 경우가 많다. 집회라도 할라치면 금지명령이 따르고 개최에도 조건이 붙는다. 선거과정에서 선거운동의 양상도 변화하였다.[1] 고객을 응대해야 하는 영업은 큰 타격을 입었으나 적절한 보상이 이뤄지지 않고 있다. 경제 침체와 함께 실업도 증가한다. 가계수입의 감소와 부채의 증가도 현저하다. 방역을 위하여 엄청난 개인정보가 수집되고 활용되고 있으며 개인의 사생활의 비밀과 자유가 침해되고 있다. 그렇게 무엇이 수집되고 또 어떻게 처리되고 있는지 정보에 정보주체가 접근하는 것도 쉽지 않다. 방역을 내세운 새로운 독재(보건독재)[2]가 시작되었다는 비판도 있다.

세계적으로 코로나19의 부정적인 영향은 여성, 소수자, 장애인, 노인, 난민과 이민자들에게 더욱 크게 나타난다. 코로나19 예방용 백신은 10개국이 전체 분량의 75%를 확보한 반면 130개국은 하나도 확보하지 못하였다. 판데믹을 구실로 강력한 보안조치와 비상적 권한을 행사하여 반대자를 억압하고 기본적 자유를 범죄화하며 독립적 언론을 침묵하게 하고 비정부기구의 활동을 방해하기도 하였다고 지적된다. 인권옹호자, 언론인, 법률가, 활동가, 그리고 심지어는 의료 전문가까지도 정부의 코로나19에 대한 대응을 비판하거나 그것의 문제점을 지적하였다는 이유로 체포 · 구금 · 기소되거나 협박과 감시를 받고 있다고 한다. 감염병 대응을 이유로 수집된 정보가 상업적으로 이용될 가능성도 배제하지 못한다. 유엔 사무총장이 유엔인권이사회에서 지적한 내용이다.[3]

천재 · 지변 또는 내우 · 외환에 해당한다고 할 판데믹 상황에서는 평상시와는 다른 형태 또는 정도의 자유와 권리에 대한 제한이 이뤄질 수밖에 없을 것이다. 그러나 이러한 특별한 상황이 어떠한 자유와 권리의 제한을 모두 정당화하는 것은 아니다. 백신 접종이 시작되면서 백신으로 인한 시각, 청각 및 신경계 부작용이나 유산 또는 사망자가 보고[4]되면서 백신의 효과나 안전성에 대한 의문도 제기되고 있다.[5] 백신 접종이 일정하게 강제되거나 충분한 정보가 제공되지 않은 채 이뤄질 경우 건강권이나 의료에 관한 자기결정권 침해 문제[6]가 제기될 수 있다.

사람의 접촉에 의하여 전파되는 감염병의 확산을 막기 위한 조치에는 필연적으로 사람의 군집(群集)이 제한될 수밖에 없다. 코로나19가 비말(飛沫)이나 접촉에 의하여 감염된다고 하는 게 과학적인 설명이니 집합금지 명령은 합리적인 근거를 가진다고 할 수 있다. 그런 점에서 사람이 항상 집단으로 거주하는 요양시설, 병원이나 교정시설은 코로나19의 전파가 우려되는 곳이다. 실제 청도 대남병원이나 서울 성동구치소에서는 코로나19 집단감염이 발생하기도 했다. 사람이 운집하는 집회도 마찬가지이다. 많은 사람이 모여 구호를 외치고 행진을 하는 것은 감염병의 확산을 매개할 위험이 커진다. 실내 집회의 경우에는 그 위험이 더 크다. 그러나 이런 의문이 생긴다. 그 위험이 버스, 지하철이나 기차 등 대중교통시설을 이용할 때의 위험보다 더 큰가? 오로지 감염병의 확산을 막는다는 명분이면 어떠한 제한이라도 정당화되는가? 집합의 금지가 심지어 설 명절에 가족들이 모이는 것까지 금지하는 것을 쉽게 정당화하는가? 활동이 필수적인지 여부가 금지를 결정하는 결정적인 기준인가? 게다가 금지명령을 위반하면 과태료뿐만 아니라 시설폐쇄명령의 제재까지 정당화하는가? '야간'의 의미가 달라진 시대7에 야간통행금지와 같은 9시 또는 10시 이후 영업이 금지되어야 하는가? 가족의 주소가 서로 다르다고 하여 같은 주소인 가족의 모임과 달리 취급되어야 할 충분한 근거가 있는가? 힘들수록 모이고 의지하는 것이 사람이라면 과연 그러한 금지명령은 너무나 쉽게 이뤄지고 있는 것은 아닌가? 제한을 했을 때와 하지 않을 때의 결과를 너무 쉽게 단순 비교하여 정책을 결정하는 것은 아닌가? 이러한 의문은 종교의 경우에도 마찬가지이다.

이 글은 코로나19의 전파를 저지하기 위하여 종교적 집회를 포함한 사람의 모임을 제한하는 정부의 조치에 관하여 그 헌법적 가능성과 한계를 검토해 보고자 한다.

Ⅱ. 종교의 자유와 종교적 집회

1. 종교의 자유와 종교적 집회

인간은 종교적 존재이다. 삶의 한계와 깊이에 있는 문제와 함께 하는 한 인간은, 그것이 원시종교이든 고등종교이든 또는 서구적 신 개념에 입각한 종교이든 아니든 상관없이 종교를 떠나 살기 어렵다. 인간의 다양한 종교경험과 사회적 환경의 차이에 따라 종교는 서로 다른 교리나 의식을 가진 종교로 제도화되지만 그 본질은 차이가 없다. 종교의 자유는 '거룩한 것'을 추구하는 인간의 정신적 활동에 관련된다. 그것은 인간과 세계의 문제의 모든 것에 대한 궁극적 관심(the ultimate concern)[8]을 뜻한다. 종교는 인간의 삶에서 경험하는 불가사의 또는 의문에 답한다. 사람이 바르게 살고자 하여도 고난을 받는 모순에 대해 묻는다(신정론(神正論):theodicy). 원인을 알 수 없는 고통 속에서 어떻게 살아야 할지를 고뇌하고 모든 것을 무(無)로 돌리는 죽음 앞에서 삶과 사는 것에 대해 묻는다. 절대적인 존재나 어마어마한 것 또는 신비한 것에 의지하기도 한다. 종교적 믿음은 때로는 과학적이지 않다. 그렇다고 종교가 과학과 등을 지는 것만도 아니다. 그렇지만 종교는 과학적으로 쉽게 설명할 수 없는 사안에 대해 나름의 해답을 제공하고 번뇌하는 인간에게 위로를 주기도 한다. 이성과 과학도 이러한 의문에 대한 대답을 제공한다. 그러나 종교도 과학도 그 답에 분명한 한계가 있다.

이성과 과학의 시대에 헌법에서 종교의 자유를 보장하고 있는 것은 그 의미가 크다. 종교의 자유는 세상의 문제와 인간의 삶을 반드시 이성적 또는 과학적으로만 보아야 할 필요도 없는 것이며, 과학적 · 이성적으로 볼 때는 이상하다고 해도 그것이 삶의 주체인 인간의 자유로운 선택의 문제에 속한다는 것을 말해 준다. 종교의 자유는 인간의 세계관, 인간에 대한 인식과 태도의 자유를 뜻하는 것이라고도 할 수 있다. 그래서 종교는, 이성의 몫을 충실히 인정하고 그 한계를 넘어서는 영역에서 종교의 고유한 활동의 모습을 볼 수 있는 경우도 있지만, 과학과 이성으로 해명되는 문제의 영역에서도 보편적인 기준과 달리 판단하고 결정하는 경우도 있게 된다. 그리고 종교의 자유를 보장한다는 것은 이러한 관점과 태도를 존중하는 것이다. 헌법에서 단순히 일반적 행동자유권이 아니라 종교의 자유(제20조)를 규정한 것은 합리적이기만 한 것은 아닌 인간의 믿음과 행동의 자유를 인정한다는 것이며, 사상과 양심하고도 다르고 이성으로 이해할 수 없는 영역에 관한 인간의 정신작용의 문제에 관한 자유를 보장한다는 뜻으로 읽힌다.

종교의 자유는 그 내용의 하나로 집회의 자유를 포함한다. 종교적 집회의 자유는 종교의 본연의 속성으로부터 유래한다. 개인적인 믿음이란 같은 신앙을 가진 이들의 친교(親交)와 공동의 찬양에 의하여 확인되고 강화되는 것이기 때문이다. 인간은 고독 속에서 거룩한 것을 경험하지만, 동시에 인간과의 사귐과 공동생활을 바라므로 종교는 본질상 사귐이고 친교이다.[9] 개인이 가진 신앙은 그것을 증명하고 전파하고자 할 뿐 아니라 필연적으로 같은 믿음을 가진 사람들의 집회를 예정하고 수반한다. 믿음과 행위의 체계가 발생 · 유지 · 형성되는 데는 사회적 관계의 체계와 집합체를 요구하게 되며 이로써 공통의 신조, 제의(祭儀), 상징을 갖게 되는 것이다. 종교단체는 역사적으로 종교에 대한 탄압에 항의하고 저항하는 방식이었다.[10] 이런 의미에서 종교의 자유는 개인의 자유일 뿐 아니라 단체의 자유이기도 하다. 단체와 그 일시적 형태라 할 수 있는 집회 없이는 종교 자체의 존재 자체를 부정하는 것으로 이어질 수 있다. 물론 종교적 행사나 교육, 선교도 불가능하다. 바이마르헌법 제137조 제2항에서 "종교단체 설립의 자유는 이를 보장한다. 국가 내에 있는 종교단체가 연합하는 것은 아무런 제한도 받지 아니한다."라고 하거나 여러 국가의 헌법에서 종교단체에 대해 규정하고 있는 것은 종교가 가지는 사귐과 친교의 성격을 보여주는 것이라고 할 수 있다.

종교의례는 상징을 내포한다. 상징은 단순한 기호나 표지들과 다른 것이며, 다른 방법으로는 접근할 수 없고 영원히 우리를 차단하고 있는 실재의 차원(the level of reality)을 열어 보이는 것이다. 상징은 기호나 표지처럼 사람들의 필요에 따라 만들거나 제거되는 것이 아니라 살아 있는 생명처럼 낳고 죽는다. 종교적 실재는 상징으로 가장 깊이 있게 표현되므로 상징은 곧 종교의 언어라고 할 수 있다. 국기를 함부로 폐기하지 않고 성례전에 쓰이는 떡과 포도주도 일반적인 음식처럼 함부로 처리하지 않는다. 그것이 상징이다.[11] 상징이라는 게 그러하므로 상징을 중심으로 하는 의례는 인터넷 영상으로 대체되기 어렵다는 주장이 나름의 충분한 근거를 가지는 이유이다.

2. 코로나19와 종교적 집회

코로나19 판데믹 시기에 우리나라에서 종교단체의 종교적 집회의 자유 보장에 대한 시민들의 평가는 그리 우호적이지 않은 것으로 보인다. 코로나19의 전파에 종교단체가 상당히 큰 역할을 하였다고 비난받기 때문으로 보인다. 2020년 대구 신천지교회,[12] 서울의 사랑제일교회와 그 교인들을 중심으로 한 2020년 광복절 집회[13]를 매개로 한 확산은 지금까지도 코로나19의 전파에 결정적인 역할을 한 것으로 보인다. 그리고 기독교 계통의 한 흐름인 BTJ상주열방센터[14]와 이를 운영하는 인터콥[15]도 큰 물의를 일으켰다. 영생교(영생교 하나님의성회 승리제단)에서의 집단감염[16]도 사회적으로 파장을 일으켰다. 성남 은혜의강 교회에서도 72명의 집단감염이 보고되었다. 그밖에도 종교단체를 중심으로 크고 작은 감염 사례가 보고되었다. 이러한 종교단체에서의 감염사례는 주로 개신교 계통의 종교단체에서 보고된다.

이러한 종교단체에는 몇 가지 특징이 나타난다고 본다. 첫째, 이성과 과학의 관점을 종교적 관점이 압도하고 있다는 것이다. 비과학적 인식의 경향이 강한 부류이다. 믿음이 반드시 과학적인 것이어야만 하는 것은 아니지만 종교적 믿음이 감염병도 이기게 한다거나 감염병에 관한 그릇된 지식이 감염을 확산하는 경우도 있다(이른바 infodemic). 소금물을 분사하면 역병이 퇴치된다고 하여 그리 하였다가 오히려 전파를 촉진한 사례도 있다. 둘째, 원래 집단생활을 하고 있던 이들이다. 외부와 차단되어 집단생활을 하는 경우도 있지만 외부 사람과 접촉하지 않으면서 같은 교인들끼리만 모이는 경우이다. 이들의 생활은 밀행주의라고 할 수 있는 것이어서 외부에서의 개입이나 관여가 쉽지 않다. 셋째, 장소적 의미의 성전(聖殿) 이해가 강한 종파이다. 기독교에서 성전이 특정한 장소나 공간을 의미하는 것이 아니라고 이해하지만 일정한 장소를 의미하는 것으로 이해하는 경향이 강한 경우도 있다. 이들은 어떻게든 성전에 모이고 이곳에서 예배하는 것으로서 믿음을 증거하려 한다. 넷째, 지금은 좀 덜하지만 종교집회가 가지는 경제적 수입의 측면도 있다. 어떠한 단체의 수입이 사람들이 모이는 자리에서 만들어지는 경향이 강한 종파의 경우 모임을 하지 않는다는 것은 곧 수입의 상실을 의미한다. 은행을 통한 송금이나 인터넷 이체 등의 다양한 방법이 아니라 참석한 집회에서 현금을 희사하는 방식을 취하는 종교단체의 경우 그러한 수입이 없으면 단체를 유지할 수가 없게 되므로 모임을 고집하는 경우가 적지 않다. 다섯째, 특히 사회적 윤리에 대한 의식이 약한 종파에서 그런 경향이 강하게 나타난다. 이들은 대개 같은 종교를 가지지 않는 사람들을 포함한 타인과 함께 살아가고 있으며 다른 종교를 가진 사람도 존중하여야 한다는 의식이 약하다. 자신들의 종교의 전파에 매우 적극적이며 공격적 행태를 보이기도 한다. 종교적 집회가 종교인들만의 모임으로 그치지 않고 이를 통하여 타인에게 감염병을 전파하는 매개가능성을 높게 함으로써 감염위험을 증폭시키는 것이라는 점에 대해 크게 의식하지 않는 것으로 보인다. 2020년 8 · 15 집회가 당시 다시 한 번 잠잠하던 코로나19 전파에 파장을 일으켰던 점을 돌아볼 필요가 있다. 여섯째, 정치적 입장도 작용하는 것으로 짐작된다. 정부의 민주적 정당성에 대한 인정의 정도가 약할수록 강력한 방역조치에 대한 반대의 정도가 강해지는 것으로 보인다. 이들이 항의할 필요성이 커지고 이유가 많아지기 때문이다. 2020년 8월의 광화문 집회가 대표적이다.

이러한 행태를 보이는 종교단체가 특히 개신교에 집중되어 있고 이러한 집회로 인하여 감염병이 확산되는 결과가 되었으므로 이러한 종파에 대한 사회적 비판의 정도는 매우 강하다고 할 수 있다. 게다가 이들이 사회윤리적 문제를 일으키는 종파도 포함되어 있고 정치적으로 수구 · 보수의 색채를 가지는 경우도 있어 이러한 비난을 강화하는 면도 있었다고 보인다. 그러한 비난에 일반적으로는 동의할 수 있다. 그러나 죽음의 문제까지도 고민하면서 살아가는 삶의 한 모습이 종교라면 종교활동에 대한 제한은 다른 사안과 달리 취급될 여지는 없는 것일까? 만약 박근혜 또는 이명박 정부에서 이러한 조치를 내렸다면 이러한 행태를 비판하는 이들이 어떠한 태도를 취했을까? 집회 인원이나 방식을 제한하여 정부에 대한 항의집회를 열지 못하게 되었을 때도 같은 태도를 취했을까? 본래 외부와 차단되어 사람이 드나들지도 않고 집단생활을 하던 종교들이 정부의 집합금지명령 때문에 더 이상 함께 있지 못하게 되었을 때 그 집합명령은 정당화될 수 있을까?

코로나19 사태가 장기화되면서 실제 개신교 인사들의 모임에서는 코로나19 방역을 위하여 교회의 대면예배를 금지한 것은 헌법 위반이라고 하면서 헌법소원을 청구하였다.[17] 독일연방헌법재판소에서도 종교집회를 금지한 헤센주 행정명령에 대해 집행금지가처분 신청을 기각한 사례[18]도 있다.

Ⅲ. 종교적 집회 제한 또는 금지명령은 헌법에 위반되는가?

코로나19라는 감염병이 사람들의 접촉이나 비말에 의하여 전파된다는 것이 과학적 사실이므로 사람들의 군집(群集)을 위한 목적이 종교적이건 아니건 사람들의 접촉을 금지할 필요성은 인정될 수 있다. 그러나 집회의 성격이나 내용 및 방식에 따라 미시적인 조정을 충분하게 하지 않고 일률적으로 이렇게 해야 하는지에 대해서는 의문이 제기될 수 있다. 우선 독일연방헌법재판소의 결정을 중심으로 살펴본다.

1. 코로나19와 독일연방헌법재판소의 종교적 집회의 금지명령에 관한 첫 번째 결정(2020. 4. 10.)

1) 사건의 개요

헤센(Hessen)주는 2020. 3. 13. 처음으로 코로나19 방역과 퇴치를 위한 행정명령(Verordnung zur Bekämpfung des Corona-Virus[19])(2020. 4. 19.까지 효력을 가짐.)을 발하였으며, 3. 17.에는 코로나19 방역과 퇴치를 위한 제4차 행정명령(Vierte Verordnung zur Bekämpfung des Corona-Virus)[20](2020. 4. 19.[21]까지 효력을 가짐.)을 발하였다. 코로나19 제4차 행정명령 §1(1) 9.에서는 폐쇄되거나 영업을 중단해야 하는 시설과 활동을 열거하고 있는데, “9. … 교회당(Kirchen), 이슬람 성원(Moschen), 유대교 회당(Synagogen)에서의 집회와 다른 종교단체의 집회는 금지된다. 종교단체는 인터넷을 이용한 예배와 같이 사람들의 집합을 수반하지 않는 다른 형태의 종교활동을 자유롭게 할 수 있다. 교회 등의 건물이나 그곳의 공간은 개인의 기도를 위하여 개방될 수 있다.”[22]고 규정하였다.

L은 3. 27. 헤센주 행정법원(Verwaltungsgerichtsbarkeit Hessen)에 규범통제를 신청하면서 종교시설에서의 집회를 금지하는 위 조항에 대한 집행정지를 구하는 긴급신청(Eilantrag)을 하였다. L은 로마 가톨릭 신자로 신앙과 종

교적 의무로서 적어도 일요일을 포함하여 미사에 정기적으로 출석하고 있었는데, 문제되는 조항 때문에 이 의무를 이행할 수 없게 되었다는 것이다. 그는 종교의 자유는 제한될 수 없는 기본권이며, 또한 그러한 금지는 비례적이지 않다고 주장하였다. 헤센주 행정법원 제8부는 2020. 4. 7. 이 집행정지 신청을 기각하였다(VGH Hessen, 07.04.2020-8 B 892/20.N).[23] 법원은 문제되는 조항은 긴급신청사건을 심리할 때의 심사기준인 개괄적 심사(summarischen Prüfung)에 의하면 명백히 위법하다고 할 수 없으며 결과를 형량해 보더라도 집행을 정지할 필요성도 인정되지 않는다고 하였다. 법원은 이 조항이 단적으로 헤센 주내의 시민의 종교의 자유에 대한 전례없이 광범위한 영향을 미치는 것임을 인식하면서도 이러한 정부의 강력한 관여는 충분한 법적 근거를 가지고 있으며 직접적으로는 기간을 제한하여 감염의 확산을 막고 간접적으로는 코로나19로 인해 고통을 겪고 있는 사람들을 위하여 가능한 의료적 처치를 확보하는 데 적합하고 필요하다고 보았다. 비례원칙 위반 여부도 현재로서는 명확하게 확인할 수 없으며, 종교의 자유는 조건 없이 보장되는 것이지만 제한될 수 없는 것은 아니고, 종교의 자유는 제3자의 기본권 보호를 위하여 필요한 경우 또는 헌법적 위상을 가지는 법적 가치의 보호를 위하여 제한될 수 있으며, 이 사건은 성직자와 다른 신도의 생명과 건강에 관한 것이며 코로나19의 높은 감염 위험과 전파의 가능성을 고려하면 신도 이외의 사람의 생명과 건강에 관한 것이다는 것이 판단의 이유이다.

L은 연방헌법재판소에 헤센주 행정법원 결정의 취소와 관련 조항의 집행정지를 구하는 신청을 하였다. 관련 조항으로 인하여 주일 미사와 부활절 미사에 참여할 수 없게 되었으며, 종교의 자유가 생명권이나 신체의 완전성에 대한 권리에 비하여 완전히 유보되는 것은 비례적이지 않다고 주장하였다.

연방헌법재판소 제1재판부의 제2합의부는 4. 10. 이 신청에 대한 결정을 선고하였다.

2) 연방헌법재판소 결정 이유 요지

관련 조항에 대한 집행정지 신청은 기각한다.

이 신청은 인용할 수 있는 것이긴 하다. 특히 신청인이 2020. 4. 19.까지 모든 미사를 드릴 수 없다는 것을 보면 특히 법적인 보호의 필요성이 없는 것은 아니다. 그러나 신청인이 제출한 자료에도 나타나듯이, 신부(神父)도 정부가 필요한 위생수단을 고려하여 이러한 제한을 폐지하면 부활절 미사를 기꺼이 드릴 것이라고 선언하였으며, 신청을 인용한다고 해도 미사를 광범위하게 드릴 수 있다고 할 수도 없다.

집행정지 신청은 이를 인용할 근거가 부족하다. 집행정지 신청을 인용할 것인지는, 집행정지 신청을 인용하지 않았는데 헌법소원이 인용된 경우와 집행정지신청을 인용하였으나 헌법소원이 인용되지 않은 경우의 결과를 비교형량하여 결정하여야 한다. 신청인은 바티칸 제2공의회에서 채택한 교회헌장(Dogmatische Konstitution über die Kirche, Nr. 11)(1964. 11. 21.)과 가톨릭 교회의 교리문답(Catechism)(No. 1324-1327)에 의하면, 성례전(Eucharistie)의 축복은 가톨릭 신앙의 핵심이며, 이를 결여하는 것은 인터넷을 이용한 미사 방송이나 개인적인 기도로 대체될 수 없는 것이므로 성례전의 축복을 금지하는 것은 기본법 제4조 제1항의 신앙의 자유를 심각하게 침해하는 것이라고 한다. 더구나 그리스도인의 종교적 삶의 절정이라 할 수 있는 부활절 성례전의 축복을 금지하는 것은 더욱 중대하고 되돌릴 수 없는 것이라고 한다. 그래서 집행정지신청이 받아들여지지 않았는데 나중에 헌법소원이 인용되는 경우 이러한 중대하고 회복불가능한 침해는 잘못된 것이라고 할 수 있을 것이다.

반면, 집행정지신청이 받아들여졌는데 나중에 헌법소원이 기각된 경우를 생각해 보면, 수많은 사람들이 부활절 교회예배에 모일 것이고 이는 많은 사람들이 코로나19 바이러스에 감염될 위험을 높이고 의료기관의 치료능력에 과부하를 초래하여 최악의 경우에는 사망자가 증가하게 될 것이다. 이러한 위험은 교회 예배에 자발적으로 참여한 사람들에 한정되지 않고 전파 감염이나 치료시설의 한계 때문에 상당히 광범위한 사람들에게까지 영향을 미친다. 국가는 이러한 생명과 신체에 대한 위험으로부터 기본권을 보호할 의무를 지므로 현재는 생명과 신체에 대한 보호가 신앙의 자유보다 우선한다. 헤센주 행정법원은 판데믹 초기의 로버트 코흐 연구소의 평가에 따라 관련 조항의 목적은 가능한 한 접촉을 차단함으로써 감염 위험이 아주 높은 바이러스의 확산을 느리게 만듦으로써 국가적인 의료시스템이 붕괴되어 수많은 사망자가 나오는 사태를 막는 것이라고 적절하게 지적하였다. 건강과 생명을 보호하기 위하여 신앙의 자유에 대한 아주 중대한 제한을 하는 것은 2020. 3. 17.의 행정명령이 2020. 4. 19.까지만 적용되는 것이라는 점에서 정당하다. 이는 판데믹의 전개에 따라 새롭게 규제가 이뤄져야 한다는 것을 말한다.

생명과 신체에 대한 이러한 위험에 대한 보호는, 이와 결부된 신앙의 자유에 대한 매우 중대한 침해에도 불구하고 현재는 그에 우선한다. 헤센주 행정법원이 정당하게 지적하였듯이 이와 관련하여 로버트 코흐 연구소(RKI)의 평가에 따른 평가가 중요하다. 이 연구소는 판데믹 초기 단계에서는 의료시스템의 과부하를 방지하기 위해 감염 확산을 가능한 한 광범위한 접촉금지를 통해 느리게 하는 것이 중요하다고 판단했다. 또한 이익형량에 있어 코로나 행정명령이 4월 19일까지만 유효하다는 점도 고려되어야 한다. 행정명령은 판데믹의 새로운 진행경과에 따라 업데이트되어야 한다는 점이 확보되어 있다. 이러한 행정명령의 최신화 과정에서 신앙의 자유에 대한 중대한 침해를 고려하여 엄격한 비례성 심사가 행해져야 하며 바이러스 유포경로나 의료체계의 과부하 위험에 대한 새로운 정보를 고려하여 미사금지가 엄격한 요건 아래에서 제한적으로 완화될 것인지가 조사되어야 한다. 제한이 비례적인지에 대해서는 엄격한 심사를 해야 한다. 바이러스의 확산이나 의료시스템에 대한 과부하의 위험에 관한 새로운 정보를 고려하여 엄격한 조건에서 일정한 지역에 국한하여 종교예배에 대한 금지를 완화할 것인지가 심사되어야 한다.

신자들의 공동집회는 신앙의 중심적 구성부분이기 때문에 행정명령 관련 조항에 대한 이러한 판단은 다른 종교단체에도 적용된다.

3) 소결

독일 연방헌법재판소의 위 결정은 행정명령이 사람들의 종교집회 참석으로 인한 감염 위험의 증가, 의료기관의 치료능력 과부하로 인한 사망자수의 증가 초래 등을 막기 위한 것으로서 가능한 한 사람들의 접촉을 차단함으로써 감염 위험이 아주 높은 바이러스의 확산을 느리게 만듦으로써 국가적인 의료시스템이 붕괴되어 수많은 사망자가 나오는 사태를 막는다는 취지에 동의하고 있다. 이 결정에 상세하게 서술되지는 않았지만 1) 시급한 대처의 필요성, 2) 조치가 잠정적인 기간 동안 행해진다는 점도 판단에 고려된 것으로 보인다. 이 결정은 가처분을 인용한 뒤 종국결정에서 청구가 기각되었을 때 발생하게 될 불이익과 가처분을 기각한 뒤 청구가 인용되었을 때 발생하게 될 불이익을 비교형량을 하여 후자의 불이익이 전자의 불이익보다 크다면 가처분을 인용할 수 있다는 기본적인 가처분 요건에 따라 판단하였으며, 사안의 시급성을 고려하여 매우 신속하게 선고되었다. 결론과 주된 내용에 대해서 전체적으로 동의할 수 있다고 생각한다.

2. 독일연방헌법재판소의 코로나19 확산 방지를 위한 종교집회 금지명령 관련 결정(2020. 4. 29.)[24]

1) 사실관계

신청인은 신도수 1,300명을 가진 이슬람교인 결사이며, 종교적 회합과 예배 및 라마단 기간 동안 모스크에서 금요일 기도를 드릴 수 있도록 코로나19 바이러스의 감염 확산 방지를 위하여 5. 1.부터 5. 23.까지 집회를 금지하는 니더작센주 명령 제2, 8, 9조의 집행정지명령을 헌법재판소에 구하였다. 니더작센주의 명령은 교회당, 이슬람 성원, 유대교 회당 기타 종교적 집회의 금지를 포함하고 있다. 신청인은 1.5미터 거리 유지와 전체 인원 제한 등 지침을 준수할 것이며, 안전거리 확보를 위하여 바닥에 표시를 하고 모스크 입장시 비누로 손과 발을 씻는 의식을 하며, 마스크를 착용하도록 하고 방문 손잡이를 소독하고 환기를 잘 할 것이라고 하였다. 이슬람 율법에 따르면 아픈 신도는 공동 예배에 참석할 수 없으며, 이 점은 코로나 바이러스의 경우도 같다고 지적하였다. 찬송가는 부르지 않으며, 공동 기도는 이슬람 지도자인 이맘(imam)만이 한다고 주장하였다. 니더작센주 고등행정법원은 신청인의 신청을 기각하였다(23. April 2020 결정-13 MN 109/20-).

2) 연방헌법재판소 결정의 요지

(1) 니더작센 주 고등행정법원의 신청 기각이유

보건시스템에 과부하가 걸리지 않도록 감염병의 확산은 가능한 한 빨리 제어되어야 하며, 이를 위해 사회적 거리두기가 필요하다. 라마단 금식기간의 금요일 기도를 전면 금지하는 것은 기본법 제4조에 의해 보호되는 신앙의 자유에 대한 심각한 제한이다. 특히 라마단 금식월 동안의 금요일 기도는 성례전(liturgisch)의 중요성을 가지며, 이슬람 율법에 따르면 금요일 기도에 온전히 참여한다는 것은 신도들이 직접 참석한다는 뜻이다. 그러나 이슬람 성원에 모여 예배를 드리는 것을 금지하는 것은 감염을 피하기 위해 필요하다. 모스크에서 모이는 것이나 상점에 모이는 것은 다르다. 모스크에 사람들이 모이는 것은 상점에 사람들이 모이는 것보다 그 잠재적인 위험성이 더 크다. 모스크에서의 종교적 예배는 같은 목적의 행위를 오랜 시간 동안 함께 하므로 바이러스 감염의 위험을 높인다. 라마단 금식 기간 동안은 많은 사람들이 모여 기도실에 드나들고 안전거리도 지켜지지 않아 통제가 실패할 가능성이 높다. 이런 점에서 이슬람 서언이나 교회당 또는 유대교 회당에서 집회를 하는 것은 상점에서 많은 사람이 군집하는 것과 달리 콘서트, 스포츠 경기나 오락활동가 같이 금지 또는 엄격한 규제가 필요하다. 현재의 의료지식에 의하면, 추가적인 규제를 시행하지 않고는 바이러스 감염 위험이나 감염자 수, 의료시스템에 대한 과부하, 사망자 수는 증가할 수밖에 없을 것이다.

(2) 연방헌법재판소의 결정이유

모스크에서 예배를 드리는 경우 감염의 위험이 증가한다. 그러나 신청인은 이슬람교의 예배가 다른 종교와 상당히 다르다는 점을 강조한다. 즉, 금요일 예배에서 찬송을 하지 않으며 모임 기도에서 이맘(imam)만이 소리내어 기도를 한다는 것이다. 종교 커뮤니티의 규모와 구조뿐 아니라 모스크의 규모와 장소도 위험성을 측정하는 데 고려되어야 한다. 신청인은 종교단체에 속하는 1,300명과 친밀한 관계에 있음을 주장하고 있다.

감염병의 위험에 대처하는 현실의 전략은 개별적으로 특정한 상황에서 종합적으로 평가하여 감염위험의 증가가 부인될 수 있는 경우에조차 그러한 예배의 예외적인 인정의 가능성을 인정하지 않는 한 정당화되기 어렵다. 율법과 적절한 수단에 의하여 금요일 기도에 많은 사람이 모이는 것을 피할 수 있고, 금요일 기도회에 모이는 사람의 수는 매우 적을 것이라는 점을 신청인은 지적하고 있다. 아울러 마스크를 착용하고 모임에 참석한 사람의 모스크 내 위치를 표시한다는 점까지 언급하고 있다.

모임 금지와 관련하여 결정적인 것은 신앙의 자유에 대한 간섭의 정도인데 라마단 기간의 금식월 동안의 금요일 기도에 대한 제한은 특히 심각한 것이다. 반면, 이 결정은 특정한 상황에서 종교예배를 잠정적인 기간 동안 예외적으로 허용할 것인지의 문제이다. 교회당, 이슬람 성원과 유대교 회당이나 다른 종교단체의 종교적 예배를 위한 회합을 금지하는 니더작센주의 명령 관련 조항은 개별적 사례에서 금지의 예외 신청을 허용하지 않는 한 집행이 정지된다.

3) 소결

2020. 4. 29. 독일 연방헌법재판소는 4. 10. 결정과는 결론에서 약간 다른 결정을 하였다고 할 수 있다. 그러나 두 사건은 일정한 차이가 있다. 첫째, 종교적 집회의 성격과 규모가 다르다. 부활절을 앞두고 많은 사람이 모이는 개신교의 종교 집회와 독일에서 인구의 약 5.5% 정도가 신자인 이슬람교의 라마단 기간 동안에 소수의 선별된 인원만이 참여하는 금요일 기도회가 감염병의 확산 위험성에서 근본적으로 다르다는 점을 인식하고 있다. 둘째, 4. 10. 결정이 종교집회에 관한 행정명령의 위헌성을 전체적으로 판단한 것이라면, 4. 29. 결정은 좀 더 치밀하게 종교집회의 일률적 금지가 아니라 미시적인 조정의 가능성을 고려한 결정이라는 점이다. 셋째, 4. 10. 결정을 할 당시 감염자의 수는 4월 1일 6,064명이었던 것이 4. 29. 1,627명으로 낮아지는 시점과도 결정이 무관하지 않다고 보인다.

2. 미국 연방대법원의 종교집회 참석 인원 제한 행정명령 집행정지 가처분 관련 결정[25]

1) 뉴욕주 예배인원 제한 행정명령 관련 결정(2020. 11. 25.)[26]

뉴욕주는 코로나19 감염의 위험정도에 따라 레드존(red zone), 오렌지존(orange zone), 옐로우존(yellow zone)으로 분류하고 레드존에서는 예배참석자를 10인 또는 최대 수용인원의 25% 가운데 적은 수로 제한하는 반면 뉴욕주가 필수영업장으로 지정한 사업장은 인원제한을 하지 않았다. 오렌지존의 경우 필수영업장이 아닌 경우도 입장인원 제한이 없는 반면 예배참석인원은 25인 또는 최대참석인원의 33% 가운데 적은 수로 제한하였다. 가톨릭 브루클린 교구와 Agudath Israel of America라는 정통파 유대교 단체가 뉴욕주지사의 긴급 행정명령이 연방헌법 수정 제1조의 종교의 자유를 침해한다는 소송을 청구하면서 가처분 신청도 하였으나 기각되었고, 두 단체가 연방대법원에 가처분신청을 하였고 연방대법원은 항소판결이 나오기 전까지 예배참석인원을 제한하는 행정명령의 집행을 정지하는 가처분신청을 인용하였다. 연방대법원은 결정에서 엄격심사기준을 적용하였고 종교의 자유에 대한 제한이 치밀하게 설계되어야(narrowly tailored) 하며, 덜 제한적인 조치도 가능하다는 점을 들고 있다.

2) 캘리포니아주 실내예배금지 행정명령 집행정지 가처분 신청 인용 결정(2021. 2. 5.)[27]

캘리포니아주는 코로나19 확산을 방지하기 위하여 정책의 하나로 2020. 8. 각 카운티를 각 카운티를 코로나19 진단 테스트 양성률 등을 고려하여 1~4단계로 분류하고 규제하는 '더 안전한 경제를 위한 대책(Blueprint for a Safer Economy)'(이하 '대책'이라 함.)[28]을 발표하였는데, 가장 높은 단계인 1단계로 분류된 사우스베이오순절연합교회(South Bay United Pentecostal Church)는 캘리포니아주를 상대로 실내예배를 규제하는 것은 헌법 수정 제1조를 위반한 것이라고 소송을 제기했고, 항소심 계속중 사우스베이오순절연합교회는 1) 최대 수용인원을 기준으로 하는 예배참석 인원 제한금지, 2) 실내예배 금지, 3) 실내예배에서 찬송과 공동기도 금지 등 처분의 집행정지를 구하는 가처분 신청을 하였다. 연방대법원은 1단계에서 실내예배 금지처분의 집행정지 신청을 인용하였다.

이 결정에서 Gorsuch 대법관 등 3인은 코로나19가 시작된 후 캘리포니아 주는 공개적으로 다른 사업장에 비하여 종교단체에 대해 엄격하게 규제했으며 모든 예배를 금지한 유일한 주로서 이 점은 다른 소매점에 대한 규제와 비교할 때 명백하고, 이러한 규제가 주의 필수불가결한 이익(compelling interest)을 달성하기 위한 것이라는 점을 주가 증명하지 못하면 헌법 수정 제1조에 위반된다는 의견을 제시하였고 집행정지 신청을 모두 인용해야 한다고 주장했다. Roberts 대법원장은 이러한 결정에서 공중보건에 관한 전문가의 의견을 존중하여야 하지만 가장 큰 성당에서도 예배를 전적으로 금지하는 것은 종교의 자유에 대한 이해부족이라고 지적하고 있으며, Barrett 대법관 등 2인은 공동기도 금지 이외에 집행정지 신청을 인용하는 데 동의하였다.

4. 사회적 거리두기 단계에 따른 종교적 집회에 대한 제한의 헌법 위반 여부

코로나19의 방역을 위하여 사회적 거리두기의 단계에 따라 종교단체에 대해서는 시설 수용정원의 일정 비율만이 같은 공간에 참여할 수 있도록 하고 있다.[29] 그리고 이러한 제한 조치를 위반하였을 때는 과태료가 부과된다. 최근에 사회적 거리두기 2.5단계 연장 및 종교시설 방역지침 조정사항 등 안내 행위와 관련하여 헌법소원이 청구된 예[30] 있으며 대면 예배 금지 행정명령을 어겼다가 시설 운영 중단과 폐쇄 처분을 받은 교회가 헌법소원심판을 청구하려 하고 있다.[31] 종교단체가 「감염병예방법」 위반 혐의로 고발을 당하는 예도 있다.

1) 종교단체에 대한 집합금지 또는 제한명령의 위헌성 주장의 근거들

종교단체의 예배에 대한 제한은 사회적 거리두기 단계에 따라 좌석 정수의 10%-20% 또는 20명 이내로 제한된다. 3단계에서는 온라인 영상에 의한 방식만 가능하다. 집합금지명령을 위반할 경우 교회폐쇄 등의 조치까지 취해진다. 필자도 이러한 조치가 일정하게 헌법 위반의 소지가 있다는 점은 인정하며 다음과 같은 근거를 제시할 수 있을 것이다.

앞에서 언급한 바와 같이, 종교의 자유는 기본권 가운데서도 가장 중요한 기본권이며 필연적으로 종교적 집회의 자유를 그 핵심으로 한다. 종교적 집회의 자유에 대한 제한은 이를 정당화할 명백하고 현존하는 위험이나 압도적인 공적 이익의 존재 등의 매우 충실한 근거를 필요로 한다. 대중교통이나 공적 회합에 대한 제한이 사적인 모임과 달리 취급되는 것이 집합의 필요성에 대한 인식의 차이에 있다면 종교적 집회가 단지 사적인 성격의 모임이 아니라 모든 인간이 관련되는 가장 기본적이고 중요한 기본권의 문제라는 점을 고려하여 달리 취급될 필요가 있다. 생활에 필요한 물품을 구입하는 것이 필수적이어서 대형수퍼마켓 등의 영업을 덜 제한하거나 대중교통 이용을 덜 제한하듯이, 어떤 이들에게는 종교적 집회 참석이 그러한 정도의 삶에 필수적인 의미를 가지는 경우도 있어서 완화된 제한이 필요할 것이기 때문이다. 특히 종교단체가 방역지침을 준수하여 종교적 집회를 개최하는데도 감염의 위험을 실제적으로 증가시키는지에 관하여 과학적 증거도 제시되어야 할 것이다. 일반적으로 알려진 바와 같이 종교단체가 코로나19를 확산시켰는지에 대해서는 면밀한 검토가 필요하다. 종교단체를 중심으로 하는 확산은 특정한 몇 단체가 중심이고 대부분의 단체의 경우는 그러한 혐의로부터 자유롭다는 주장도 있기 때문이다.[32]

요컨대 이러한 비대면 예배 원칙과 예배인원제한 명령이 헌법이 보장하는 종교의 자유를 침해하며, "과학적 · 객관적 자료도 없이 다른 다중이용시설보다 교회의 예배를 강력하게 통제하고 억압"하는 것은 평등권 침해의 여지도 있다고 할 수 있다. 특히 대면 예배가 아닌 비대면 예배를 강제하는 집합금지명령을 하고 위반시 교회폐쇄 조처까지 하는 것은 종교의 자유에 대한 이해 부족으로부터 비롯되는 것이며 과도한 종교의 자유 제한이라는 주장을 할 수 있을 것이다.

코로나19 전파를 막기 위한 종교집회 제한 등의 조치가 매우 세밀하게 설계된 것은 아니라고 생각된다. 예를 들어 집회 참가 인원을 10%로 하느냐 20%로 하느냐 또는 20명 이내로 하느냐도 어느 정도는 임의적이라고 할 수 있다. 감염이 아주 제한적이던 시기에 이미 외부와의 접촉 없이 폐쇄된 상태의 집단생활을 하고 있어 감염의 의심을 하지 않아도 되는 사람들이 있다면 사회적 거리두기 단계 설정에 따라 이들에 대해 집합금지 또는 제한명령을 그대로 적용하기 곤란한 점도 있을 것이다. 다른 분야와의 형평성 논란도 있을 수 있다. 콩나물 시루같은 만원(滿員) 지하철을 타면서도 종교적 집회는 이렇게 해야 한다는 것이 모순이기도 하다. 좀 더 세밀하게 설계되어야 침해의 최소성이라는 과잉금지원칙의 요건을 충족할 수 있다고 주장할 수 있을 것이다.

2) 반론

하지만 이러한 주장에 대해서는 다음과 같은 취지의 반론이 가능할 것이다.

(1) 코로나19의 위험성과 방역의 필요성과 중요성

우선 코로나19가 사람 간의 접촉이나 비말에 의하여 확산되는 것이어서 예배 등 집회로 인한 감염병 확산의 위험성과 감염으로 인한 생명과 건강에 대한 위험의 정도가 매우 크다는 점이다. 이에 대해서는 이미 WHO가 판데믹 선언을 하였고 다수의 과학논문이나 통계자료를 원용하여 증명할 수 있을 것이다. 천재 · 지변이나 내우 · 외환의 상황에서 시급하고 강한 특별한 대처가 필요하고 일정한 요건을 갖출 경우 정당화될 수 있듯이(헌법 제76조), 코로나19라는 감염병의 전파 속도나 감염시 초래되는 위험 등을 고려하여 종교적 집회의 중요성에도 불구하고 강한 제한을 하는 것은 그 위험의 중대성이나 제한의 필요성에 의하여 가능하다고 할 수 있을 것이며 헌법 위반 심사의 기준도 매우 완화될 필요가 있다. 감염의 위험은 종교 여부를 떠나 결코 다르지 않으며 종교단체에 대한 미시적이고 세밀한 배려를 하지 않았다고 하여 그것만으로 헌법 위반이라고까지 보기는 어렵다.

방역을 위한 조치는 종교적 목적을 가지지 않으며 그 효과 또한 세속적이라 할 수 있다. 물론 종교적 효과를 낳는 부분도 있으나 주된 효과는 방역이라는 세속적 목적을 가진다.[33] 이 점에서 정교분리원칙 위반의 여지도 적다고 할 수 있다. 물론 사회적 필수기능의 수행 여부나 공적 성격 유무 그리고 생활용품의 확보를 위한 경우인지 여부에 따라 사람의 모임에 대한 금지나 제한이 완화될 수 있고 종교적 집회의 경우에도 그것이 근본적인 기본권임을 이유로 이에 해당됨을 주장할 수 있으나 그렇다고 하여 헌법에 위반되는 것이라고 단정하기는 어렵다고 본다. 특히 사안의 시급성과 철저한 방역의 요청 등을 고려하면 조치의 헌법 위반 여부에 대해서는 제한되는 기본권이 종교의 자유라는 중대한 것임에도 불구하고 좀 더 완화된 심사가 이뤄져야 할 것이다. 종교적 집회가 대규모인 경우가 적지 않고, 아무리 집회 참여자에 대해 감염 여부를 체크하고 사람과 장소에 대한 방역을 철저하게 한다고 해도 감염의 위험이 다른 경우에 비하여 낮지 않다는 점에서 종교시설 이용에 대한 제한이 다른 다중이용시설 이용에 대한 제한보다 당연히 약화되어야 하는 것은 아니라고 할 것이다.

종교의 자유가 절대적 기본권이어서 제한이 안 된다는 주장도 타당한 것이라고 할 수 없다. 헌법 제37조 제2항은 국민의 모든 자유와 권리가 제한될 수 있다고 하고 있으며, 절대적 기본권이 언급되는 독일과 조문의 구조와 내용이 다르기 때문이다. 그리고 이러한 제한에 대한 위헌 여부 심사의 정도도 완화될 수 있을 것이며, 제한의 내용이 세밀하게 설계되지 않았다고 해도 이를 이유로 과잉금지 원칙의 요건의 하나인 피해의 최소성을 충족하지 못한다고 단정하기 어려울 것이다.

(2) 시급성

두 번째, 방역을 위한 조치의 시급성 때문이다. 코로나19의 전세계적인 유행으로 인하여 지금까지 336만 명 이상이 사망하였으며 국내 사망자도 1,900명을 넘어서고 있다. 물론 이들 사망자가 코로나19로 인한 것인지 기저질환에 작용하여 합병증으로 사망한 것인지를 분간하기는 쉽지 않지만, 감염으로 인한 위험이 최근의 다른 역병과 비교되지 않을 정도인 것은 분명해 보인다. 그리고 시기별로 감염재생산지수[34]가 다르므로 이에 따라 때로는 강력한 활동제한을 하고 또 때로는 이를 완화할 필요도 있을 것이고 방역을 담당하는 부처에 이에 관한 상당히 넓은 재량이 인정된다고 할 수 있을 것이다.

"감염 재생산지수(R)는 R= p ×c×d으로 표현가능하며, p는 감염될 확률(probability of infection)로 치료제사용, 마스크사용 등을 통해 값을 줄일 수 있다. c는 접촉률(contact)로 사회적 거리두기 강화 등의 효과로 값을 줄일 수 있으며, d는 감염을 전파시키는 기간(duration)으로 진단검사량을 늘려 환자의 빠른 격리를 통해 줄일 수 있다."[35] 이러한 감염재생산지수의 감소는 정부가 마스크 사용, 사회적 거리두기, 신속한 진단검사 등을 통하여 방역 정책을 수립 · 시행하는 근거이다. 특정 시점에서 인구집단의 평균 감염력을 의미하는 실시간 감염재생산지수[36]는 시기에 따라 변화하였고 이에 따라 방역을 위한 조치가 변화하였다.

> "국내 코로나19는 신천지 대구교회 관련하여 대구 · 경북에서 1차유행이 시작하였던, 2020년 8주차(2월 16일~2월 22일)에 Rt 9.35로 가장 높은 Rt값을 보였다. 이 후 10주차(3월 1일~3월 7일) Rt 1.94까지 20일 이상 1.0 이상을 유지하며, 유행이 확산되었다. 이에 정부는 2월 29일에서 3월 2 1일까지 사회적 거리두기 방역체계를 도입하였으며, 이러한 거리두기의 효과가 반영되어 11주차(3월 8일~3월 14일)부터 Rt 0.67로 감염병 유행의 확산세 감소가 예상되었다. … 이 후 강화된 사회적 거리두기(3월 22일~5월 5일)를 통해 4월 중 일평균 15명 이하 수준까지 감소하였고, 이 기간 동안 Rt 역시 1.0 이하를 유지하며, 감염병 유행감소를 예측하였다. 그러나 … 5~7월 지역사회로의 소규모, 산발적 유행 전파가 지속적으로 이어지면서 일평균 30명 수준의 환자 발생으로 코로나19는 종식되지 못하고 유행은 계속 되었다.
>
> 8월 초 33주차(8월 9일~8월 15일)부터 종교활동, 대규모 집회, 다중이용시설 등을 중심으로 2차 유행이 시작하였으며, 이 시기 Rt값도 1.93으로 감염병 유행 확산이 예측되었다. 수도권 거리두기 2단계(8월 16일~8월 29일), 전국 사회적 거리두기 2단계(8월 23일~9월 27일)등의 방역정책을 펼쳤음에도 확산세는 심화되었으며, 35주차(8월 23일~8월 29일, Rt 1.38)에는 주 누적확진자가 2,000명 넘게 발생하였다. 36주차(8월 30일~9월 5일, Rt 0.90)부터 감소세를 보였으나, 41주차(10월 4일~10월 10일)부터 다시 확진자가 증가하기 시작하였다. 확산세를 줄이기 위해 이 기간 동안 전국 사회적 거리두기 2단계(8월 23일~9월 27일), 수도권 사회적 거리두기 2.5단계(8월 30일~9월 13일), 수도권 사회적 거리두기 2단계(9월 14일~9월 27일), 전국 사회적 거리두기 2단계(9월 28일~10월 11일, 추석 특별방역기간), 전국 사회적 거리두기 1단계(10월 12일~11월 6일) 등 상황에 따른 다양한 방역조치를 취하였으나 소규모 · 중규모

집단의 다수 발생으로 감염병 유행 확산은 지속되었다.

47주차(11월 15일~11월 21일, Rt 1.52)에 전 주(46주 Rt 1.12) 대비 Rt값이 크게 증가하여 대규모 환자발생이 예측되었으며, 지속적인 방역조치에도 불구하고 실제 확진자 수도 48주(2,913명, Rt 1.43)이후 52주(6,992명, Rt 1.11)까지 크게 증가하여 전국적으로 3차 유행이 발생하였다. 3차 대유행의 경우 종교시설, 병원 및 요양시설, 교정시설 등 수도권 중심에서 전국적으로 확산되었으며, 가족 간 감염이 증가하였다. 이에 정부는 지자체별 사회적 거리두기 1.5단계(11월 7일~), 수도권 사회적 거리두기 1.5단계(11월 19일~11월 23일), 수도권 사회적 거리두기 2단계(11월 24일~11월 30일)를 거쳐 12월 8일부터 비수도권2단계 · 수도권 2.5단계의 사회적 거리두기를 시행하고 있으며, 그 결과 2021년 2주차(1월 3일~1월 9일, Rt 0.88)부터 주 평균 Rt 값이 1.0 이하로 감소하여, 확산세가 완화되는 중이다."[37]

이러한 실시간 감염재생산지수를 보면 종교단체를 중심으로 하는 집회가 중요한 영향을 미치고 있으며, 정부의 사회적 거리두기 단계 조정이 감염지수 저하를 낳은 중요한 요인이 되었음을 알 수 있다. 정부가 개인이나 종교단체의 자유를 일정하게 제한하고 있지만 그것이 다른 사람에게 코로나19 감염 확산을 막기 위한 것이라는 점에서 이러한 제한명령은 공공의 이익을 위한 것으로 절실한 것이라는 점을 인정할 수 있을 것이다. '교회의 경우 대면예배를 통한 감염은 거의 없었고, 대면예배 자체가 감염 위험도가 높은 행위는 아니라'는 지적이 있긴 해도 그것은 교회 등 종교단체의 집회가 이뤄지지 않았기 때문이라고 달리 해석할 수도 있는 것이다.

(3) 잠정성

이러한 집회 제한명령이 제한적인 시기에 적용된다는 점이다. 사회적 거리두기 단계의 설정과 이에 따른 행위의 제한이 일정한 기간 동안 시행되며, 이 기간이 종료될 때 연장할 것인지 여부를 다시 결정한다. 기본권에 대한 제한의 비례성을 초과하는 강력한 제한이 이뤄진다고 해도 그것이 중대한 법익의 실현을 위하여 잠정적인 조치로서 시행되는 것이라면 좀 더 너그럽게 합헌의 결론에 이를 수 있을 것이다. 독일연방헌법재판소의 결정이나 헤센주 행정법원의 판결에서도 행정명령이 상황의 변화를 반영하여 최신화되도록 하고 있으며 한정된 기간 동안만 적용된다는 점도 근거로 제시하고 있다.

(4) 미시적 조정의 가능성

그러나 예외 없는 일률적 규제는 필연적으로 과도한 기본권의 침해에 이를 수 있으므로 미시적으로 섬세하게 행위의 가능성을 열어두지 않으면 안 된다. 이는 독일 연방헌법재판소의 2020. 4. 29. 결정의 기본적 취지이기도 하다. 미국 연방대법원 결정도 같은 취지를 담고 있다. 지나치게 엄격한 규제를 사안의 다양성과 무관하게 일률적으로 시행할 경우는 기본권 제한에서 침해의 최소성 요건을 충족하지 못하게 된다고 할 수 있다. 따라서 합헌적 조치는 이러한 미시적 조정의 가능성을 열어 두어야 하며, 미시적인 조정의 여지가 없는 일률적인 금지는 위헌적이라고 할 수 있다.

Ⅳ. 마치며

신자에게 종교는 모든 삶의 내용과 방향을 결정한다. 특히 자신이 믿는 신이 세상의 창조주이며 주인이고 모든 것을 관장한다고 믿으면, 그동안 삶을 구속했던 모든 속박에서 벗어나는 해방을 체험하기도 한다. 절대적 자유에 사로잡힐 때 자유인으로 살게 되는 것이다. 그리고 그러한 믿음은 같은 믿음을 가진 사람과의 친교를 추구하며 필연적으로 집회를 통한 신앙의 확인과 경배와 찬양에 이른다. 그리고 그러한 집회의 필요성은 삶의 어려움이 가중될수록 강해진다. 그러나 그러한 믿음을 가진 사람들이 모인 공동체도 수많은 사람이 사는 세상의 한 부분이며, 세상이 그들의 뜻에 따라서만 움직이는 것도 아니다. 그들이 하는 행동의 내용이나 방식도 우리가 함께 살아가기 위해 만든 규범에서 근본적으로 자유로울 수는 없다. 세속의 법을 따르지 않는 모든 행위가 종교의 자유 이름으로 정당화될 수는 없다. 특히 사회적 관계가 강한 부분일수록 다른 사람과의 관계를 고려하지 않고 어떻게 행동할 것인지를 결정할 수는 없는 법이다.

천재 · 지변이나 내우 · 외환에 대한 대처는 전사회적 협력을 필요로 한다. 그리고 그것은 한편으로는 이에 협력하지 않는 자에 대한 비난과 배제를 수반한다. 코로나19에 대한 의문은 사라지고 총력 대처만이 자리 잡은 게 아닌지 걱정될 때도 있다. 이것은 K-방역을 가능하게 하는 힘이었고 전세계적인 모델이라고 칭송되지만, 다른 한편으로는 미지의 역병에 대한 강력한 대처에 암묵적으로 동의했고 이의제기나 항의의 기회도 없이 기본권에 대한 강한 제한이 이뤄진 결과라고도 할 수 있다. 매우 우려되는 부분이기도 하다. 코로나19는 지침을 잘 따르는 사람이 그러지 않는 다른 사람을 당연히 부정적으로 평가하게 하고 있으며, 이는 모든 사람이 나에 대해 코로나19를 감염시킬 수 있는 위험원(危險源)으로 인식하게 만든다. 모든 사람은 모든 사람에 대해 위험원이 된다. 그래서 나와 다른 행동은 용납되지 않는다. 다른 행동을 하는 자는 비국민(非國民)이 된다. 조심스럽게 말하자면, 필자는 여기에서 전체주의의 싹을 본다. 알베르 까뮈는 이렇게 말했다고 한다. “조심하라. 민주주의가 병들면 파시즘이 침대 곁으로 다가온다. 그러는 건 안부나 묻자는 것이 아닐 것.”[38]

방역을 위한 조치에 문제점이나 모순이 적지 않다. 바이러스가 야간에 더 활동성이 커지거나 사람의 야간활동이 더 감염 위험을 높여준다고 단정할 수도 없는데 야간 활동을 금지하는 것도 정당한 것인지 의문이다. 야간 활동이 낮과 다르게 술 마시고 노는 것만 있는 것도 아니다. 만원 지하철의 이용과 집회의 금지가 공존할 수 있는 것도 모순이다. 사람의 모임이 삶에 필수적인지 여부에 의해서만 달리 취급되는 것도 아니다. 어떤 이들에게는 지금이야말로 항의가 필요한데 항의의 방법이 집회나 시위밖에 없는데도 집회는 할 수가 없다. 필자도 2020년 12월 전북도청 앞에서 열린 집회[39]에 참여한 적이 있다. 그러나 집회를 개최하기까지 신고를 위한 절차는 쉽지 않았다. 방역을 위한 조치와 사람 사이의 거리 유지 요구, 집회 참여인원 제한 등으로 인하여 개최가 어려웠던 적도 있었다. 다행히 집회를 개최하였지만 집회를 마땅치 않아 하는 법집행자들을 만났다면 집회가 개최되기는 어려웠거나 개최되었어도 해산명령의 대상이 되었을 것이다. 어쩌면 지금은 합리성과 가장 거리가 있는 종교인들이 코로나19에 대한 문제제기를 하고 있는 역설적 상황이라고도 할 수 있다. 예배를 통하여 이러한 문제제기를 한 사람들의 정치적 성향이 다르더라도 그들의 문제의식은 존중하고 공유할 필요가 있다. 헌법재판소가 행정명령을 헌법에 위반된다고까지 결정하지는 않을 것이라고 해도 그 안에 담긴 헌법위반이라는 문제의식과 도전은 중요하다. 감염병과의 전쟁은 자칫 비상시국을 틈타 전체주의 또는 전체주의적 사고의 등장을 예고하는 것이기 때문이다. 그리고 방역의 성공을 위해서는 시민의 정부에 대한 신뢰와 신뢰를 받는 정부40의 존재가 필수적이다.[41] 나아가 코로나19 판데믹이 종식된 이후 시급하게 정상적 질서가 잘 회복되어야 한다. 그러기 위해서는 지금 문제되는 것을 드러내고 저항할 수 있는 것에는 저항해야 한다. 코로나19 백신에 대한 신뢰가 충분하다면 이제 다시 작년과 같은 정도의 기본권 제한은 없을 것으로 보인다. 그러나 이제 그 동안의 조치가 정말 필요한 것이었는지에 대해서는 돌아보고 잘못된 점이 있다면 고쳐야 할 필요가 있다. 전쟁이 일어나도 전쟁이 끝나고 나서 살 것을 준비하며 하듯이 코로나19 와중에서도 코로나19가 종식된 다음에 우리가 살아갈 세상에서 소중하게 여겨야 할 것들에 대해 어떻게 할 것인지를 살펴야 한다. 그것이 위기를 지혜롭게 대처하는 길이다.

미주

* 헌법학연구 제27권 제2호, 2021. 6., 235-269면에 게재된 것을 수정한 것이다.

** 전북대학교 법학전문대학원 교수.

1 신정섭, 「코로나19가 제21대 국회의원 선거 투표선택에 미친 영향: 정부대응 평가와 개인피해를 중심으로」, 한국정치연구 제29권 제2호, 2020. 10., 155면 이하에서는 21대 국회의원 선거에서 유권자들은 코로나19로 인해 발생한 개인의 질병적, 경제적, 정신적 피해 유무를 투표선택에 반영하지 않았으나 코로나19 정부 방역에 대한 유권자 평가는 투표선택에 통계적으로 유의미한 영향을 주었다고 평가한다.

2 한국경제 2020. 6. 25. 게시 「"코로나 방역 빌미로 독재법 통과"…유럽은 디지털 빅브라더에 신음 중」 제하의 기사 참조. https://www.hankyung.com/it/article/202006241956g 검색일: 2021. 2. 24.

3 2021. 2. 22. 유엔 사무총장인 안토니오 구테흐스(António Guterres)가 유엔인권이사회에서 한 연설의 내용이다. https://www.ohchr.org/EN/NewsEvents/Pages/DisplayNews.aspx?NewsID=26769 검색일: 2021. 2. 25. 검색

4 영국 정부는 2020. 12. 7. 화이자 · 바이오엔텍('화이자') 백신 접종을 시작했고 올해 1. 7.부터 아스트라제네카 백신 접종도 시작하였다. 2. 20. 현재 국민의 24.6%가 접종을 한 상태라고 하며 2. 7.까지 접종을 마친 512,581명 가운데 백신 부적용 사례로 자발적으로 보고된 것(옐로카드 제도)이 44,635건이고 이 가운데 323명이 사망하였다고 한다. UPI뉴스 2021. 2. 24. 게시 「[목수정의 파리 통신] 코로나 백신 주도국 영국 부작용 신고 4만 건 넘어」 제하의 글 참조. "12월7일~2월7일까지 두 달간 진행된 화이자 백신 접종에서 보고된 부작용은 신경계 질환 1만 3,213건(사망 11명), 혈액질환 1,689건, 위장질환 7,749건(사망 8건), 심장질환 842(사망 17명), 근육조직장애 9,979건, 신진대사장애 922건, 종양 11건, 정신질환 990건, 생식기/유방 질환 227, 청각장애 537건(13명 청각 상실), 시각장애 978건(9명 시각 상실) 등으로 나타났다. 아스트라제네카 백신의 경우 올 1월 4일~2월 7일까지 집계된 부작용 보고 중 신경계 장애 1만 6,135건(사망 12명), 혈액질환 367건, 심장질환 676건(사망 10명), 청각장애 375건(8명 청각 상실), 시각장애 738명(13명 시각상실), 신진대사 장애 922건, 근육조직 장애 9079건, 피부질환 3630건, 호흡기 장애 1748건, 정신장애 1287건, 위장 장애 8160건, 신장 질환 207건 등이다." 백신접종 후 자발적인 부작용 보고 사례이므로 추가적인 증거가 없이는 백신접종과 부작용 사례나 사망과의 인과관계에 대해서 쉽게 존재한다고 단정할 수는 없겠지만 또한 가벼이 무시할 수 있는 것도 아닐 것이다. http://www.upinews.kr/newsView/upi202102240038?fbclid=IwAR1W1pNgbSX6UrOlKMLvQstjADgN5P65ou1Ru_RA1Vd88YFh18XyQKQ6HJs 검색일: 2021. 2. 25.

5 2021. 2. 22. "COVID-19 mRNA PfizerBioNTech vaccine analysis print" 참조. https://assets.publishing.service.gov.uk/government/uploads/system/uploads/attachment_data/file/964207/COVID-19_mRNA_Pfizer-_BioNTech_Vaccine_Analysis_Print__1_.pdf

6 이에 관한 최근의 연구는 김진곤, 예방접종과 기본권의 관계, 공법연구 제49집 제3호, 2021. 2., 59면 이하 참조.

7 헌재 2009. 9. 24. 2008헌가25 집회 및 시위에 관한 법률 제10조 등 위헌제청.

8 김경재, Paul Tillich의 문화신학: '궁극적 관심'을 중심으로, 문학과 종교 제8권 제2호, 2003, 1-16면 참조.

9 정진홍, 종교학 서설, 전망사, 1984, 39면.

10 이장식, 기독교와 국가, 대한기독교출판사, 1981, 214-215면.

11 상징에 대해서는 김경재, 폴 틸리히, 대한기독교출판사, 1979, 172-180면 참조.

12 2020. 4. 4.까지 코로나19 누적확진자수는10,265명인데, 해외유입 확진자 7.5%(771명), 신천지 관련 50.8%(5210명), 신천지를 제외한 지역사회 감염 32.6%(3344명), 그 외 9.2%(940명)는 감염경로를 조사 중이라고 발표되었다. 이 가운데 대구 · 경북 지역 감염자가 전체의 78.9%를 차지하였다. 메디칼업저버 2020. 4. 10. 게시 「코로나19가 국내 상륙 14주차까지 기록한 수치들」 제하의 기사 참조. http://www.monews.co.kr 검색일: 2021. 2. 25.

13 조선일보 2020. 9. 6.「사랑제일교회 관련 확진자 총 1162명 … 서울시 "손해배상 청구할 것"」제하의 기사 참조. https://biz.chosun.com/site/data/html_dir/2020/09/06/2020090600505.html 검색일: 2021. 2. 25.

14 KBS 뉴스 2021. 1. 12.「"'BTJ열방센터' 비협조적 태도 사회적 피해" … 관련 확진 600명 육박」제하의 보도 참조. https://news.kbs.co.kr/news/view.do?ncd=5093076 검색일: 2021. 2. 25. 한편 국민건강보험공단은 BTJ 열방센터(인터콥선교회) 방문자를 중심으로 코로나19 확진자가 증가함에 따라 BJT 열방센터를 상대로 구상금을 청구할 계획이라고 밝혔다. 의사신문 2021. 1. 13.「건보공단, BTJ 열방센터에 코로나19 구상금 청구」제하의 기사 참조. http://www.doctorstimes.com 검색일: 2021. 2. 25.

15 "기독교 매체인 뉴스앤조이 미국 지사에서 기자로 활동했던 김성회 열린민주당 대변인은 11일 자신의 유튜브 채널 '김성회의 옳은소리'에서 "아프가니스탄 선교를 갔던 분당 샘물교회의 배후에는 인터콥이 있었고, 관련 인물인 최바울이 현재 논란의 상주 BTJ 열방센터의 운영자와 동일 인물"이라고 전했다." https://news.v.daum.net/v/20210111211223177 검색일: 2021. 2. 24.

16 한겨레 2021. 2. 10. 게시「부천 집단감염 진원지 '영생교' … 15명 '집단 암매장' 전력」제하의 기사 참조. 2021. 2. 10. 부천시는 "경기도 부천시 괴안동 '승리제단'과 오정동 '오정능력보습학원'에서 코로나19 집단감염이 발생해 신도 · 학생 273명을 전수 조사한 결과, 승리제단에서 20명, 학원에서 33명 등 모두 53명이 확진 판정을 받았다"고 밝혔다. http://www.hani.co.kr/arti/society/religious/ 982611.html 검색일: 2021. 2. 25. 한편, 천부교는 "코로나19 집단 감염 발생한 영생교와 전혀 관계 없다"는 보도자료를 배포하였다. 천부교 사이트 https://www.chunbukyo.or.kr/%EC%BB%A4%EB%AE%A4%EB%8B%88%ED%8B%B0/%EB%AF%B8%EB%94%94%EC%96%B4/?cate=%eb%b3%b4%eb%8f%84%ec%9e%90%eb%a3%8c 검색일: 2021. 2. 25.

17 한겨레 2021. 2. 17. 게시「보수개신교단체 "대면예배 금지는 헌법 위반"…헌법소원 · 행정소송 제기」제하의 기사 참조. http://www.hani.co.kr/arti/society/religious/983356.html#csidx6593f2aa95dcd468ea4d17d2da68750 검색일: 2021. 2. 20.

18 독일연방헌법재판소 2020. 4. 10. 1 BvQ 28/20 결정. https://www.bundesverfassungsgericht.de/SharedDocs/Entscheidungen/DE/2020/04/qk20200410_1bvq002820.html 검색일: 2021. 2. 25.

19 Gesetz- und Verordnungsblatt für das Land Hessen(GVBl.)(2020 Nr. 8, FFN 91-54), 149면 이하. https://lexcorona.de/lib/exe/fetch.php?media=rechtsakteland:hessen:00008.pdf 검색일: 2021. 2. 20.

20 Gesetz- und Verordnungsblatt für das Land Hessen(GVBl.)(2020 Nr. 9, FFN 91-59), 167면이하. https://lexcorona.de/lib/exe/fetch.php?media=rechtsakteland:hessen:00009.pdf 검색일: 2021. 2. 20.

21 2020년 부활절이 4. 12.이므로 이 행정명령은 사순절 기간과 부활절 후 1주일이 되는 때까지의 기간 동안 적용된다.

22 "Zusammenkünfte in Kirchen, Moscheen, Synagogen und die Zusammenkünfte anderer Glaubensgemeinschaften sind ebenfalls untersagt. Allen Glaubensgemeinschaften bleibt es unbenommen, alternative Formen der Glaubensbetätigung auszuüben, die nicht mit Zusammenkünften von Personen verbunden sind, zum Beispiel Angebote im Internet. Die in Satz 3 genannten Gebäude und Räume können für die Gebete Einzelner offengehalten werden."

23 헤센주 행정법원의 결정 관련 자료 "Untersagung von Zusammenkünften in Kirchen, Moscheen usw. in Zeiten der Corona-Pandemie wird nicht außer Vollzug gesetzt" https://verwaltungsgerichtsbarkeit.hessen.de/pressemitteilungen/unt ersagung-von-zusammenk%c3%bcnften-kirchen-moscheen-usw-zeiten-der-corona-pandemie 검색일: 2021. 2. 25.

24 Beschluss vom 29. April 2020 - 1 BvQ 44/20. https://www.bundesverfassungsgericht.de/SharedDocs/Entscheidungen/DE/2020/04/qk20200429_1bvq004420.html 검색일: 2021. 6. 20.

25 이에 관한 소개는 헌법재판연구원 세계 헌법판례 동향 참조. https://ri.ccourt.go.kr/cckri/cri/world/selectTrendConstitutionCaseList.do 검색일: 2021. 5. 29.

26 Roman Catholic Diocese of Brooklyn, New York v. Andrew M. Coumo, Governor of New York, 592 U.S.___(2020)(No. 20A87)(2020. 11. 25.) https://www.supremecourt.gov/opinions/20pdf/20a87_4g15.pdf 검색일: 2021. 6. 25.

27 South Bay United Pentecostal Church, et al., v. Gavin Newsom, Governor of California, et. al. (No. 20A136 (20.746)) https://www.supremecourt.gov/opinions/20pdf/20a136_bq7c.pdf 검색일: 2021. 6. 25.

28 종교 집회와 관련하여 대책 1단계에서는 실내예배가 금지되고, 2단계에서는 최대 수용 인원의 25% 혹은 100명 예배 참석이 허용되며, 3단계에서는 50% 혹은 200명까지 참석 가능하고, 4단계에서는 최대 수용인원의 50%까지 예배 참석이 허용된다. 이에 반하여 미용실이나 문신 혹은 마사지 샵과 같은 개인관리 서비스, 호텔 및 소매업은 수용인원 25% 인원 제한으로 영업이 가능하며, 2단계에서는 소매업의 경우 수용인원의 50%, 박물관과 동물원은 수용인원의 25%, 극장과 식당은 수용인원의 25% 또는 100명까지 입장 가능하다. 3단계에서는 2단계의 2배 인원이 입장할 수 있고, 소매업의 경우 수용인원을 제한하지 않는다. 4단계에서는 극장 등의 입장 가능인원이 증가하고, 주점도 영업이 가능하다.

29 사회적 거리두기 1단계(생활 속 거리두기)에는 정규예배 · 미사 · 법회 · 시일식 등에서 좌석 한 칸 띄우기 실시, 모임 · 식사 자제를 권고하되 숙박 행사는 금지하고, 방역 및 집단감염 상황에 따라 종교계와 협의하여 구체적 조치 내용 및 대상 결정. 2단계(지역적 유행 개시)에는 정규예배 · 미사 · 법회 · 시일식 등에서 좌석 수의 20% 이내 인원 참여, 모임 · 식사는 금지하고, 단계 조정 시 방역 및 집단감염 상황에 따라 종교계와 협의하여 구체적 조치 내용 및 대상 결정. 2.5단계(지역 유행 급속 전파, 전국적 확산 개시)에서는 정규예배 · 미사 · 법회 · 시일식 등을 원칙으로 하며(참석인원 20명 이내), 종교활동 주관의 모임 · 식사는 금지하고, 단계 조정 시 방역 및 집단감염 상황에 따라 종교계와 협의하여 구체적 조치 내용 및 대상 결정. 3단계(전국적 대유행)는 원칙적으로 1인 온라인 영상만 가능하며 종교활동 주관의 모임 · 식사는 금지, 단계 조정 시 방역 및 집단감염 상황에 따라 종교계와 협의하여 구체적 조치 내용 및 대상 결정. http://ncov.mohw.go.kr/socdisBoardList.do?brdId=6&brdGubun=64&dataGubun=641 검색일: 2021. 2. 25.

30 2021. 1. 22. 접수 사회적 거리두기 2.5단계 연장 및 종교시설 방역지침 조정사항 안내 위헌확인(2021헌마114),

31 앞의 한겨레 2021. 2. 17. 게시 「보수개신교단체 "대면예배 금지는 헌법 위반" … 헌법소원 · 행정소송 제기」 제하의 기사 참조.

32 위 한겨레 기사에 의하면 예배회복을 위한 자유시민연대 실행위원장 박경배 목사는 "윤태호 중앙사고수습본부 방역총괄반장이 지난 2월 1일 '교회의 경우 대면예배를 통한 감염은 거의 없었고, 대면예배 자체가 감염 위험도가 높은 행위는 아니라고 판단했다'고 말했다"며 "지난 한 해 동안 (신천지를 제외한) 종교시설 감염자 비율은 8.2%인데도 국민 48%가 교회 발인 것으로 인식하고 있다"고 말했다고 한다.

33 대법원 2009. 5. 28. 선고 2008두16933 판결[토지수용재결처분취소등] 등에서는 헌법 제20조 제2항의 정교분리원칙 위반 여부를 주로 목적과 효과 요건 기준으로 판단하고 있다.

34 감염재생산 지수(R)는 집단 내 감염성이 있는 환자 1명이 감염 전파가능 기간에 전염시키는 평균 사람 수로 정의된다. R은 0 이상인 값을 의미하며, R>1이면, 최소한 한사람 이상이 추가적으로 감염될 수 있다는 뜻으로 감염병이 인구 집단 내에서 확산되어, 유행이 지속됨을 의미한다[8]. 또 R<1이면 유행이 감소되어 감염병 발생이 감소됨을 의미한다[5]. R=1인 경우는 지속적인 발생을 뜻하며, 풍토병이 이에 해당된다. 유명수, 김연주, 백수진, 권동혁, 「감염재생산지수 개념 및 방역정책에 따른 변화」, 주간 건강과 질병 제14권 제6호(2021. 2. 4.), 283면.

35 같은 글, 283면.

36 기초감염재생산 지수(Basic reproduction number, R0)는 어떤 감염병에 대해 면역이 없는 인구집단에서(신종감염병, 백신 미접종) 감염병이 발생하여, 이 감염병에 대한 관리 · 중재가 아직 도입되지 않았을 때 감염재생산지수를 의미한다. 실질 감염재생산지수(Effective reproduction number, Re)는 질병의 발생 초기 패턴을 지나 유행이 지속될 때, 개인의 위생 관리(위생 강화, 사회적 거리두기 등) 및 사회적 조치(방역, 봉쇄, 등교 제한, 대규모 모임 금지 명령 등) 등을 고려한 감염재생산지수를 의미한다. 실질 감염재생산지수(Re) 중 시간의 흐름에 따라 반복적으로 산출 가능한, 특정시점에서 인구집단의 평균 감염력을 실시간 감염재생산지수(time-varying reproduction number, Rt)라고 정의하며, 시간 t에서 Rt는 순간 재생산지수(instantaneous reproduction number)와 케이스(사례) 재생산지수(case reproduction number) 두 가지 방법으로 산출 가능하다. 같은 글, 283면.

37 위 글, 284-286면.

38 2020. 10. 16. 오마이뉴스 게시, 목수정, 「밤 9시 이후 통행금지 … "프랑스 위협하는 건 코로나가 아니다"」 제하의 글에서 인용. http://www.ohmynews.com/NWS_Web/Series/series_premium_pg.aspx?CNTN_CD=A0002684498 검색일: 2020. 2. 28.

39 비마이너 2020. 12. 2. 게시 「'거주인 학대' 대화 유출된 무주 하은의집… 전북도는 장애계 요구 묵살」 제하의 기사 참조. https://www.beminor.com/news/articleView.html?idxno=20378 검색일: 2021. 5. 22.

40 송기춘, 「조삼모사의 지혜」, 법률저널 2021. 1. 22. 게시. http://www.lec.co.kr/news/articleView.html?idxno=724939 검색일: 2021. 2. 25.

41 코로나19에 관한 'Hold-Up'이라는 제목의 영화에서 쟝 도미니크 메셸이라는 의인류학자는 다음과 같이 지적하고 있다 한다. "3월 16일, 마크롱 대통령은 봉쇄령을 발표하며 '우리는 전쟁 중'이라고 반복해서 말했다. 권력자가 전쟁이라는 메타포를 사용하기 시작할 때 우리는 각별히 정신을 똑바로 차리지 않으면 안 된다. 그것은 자동적으로 권력의 남용이 시작될 것을 예고하는 사인이기 때문이다. 역사를 살펴보면, 불가지한 위협에 앞서 권력자가 발표한 모든 예외적 조치는 그 위협이 제거된 이후에도 오래 지속된다. 그는 연설에서 마치 바이러스가 우리의 적인 것처럼 말한다. 그러나 인류는 태초부터 바이러스와 함께 살아왔다. 따라서 우린 그 바이러스들과 함께 현명하게 살아가는 방법을 터득해야 할 뿐이다. 우리는 결코 바이러스를 절멸시킬 수 없다. 그런 방법은 존재하지 않는다." 목수정, 「"코로나19는 기획됐다" … 프랑스 뒤흔든 문제적 다큐 [목수정의 바스티유 광장] 코로나19 의혹 다룬 <홀드업> 논란」. http://www.ohmynews.com/NWS_Web/Series/series_premium_pg.aspx?CNTN_CD=A0002694754 검색일: 2021. 2. 25.

06

헌법상 일반적 인격권

헌법상 일반적 인격권*

유디스 얀나 메르텐스(Judith Janna Märtens)**
홍 선 기***

I. 서 론

이 논문은 COVID-19 상황을 독일에서 문제된 코로나 경고 앱과 마스크 착용 의무조치를 중심으로 공법적으로 조명하기 위한 것이다. COVID-19 대응 조치(Maßnahmen)인 출퇴근 금지, 접촉 금지, 숙박 금지, 여행 금지, 노동 제한 등에 대하여 많은 새로운 법률적 이슈들이 제기되고 있지만, 여기서는 행정법적 조치에 있어서 일반적인 인격권의 보호에 구체적으로 초점을 맞출 것이다. 독일 행정법원은 이미 몇 가지 사례를 다루었다.

독일의 행정법상의 조치는 대부분 각 주 차원에서 조치 위반 시 벌금을 부과하는 법규명령(Verordnung)의 형태로 이루어진다.[1] 이러한 조치들을 채택하기 위한 평가의 근거는 로베르트-코흐-연구소(Robert-Koch-Institut : RKI)에 의해 마련되었다.[2] 이러한 조치들은 2020년부터 코로나 바이러스 확산을 방지하는 데 구체적으로 기여한 정책들이다.

정책적으로 시행되는 조치(Maßnahmen)에 대한 법적 평가에는 데이터보호법(Datenschutzrecht)부터 복잡한 기본권 형량(Grundrechtsabwägungen)까지 다양한 측면이 관련된다. 이와 관련된 모든 기본권 제한(Grundrechts-einschränkung)의 중심은 구체적인 조치가 비례성 원칙(Verhältnismäßigkeit)과 합치하는지 여부이다.[3] 또한 코로나 경고 앱(Corona Warn app)의 사용이 정부에 의해 강제될 수 있는지에 대한 의문도 제기되고 있다.[4]

본 논문은 코로나 경고 앱 사용의 법적 프레임워크와 입과 코를 완전히 가리는 보호 마스크를 착용해야 하는 의무, 소위 마스크 착용 의무 등을 다룬다. 여기에는 EU 규정과 유럽인권협약(EMRK)도 중요한 역할을 담당한다. 그러나 주요 관심사는 기본법 제1조 제1항과 결부된 제2조 제1항의 일반적 인격권(allgemeine Persönlichkeitsrecht)과 이른바 마스크 착용 의무의 충돌 여부이다.[5] 행정법원 판결은 이와 관련한 내용을 상세히 볼 수 있게 해준다. 특히 새로 규정된 「감염병예방법」 제28a조 제1항 제2호가 고려되어야 한다.

Ⅱ. 독일 기본법 질서 내에서의 일반적 인격권

1. 일반적 인격권의 발전

코로나 바이러스를 퇴치하기 위한 행정법적 조치에 대한 법적 평가와 관련하여, 기본법 제1조 제1항과 결부된 제2조 제1항의 기본권으로 보호되는 일반적 인격권이 중요하다. 그러나 일반적 인격권의 발전은 실제로는 민사법에 의해 이루어졌다.[6] 일반적 인격권의 민사법적 근거는 독일 민법(BGB) 제823조 1에서의 "기타 권리(sonstigen Rechts)"의 보호법익에서 발견된다.

1954년 Leserbrief 판결에서 연방대법원(Bundesgerichtshof)은 재판진행 과정 중에 기본법 제1조와 제2조에서 일반적 인격권을 처음으로 헌법상 보장된 권리로 인정했다.[7] 1957년의 Krankenpapiere 사건에서 처음으로 연방대법원은 독일민법 제823조 제1항의 "기타의 권리"를 언급했다.[8]

이 판결의 연장선에서 Herrenreiter 판결,[9] Tonband 판결,[10] Caterina Valente 판결[11]이 뒤를 이었다. 하지만 연방대법원은 Ginseng-Wurzel 판결[12]에서 여전히 기본법 제1조와 제2조 제1항을 원용한 반면, Mephisto 판결[13]에서는 일반적 인격권을 더 이상 명시적으로 끌어내지는 않았다.

반면, 독일 연방헌법재판소(Bundesverfassungsgericht)는 일반적 인격권을 인정함에 있어서 매우 조심스럽게 접근했다.[14] 1957년 Elfes 판결에 따르면, 기본법 제2조 제1항은 이미 특별한 기본권으로 포섭되지 않는 한, 인간의 상상 가능한 모든 행동을 보호했다.[15] 그러나 포괄적으로 이해되는 일반적인 행동의 자유(allgemeine Handlungsfreiheit)는 인격의 소극적인 측면(passive Seite der Persönlichkeit)을 무시했다.[16] 나중에 독일 연방헌법재판소는 기본법 제2조 제1항과 제1조 제1항의 연계로부터 1960년대 후반과 70년대 초반의 그의 후속 판결에서 인간이 자신의 인격에서 빼놓고는 생각할 수 없는 사적인 영역의 필요성을 추론해 내었다.[17]

일반 인격권의 이론적 뿌리는 기본법 제1조의 인간의 존엄성(Menschenwürde)과 관련되어 있다.[18] 따라서 판례의 초기부터 이러한 일반적 인격권에 큰 중요성이 부여되었다. 유럽인권협약 차원에서는 유럽인권협약 제8조 제1항이 일반적 인격권을 동일하게 보호하고 있다.

독일 연방헌법재판소의 1973년 Soraya 판결은 일반적 인격권에 대한 지도적인 판결로 자리매김하고 있다. 지금도 독일 연방헌법재판소의 일반적 인격권 재판은 이 판결의 논거들을 기초로 하고 있다.[19]

2. 보호범위

헌법상 인격권의 보호 범위는 명확하지 않고 오히려 판례에 의해 특징지어진다. 독일 연방헌법재판소는 인간은 각 개인의 특별한 지위에 있어서, 개인의 자유로운 인격이 존중되고, 개인의 특이성을 진지하게 받아들이고,[20] 사회적 환경에 적응할 수 있도록 보호되어야 한다고 판결하였다.[21] 이것을 구체적으로 표현하자면, 사회에서 사람들의 다양한 인식과 참여가 인격권에 포함된다는 것을 의미한다.

발언권(das Recht am eigenen Wort),[22] 특히 사진[23]을 통한 개인의 이미지 배포,[24] 개인의 명예[25] 등이 인격권으로 인정되는 사례 군으로 고려된다. 사적 영역(Privatsphäre)과 은밀한 영역(Intimsphäre)은 특히 보호된다. 사적 영역 보호에는 자기표현의 권리(Recht zur Selbstdarstellung)가 포함되어 있다.

이러한 보호는 또한 본인이 좋아하는 방식으로 그리고 자신이 보이고 싶은 대로 외부 세계에 자신을 표현할 수 있는 권리를 포함하고 있다.[26] 이는 개별 의류 선호도, 제스처 및 스타일링 요소를 포함한다. 특히 시각적 요소는 가장 중요한 부분이다. 여기에서 자신의 외모에 대한 결정권을 침해할 수 있는 COVID-19의 예방을 위해 시행한 마스크 착용 의무가 문제될 수 있다.

오히려 일반적인 인격권은 사회적 요구 사항 및 특히 기술 발달 수준에 부응할 수 있도록 개방적으로 설계되었다(살아있는 헌법의 역동적 해석: Interpretation einer living constitution). 예를 들어 코로나 경고 앱의 데이터 수집에서 논의 된 바와 같이 디지털화는 여기서 중요한 역할을 한다. 이 때에 정보의 자기결정권(Rechts auf informationelle Selbstbestimmung)으로 표현된 일반적인 인격권이 문제된다.

정보의 자기결정권은 독립적인 권리로 등장했으며, 정보보호의 상위개념과 더불어 개인정보의 수집, 처리, 배포와 관련된다.[27] 이것은 1983년 인구조사 판결(Volkszählungsurteil)에 기초한다.[28] 포괄적인 기본권으로서 정보의 자기결정권은 해당 데이터가 어느 영역에서 나오는지 또는 얼마나 민감하고 보호가치가 있는지와 무관하게 기본권주체의 개인정보에 대한 취급을 보호한다.[29] 방어적 권리의 측면에서 정보의 자기결정권은 시민에 대한 국가의 정보처리를 충분하게 정당화 할 것을 강요하고 있고 이를 통해 시민 간의 관계에서 개인정보에 대한 보호 의무도 포함하는 광범위한 정보 및 데이터 보호법제의 계기가 되었다.[30]

일반적 인격권에 관한 판례는 발전적으로 개방되어 있으며, 특히 지난 10년 동안 유럽 인권 재판소의 판례에 의해 강하게 형성되었다. 독일 연방헌법재판소는 판단을 위해 항상 유럽인권협약 제8조 제1항을 원용했다.

3. 충돌하는 법익과 형량

일반적인 인격권은 같은 헌법상의 중요성(위치)을 지니고 있는 헌법적 법익과 마주하고 있다. 이들 각각은 비례원칙에 따라 형량이 이루어야 한다.[31] 상충되는 헌법상 법익을 최대한 효율적으로 일치시키기 위해 "규범 조화적 해석의 원칙(Prinzip der praktischen Konkordanz)"이 적용된다.[32] 일반적으로 일반적 인격권은 기본법 제5조와 유럽인권협약 제10조에서 보호하고 있는 통신의 자유(Kommunikationsfreiheiten)와 충돌한다. 코로나 바이러스의 방역과 관련하여, 기본법 제2조 제2항 제1문에 따른 "국민의 건강"이 일반적 인격권과 상충하는 보호법익이다.

COVID-19를 예방하기 위한 행정법적 조치와 관련해서 기본법 제2조 제2항 1문에 따른 국민의 건강을 보호하기 위한 국가 보호 의무와 이러한 조치들 사이에는 충돌이 발생한다. 여기에서 다시한번 사례별로 적절한 형량이 이루어져야 한다.[33] 비록 국민의 건강은 높은 보호대상이지만, 코로나 바이러스와의 싸움에서 모든 조치가 비례적으로 평가되지는 않는다.[34]

Ⅲ. 코로나 경고 앱의 법적 요건

1. 「감염병예방법」과 코로나 경고 앱의 기술적 형성

COVID-19에 대한 대응조치들은 광범위하다. 그것들은 모두 바이러스가 더 이상 퍼지지 않도록 하는 모든 예방분야에 관련되어 있다. 한편에서는 공공생활을 크게 저하시키는 금지조치가 부과된다. 다른 한편, 여기에서 더 연구되어야 하는 코로나 경고 앱의 사용은 모든 시민들에게 중요한 의미를 가진다.

입법 절차에서, 연방 의회(Bundestag)와 연방 참사원(Bundesrat)은 2020년 3월 국가적으로 중대한 질병 상황에 처한 국민 보호를 위한 법률(Gesetz zum Schutz der Bevölkerung bei einer epidemischen Lage von nationaler Tragweite)을 통과시켰다. 이 법은 지금까지 그다지 중요성이 부각되지 않던 「감염병예방법」을 확대하고, 국가적으로 중대한 질병 상황에 대처하기 위해 연방 보건부(Bundesgesundheitsministerium)에게 광범위한 권한을 부여했다.[35] 이 법은 감염 질병과 감염 의심 상황에 대해 정의 내렸다. 또한 행정 조치를 지시하는 법적 근거를 제공했다. 무엇보다도, 이러한 법적 근거들은

COVID-19와의 싸움에서 특별한 조치를 취할 수 있게 했다.

이러한 조치에는 시민의 개인 정보 수집도 포함된다. 이 데이터에는 코로나 바이러스 감염 여부 및 현재 최대 14일까지 예상되고 있는 잠복 기간 동안 해당 당사자의 거주 장소에 대한 정보도 포함된다.[36] 「감염병예방법」 제6조에 따르면, 감염사례 발생시 행정적 신고 의무가 있다.[37] 동법 제8조에 따르면 신고 대상자는 주로 의사이다. 「감염병예방법」 제6조부터 제15a조에서 입법자는 상황을 모니터링 하기 위한 광범위한 규정을 제정할 수 있다.

그러나 당국에 보고하기 전에도 이미 코로나 예방을 위한 정보 수집은 의사, 관청, 식당 운영자 등을 통해 소극적으로 이루어지고 있었다. 그럼에도 불구하고 나름 체계적이고 전국적이었다. 일반적으로 사람들은 자신의 정보를 목록에 등록한다. 최근의 기술적 업적으로, 소위 코로나 경고 앱을 이용하여 디지털 데이터 수집이 이루어지고 있다. 독일 애플리케이션의 법적 프레임워크는 아래에서 더 자세히 검토한다.

예를 들어, COVID-19 예방 앱이 사용자들의 완전한 가시적 움직임 프로파일을 만들고 중앙 관청에 보내는 한국과는 달리, 독일 코로나 경보 앱에서는 사용자 위치를 전혀 알 수 없다.[38] 또 다른 중요한 점은 앱 사용이 자발적이어야 한다는 점이다. 이것은 또한 정보 보호에 관한 유럽 위원회의 지침(EU-Leitlinien der Kommission)에 근거한다.[39] 따라서, 앱 사용에 대한 정부의 강제는 없다.

현재 독일 앱에서는 특정 시점에 어떤 사람이 어디에 있는지 알 수 없으므로 독일 관청은 사용자의 위치를 파악할 수 없다. 앱은 현재 근처에 있는 다른 앱 사용자만 인식한다. 이것은 무선 표준인 블루투스를 통해 작동하며, 근거리 무선 통신 장치에서 데이터를 교환할 수 있다. 이용자는 앱을 통해 접촉했다는 정보만 받게 된다. 앱 사용자는 그가 어떤 사람인지 정확히 알지 못한다. 따라서 앱 사용자는 오직 하루의 정보, 즉 접촉한 시간조차도 정보 제공을 받지 못하기 때문에, 앱 사용자는 자신이 접촉했거나, 또는 경우에 따라서 감염자와 여러 번 접촉했다는 것을 막연히 알 수 있을 뿐이다. 이 점에서 독일 코로나 경고 앱은 데이터 수집 및 전달에 있어서 매우 잘 보호되고 있다.

기술적으로 이 프로세스는 휴대폰이 앱을 사용하여 서로에게 단기 식별 번호를 전송하는 방식으로 이루어지며, 실제 접촉 정보는 사용자의 각 휴대폰에 분산되어 저장된다. 그러나 각 휴대폰의 소유자가 직접 볼 수 없을 정도로 암호화 되어 있다. 마지막으로, 데이터는 2주 후에 자동으로 삭제된다. 그런 다음 의료 실험실에서 사람이 감염된 것을 발견하면 실험실의 실험결과로 특별히 생성된 QR 코드를 받아 휴대폰으로 스캔해야 한다. 그 후에야 경고 메시지를 보낼 수 있게 된다. 이때, 휴대폰은 접촉한 사람의 익명화된 데이터를 중앙 서버로 보낸다. 한국이나 중국과 같은 더 광범위한 앱은 나중에 언급할 헌법상의 이유로 독일에서 허용되지 않을 것이다. 그럼에도 불구하고 기존 앱보다 훨씬 더 광범위한 앱을 통한 데이터 수집은 합법적으로 허용되어야 하고 효과적일 것이라는 주장도 있다.[40]

2. 코로나 경고 앱(Corona Warn app)을 통한 데이터 수집

한국과 같은 고전적인 추적 앱은 독일에서는 개인 정보 보호 침해 사유로 금지되어 있다. 비록 독일 법체계에서 정보보호는 단순법률로 규정되어 있고, EU 법에 의해 특히 일반개인정보보호규칙(GDPR)은 확대되고 있지만, 개인정보는 이미 전통적으로도 기본법 제2조 제1항과 제1조 제1항과 결부된 일반적 인격권의 의미에서 항상 높은 수준의 헌법적 보호법익이었다.[41] 이는 판례의 발달을 고려하여 아래에서 상세히 논의한다.

아래에서는 관련 일반 법령을 자세히 검토하기로 한다. 이 규정의 복잡한 전체 구성에는 먼저, 다음과 같은, 일반개인정보보호규칙(GDPR) 제9조 제2항의 개방 조항이 있다:

GDPR 제9조 특별 범주의 개인정보의 처리

제1항. 인종 또는 민족, 정치적 견해, 종교적 또는 철학적 신념, 노동조합의 가입여부를 나타내는 개인정보의 처리와 유전자 정보, 자연인을 고유하게 식별할 목적의 생체정보, 건강정보, 성생활 또는 성적 취향에 관한 정보의 처리는 금지된다.

제2항 다음 각 호의 하나에 해당하는 경우 제1항은 적용되지 않는다.

(i) 회원국 간의 중대한 건강 위협으로부터 보호하거나 의료서비스, 의약품, 의료장비의 높은 품질과 안정성을 보장하는 등 공중보건 분야에서 공익상의 이유로, 특히 직무상의 기밀 등 정보주체의 권리와 자유를 보호하기 위해 적절하고 구체적인 조치를 규정하는 유럽연합 또는 회원국 법률에 근거하여 처리가 필요한 경우

또한 독일 연방개인정보보호법(BDSG) 제22조 제1항 제1호의 c에 데이터 관련 조치의 허용에 대한 일반적인 구성요건이 규정되어 있다.

독일 연방개인정보보호법 제22조 특별 범주의 개인정보 처리

[…]

c)

의료 및 의약품의 품질 및 안전 수준이 높은 것을 보장하기 위해 또는 심각한 국경을 넘는 의료 위험에 대한 보호와 같은 공공 보건 분야의 공익을 이유로 요구되는 경우; 특히 제2항에 언급된 조치에 보충하여, 직업 기밀 유지에 관한 직업적 및 형사적 규정을 준수해야 한다, 혹은 […]

또한, 「감염병예방법」에서는 다양한 규정들이 중요하다. 예를 들어 동법 제6조 이하 신고의무와 동법 제16조 이하 및 제24조 이하의 감염병 질병 예방 및 방어를 위한 조사 목적으로 데이터 수집 등. 기타 「감염병예방법」 제25조 참고.

그러나 이러한 조항에 따르면, 디지털화 하에서 앱 사용을 포함하지 않는 "구식의", 비자동화된 의심 의존적 접촉 추적만이 규정되어 있다. 감염에 대한 구체적인 증거 없이 "사전에" 개인정보를 수집하는 앱에 대한 (아직) 명시적인 법적 근거가 없다. 그러나 법률유보의 원칙에 따라 의회 입법의 형태로 헌법에 합치하는 수권의 근거가 필요하다.[42]

공공기관에 의한 정보처리에 있어서 독일 연방헌법재판소에 의해 엄격하게 확립된 법률유보원칙으로 인해, 일반개인정보보호규칙(GDPR)의 구성요건을 이용할 수 없거나 원하지 않는 한, 이러한 수권의 근거는 반드시 필요하다.[43] 따라서, 만약 향후 입법자가 강제적인 해결책에 의존해야 한다면, 감염 방지 앱에 대한 명시적인 법적 근거를 만들어야 할 것이다.[44] 코로나 경고 앱(Corona Warn app)은 특히 자발적으로 사용한다는 요소 때문에 법적으로 허용되고 있다.

Ⅳ. 마스크 착용 의무와 일반적 인격권

1. 구 일반규정(Generalklausel)과 신 「감염병예방법」 제28a조 제1항 제2호

COVID-19 예방을 위해 입과 코 보호구를 착용하는 것이 권장될 뿐만 아니라 일부 공공 생활의 특정 영역에서는 의무화되었다. 보호수준이 다른 다양한 보호 마스크가 있지만,[45] 여기서는 입과 코를 보호하는 것이 중요하다. 각 주의 법규명령을 근거로, 특히 많은 사람들이 머무르는 지역에 대하여는 마스크 착용 의무가 임시적으로 명령되었다.

이러한 마스크 착용 의무는 「감염병예방법」으로 귀결되는 주법상의 법규명령으로 정당화될 수 있다. 「감염병예방법」 제28항 제1항은 주법상의 조치들에 대한 일반 규정인 반면,[46] 제29부터 제 31조까지는 실제의 조치들을 규정했다.[47]

2020년 11월 19일, 「감염병예방법」 제28a조의 새로운 규정이 발효되었다. 이것은 COVID-19 확산 방지를 위한 특별 보호 조치의 규정이다. 이에 따라 독일의 입법자는 대표적인 행정적 조치를 구체화하고 확고한 정당화 기반을 구축하였다.

2. 마스크 착용 의무 관련 행정법원 판례

행정법적 조치로서의 마스크 착용 의무와 일반적 인격권과의 적합성 문제는 이미 독일의 판례에 기초하고 있다. 우선 이 문제를 평가하는 데 있어서, 함부르크 행정법원의 판결이 결정적이었다. 주 법상의 법규명령으로 인해 일시적으로 함부르크에서도 마스크 착용이 의무화되었다.[48]

구체적으로 소매점, 사업장 및 쇼핑센터 또는 쇼핑몰 내의 모든 대중이 접근할 수 있는 교통구역에 코와 입을 완전히 가리는 마스크를 착용해야 하는 의무였다. 마스크 착용 의무는 주 법상의 법규명령에서 해당 법적 근거를 찾을 수 있으며, 이는 다시 「감염병예방법」 제28조 제1항으로 거슬러 올라간다.

함부르크의 마스크 착용 의무와 관련된 구체적 사례에서 법원은 마스크 착용 의무가 특히 비례적이기 때문에 일반적인 인격권과 양립 할 수 있음을 확인했다. 마스크 착용 의무는 코로나 전염병과의 싸움과 관련이 있고 특히 과부하 및 병목 현상을 방지하여 모든 환자를 위한 충분한 치료 능력을 창출하여 생명과 건강 보호에 기여하기 때문에 입법목적의 정당성이 있다고 판시했다.[49]

또한 마스크 착용 의무는 이러한 목적을 추구하는 데 적합하다(적합성)고 보았다, 왜냐하면 이 수단은 부분적으로 적어도 달성하려는 성공확률을 높이는 것으로 충분하기 때문이라는 것이다.[50] 마스크가 바이러스를 완전히 억제할 수 없다는 것은 그렇게 중요한 사항은 아니다. 하지만 적어도 마스크 착용 의무는 더 많은 확산을 줄이는 적절한 수단이다. 이는 로베르트-코흐-연구소의 과학적 근거와 평가에 기반한다.

그 조치의 필요성도 인정된다. 좀 더 완화된 수단으로 충분하다면 필요성은 인정될 수 없다.[51] 하지만 다른 완화된 혹은 동등한 수단은 눈에 보이지 않는다. 특히 비록 방진(filtering facepiece particles : FFP) 마스크를 착용하는 것이 더 효과적일 수 있다. 그러나 한정된 수를 고려하여, 이러한 방진(FFP) 마스크 개체 수는 주로 의료 부문에 국한되어야 한다. 또한 법원에 의하면 피고가 코와 입을 가리는 마스크를 착용한 사람에 대한 전염의 위험을 최소화하려는 데 관심이 없다는 점을 고려했다. 이와 동시에, 로베르트-코흐-연구소의 위험 평가의 배경을 근거로, 위에서 설명한 것과 같이, 이미 취해진 조치로 인해 더 이상의 마스크 착용 의무가 필요하지 않다고 하는 원고의 주장도 확신하지 않았다.[52]

그 조치의 적절성도 인정된다. 여기에는 목적과 수단 사이의 관계와 좁은 의미에서 비례성 심사가 문제 된다. 상충하는 이해관계에 대한 광범위한 형량이 이루어져야 한다.[53] 이 과정에서 기본권 주체의 입장에서 그 조치가 기본법 제2조 제1항과 제1조 제1항에 따른 일반적 인격권에 심각한 제한으로 간주되지 않았다는 점이 고려되어야 한다. 비록 위에서 자세히 설명한 바와 같이 외관은 사적 영역 보호이지만, 마스크 착용 의무는 한편으로는 시간적으로 매우 한정된 범위이며, 다른 한편으로는 공간적으로 명확하게 구분되는 소수의 공공장소로 제한된다는 점에 유의해야 한다. 이는 일반적 인격권의 본질적 성질에 영향을 미치지 않고, 기본권 제한에 대한 본질성 이론을 존중하고 있다.[54]

이와는 대조적으로, 그 조치의 보호법익은 높은 수준의 법익이다. 복리후생 서비스의 필수적인 요소로서 의료 시스템의 기능성은 전체 국민의 건강에 간접적으로 도움이 된다. 이 과정에서 최대한의 건강 및 생명 보호는 정부의 보호 의무와 부합한다.[55] 국가의 보호 의무는 기본법 제2조 제2항 제1문에서 직접적으로 직접 도출된다.[56] 이런 맥락에서, 마스크 착용 의무는 분리해서 볼 것이 아니라 전체적으로 보아 자유권 제한을 완화하기 위한 요소라는 점이 고려되어야 한다.[57] 이후 행정법원이나 헌법재판소에 대한 추가적인 절차도 성공하지 못했다.[58]

이러한 형량의 최종 결과로서, 국민의 건강을 보호하기 위한 국가의 의무는 단지 인격권에 대한 제한적인 침해에 비해 더 중요한 것으로 판명될 수 있다. 이 판결의 문제는 「감염병예방법」 28a조 제1항 제2호의 개정에 의한 마스크 착용 의무가 충분한 법적 근거를 가지고 있다는 점이 추가될 수 있다. 사실, 그 조치 자체 외에도, 행정부의 이전 법규명령은 법률유보 원칙과 본질성 이론의 요건을 충족시키지 못한 것이라는 법적 비판이 있었다.[59] 왜냐하면 본질성 이론(Wesentlichkeitstheorie)은 기본권 행사와 침해에 대한 본질적 문제는 주법상의 법규명령과 같은 법률 하위의 규범입법이 아니라 의회가 직접 법률로 규제하도록 요구하고 있기 때문이다.[60]

V. 한국의 상황

한국에서도 독일과 마찬가지로 코로나 바이러스의 확산을 방지하기 위해 긴급한 행정법적인 조치들이 이루어졌다. 한국은 코로나 바이러스 극복을 성공적으로 이룬 모범사례로 평가되었다. 코로나의 진단, 추적 및 치료에 있어 효율적인 정부 조치, 투명한 정보 공개 및 시민사회의 적극적인 참여가 그 결과의 예로서 주목되었다. 그러나 이러한 조치와 관련하여 기본권 침해에 대한 많은 논쟁이 있었다.

가장 큰 논란 중 하나는 인격권 침해였다. 한국은 감염자와 용의자에 대한 휴대폰의 위치추적 등 광범위한 감시를 통해 코로나의 확산을 막았다. 한국에서 관청은 휴대폰, CCTV, 현금 카드, ATM 및 신용카드 사용 정보를 확인함으로써 감염자와 접촉하였는지 여부를 확인하기 위해 관련 데이터를 집계하여 지도를 작성하고 제공했다. 그러나 이러한 조치들은 국민의 프라이버시와 개인정보 자기 결정권을 상당히 제한하였다.

한국 헌법 제10조는 '행복을 추구할 수 있는 기본 권리'를 보장하고 있다. 한국 헌법재판소는 행복추구권을 두 개의 상이한 형태로 발전시켰다. 하나는 헌법 제10조의 인간의 존엄성과 결부시켜 '자유로운 인격의 발현권'을 도출해 내었고, 다른 하나는 1991년 건물 화재 사고에 관한 보험 판결 이후 개인이 원하는 바에 따라 작위나 부작위 할 수 있는 포괄적이고 '일반적인 행동의 자유(allgemeiner Handlungsfreiheit)'의 권리이다. 하지만 이러한 행동의 자유는 헌법 제37조 제2항의 일반적 법률유보 하에서 기본권으로 보호된다.[61] 본질성 이론(Wesentlichkeitstheorie)은 독일 연방헌법재판소에 의해 발전되었으며, 법치국가 원칙과 민주주의 원칙으로부터 도출된 원칙으로, 기본권 실현을 위해 본질적인 내용은 의회가 직접 스스로 제정해야 한다는 원칙을 의미한다.[62] 한국 헌법 제37조 제2항도 이러한 본질성 이론을 수용하고 있다.[63] 이는 코로나 바이러스를 억제하기 위한 행정법상의 조치들이 반드시 의회에서 제정된 형식적인 법률에 의하여야 한다는 것을 의미한다.

헌법재판소는 "정정보도청구권은 일반적 인격권에 바탕을 두고 있으며, 일반적 인격권은 인간의 존엄성(제10조)에서 유래한다."라고 판시하고 있다.[64] 이와 관련하여 개인정보란 "살아 있는 개인에 관한 정보로서 성명, 주민등록번호 및 영상 등을 통하여 개인을 알아볼 수 있는 정보 및 해당 정보만으로는 특정 개인을 알아볼 수 없더라도 다른 정보와 쉽게 결합하여 알아볼 수 있는 정보"를 의미한다.[65]

우리나라에서는 '지문날인사건'[66]에서 최초로 개인정보자기결정권을 헌법에 명시되지 아니한 기본권으로 명시적으로 받아들였다. 문제가 된 구 주민등록법 제17조의8에 의하면 개인의 지문을 수집, 보관, 전산화하고 범죄 수사 목적에 이용할 수 있도록 했는데 여기에서 "자신에 관한 정보가 언제 누구에게 어느 범위까지 알려지고 또 이용되도록 할 것인지를 그 정보 주체가 스스로 결정할 수 있는 권리, 즉 정보 주체가 개인정보의 공개와 이용에 관하여 스스로 결정할 권리"인 개인정보자기결정권 침해를 인정했다. 아울러 이러한 개인정보자기결정권의 헌법상 근거로서 헌법 제17조의 사생활의 비밀과 자유, 헌법 제10조 제1문의 인간의 존엄과 가치 및 행복추구권에 근거를 둔 "일반적 인격권"과 자유민주적 기본질서 또는 국민주권 원리와 민주주의 원리 등을 언급했다. 이 사건 이후 "NEIS 사건"[67]에서 "인간의 존엄과 가치, 행복추구권을 규정한 헌법 제10조 제1문에서 도출되는 일반적 인격권 및 헌법 제17조의 사생활의 비밀과 자유에 의하여 보장되는 개인정보자기결정권"이라고 설시함으로써 다시한번 개인정보자기결정권의 헌법적 근거로 일반적 인격권을 강조했다. 대법원은 '국군보안사령부 사건'[68]에서 헌법 제10조와 헌법 제17조가 "개인의 사생활 활동이 타인으로부터 침해되거나 사생활이 함부로 공개되지 아니할 소극적인 권리는 물론, 오늘날 고도로 정보화된 현대사회에서 자신에 대한 정보를 자율적으로 통제할 수 있는 적극적인 권리까지도 보장"하고 있으며, 국군보안사령부가 민간인을 사찰한 것은 불법행위라고 판시하면서 사실상 개인정보자기결정권을 인정했다. 이후 이른바 '전교조 명단공개 사건'에서 대법원은 NEIS사건 판시를 인용하며 "헌법 제10조 제1문에서 도출되는 일반적 인격권 및 헌법 제17조의 사생활의 비밀과 자유"에 근거하여 "자신에 관한 정보가 언제 누구에게 어느 범위까지 알려지고 또 이용되도록 할 것인지 정보주체가 스스로 결정할 수 있는 권리"로서의 개인정보자기결정권을 명시적으로 인정했다.[69]

2020년 3월 9일, 국가인권위원회는 코로나 감염자에 대한 공개에 인권침해적인 요소가 있었기 때문에 개선이 필요하다는 성명서를 발표했다. 그때까지 코로나 감염자 확인과 관련된 세부사항은 지방 자치단체 홈페이지나 보도자료를 통해 공개되었다.

이 법은 익명 정보에 관한 것이다. 우리나라의 감염병의 예방 및 관리에 관한 법률(약칭: 「감염병예방법」) 제34조의2 제1항에 의하면 "질병관리청장, 시 · 도지사 및 시장 · 군수 · 구청장은 국민의 건강에 위해가 되는 감염병 확산으로 인하여 「재난 및 안전관리 기본법」 제38조 제2항에 따른 주의 이상의 위기경보가 발령되면 감염병 환자의 이동경로, 이동수단, 진료의료기관 및 접촉자 현황, 감염병의 지역별 · 연령대별 발생 및 검사 현황 등 국민들이 감염병 예방을 위하여 알아야 하는 정보를 정보통신망 게재 또는 보도자료 배포 등의 방법으로 신속히 공개하여야 한다".

뿐만 아니라 「감염병예방법」 제76조의2 제1항에 따라 질병관리청장 또는 시 · 도지사는 감염병 예방 및 감염 전파의 차단을 위하여 필요한 경우 관계 중앙행정기관의 장, 지방자치단체의 장, 공공기관, 의료기관 및 약국, 법인 · 단체 · 개인에 대하여 감염병환자 등 및 감염병의심자에 관한 성명, 주민등록번호, 주소 및 전화번호(휴대전화번호 포함) 등 인적사항과 진료기록부, 출입국관리기록 및 그 밖에 이동경로를 파악하기 위한 정보의 제공을 요청할 수 있으며, 요청을 받은 자는 이에 따라야 한다. 이러한 방식으로 감염자와 의심환자는 자신의 사적영역에서 개인정보자기결정권을 제한당했다.

시간대에 따른 이동이 매우 상세하게 공개되므로 대상자가 식별될 가능성이 높다. 이에 국가인권위원회는 이런 종류의 정보를 공개하는 것은 사생활의 과도한 침해일 뿐만 아니라 사회적 비난과 조롱까지 초래할 수 있으며, 이는 2차 피해를 입힐 수 있고, 따라서 자발적 보고나 검사를 회피하게 한다고 지적했다. 이에 따라 중앙 방역당국은 코로나 감염 정보의 공개에 관한 지침을 지방 자치단체에 배포했다. 이 지침에 따르면 특정될 수 있는 정보는 공개하지 않고 선별적인 움직임만 공개해야 한다.

「감염병예방법」 제49조 제1항에 의거해 질병관리청장, 시 · 도지사 또는 시장 · 군수 · 구청장은 감염병을 예방하기 위하여 교통의 전부 또는 일부 차단, 여러 사람의 집합 제한 및 금지, 출입자 명단 작성 및 특히 마스크 착용 강제 등의 조치를 취할 수 있고 이를 위반 시 「감염병예방법」 제83조에 따라 10만원의 과태료를 부과할 수 있다. 하지만 독일과는 달리 마스크 착용 의무가 한국에서는 별로 문제 되지 않았다. 왜냐하면 이미 한국에서는 황사나 미세먼지 문제로 마스크가 일상화되어 있었기 때문에 이에 대한 한국인들의 거부감은 크지 않았기 때문이었다.

Ⅵ. 결론 및 조망

코로나 팬데믹은 공공 생활뿐만 아니라 법령도 제·개정도 요구했다. 연방질병법(Bundesseuchengesetz)은 수십 년 동안 (1961년 7월 18일부터 2001년 1월 1일까지 유효) 사실상 중요하지 않았고, 2001년 1월 1일의 「감염병예방법」(IfSG)으로 대체되었다. 이 법률 분야는 코로나 바이러스가 전염병을 유발한 2020년에만 실질적인 중요성을 얻었다.

연방 정부와 특히 각 주들은 위험을 피하기 위해 광범위한 조치를, 그 중 일부는 어떤 경우에는 지나치게 광범위한 조치를 취했다. 한 가지 핵심 조치로는 공공에서 마스크 착용 의무를 시행했지만, 이는 기본법 제2조 제1항과 결부된 제1조 제1항의 일반 인격권과 부합한다고 판단된다. 여기서 중요한 것은 국민의 건강권이라는 보호법익과 관련하여 마스크 착용을 단호하게 거부한 개인의 인격적 이익에 대한 비례성 심사였다.

그러나 독일에서 현재 디자인 된 코로나 경고 앱(Corona Warn app)의 사용은 법적 충돌을 야기하지 않는다. 코로나 경고 앱의 자발적 사용 때문에, 이 조치는 처음부터 국가의 문제적 접근법에 속하지 않았다.

헌법상의 인격권의 내용은 독일과 한국과 다르지 않다. 독일과는 달리, 마스크 착용 의무는 한국에서 큰 문제가 되지 않았다. 그러나 인격권에 관한한, 한국에서도 감염자와 용의자에 대한 휴대폰 위치 추적과 같은 광범위한 감시의 조치는 매우 격렬하게 논의되었다. 이러한 한국의 행정 조치는 코로나 바이러스 확산을 막기 위해 매우 강력하고 즉각적이며 효과적이었다.

코로나 위기에 반응할 때 한국과 독일 사이의 몇 가지 차이를 볼 수 있다. 첫째, 확진과 사망과 같은 객관적인 수치는 독일이 한국보다 더 나쁘지만 오히려 독일의 COVID-19 대응 조치는 상대적으로 약했다는 점이다. 둘째, 상대적으로 덜 기본권 제한적인 조치가 취해졌지만, 독일에서는 학계 및 언론에서 이러한 조치에 대한 헌법적 논의는 한국보다 더 강하게 제기되었다는 점이다.

결과적으로, 코로나 바이러스에 대한 대응은 추가적인 행정법적 조치를 요구하게 될 것이며, 이는 비판적이고 정밀한 기본권 심사를 필요로 할 것이다.[70] 국민을 보호하는 것은 매우 큰 가치이지만 그렇다고 모든 조치가 정당화될 수는 없다. 기본권은 팬데믹 상황에서도 마찬가지로 모든 개별적인 조치의 비례성 심사에서 고려되는 매우 중요한 헌법적 가치이기 때문이다.

미주

* Judith Janna Maertens/홍선기, COVID-19: 행정법상의 조치와 헌법상 일반적 인격권: 감염병관리법 제28a조 제1항 제2호 검토, 한독사회과학논총(ZdKDGS) 2021, vol.31, no.1, pp. 3-28를 번역, 수정한 것이다.

** 고려대학교 세종캠퍼스 교수, 법학박사.

*** 국회 의정연수원 교수, 법학박사.

1 Näher Badura, Peter, Staatsrecht - Systematische Erläuterung des Grundgesetzes, 7. Auflage, 2018, München, Seite 721 ff.

2 Robert Koch Institut, https://www.rki.de/DE/Content/InfAZ/N/Neuartiges_Coronavirus/nCoV.html, abgerufen am 15. Oktober 2020.

3 Vgl. Boehme-Neßler, Volker, Der Zweck heiligt alle Mittel? Das sieht die Verfassung anders, DIE ZEIT, 13. Oktober 2020, https://www.zeit.de/politik/2020-10/grundrechte-coronavirus-einschraenkungen-regeln-verhaeltnismaessigkeit-verfassung/komplettansicht, abgerufen am 30. Oktober 2020.

4 Kühling, Jürgen/Schildbach, Roman, Corona-Apps-Daten-und Grundrechtsschutz in Krisenzeiten, NJW 2020, 1545.

5 Umfassend zum Schutzgehalt siehe Di Fabio, Udo, in: Maunz/Dürig (Hrsg.), Grundgesetz Kommentar, 91. EL April 2020, Art. 2 Abs. 1, Rn. 127 ff.

6 Vgl. Metz, Alexander, Das Recht Prominenter am eigenen Bild, 2008, Frankfurt am Main, Seite 26.

7 BGHZ 13, 334 (337 f.).

8 BGHZ 24, 72 (76 ff.).

9 BGHZ 26, 349 (354).

10 BGHZ 27, 284 (285).

11 BGHZ 30, 7 (11).

12 BGHZ 35, 363 (367).

13 BGHZ 50, 133 (136).

14 Gronau, Kerstin, Das Persönlichkeitsrecht von Personen der Zeitgeschichte, 2002, Baden-Baden, Seite 62.

15 BVerfGE 6, 32 (36); 54, 143 (144); 74, 129 (151); 95, 267 (303); 113, 29 (45).

16 A. Metz, Das Recht Prominenter am eigenen Bild, 2008, Frankfurt am Main, Seite 25.

17 BVerfGE 27, 1 (6); 27, 344 (f.); 32, 373 (378 f.).

18 Vgl. auch Di Fabio, Udo, in: Maunz/Dürig (Hrsg.), Grundgesetz Kommentar, 91. EL April 2020, § 2 Rn. 127 ff.

19 BVerfGE 34, 269 (281).

20 BVerfGE 7, 377 (405).

21 BGH, NJW 1981, 1366.

22 BVerfGE 54, 148 (155); 106, 28 (39).

23 BVerfGE 101, 361.

24 BVerfGE 34, 238 (246); 35, 202 (220); 87, 334 (340).

25 BVerfGE 54, 148 (154); 119, 1 (24).

26 Britz, Gabriele, Freie Entfaltung durch Selbstdarstellung, 2007, Tübingen, Seiten 72 ff.

27 Näher dazu Albers, Marion, Informationelle Selbstbestimmung, 2005, Baden-Baden, Seiten 151 ff.

28 BVerfGE 65, 1 (41 f.).

29 BVerfGE 65, 1 (45).

30 Hoffmann-Riem, Wolfgang, Informationelle Selbstbestimmung in der Informationsgesellschaft, AöR 1998, 513.

31 Vgl. Badura, Peter, Staatsrecht - Systematische Erläuterung des Grundgesetzes, 7. Auflage, 2018, München, Seite 52.

32 Haase, Richard/Keller, Rolf, Grundlagen und Grundformen des Rechts, 11. Auflage, Stuttgart 2003, Seite 338.

33 Di Fabio, Udo, in: Maunz/Dürig (Hrsg.), Grundgesetz Kommentar, 91. EL April 2020, Art. 2 Abs. 1, Rn. 41 ff.; Michael, Lothar/Morlok, Martin, Grundrechte, 2. Auflage, Baden-Baden, 2010, Seiten 106 f.

34 Vgl. beispielsweise zum Beherbergungsverbot Boehme-Neßler, Volker, Der Zweck heiligt alle Mittel? Das sieht die Verfassung anders, DIE ZEIT, 13. Oktober 2020, https://www.zeit.de/politik/2020-10/grundrechte-coronavirus-einschraenkungen-regeln-verhaeltnismaessigkeit-verfassung/komplettansicht, abgerufen am 30. Oktober 2020.

35 IFSG, https://www.gesetze-im-internet.de/ifsg/, abgerufen am 15. Oktober 2020.

36 Vgl. Robert Koch Institut, https://www.rki.de/DE/Content/InfAZ/N/Neuartiges_Coronavirus/Steckbrief.html, 15. Oktober 2020.

37 Kießling, Andrea (Hrsg.), Infektionsschutzgesetz, Kommentar, 1. Auflage 2020, § 6 Rn. 1.

38 Vgl. Die Bundesregierung, https://www.bundesregierung.de/breg-de/themen/corona-warn-app, abgerufen am 14. Oktober 2020.

39 Vgl. https://ec.europa.eu/germany/news/20200417-tracking-apps-datenschutz_de, abgerufen am 25. Oktober 2020.

40 Näher vgl. https://netzpolitik.org/2020/corona-tracking-datenschutz-kein—notwendiger-widerspruch/#spendenleiste, abgerufen am 25. August 2020.

41 BVerfGE 65, 1 (43); 84, 192 (194); 113, 29 (46).

42 Badura, Peter, Staatsrecht Systematische Erlauterung des Grundgesetzes, 7. Auflage, München, 2018. S. 436f.

43 Kühling, Jürgen/Schildbach, Roman, "Corona-Apps Daten-und Grundrechtsschutz in Krisenzeiten", Neue Juristische Wochenschrift 2020, 1545 ff.

44 Kühling, Jürgen/Schildbach, Roman, "Corona-Apps Daten-und Grundrechtsschutz in Krisenzeiten", Neue Juristische Wochenschrift 2020, S. 1545.

45 Vgl. Laschinsky, Oliver, Auswahl von Schutzmasken gegen SARS-CoV-2-Viren, Arbeitsschutz in Recht und Praxis, 2020, 258 ff.

46 Deutscher Bundestag, https://www.bundestag.de/resource/blob/800008/935d55b4b84c5cce286d08247886197b/2020-10-19-Empfehlungen-Corona-data.pdf, abgerufen am 20. Oktober 2020.

47 Kießling, Andrea (Hrsg.), Infektionsschutzgesetz, Kommentar, 1. Auflage 2020, § 28 Rn. 1 f.

48 § 8 Abs. 5 Satz 1 HmbSARS-CoV-2-EindämmungsVO.

49 VG Hamburg, Beschluss 27. April 2020-10 E 1784/20, Rn. 16.

50 VG Hamburg, Beschluss 27. April 2020-10 E 1784/20, Rn. 17.

51 Badura, Peter, Staatsrecht-Systematische Erläuterung des Grundgesetzes, 7. Auflage, 2018, München, Seite 145. ; Michael, Lothar/Morlok, Martin, Grundrechte, 2. Auflage, Baden-Baden, 2010. S. 302.

52 VG Hamburg, Beschluss 27. April 2020-10 E 1784/20, Rn. 24. S. 145

53 Badura, Peter, Staatsrecht Systematische Erlauterung des Grundgesetzes, 7. Auflage, München, 2018.

54 VG Hamburg, Beschluss 27. April 2020-10 E 1784/20, Rn. 25.

55 VG Hamburg, Beschluss 27. April 2020-10 E 1784/20, Rn. 25.

56 Michael, Lothar/Morlok, Martin, Grundrechte, 2. Auflage, Baden-Baden, 2010. S. 107.

57 VG Hamburg, Beschluss 27. April 2020-10 E 1784/20, Rn. 25.

58 vgl. nur VG Munchen (7. Kammer), Beschluss vom 09.10.2020 M 7 S 20.4452; RhPfVerfGH, Beschl. v. 29.4.2020 VGH B 26/20, VGH A 27/20.

59 Pautsch, Arne/Haug, Volker M., "Parlamentsvorbehalt und Corona-Verordnungen ein Widerspruch", Neue Justiz 2020, S. 281-328.

60 Michael, Lothar/Morlok, Martin, Grundrechte, 2. Auflage, Baden-Baden, 2010. S. 282.

61 vgl. Hong, Sunki, "Religionsfreiheit in der Schule in Korea" Zeitschrift der Koreanisch-Deutschen Gesellschaft für Sozialwissenschaften 24(4), 2014, S. 13.

62 BVerfGE 3, 125.

63 Hong, Sunki, "Verfassungsrechtliche Frage des Kopftuchtragens der Lehrerinnen in Deutschalnd" Zeitschrift der Koreanisch-Deutschen Gesellschaft für Sozialwissenschaften 26(4), 2016, S. 135.

64 헌재결 1991.9.16. 89헌마165.

65 vgl. § 2 des koreanischen Datenschutzgesetzes

66 헌재결 2005. 5. 26.자 99헌마513, 2004헌마190(병합) 결정.

67 헌재결 2005. 7. 21.자 2003헌마282 · 425(병합) 결정.

68 대법 1998. 7. 24. 선고 96다42987 판결.

69 대법 2014. 7. 24. 선고2012다49933 판결.

70 Vgl. auch Lepsius, Oliver: Vom Niedergang grundrechtlicher Denkkategorien in der Corona-Pandemie, VerfBlog, 2020/4/06, https://verfassungsblog.de/vom-niedergang-grundrechtlicher-denkkategorien-in-der-corona-pandemie/, DOI: 10.17176/20200406-131152-0, abgerufen am 20. Dezember 2020.

07

영업의 자유와 재산권

영업의 자유와 재산권*

박 진 완**

Ⅰ. 서

시민의 생명과 건강을 보호하고, 의료체계의 대응역량을 유지하기 위한 목적에서 행해지는 코로나 바이러스의 감염과 확산을 저지하기 위한 국가의 방역조치들은 불가피하게 시민의 다른 일상적인 생활영역에서 보장되는 기본권들을 제한하게 된다. 경우에 따라서는 시민들의 어떤 일상적 생활영역에 대한 기본권 제한의 장기화와 심화로 인하여 반사적인 경제적 이익을 취득하는 다른 경제영역들도 발생시키지만, 대부분의 소상공업자를 비롯한 사회적인 경제적 약자들의 경제적 어려움은 점점 더 가중되고, 이로 인하여 이들의 생존보장능력은 점점 더 약화되고 있는 상황이 발생하고 있다. 우리 헌법 제23조 제1항과 제2항의 재산권의 내용과 한계규정(Inhalts- und Schrankenbestimmung)을 통해서 도출되는 재산권 행사의 사회적 구속성 범위를 넘어서는 특별한 희생에 대해서는 입법자는 조정적 보상의무가 포함된 내용규정(ausgleichspflichtige Inhaltsbestimmung)을 마련해야만 한다.[1]

코로나 방역대응으로 인한 영업정지 및 영업제한을 당하고 있는 사업주들의 특별한 희생에 대해서 국가가 아무런 재정적 보상조치를 제공하지 않고 그들의 인내만 강조하는 상황에 대하여 우리 헌법상의 재산권의 내용과 한계규정 제한의 헌법적합성 여부에 대한 판단이 요구된다. 이러한 영업제한과 영업정지를 당하고 있는 업주들의 특별한 희생에 대한 국가의 조정적 보상조치의 불인정은 부작위의 헌법적합성에 대한 중요한 판단기준인 비례성원칙과 헌법에 의하여 보장되는 법적 지위와 사회적합적인 재산질서(sozialgerechte Eigentumsordnung) 사이의 정당한 형량명령(Gebot gerechter Abwägung)[2]의 준수를 위반하는 헌법위반상태로 볼 수 있다.[3]

재산권 보장에 대해서 분리이론(Trenungstheorie)을 채택하고 있는 독일과 우리나라의 헌법재판소의 판례와 다르게 이를 채택하고 있지 않은 유럽연합법원[The Court of Justice of the European Union (CJEU)]의 입장에서 볼 때 형식적인 소유자로서 영업주의 지위에는 아무런 변화가 없음에도 불구하고, 국가가 영업주인 소유자로부터 소유와 관련된 영업상의 권리를 영업중지나 영업제한을 통해서 상실시키는 것을 통해서 소유자의 지위가 사실상 사라지게 만드는 경우에는 사실상의 수용(de-facto Enteignung) 상태를 발생시키게 된다. 이러한 사실상의 재산권의 수용상태에 대한 보상의 법적 근거는 유럽연합의 기본권 헌장(Europäische Grundrechtscharta) 제17조 제1항이다. 왜냐하면 유럽연합의 기본권 헌장 제17조 제1항 제2문의 의미 속의 수용 개념 속에는 사실상의 수용(de-facto Enteignung)도 포함되기 때문이다.[4] 유럽연합의 기본권 헌장 제17조 제1항은 "모든 사람은 적법하게 취득한 재산을 소유, 사용, 이에 대한 처분 그리고 상속할 권리를 가진다. 그 누구도 법률에 의하여 미리 규정된 사례들과 조건들에 해당하는 공공필요에 근거하지 않고, 그와 동시에 재산의 손실에 대한 정당한 보상 없이, 자신의 재산을 수용당하지 아니한다. 재산의 사용은 공공복리를 위하여 필요한 경우에 한하여 법률에 의하여 규제될 수 있다"고 규정하고 있다.

코로나 바이러스의 확산으로 인한 전세계적인 팬데믹 상황의 발생은 세계의 모든 시민들의 생명과 건강에 대한 위험상황을 초래할 뿐만 아니라, 개인의 일상생활, 특히 경제적 영역에 있어서 많은 어려움을 가중시키고, 경우에 따라서 그들의 삶의 기반을 무너뜨리고 위협하는 상황을 발생시키고 있다. 이와 관련하여 2021년 1월 5일 맘편히장사하고픈상인모임, 민변 민생경제위원회, 참여연대 희망본부 등 시민단체와 호프집 · 피시(PC)방 등 업주들은 서울 종로구 재동 헌법재판소 앞에서 기자회견을 열어 코로나19 확산 방지를 위한 영업제한 조치에 따른 중소상인들의 손실보상 및 지원 대책 마련을 촉구한 뒤 헌법재판소에 헌법소원을 냈다. 이들은 중앙정부와 지방정부 지자체가 집합금지, 집합제한 등의 헌법상의 기본권인 영업의 자유를 제한하는 조치를 내렸음에도 불구하고, 이러한 기본권 제한적 조치의 근거가 「감염병예방법」과 지자체 고시에 손실보상에 대한 아무런 보상근거조항이 규정되지 않고 있기 때문에 중소상인 · 자영업자들의 재산권 등 기본권이 침해된다고 주장하였다.

이러한 노력에 대한 입법적 대응으로 민병덕 의원 등 63인의 의원이 코로나 바이러스 감염병 극복을 위한 손실보상 및 상생에 관한 특별법안을 발의하였고 코로나 사태의 장기화로 인한 손실보상에 대해서 규정하고 있다. 이 법률안은 코로나19와 같은 1급 감염병이 발생한 경우에 자영업자 등의 임대료와 영업이익의 최대 70%까지 보상하는 내용을 규정하고 있었다. 이러한 상황에서 더불어 민주당은 2월 26일 코로나19 대응을 위한 손실보상법과 사회연대기금법, 협력이익공유법을 발의하고 처리하겠다는 입장을 밝혔다. 송갑석 국회의원(더불어민주당)은 집합금지 · 영업제한 등 코로나19 방역 조치로 인한 소상공인의 손실을 보상하는 '소상공인 보호 및 지원에 관한 법률 일부개정법률안'을 대표 발의했다. 이 법안의 주요내용은 「감염병예방법」에 따라 영업의 자유가 제한된 소상공인 등에 대해 심의위원회 심의를 거쳐 손실보상을 인정하고 심의위원회 심의결과에 따라 소상공인 외 중소기업 등에 보상을 할 수 있도록 심의위원회와 위원회 지원을 위한 전담조직을 설치하도록 하였다.

그 외에도 행정안전부는 2021년 2월 15일 코로나19로 피해를 입은 국민을 지원하고 침체된 지역경제를 활성화하기 위해 소상공인과 착한 임대인을 대상으로 지방세입 부담을 완화하겠다고 밝혔다. 중소기업벤처부 역시 2021년 1월 11일부터 「소상공인 버팀목자금」을 지급하였다. 코로나19 정부 · 지자체 방역조치 강화에 의하여 집합금지 · 영업제한 업체에 대해서 임차료 등 고정비용의 경감을 위해서 각각 300만원, 200만원 지급을 약속하고 있다. 2020년 연매출 4억원 이하, '19년 대비 '20년 매출 감소한 일반 업종 소상공인의 경우 100만원의 지급을 약속하고 있다.

한편, 팬데믹 상황에서의 영업제한조치들로 인한 영세상공인들의 매출 감소로 발생한 경제적 어려움을 경감하기 위하여 정부는 임대료 부담을 완화시키는 착한임대인 세제지원(12월까지 임대료 인하분의 50%를 소득 · 법인세에서 공제), 정부의 국공유재산 임대료 인하[임대료율 감면(중앙정부: 재산가액의 3% → 1%,지자체: 재산가액의 5 → 1% 등)], 코로나19로 시설폐쇄 · 휴업 시 사용료 면제 등, 공공기관 소유재산 임대료 인하 등을 시도하고 있다.

2021년 4월 25일 민주당과 국민의힘, 정의당 3당 의원이 코로나 손실보상법 제정을 촉구하였다. 정의당의 심상정 의원은 코로나 손실보상법이 민생백신이라는 표현을 사용하였고, 손실보상법 제정촉구 농성 중인 국민의 힘 최승재 의원은 소상공인 · 자영업자에게 영업손실을 보상하는 것은 헌법 제23조에서 명시한 무조건적인 국가의 책무라는 점을 강조하면서 손실보상의 소급적용을 주장하였다.

그리고 드디어 2021년 7월 1일에는 「소상공인 보호 및 지원에 관한 법률」 일부개정안이 국회 본회의에서 의결되었다. 이 개정안은 신설된 12조2에서 「감염병의 예방 및 관리에 관한 법률」에 따른 조치로 인하여 발생한 손실보상에 대하여 조정하고 있다. 이 법률의 시행(2021. 10. 8.) 이전에 작성된 이 논문에서 이 법률을 상세히 다루기는 어려우나(개요는 이 책의 1장 IV.를 참조) 이 법이 이 글에서 강조한 조정적 보상의 요구를 충족하였는지 여부에 대해서 향후에도 심도 깊은 논의가 이루어져야 할 것이다.

그러나 현행법상 감염병을 예방하기 위하여 집합금지 등 소상공인의 영업장소 사용 및 운영 시간 등을 제한하는 것에 대해 손실을 보상하는 조항이 감염병의 예방 및 관리에 관한 법률(약칭: 「감염병예방법」) 속에 규정되어 있지 않다. 「감염병의 예방 및 관리에 관한 법률」 제70조의 손실보상규정은 주로 감염병 관리기관의 지정으로 인하여 발생한 손실, 의료기관의 지정과 업무로 인하여 발생한 손실의 보상에 대해서 규정하고 있다. 그 외에도 동법 제70조 제1항 제4호는 제47조 제1호, 제4호 및 제5호, 제48조 제1항, 제49조 제1항 제4호, 제6호부터 제10호, 제12호, 제12호의2 및 제13호에 따른 조치로 인하여 발생한 손실에 대한 보상도 규정하고 있다. 이 중에서 동법 제47조 제1호로 인하여 발생한 손실은 감염병 유행에 대한 방역조치의 실행으로서 행해지는 감염병환자등이 있는 장소나 감염병병원체에 오염되었다고 인정되는 장소에 대한 일시적 폐쇄, 일반 공중의 출입금지, 해당 장소 내 이동제한으로 인하여 발생한 손실이다. 이렇게 볼 때 민간영업주가 자신의 영업에 대한 제한으로 인하여 「감염병예방법」을 통해서 보상을 받을 수 있는 경우는 감염병 환자가 발생하였거나, 감염병병원체 오염으로 인하여 행해지는 동법 제47조 제1호에 규정된 영업제한조치에 해당한 경우에 한정된다.

이에 Covid-19의 감염의 예방과 극복을 위한 방역조치로 인한 시민의 기본권 제한으로 인하여 발생하는 손실에 대한 보상규정 마련을 위한 국가적 노력의 절제와 미흡함, 즉 국가의 입법부작위 또는 입법적 불충분성의 헌법위반성 여부에 대한 판단의 필요성이 제기된다. 입법적 불충분성의 문제가 제기되고 있는 현재의 「감염병의 예방 및 관리에 관한 법률」 상의 보상규정이 헌법상의 기본권인 재산권 보장규정에 적합하는지 여부에 대한 중요한 헌법적 판단기준은 영업주의 기본권 제한에 대한 수인불가능성(Unzumutbarkeit)이다. 팬데믹 상황으로 인하여 행해지는 영업제한 및 금지조치로 인하여 영업주의 재산권과 영업의 자유를 포함한 경제적 권리가 심각하게 제한된다면, 입법자는 이들의 수인불가능한 기본권 제한을 저지하기 위하여 자신의 입법을 통해서 이에 대한 조정적 보상규정(Ausgleichsregelungen)을 마련하여야 할 의무를 지게 된다.[5] 이에 대한 헌법재판소나 법원의 판례가 구체적으로 아직 나타나지 않은 상황에서, 이 문제에 대해서 헌법적 측면에서 검토해 보는 것은 매우 중요한 의미를 가진다.

Ⅱ. 코로나 방역조치에 대한 국가책임이론에 따른 보상법리의 전개

국가행위의 법적합성 요구는 법치국가실현의 가장 기본적 구성요소이다. 이러한 점에서 볼 때 행정의 법률적합성(Gesetzesmäßigkeit der Verwaltung)의 요구는 헌법상의 법치국가 원리 구현에 있어서 중요한 역할을 수행한다. 국가기관의 법위반적 행위로 인하여 개인의 자유와 권리가 침해되는 경우에 있어서, 이에 대한 국가의 법적책임(Staatshaftung)과 배상(Entschädigung)의 보장은 헌법상의 법치국가 원리 실현에 기여한다.[6]

코로나 바이러스에 대한 국가의 방역조치의 실행으로 인하여 개인의 자유와 권리가 침해된 경우에, 이에 대한 시민의 국가에 대한 법적구제청구권의 행사는 법치국가원리에 근거하여 인정될 수 있다. 시민의 권리보장을 위한 법적구제실현은 다음의 두 가지 방법에 의하여 실현된다. 첫 번째로 공권력에 의하여 개인의 권리침해에 대한 우리 헌법 제27조의 재판청구권의 보장을 통한 사법적 구제청구권의 행사가 고려될 수 있다. 두 번째로 이미 행해진 법위반적인 공권력의 행사로 인한 개인의 권리침해가 법원을 통한 재판청구권의 행사를 통해서 더 이상 구제될 수 없는 경우에는, 국가는 이 경우에도 법치국가 원리 실현을 위하여 법위반적인 국가행위에 대한 광범위한 국가책임을 인정한다. 국가책임법(Staatshaftungsrecht)은 국가의 공권력의 행사의 결과로 인하여 발생하는 시민의 청구권을 핵심적 내용으로 하는 공법적 배상법(Recht der öffentlichen Erstatzleistung) 영역으로 볼 수 있다. 따라서 국가책임의 문제는 국가행위가 특정한 결과를 발생시키고, 이로 인하여 시민의 국가에 대한 청구권이 발생하였을 때, 시민의 청구권에 대한 국가의 배상책임 인정의 문제로 귀결된다.[7] 이러한 국가책임에 대한 시민의 접근을 국가배상법은 다음의 법개념들의 확정을 통해서 제한하고 있다: ① 공무원의 불법행위에 대한 손해배상의 책임, ② 공법상 결과제거 청구권, ③ 수용적 제한과 수용유사적 제한에 대한 보상청구권, ④ 희생보상청구권. 이러한 다양한 시민의 배상청구권들에 대한 국가 배상책임의 인정을 통해서 국가는 예컨대, 생명과 신체 그리고 건강 및 재산과 같은 법원의 회복적 판결을 통해서 복구될 수 없는 손해에 대한 배상을 하게 된다. 이를 통해서 국가는 이러한 국가의 위법행위에 대한 손해배상 책임의 인정을 통해서 법치국가적 정의실현에 기여한다.[8]

1. 국가배상청구권과 공공성의 범위를 넘어서는 특별한 희생에 대한 보상청구권

우리 「감염병예방법」은 제70조의 손실보상과 별도로 제71조에 예방접종 등에 따른 피해에 대한 국가보상을 인정하고 있다. 이러한 제한적인 「감염병예방법」상의 국가배상책임의 인정에도 불구하고, 국가의 방역조치실행 과정에 발생하는 법위반적 국가행위로 개인에게 손해가 발생한 경우에는 우리 헌법 제29조의 국가배상책임이 인정되어야만 할 것이다. 이와 관련하여 최근에 여러 가지 문제점들을 야기하고 있는, 국가가 전체시민들에 대한 가능한 한 신속하게 그리고 광범위하게 코로나 백신을 접종하게 만드는 국가의 백신접종 증진강화책임의 인정과 이의 보장을 위한 입법의무의 인정 그리고 더 나아가서 국가의 백신접종의 증진보장을 통해서 행해진 백신접종의 결과, 특히 백신의 부작용과 관련된 결과들에 대한 국가의 책임을 인정하게 만드는 법규정의 제정에 대한 입법자의 입법의무의 인정과 이에 대한 입법적 불충분성, 이 규정의 헌법적 적합성의 문제들이 제기될 수 있다.

공무원의 직무로 인하여 불법행위에 대한 배상책임의 국가로의 이전은 바이마르 헌법(WRV) 제131조에 근거를 두고 있다. 바이마르 헌법 제131조는 당시에 몇몇 연방주들이 인정하였던 배상책임의 국가이전조항을 통일화시킨 것이다.[9] 이러한 국가에 대한 배상책임의 이전은 [예를 들면, 포함되어야할 사항이 배제된 인가(unterlassene Genehmigung)의 발령과 같이] 시민이 국가에 대하여 원상회복(Naturalrestitution)을 요구할 수 있는 효력을 발생하는 것은 아니다. 왜냐하면 사인은 어떠한 공권력 행사를 할 수 없기 때문에, 이에 대한 국가의 책임은 시민이 국가에 대하여 금전적 배상(Geldersatz)을 요구하는 것에 한정된다.

우리 헌법 제23조 제1항 제2문은 입법자가 재산권의 내용과 한계에 대해서 법률로 규정하도록 하고 있다. 따라서 팬데믹 상황에서 국가가 시민의 생명과 건강보호를 위한 국가적 방역조치의 실행으로 인하여 발생하는 시민의 재산권 및 경제적 권리의 손실에 대한 보상규정을 법률을 통해서 잘 마련하고 있지 않다면, 이러한 입법자의 의무위반이 헌법 제23조 제1항 제2문 위반인지 여부에 대한 헌법적 검토가 행해질 필요가 있다.[10] 영업중지 내지 영업제한 등 국가의 방역조치의 실행을 위한 적법한 국가권력의 행사로 인하여 우리 헌법 제23조 제2항 속에 규정된 재산권의 사회적 구속성, 즉 일반적으로 인정되는 공공성(Allgemeinheit)의 범위를 넘어서는 특별한 희생(Sonderopfer)이 발생하는 경우에는, 국가는 입법자의 입법을 통해서 이에 대한 보상(Entschädigung)을 해야만 한다.[11]

국가의 불법행위로 인한 손해에 대한 배상책임 그리고 국가의 적법행위로 인하여 발생한 특별한 희생에 대한 보상의무의 원칙적 인정의 필요성은 법치국가 원리에서 도출된다. 그렇지만 이에 상응하는 개별적 청구권의 헌법적 근거는 우리 헌법 제29조 제1항, 제23조 제3항에서 찾을 수 있다. 독일의 경우에는 기본법 제34조, 제14조 제3항, 그 외에도 희생에 대한 보상청구(aufoperungsansprüche)에 관련하여 기본법 제2조 제1항이 헌법적 근거로 원용될 수 있다.[12] 그 외에도 독일의 경우 수용적 제한(enteignende Eingriff) 혹은 수용유사적 제한(enteignungsgleiche Eingriff)에 대한 몇몇 청구권도 관습법에 근거하여 인정된다.[13] 독일의 경우 독일민법 제839조와 결부된 기본법 제34조의 국가배상책임은 법위반적인 국가행위로 인한 손해배상의 청구권인데 반하여, 수용유사적 내지 특별희생유사적 제한에 근거한 청구권(Ansprüche aus enteigungsgleichem bzw. aufopferungsgleichem Eingriff)은 공법적 결과제거 청구권(öffentlich-rechtlicher Folgenbeseitigungsanspruch)에 해당한다.[14] 예를 들면 공용수용, 그리고 특별한 수인의무가 부과되는 재산권의 내용 및 한계규정(besonders belastende Inhalts- und Schrankenbestimmungen)에 따른 제한, 수용적 제한(enteigender Eingriff) 그리고 희생(Aufopferung)에 근거한 청구권은 적법한 국가행위로 인하여 발생하는 손실보상 청구권에 해당한다. 이를 넘어서서 공법적 배상청구권(öffentlich-rechtliche Erstattungsanspruch), 명백한 구분이 어려운 공법적 채무관계(öffentlich-rechtliches Schuldverhältnis)의 영역 속에서 의무위반(Pflichtsverletzung)에 근거한 청구권도 있다.[15]

국가의 불법행위에 의한 국가의 손해배상책임과 적법한 국가행위로 인한 국가의 보상책임에 대한 명백한 한계설정과 구분은 시간이 흐름에 따라 판례 속에서 서로 희미해지게 되었다.[16] 수용유사적 혹은 희생유사적 제한

(enteigungsgleicher oder aufopferungsgleicher Eingriff)에 대하여 판례를 통해서 인정된 국가적 책임(Haftung)의 개념은 그 자체의 법위반적 국가행위에 대한 개념적 종속성에도 불구하고 적법한 국가권력의 행사로 인하여 발생하는 특별한 희생(Sonderopfer)에 대한 보상청구를 인정하는 희생법(Aufopferungsrecht)에 법적 근거를 두고 있다.[17]

이러한 점들을 고려해 볼 때 「감염병예방법」상의 규정 속에 공무원의 직무상 불법행위로 인한 국가배상관련 규정과 시민의 공공성의 범위를 넘어서는 특별한 희생에 대한 국가보상청구권의 불인정은 입법자의 입법적 불비로 볼 수 있다. 이에 대한 국가책임의 인정여부를 헌법상의 시민의 재산권 보장의 측면에서 대해서 검토해 본다.

2. 시민의 재산권 보장의 측면에서 본 특별한 희생에 대한 보상청구권 불인정의 입법적 불비에 대한 국가책임

코로나 바이러스의 전세계적인 대유행으로 인하여 발생한 한국에서의 감염자 증가는 필연적으로 중앙정부와 지방정부가 코로나19 바이러스의 감염으로부터 시민을 보호하고, 감염확대로 인한 국가적 보건체계(Gesundheitssystem)의 과부하로 인한 마비를 방지하기 위한 방역조치를 실행하게 만든다. 코로나19 바이러스의 대유행 상황과 심각과 완화가 반복되는 과정에서 중앙정부와 지방정부는 법규명령적 성격을 가지는 질병관리청 혹은 시도지사의 행정명령을 통해서 많은 영업중지 혹은 제한조치와 행사나 모임금지를 명령하고 있다. 이러한 행정명령들은 그때그때의 팬데믹 상황에 따라서 영업금지와 이에 대한 완화 및 해제조치를 반복적으로 명령하고 있다. 독일의 경우에도 이러한 행정명령을 통한 영업제한조치들에 대해서 많은 행정법원들이 법적합성을 인정하고 있음에도 불구하고, 여전히 헌법위반성의 문제는 남게 된다. 왜냐하면 이러한 행정법원들의 판단들 속에 이러한 조치들의 헌법상의 재산권 보장과의 합치여부에 대한 판단은 행해지지 않았기 때문이다.[18]

특히 클럽, 디스코텍 그리고 이와 유사한 유흥업종들의 영업으로 인하여 발생하는 감염위험의 증가를 저지하기 위해서, 이들 영업장들에 대한 영업금지가 행정명령을 통해서 행해진다. 더 나아가서 대규모 국가나 시의 축제나 모임이나 행사와 같은 비정치적 집회 그리고 정치적 집회를 통한 감염을 방지하기 위하여 사회적 거리두기 단계설정에 따라서 5인 이상 집합금지와 같은 집회 및 일반적 행동의 자유가 제한된다.

영업금지 그리고 이와 유사한 사실상의 영업중지 조치가 오래 지속되면 될수록, 이로 인하여 발생하는 기업 혹은 영업주의 손실과 부담은 더욱 더 가중되게 된다. 설사 국가가 이러한 업종에 해당되는 기업 혹은 영업자에 대한 지원금 마련을 통해서 재정적 손실을 보충해 준다고 할지라도, 이러한 손실을 충분히 보상할 정도로 국가예산은 넉넉하지 않다는 문제점이 존재한다.

이러한 여러 가지 상황들을 고려해 볼 때, 법위반적 공권력 행사에 대한 국가책임의 영역에 있어서 코로나 바이러스 방역으로 인한 기본권 제한입법에 있어서 보상청구권의 불인정으로 인한 입법적 불법에 대한 국가책임(Haftung für legislatives Unrecht)은 원칙적으로 인정되지 않는다. 일반적으로 입법자는 헌법위반적 법률(verfassungswidrige Gesetze)로 인하여 발생하는 손해에 대한 법적 책임을 지지 않는다. 따라서 이러한 손해에 대한 조정은 법원의 과제가 아니라 입법자의 과제이다.[19]

이에 대한 예외로 유럽연합의 구성국가들의 유럽연합법 위반에 대한 국가적 책임의 인정과 관련하여 유럽연합의 구성국가는 유럽연합의 지침(Richtlinie)의 하자있는 혹은 지침을 이행하지 않는 법률적 전환(mangelhafte oder unterlassenene gesetzliche Umsetzung) 혹은 행정입법(exekutive Rechtsetzung)에 대한 법적 책임을 진다. 예를 들면, 건축계획의 공포(Erlass von Bebauungsplänen)와 같은 행정입법의 경우에는 관련 당사자의 범위가 제한되고, 그로 인한 개별화(Individualisierung)가 수반되기 때문에, 이 경우에는 법위반적인 일반적-추상적 규정(rechtswidrige generell-abstrakte Regelung)의 공포의 경우에만 책임이 인정될 수 있다.[20]

Ⅲ. 영업금지나 제한으로 인하여 발생한 손실에 대한 보상청구권의 법적 근거로서 재산권

이러한 현실적 상황에서 기업이나 영업자들이 국가의 공권력 실행으로 인하여 발생한 영업금지나 제한으로 인하여 발생한 손실에 대한 보상을 국가에 요구하려고 시도한다면, 우선적으로 이에 대한 법적 근거에 대해서 검토해 보아야만 한다. 팬데믹 상황에서의 영업제한이 원칙적으로 적법한 것이라고 평가하여, 국가가 감염병의 예방 및 관리에 관한 법률 속에서 보상청구권(Entschädigungsansprüche)을 규정하지 않거나 혹은 일반적인 국가책임법에 근거한 보상청구권(Ansprüche aus dem allgemeinen Staatshaftungsrecht)을 인정하지 않는다면, 이러한 상황의 헌법상의 재산권 보장의 측면에서의 헌법적 합성 여부에 대한 이론적 검토가 필요하다.

헌법 제23조 제1항의 재산권은 재산(Eigentum)과 상속권을 보호한다. 헌법 제23조 제2항에 의하여 재산권의 내용과 한계는 입법자에 의하여 확정된다. 따라서 우리 헌법상의 재산권 보장의 대상이 되는 재산과 상속권은 법질서 이전에 선재된 자연적 권리가 아닌, 법질서에 의하여 형성되는 권리로 인정된다. 따라서 재산권의 보호내용은 이른바 규범에 의하여 확정된 보호영역(sog. normgeprägter Schutzbereich)이 된다. 우리 헌법 제23조 제1항에 의하여 보장되는 재산권의 내용은 입법자에 의하여 보장되는 재산적 가치(vermögenswerte Rechte)가 있는 권리들의 합계(Summe)이다. 헌법이론상의 일반적인 영업과 관련된 재산권의 보호영역 속에는 조직되어지고 행사되어진 영업에 대한 권리(Recht am eingerichteten und ausgeübten Gewerbbetrieb)만이 포함된다.[21] 중앙정부 혹은 지방정부의 행정명령을 통한 영업제한과 금지는 이러한 현재의 시점에서 확정될 수 있는 영업활동 뿐만 아니라 미래의 불확실한 영업상의 기회까지 포함될 수 있는 헌법상의 재산권의 넓은 보호영역(weiteren Schutzbereich)을 제한한다.

따라서 이러한 국가의 전방위적이고 광범위한 영업의 자유 제한개념(Eingriffsbegriff)은 필연적으로 재산권의 넓은 보호영역의 확정을 요구하게 만든다.[22] 이러한 넓은 재산권의 보호영역에 의하면, 기본권에 의하여 보장된 자유의 행사나 향유를 법적으로 혹은 사실적으로 불가능하게 만들거나 혹은 어렵게 만드는 모든 국가행위는 헌법상의 재산권 제한으로 인정된다.[23] 재산권의 축소적 제한(Beschränkung) 혹은 재산적 지위의 박탈을 통해서 행해지는 국가에 의한 재산권의 제한은 국가의 법규범 혹은 개별적 행위를 통해서 행해진다. 국가의 사실행위(Realakte)에 근거한 재산권의 사용의 실제적 혹은 간접적인 축소적 제약(Beeinträchtigung)이 현실적으로 증명될 수 있다면, 재산권의 광범위한 보호영역 개념의 인정을 통한 재산권의 제한(Eingriff)이 인정될 수 있다.[24]

일반적으로 재산권의 보호영역은 현재의 시점에서 규범에 의하여 확정된다(normgeprägte Schutzbereich). 이렇게 규범에 의하여 형성되는 재산권의 보호영역을 보다 광범위하게 설정하게 된다면, 헌법상의 재산권 보장에 의하여 보호되는 법적 지위가 완전히 박탈되었는가 혹은 이에 대한 기본권 주체의 사용이 축소적으로 제한되고 있는지 여부가 기본권 제한의 성립여부에 대한 중요한 판단기준이 된다. 따라서 이 경우에는 기본권 제한이 규범을 통해서 혹은 국가의 개별행위를 통해서 직접적으로 행해지는지 여부는 그렇게 중요하지 않게 된다.[25] 따라서 이러한 넓은 재산권의 보호영역을 인정하게 되면 중앙정부 혹은 지방정부의 행정명령에 의한 영업의 자유의 제한은 영업주의 재산권의 제한이 된다. 민사법적인 관점에도 볼 때 영업주의 건물공간의 사용과 관련된 어려가지 권리들, 특히 이 영업주 상가임대차를 통해서 사용하는 공간의 사용과 관련된 권리의 축소적 제한은 조직되어지고 행사되어진 영업 그 자체에 대한 제한이 된다. 공법적인 측면에서 볼 때에도 요식업과 같이 공법적인 특별한 허가가 필요한 영업의 자유에 대한 축소적 제약 역시 당연히 기본권 제한이 성립된다.[26]

이러한 재산권이 보호영역에 대한 재산권의 제한여부를 확정하기 위해서는 우선적으로 헌법 속에 재산권의 내용규정(Inhaltsbestimmung), 한계규정(Schrankenbestimmung) 그리고 공용수용 규정(Enteignung)의 상관관계에 대한 헌법해석적 검토가 우선적으로 행해질 필요가 있다. 왜냐하면 헌법상의 재산권 관련규정들을 통해서 국가행위의 재산권 제한여부(Eingriffsqualität)에 대한 정확한 판단이 행해질 수 있기 때문이다.

1. 사실상의 수용개념인정에 따른 보상청구권의 인정

재산박탈은 유럽인권법원(EGMR)의 판례에 의하면 완전하고 영구적인 재산소유자 지위의 상실로 규정된다. 재산소유자의 지위가 국가 내지 제3자에게 이전되는 형식적인 수용(förmliche Enteignung/formal expropriation/expropriation formelle)의 경우가 바로 여기에 해당한다.[27] 팬데믹 상황에 취약한 업종들에 대한 경제적 어려움과 경제적 불평등이 가중되는 현재의 상황들을 고려해 본다면, 코로나 방역조치의 실행으로 인하여 행해지는 영업중지나 영업제한의 결과로 이러한 재산박탈에 해당되는 경우가 거의 발생할 수 없다고 장담할 수 없다. 장기간 지속되는 영업중지나 제한이 개인의 생존의 기반이 되는 영업기반의 상실로 이어진다면, 이러한 상황의 발생은 그 결과에 있어서는 재산박탈과 같다. 따라서 이러한 특별한 경제적 희생을 감수하게 되는 경제분야에 대한 국가의 지원과 적적한 보상청구권의 인정은 허용되어야만 한다. 이와 관련하여 바로 직접적인 비교는 허용될 수는 없지만, 법논리의 전개의 측면에서 마치 심각한 가축전염병의 확산을 저지하기 위하여 전염병 발생지역의 전체동물들을 모두 도살처분하는 경우에 대해서 공용수용과 동일한 논리가 적용될 수 있다.[28] 왜냐하면 이러한 처분의 실행은 이에 대한 보상없이는 불가능하기 때문이다.

위에서 언급한 바와 같이 형식적인 소유자로서 영업주의 지위에는 아무런 변화가 없지만, 영업주인 소유자로부터 소유와 관련된 영업상의 권리를 영업중지나 영업제한을 통해서 빼앗아 가는 것을 통하여 소유자의 지위가 사실상 사라지게 경우에는 유럽연합의 기본권 헌장 제17조 제1항 제2문의 의미 속의 수용은 더 나아가서 사실상의 수용(de-facto Enteignung)도 포함하게 된다.[29] 이러한 사실상의 수용 개념인정의 전제조건은 소유자가 모든 관련된(의미있는) 사용 그리고 처분으로부터 배제된 경우이다.[30] 이와 관련하여 이전의 유럽공동체법원(EuGH)은 보다 광범위한 이용제한을 수용으로 보지 않았다. 왜냐하면 이 경우에는 아무리 확실히 낮은 가격이라 할지라도, 소유자가 재산에 대한 처분가능성을 가지고 있기 때문이다.[31] 사실상의 수용개념은 명백히 실질적 의미에서의 독일의 공용수용 개념보다는 그 범위가 더 좁다. 이러한 영업재산의 박탈과 유사한 상황에 적용되는 사실상의 수용 개념의 적용의 필요성뿐만 아니라, 다른 형태로 행해지는 영업의 제한으로 인하여 발생하는 재산의 제한에 대해서도 보상청구권이 인정이 필요하기 때문에, 코로나바이러스 방역으로 인한 영업의 제한영역에 대한 사실상의 수용개념의 확장적 적용의 필요성은 그렇게 크다고 볼 수는 없다. 그렇지만 이에 대한 이론적인 측면뿐만 아니라 판례법인 보상근거로서의 원용가치는 충분하다고 판단된다.

이러한 재산박탈에 대해서는 보상이 되어야만 한다. 이에 대해서는 예외가 없다. 보상은 적절한 시기에 행해져야만 한다. 그 외에도 보상은 알맞은 정당한 것(angemessen/fair/juste)이어야만 한다. 정당한 보상의 액수는 구체적 상황에 달려있다. 따라서 정당한 보상액수가 필수적으로 완전한 시장가격에 의한 것일 필요는 없다.[32] 보상액의 산정에 있어서 재산박탈의 기간 그리고 보상의 지불에 있어서는 보상의 지연이 고려되어져야만 한다. 또한 보상액수의 확정에 있어서 반박할 수 없는 가치증가의 추정을 기초로 하는 것은 허용되지 않는다.[33]

독일 연방헌법재판소의 판례와 같이 분리이론(Trennungstheorie)을 취하고 않고, 경계이론(Schwellentheorie)을 채택하는 경우에는 보상규정은 재산박탈을 규정하고 있는 법률에 미리 규정되어 있을 필요는 없다. 독일의 분리이론적 관점에서 본 구별기준은 기본법 제14조 제3항(우리 헌법 제23조 제3항과 유사하지만 거의 같지는 않은)의 공용수용(Enteigung)은 현재의 구체적인 재산권적인 지위(Eigentumsposition)의 박탈을 목적으로 하는데 반하여, 기본법 제14조 제1항과 제2항(우리 헌법 제23조 제1항과 제2항과 유사한)의 재산권의 내용과 한계규정(Inhalts- und Schrankenbestimmung)은 미래상황과 관련된 새로운 판단기준(zukunftorientierte Neudefinition)이다.

코로나바이러스 감염확산을 방지하기 위한 중앙정부와 지방정부의 행정명령에 의한 영업금지규정은 영업주로 하여금 일시적인 영업중단을 명령한다. 이를 통해서 영업주는 헌법항의 재산권 보장규정에 의하여 보호되는 자신의 법적지위가 제한당한다. 이러한 제한의 목적은 헌법 제23조 제3항의 공용수용에서 요구되는 특정한 공적인 목적으로 위한 재화의 조달(Beschaffung der Gütter)이 아닌, 감염의 확산의 저지를 통한 국민의 생명과 건강보호와 국가보건체계의 적절한 기능유지이다. 독일연방헌법재판소의 판례에 의하면 헌법 제23조 제3항에 의한 공용수용은 공권력에 의한 재산권의 박탈(Zugriff)을 공권력과 공권력 외에 공용수용을 통해서 이익을 보는 자(Enteigungsbegünstigte)를 위한 재화가 된다는 것을 부득이하게 전제조건으로 요구한다. 이러한 요소가 결여되어 있다면, 사후에 조정적 보상의무가 부여되는 재산권의 내용과 한계규정(Inhalts- und Schrankenbestimmung)의 문제가 된다. 따라서 중앙정부와 지방정부의 행정명령에 의한 영업제한과 중지에 대해서는 헌법 제23조 제3항이 아닌, 헌법 제23조 제1항과 제2항의 재산권의 내용과 한계규정이 적용된다.[34] 이렇게 볼 때 우리 헌법상의 재산권 보장체계에 분리이론을 적용한다면, 코로나 바이러스 방역으로 인한 영업의 자유의 제한으로 발생한 재산의 사실상의 수용에 대한 보상청구권의 헌법적 근거는 우리 헌법 제23조 제1항과 제2항이다. 우리 헌법 제23조 제1항과 제2항은 조정의무가 인정되는 재산권의 내용 및 한계규정에 근거한 청구권(Anspruch aus ausgleichspflichtigen Inhalts- und Schrankenbestimmungen)의 헌법적 근거규정이 된다.

따라서 영업제한과 금지를 명령하고 있는 행정명령상의 재산권 제한규정을 통해서 추구된 공적인 목적이 기본권 주체에 대하여 수인불가능한 정도의 피해부담을 야기하는 특별한 희생을 발생시키는 사례(besondere Härtefälle)[35]가 된다면, 이에 대해서 입법자는 사후에 조정적 보상규정을 마련해야만 한다. 이러한 수인불가능한 피해를 방지하고, 비례성 원칙, 평등원칙 그리고 신뢰보호의 원칙의 위반을 방지하기 위하여 다음의 두 가지 단계의 개념적 구상에 의한 조정규정을 마련해야만 한다: 우선적으로 경과규정, 예외규정 그리고 면제규정 혹은 그 이외의 행정적 내지 기술적 피해예방수단의 제공을 통해서 비례성 원칙에 위반되는 재산권자의 피해의 부담을 방지하는 법률적 토대를 마련해야만 한다. 이러한 법률규정의 제정 혹은 대비책 마련을 통해서도 피해에 대한 조정이 불가능하게 되면 이차적으로 이에

대한 재정적 보상이 고려되어야만 한다.[36]

2. 국가가 공공복리를 이유로 시민에게 특별한 희생을 요구하는 것에 대한 보상청구권의 적용

국가는 자신의 불법에 대한 배상책임뿐만 아니라, 이를 넘어서서 국가가 공공복리(Allgemeinwohl)를 이유로 하여 개별 시민에 대하여 특별한 희생(Sonderopfer)을 요구하는 경우에도 이에 대한 손실보상책임(Entschädigung)을 진다, 이러한 국가의 손실보상의 기본적 사고(Grundgedanke)는 시민이 공중(Allgemeinheit)을 위해서 자신의 권리를 포기한 것, 즉 시민의 특별한 손실발생(Sonderbelastung)에 대한 대가로서 보상을 해주어만 한다는 것이다.[37]

이러한 특별한 희생에 대한 국가의 보상의무는 1794년의 프로이센 일반주법의 전문(Einleitung des Allgemeinen Landrechts für die Preußischen Staaten (EinALR)) 제74조, 제75조 속에 처음으로 규정되었다. 그 이후부터 이러한 국가의 보상의무는 다양한 형태로 독일법질서에 규정되어 왔다. 독일 기본법은 이러한 특별한 희생에 대한 보상적 사고(Aufopferungsgedanken)의 구체화를 공용수용(Enteignung)에 대한 보상의무를 규정하고 있는 제14조 제3항을 통해서 실현하고 있다. 오늘날 일반적으로 재산적 가치가 있는 지위에 대한 제한(Eingriffe in vermögenswerte Position)을 통해서 발생한 특별한 희생(Sonderopfer)은 공용수용(Enteignung)으로 인정되고, 재산적 가치가 없는 지위에 대한 특별한 희생은 희생(Aufopferung)으로 인정된다.

독일 기본법상의 개념적 구상(Konzeption)에 의하면, 공용수용(Enteignung)으로 설명되는 재산권에 대한 제한은 공공복리(Wohl der Allgemeinheit) 그리고 보상(Entschädigung)의 종류와 범위에 대해서 규정하고 있는 법률에 의하여 혹은 법률에 근거해서만 가능하기 때문에, 일반적으로 재산권에 대한 손실적 제한이 발생하지만, 사전에 보상의무가 미리 법률에 규정되어 있지 않은 재산의 손실에 대한 보상에 대해서는 기본법 제14조 제1항과 제2항의 재산권의 내용과 한계규정이 예외 없이 적용된다. 우리 헌법재판소도 1998년의 도시계획법 제21조의 위헌여부에 관한 헌법소원에 대한 결정[38]에서 분리이론을 채택하였기 때문에 코로나 바이러스 방역에 의한 영업중지 및 영업제한으로 인하여 발생한 재산손실에 대한 보상청구권의 헌법적 근거는 우리 헌법 제23조 제1항과 제2항이다.

독일연방헌법재판소(BVerfG)는 자갈채취결정(Nassauskiessungsentscheidung)[39] 결정이래로 협의의 그리고 형식화된 공용수용 개념(enger und formalisierter Eigentumsbegriff)[40]을 견지하였기 때문에, 헌법인 기본법에 의하여 보호되는 재산권에 가해진 비교적 상대적으로 약한 손실적 제한(Belastung)에 대해서도 여전히 기본법 제14조 제3항이 적용되는지 여부에 대한 의문이 제기된다.[41] 독일연방헌법재판소가 형식화된 공용수용 개념을 인정하였기 때문에, 재산권의 내용 및 한계규정에 대한 제한강도(Eingriffsintensität)가 공용수용에 비견될 정도로 인정되는 경우에 기본법 제14조 제3항을 적용할 수 없게 되었다. 이러한 사례에 있어서 재산권자의 이익을 정당하게 보호하기 위하여, 독일연방헌법재판소는 체계위반적인[42] 조정의무가 수반된 재산권의 내용 및 한계규정(systemwidrige, ausgleichspflichtige Inhalts- und Schrankenbestimmungen)을 창조하였다.[43] 독일연방헌법재판소는 특별히 중대한 재산권의 손실적 제한(besonders schwere Belastung)이 발생한 경우에는 과잉금지 원칙의 적용을 통해서 파생된 개념인 이 조정적 보상의무 규정이 필요한 것으로 해석하였다. 따라서 재산권의 중대한 손실적 제한이 발생한 경우에 이러한 조정적 보상의무규정이 결여된 경우에는 재산권의 중대한 손실적 제한을 발생하게 만드는 내용 및 한계규정은 헌법위반이다.[44]

독일의 경우에도 감염병의 예방 및 극복에 관한 법률 속에 이들에 대한 보상규정을 두고 있지 않고 있다. 설사 동법 제56조 제1항 제1문 그리고 제65조 제1항 제1문 속의 두 개의 보상구성요건규정(Entschädigungstatbestände)을 통해서 이에 대한 보상청구권을 도출해 낼 수 없다. 독일 감염병의 예방 및 극복에 관한 법률 제56조 제1항 제1문은 행정관청이 특히 격리자(Ausscheider), 감염의심자(Ansteckungsverdächtige) 혹은 발병의심자(Krankheitsverdächtige)로서 행위금지(Tätigkeitsverbot)를 명령한 경우에 대한 보상을 규정하고 있다.[45]

주정부의 행정명령에 의한 금지는 주로 수많은 영업(Betriebe)의 제한과 관련성을 가지고, 격리자, 감염의심자 등과 같은 특정한 사람에 대한 제한과 관련성을 가지지 않는다. 따라서 이 보상규정은 구성요건적 측면에서 (tatbestandsmäßig) 영업제한관련 보상청구권에는 적용되지 않는다. 독일감염병의 예방 및 극복에 관한 법률 제65조 제1항 제1문에 근거한 그 외의 보상청구권들은 단지 동법 제16조, 제17조 속에 제시된 감염병 예방조치의 실행과 관련한 보상에 적용된다.

코로나 바이러스로 인한 발병이 증명된 경우에는 영업중지가 명령된다면, 그것은 독일의 경우 「감염병의 예방 및 극복에 관한 법률」 제32조 제1문, 제28조 제1항에 근거한 감염병의 극복을 위한 조치에 해당한다.[46] 따라서 이 경우에는 동법 제65조 제1항 제1문은 적용되지 않는다. 또한 영업중지의 대상이 된 영업자나 기업의 경찰법 내지 질서법상의 비방해자로서의 보상청구권 인정도 고려될 수 없다. 왜냐하면 이 영업중지는 특정한 영업자를 선정해서 행해지는 것이 아니라 일반적인 관련업종에 대한 영업중단을 요구하기 때문이다.[47] 이 경우 최종적으로도 수용적 제한의 청구권(Anspruch aus enteignendem Eingriff)도 인정될 수 없다. 왜냐하면 수용적 제한의 경우에는 개인이 특별한 희생자(Sonderopfer)가 되어야하기 때문이다. 따라서 개별경제분야나 업종 그리고 일련의 기업들이 관련된 손실에 대한 조정적 보상은 행해질 수 없다. 대량의 경제적 손실에 대해서 수용적 제한의 법리가 적용될 수 없다.[48]

분리이론을 취하고 있는 독일의 경우에는 수용적 제한 혹은 수용유사적 제한에 근거한 청구권(Anspruch aus enteignendem und aus enteigungsgleichem Eingriff) 및 희생에 근거한 청구권(Anspruch aus Aufopferung), 희생유사적 제한을 근거로 한 청구권(Anspruch aus aufopferungsgleichem Eingriff)은 헌법에 의하여 별도로 구체화되지 않은 희생에 대한 보상청구권(Aufoperungsansprüche)으로 보고 있다.[49]

Ⅳ. 영업제한조치의 재산권 위반성 여부

영업중지 및 영업제한 조치에 대한 독일과 같이 「감염병의 예방 및 극복에 관한 법률」(IfSG) 속에 조정적 보상규정이 실정법 속에 규정되어 있지 않다면, 이러한 입법자의 입법적 불비가 헌법적으로 정당화될 수 있는가? 이 문제를 Foroud Shirvani 교수는 헌법상의 재산권 보장과의 합치여부에 대한 검토의 문제로 보아야 한다고 보고 있다. 왜냐하면 직업의 자유 기본권으로부터는 이에 대한 보상청구권을 이끌어 낼 수 없기 때문이다.[50]

오랫동안 영업중지나 제한을 동안 영업주나 상점주인의 경우에 헌법상의 재산권 보장침해를 주장하려면 헌법상의 재산권 보장의 대상이 되는 조직되어지고 행사되어진 영업에 관한 권리(Recht am eingerichteten und ausgeübten Gewerbebetrieb)를 원용하여야만 한다.

기업에 대한 재산권적 보호와 관련하여 독일연방헌법재판소(BVerfG)는 기업의 개별적 권리들과 생산품과 같은 재화(Güter)에 대한 보호는 인정하였다. 그러나 사실적인 주어진 상황(tatsächliche Gegebenheiten), 내지 현재의 영업상의 거래관계 그리고 유리한 주변적 상황조건(Lage)은 재산권의 보호영역에 포함시키지 않았다. 독일연방법원(BGH)의 판례에 의하면 조직되어지고 행사되어진 영업에 대한 권리는 독일민법 제823조 손해배상의무(Schadensersatzpflicht)의 의미 속의 '그 이외의 권리(sonstiges Recht)'로서 보호된다. 그러나 헌법 제23조에 의한 기업이나 영업에 대한 보호는 영업 그 자체의 정지를 목적으로 하는, 그 존속을 위협하는 영업과 관련된 직접적 침해로부터 보호하는 데 한정된다.

조직되어지고 행사된 업업상의 권리에 대한 헌법 제23조의 재산적 가치가 있는 권리의 범위 속에 포함시키는 것과 관련하여 미래의 법적인 지위(künftige Rechtsposition)에 대한 고려는 재산적 가치가 있는 권리의 범위 속에 들어갈 수 없다. 헌법 제23조의 재산권의 보호영역의 확정에는 현재의 시점에서 확정된 재산이라는 시간적 제한이 부가된다. 따라서 영업상의 이익에 대한 단순한 기대와 전망, 희망 내지 판매기회 그리고 이익기회 등은 재산권의 보호영역에 포함되지 않는다. 예컨대 현재의 영업상의 거래관계, 획득된 고객들의 명단 혹은 식당 혹은 레스토랑에서 손님을 많이 끌어들일 수 있는 위치, 주차의 편의성 혹은 영업적 확장가능성 등은 헌법 제23조의 재산권의 보호영역에 들어가지 않는다.

독일연방헌법재판소가 기본법 제14조의 재산권 보장의 범위 속에서 영업에 관한 권리(Recht am Gewerbebetrieb)가 포함되는지 여부에 대한 문제에 대해서 확실한 답을 내놓고 있지 않다고 할지라도,[51] 독일의 저작들과 부분적 판례들 속의 지배적 견해는 기업(Unternehmen)을 법질서에 의하여 인정되고, 일반법(einfachrechtlich)에 의하여 보호되는 기능적통일체 그리고 조직적 통일체(Funktions- und Organisationseinheit)로서 보면서, 이에 대한 헌법상의 재산권의 보장을 인정하고 있다.[52] 영업주의(Gewerbebetrieb) 손에 의하여 통일적인 유기체(einheitlichen Organismus)로 파악되는 물적인, 인적인 그리고 그 이외의 재력의 전체성(Gesamtheit der sachlichen, persönlichen und sonstigen Mittel)으로 파악된다.[53] 따라서 권리와 재산의 구체적 (…) 존재형태(der "konkrete (…) Bestand an Rechten und Gütern")로서 보호된다.[54] 이에 반해서 미래의 수익가능성과 기회(künftige Verdienstmöglichkeiten und Chancen)는 헌법상의 재산권 규정의 보호영역에 포함되지 않는다.[55] 영업의 실질적인 본질(Substanz des Gewerbebetriebs), 즉 경제적 유기체로서 영업의 실질적 경영(Betrieb als wirtschaftlichen Organismus)이 제한되고, 그와 동시에 이 유기체의 방해받지 않는 기능들이 중단되고 침해되어지면 기본권으로서 재산권이 제한된다.[56] 감염병으로부터의 보호를 위한 방역상의 보호조치(infektionsschutzrechtliche Maßnahmen)의 실행으로서 영업의 경영이 중지되거나 혹은 영업의 실행이 그러한 조치로 인하여 중단된다면, 영업의 본질적 내용에 대한 제한(Eingriff in die Substanz des Gewerbebetriebs)이 성립된다.[57] 이러한 종류의 기본권 제한은 기업활동의 기본조건들을 악화시키고, 상업적 거래 기회 내지 이익창출의 기회를 약화시키는 팬데믹 극복을 위한 조치들(Maßnahmen zur Pandemiebekämpfung)과 구분된다. 기업적 실체에 대한 제한(Eingriff in die Unternehmenssubstanz)이 결여된 이러한 조치들과 관련된 사례들 속에서는, 기본권 보장을 위해서 공권력에 의한 보상이 명령될 수 없다.[58] 경제적 불평등이 더욱 더 심화되는 팬데믹 상황에서는, 주로 소상공인의 영업의 자유의 제한과 관련된 재산권 침해 논의가 주로 다루어진다.

1. 재산권 제한의 헌법적 정당화 심사

유럽연합의 기본권 헌장 제17조 제1항 제3문의 중요한 내용이 되고, 특히 자주 실무에서 다루어지는 사용규정(Nutzungsregelungen)은 시간적인, 공간적인 혹은 실질적인 재산의 특정한 형태의 사용만 명령하거나 혹은 금지하는 고권적 조치(hoheitliche Maßnahmen)이다. 사용규정은 문제가 되는 법적 지위의 어떠한 이전도 행해지지 않는다는 점에서 제17조 제1항 제2문의 의미 속의 재산의 박탈과 구별된다(그럼에도 불구하고 사실상의 수용개념 때문에 양자의 명확한 한계설정은 행해질 수 없다).[59] 사용규정의 예로서 농작물 재배금지와 같은 토지의 사용의 제한을 들 수 있다.[60] 그 외에도 생산의 제한도 예로서 언급될 수 있다.[61] 화학비료의 사용에 대한 요구,[62] 임대차법에서의 임대인의 권리제한 혹은 채무불이행에 있어서 강제집행의 명령도 다른 예들로서 제시될 수 있다. 기본권 헌장 제17조 제1항 제3문의 의미 속의 사용규정은 또한 예를 들면 냉장고를 얼음제품의 판매에만 사용한다는 조건으로 양도하는 경우와 같은 재산에 대한 처분과도 관련성을 가진다.[63]

이러한 사용개념의 제한과 관련된 여러 가지 내용들을 살펴볼 때 코로나 바이러스 방역을 위한 영업제한들은 재산권의 사용제한으로 볼 때 있다. 물론 어떠한 조건 하에서 재산사용에 대한 규정의 간접적 결과가 재산제한(Eigenstumseinschränkung)으로 분류될 수 있는지는 명확하지 않다하더라도, 이러한 사용제한으로 인하여 재산권의 사회적 구속성을 넘어서는 특별한 희생이 발생한다면 이에 대한 보상청구권이 인정될 수 있다. 물론 이에 대한 보상의 범위에서 단순한 전망과 같은 미래에서의 가능성 등의 제외가 여러 가지 측면에서 고려될 것이다. 그럼에도 불구하고 특별한 희생으로 인한 영업손실의 결과가 불리한 결과가 기본권 객체인 국가의 공권력 행사의 결과로서 귀속가능하다면 이에 대한 기본권 제한은 성립된다고 볼 수 있다.[64] 기본권 심사의 결과로서 헌법위반성이 확정된다면, 이에 대한 조정적 보상의무의 인정은 헌법적으로 정당화될 수 있다.

국가의 방역조치의 실행을 공권력 행사에 대해서도 비례성의 원칙이 보장되어야만 한다. 기본권 제한은 적합하고(geeignet), 필요하고(notwendig) 그리고 적절한 것(angemessen)이어야만 한다. '공정한 조정(fairer Ausgleich)'이 필요하다. 기본권 주체에게 개인적이고 과도한 불이익이 부과된다면, 공정한 조정이 결여된 것이다. 그 외의 또 다른 수용이 재산의 소유자에게 거의 재산박탈에 가까운 효과를 발생시킨다면, 유럽연합의 기본권 헌장 제17조 제2문을 자주 유추적용하여 보상이 명령지워진다.

독일의 경우 영업중지를 명령하는 주법규정들(landesrechtliche Regelungen)은 시민의 건강을 보호하고, 코로나-팬데믹을 통해서 야기된 위험을 극복하기 위한 것이다. 우리나라의 경우에도 영업금지 혹은 제한을 명령하는 지방정부의 행정명령 혹은 이 행정명령의 근거가 되는 법률규정 역시 같은 목적을 지향하고 있다. 코로나 바이러스 전파위험을 강화시키는 디스코 텍이나 노래방과 같은 영업공간의 중지는 이러한 예에 해당한다. 국가는 이러한 시민의 생명과 건강보호의 목적실행을 위해서 여러 가지 영업중지와 제한 같은 단호한 조치를 실행한다.

목표로 설정한 목적을 달성하기 위해서, 감염으로 부터의 보호를 위한 영업금지는 적합하고, 필요하고 그리고 적절해야만 한다. 영업의 자유를 제한하는 사용제한규정은 우리 헌법 제37조 제2항에 의하여 추구된 목적에 사실상 적합하는 것 내지 기여하는 것이어만 한다. 왜냐하면 이 규정은 적합해야만하기 때문이다. 당연히 시민의 생명과 건강보호를 위한 방역조치의 실행목적은 헌법적 정당화될 수 있는 것이다. 이 규정과 관련된 기본권 객체의 국가의 공권력 행사는 수용가능한 것이다.[65]

적합성 심사에서는 목적달성을 위하여 투입된 수단이 목절달성에 전혀 혹은 객관적으로 쓸모없는 것인지(untauglich) 여부가 중요한 판단기준이 된다.[66] 코로나 바이러스의 확산방지를 위하여 감염위험이 높은 업종에 대한 영업제한조치의 목적달성 가능성은 충분하다. 목적달성을 위하여 투입될 조치의 적합성 여부에 대한 판단에 있어서 원칙적으로 규범제정자에게 독자적 판단의 자율적 영역, 즉 평가영역(Einschätzungsspielraum)이 허용된다. 물론 팬데믹 상황과 관련해서 특히 방역전문가의 역학전문적 인식(fachwissenschaftliche, insbesondere epidemiologische Erkenntnisse)이 고려되어야만 한다.[67]

영업제한조치의 적합성에 대한 승인은 코로나 발병상황과 관련된 수집된 정보에 의하여 확인될 수 있어야만 한다. 사실적인 측면에서 특정한 사실적 발전이 어떻게 그리고 왜 기대될 수 있는지 여부에 대하여 더 이상 반박할 수 없을 정도로 설명이 되어야만 한다.[68] 기본권 객체의 판단여지의 영역 속에서 조치가 행하면, 단지 그 조치가 명백히 부적합한지 여부에 대해서만 심사가 행해진다. 기본권 객체의 조치가 여러 가지 목적을 동시에 추구한다면, 유럽공동체법원(EuGH)은 모든 목적을 고려하여 그 조치의 적합성 여부를 판단한다.[69] 그럼에도 불구하고 목적에 대한 적합성 판단은 엄격하게 행해지지 않는다. 그러나 적합성(Angemessenheit)의 판단영역에 있어서 목적에 대한 적합성의 결여는 중요한 의미를 가진다.[70]

사용규정은 유럽연합의 기본권 헌장 제52조 제1항에 의하여 추구된 목적으로 고려해 볼 때 필요한 것이어야만 한다. 필요성의 원칙은 더 이상 약한 제한이 존재하지 않아야만 한다. 그러나 동일한 효력을 가지는 제한수단이 존재하는 경우에는 아무런 문제가 되지 않는다. 보다 약한 제한수단이 존재한다는 이의를 제기하는 자는, 자신에 의하여 주장된 제한수단이 어느 정도까지 실용적이고, 추구된 규정의 목적에 적합하는지 여부를 직접 상세하게 설명하여야만 한다.[71] 코로나 바이러스의 사회적 그리고 경제적 삶의 영역에서의 계속적 확산방지의 저지 그리고 이를 통해서 국가적 방역체계의 기능마비를 방지하기 위해서는 클럽과 디스코텍과 같은 위험업종에 대한 영업의 자유의 제한은 적합한 것으로 평가될 수 있다.[72] 목적달성을 위하여 투입된 조치는 필요해야만 한다(erforderlich), 즉 제한의 최소성의 기준을 충족해야만 한다. 다른 이와 동일한 효력을 가지는 그러나 재산권을 보다 덜 축소시키는 수단이 존재하지 않는다면, 제한의 최소성(Erforderlichkeit des Eingriffs) 즉 필요성 원칙은 충족된다.[73] 보건전문가의 견해에 바탕을 둔 전문가적 관점에서 영업폐쇄를 막고, 시민의 건강보호와 감염병 확산을 저지할 수 있는 보다 약한 대안이 존재한다면, 필요성 원칙의 위반은 인정될 수 있다.[74]

최종적으로 영업주에 대한 영업중지로 인한 재산권의 제한은 좁은 의미의 비례성 원칙에 위반되지 않아야만 한다. 즉 적절해야만 한다. 최종적으로 기본권 제한의 장점과 단점은 적절하게 조화되어야 한다. 사용규정은 추국되는 목적을 고려해 볼 때 비례원칙에 위반되는, 수인불가능한 제한이 되어서는 안 된다. 공공복리의 요구와 개인의 기본권 보장의 요구 사이의 정당한 균형이 필요하다. 법률규정에 결부된 목적의 의미가 크면 클수록, 기본권주체에 대한 부정적 결과 보다는 더 강화된다.[75]

이에 대한 판단기준으로서 전체사회의 공공복리적 이익(Gemeinwohl-belange)과 재산권자의 이익 사이의 형량을 통해서 확정될 수 있는 기대가능성의 한계(Zumutbarkeitsgrenze)가 고려된다. 또한 인간의 건강보호의 목적은 특정한 경제참가자에 대하여 불이익을 발생시키는 부정적 결과의 초래도 정당화할 수 있다. 왜냐하면 공적인 건강의 보호가 경제적인 고려에 대해서 우위가 인정되어지기 때문이다.[76] 최종적으로 조치의 절박한 필요성 여부가 문제되어 진다. 전체적으로 법률에 의하여 추구되는 목적은 유럽공동체법원의 결정에 나타난 형량의 범위 내에서 보다 확실히 높은 비중이 부여된다.[77] 따라서 적절성 판단의 심사에 있어서 적용되는 중요한 심사기준은 규범제정자가 재산권자의 보호가치가 있는 이익과 공공복리적 이익의 대립에 대해서 올바른 조정(gerechter Ausgleich)을 시도하여, 양자의 균형적 관계(ausgewogenes Verhältnis)를 마련하였는지 여부에 대한 판단이다.[78] 따라서 이 단계에서는 규범제정자가 시민의 중요한 공공복리적 이익으로서 생명과 건강보호의 과제를 실현하는 과정에서 이와 대립되는 영업주의 이익과의 적절한 조정을 시도하였는지 여부에 대한 판단이 행해지게 된다. 이에 대한 판단은 팬데믹의 진행상황과 밀접한 관련성을 가진다고 볼 수 있다. 중앙정부나 지방정부가 통제할 없을 정도로 팬데믹 상황이 악화되면 재산권자의 이익보다 시민의 생명과 건강보호를 위한 공공복리적 이익이 우선될 수밖에 없다. 물론 그럼에도 불구하고 대립되는 기본권들에 근거한 양 이익들에 대한 실제적 조화(praktische Konkordanz)의 시도는 포기되어서는 안 된다. 원칙적으로 시민의 생명과 건강보호를 위한 기본권(Grundrechte auf Leben und Gesundheit)과 재산권은 기본권 도그마틱적인 측면에서 본다면 동일한 손위를 가지는 기본권이다. 따라서 공공복리를 이유로 한 재산권자의 이익의 일방적 무시는 우리 헌법 제23조 제2항의 재산권 사회적 구속성의 관념과도 조화될 수 없다.[79]

팬데믹이 극도로 심화된 특별한 예외적 상황에서의 기한이 설정된 영업 제한이나 영업중지조치는 우리 헌법 제23조 제2항의 재산권 행사의 공공복리적합의 의무의 차원에서 수인될 수 있는 기본권 제한으로 볼 수 있다. 영업적 활동의 금지나 제한이 오래 지속되면 될수록, 이를 통해서 발생하는 상업적 거래와 이익창출의 기회의 상실로 인하여 재산권자의 기본권의 상실적 효과는 더욱 더 심화되고 커져만 간다. 이러한 최악의 상황을 방지하기 위해서는 영업금지 조치에 대해서는 기한이 설정되어야만 한다. 그리고 설정된 기한의 범위내에서도 상황변화에 따른 제한강도의 완화여부에 대한 판단기회가 항상 보장되어야만 한다.

기한이 설정된 영업금지나 제한조치가 계속적으로 연장된다면, 이러한 조치들이 시행된 업종들에 대한 국가의 재난지원금 교부 여부와 관계없이 영업주의 생존을 위협하게 만드는 파산가능성은 증가될 수밖에 없다. 물론 다른 유럽 국가들이나 미국 등의 나라들에 비해서, 우리 대한민국의 팬데믹 대응은 잘 행해지고 있어서 상대적으로 영업금지나 제한의 정도가 다른 나라들에 비해서 약하게 행해지고 있음에도 불구하고, 우리 헌법 제23조 제2항의 재산권 행사의 공공복리적합의무에 근거한 이들에 대한 재산권적 부담과 손실의 강요가 국가의 보상조치나 대립된 이해관계의 조정없이 장기간 방치될 수 있다. 이러한 상황이 계속된다면, 국가는 이에 대한 헌법적 측면뿐만 아니라 다른 개별적 법영역 속에서 규범적 조정을 시도해야만 한다.

따라서 규범제정자가 재산권자의 기대불가능한 피해를 저지하기 위한 시도와 노력을 경주해야 했음에도 불구하고, 그렇게 하지 않았다면 그 법률적 조치들은 헌법위반이다. 이에 대해서는 사후적인 조정적 규정(Ausgleichsregelungen)이 이에 대한 규제적 조치(regulative Maßnahme)로서 고려되어야만 한다.[80]

V. 조정의무가 부과된 내용확정규정의 영업중지에 적용

감염병의 예방 및 관리에 관한 법률에 근거한 영업중지 및 이와 유사한 영업제한조치가 행해질 경우에 대한 재산권 행사의 공공복리적합성의 범위를 넘어서는 재산권자의 손실이 발생하는 경우에 이에 대한 조정의무(Ausgleichspflicht)가 인정되는 재산권의 내용적 확정규정(Inhaltsbestimmungen)을 이에 대해서 적용할 수 있는가 하는 문제가 우선적으로 제기될 수 있다.

독일의 경우 이에 대해서 반대하는 견해는 많은 수의 기업에 대해서 적용된 장기간의 영업중지에 대한 조정규정(Ausgleichsregelungen)의 문제가 제기된 경우에는, 독일연방재판소(BVerfG)가 지금까지의 자신의 판례를 통해서 비재정적 내지 재정적 조정규정(die nicht-finanzielle bzw. finanzielle Ausgleichsregelunlg)의 예외적 성격과 예기치 않은 사건의 발생으로 인하여 야기된 사회적 불이익(Härtefäll/hardship clause)의 문제로 보고 있다는 점을 근거로 들고 있다.[81] 그럼에도 불구하고 이 입장은 조정적 보상의무가 인정된 내용확정규정의 적용의 강제적 배제를 명령하고 있는 것은 아니다.

독일연방헌법재판소는 관련 법률규정이 재산의 존속보장(Bestandsgarantie des Eigentums)[82]에 기여하고, 비례성 원칙에 적합한 경우에는, 조정규정의 적용에 있어서 예외적 성격을 인정하였다. 따라서 이 경우에는 입법자가 성급하게 재정적 조정규정을 제정하는 것에 만족하지 말아야만 한다. 또한 감염병으로 부터의 시민보호를 위한 규범제정자는 특히 재산권의 제한과 관련된 금지조치를 규정하는 경우에 있어서는 재산권의 존속보장의 요구를 고려해야만 한다. 입법자에 의한 성급한 조정규정의 제정과 적용을 배제하는 예외적 성격의 강조가 재산권의 존속보장의 요구를 충족시키기 위한 것이라면, 이에 대한 판단에 있어서 제기되는 중요한 문제점은 어느 정도까지가 영업주에 대한 보상없이 행해지는 재산권의 축소적 제한(Restriktion)이 수인가능한지(zumutbar) 혹은 불가능한지(unzumutbar) 여부를 판단하는 기준점이 되고, 어떠한 경우에 이에 대한 보상이 요구되는지에 대한 검토이다.

재산권의 축소적 제한에 대하여 입법자에 의한 사후 조정적 보상규정의 제정의 문제를 재산권 제한 사례와 관련된 기본권 주체의 다수여부에 따라서 결정하는 것은 적합하지 않다. 왜냐하면 재정적 보상의 문제는 개별 재산권 주체 혹은 다수집단의 재산권 주체들의 재산권이 제한되는지 여부와 별도로 판단되어야만 하기 때문이다. 이러한 기본권 해석은 기본권으로서 재산권 보장의 문제를 공권력에 의한 일반적 재정유보(allgemeine Finanzierungs-vorbehalt)의 문제로 격하시키게 된다.83

조정의무가 수반된 내용적 확정규정은 그 내용이 확정된 것이 아니다. 따라서 이 내용적 확정규정은 독일연방헌법재판소의 법관법적인 기본권 도그마틱(richterrechtliches Grundrechtsdogmatik)의 적용의 결과로서 형성된 것이기 때문에, 독일연방헌법재판소가 재산적 지위에 대한 규범적 박탈이 행해진 경우에 새롭게 자신의 판례를 통해서 어떤 집단에 대해서 부분적 조정적 보상의무를 인정할 것인지 여부는 미확정적인 문제이다.84

장기간의 감염병 예방 및 극복을 위한 방역조치의 실행으로 인한 영업중지에 대해서 조정의무가 수반된 내용적 확정규정을 적용에 찬성하는 입장은 다음의 세 가지 관점에서 그 정당화가 행해질 수 있다. 첫 번째 관점으로서 조정적 보상의무가 있는 내용적 확정규정의 기본권 도그마틱적 근거는 비례성 원칙(Verhältnismäßigkeitsgrundsatz), 평등원칙(Gleichheitssatz) 그리고 신뢰보호 원칙(Vertrauensschutzgrundsatz)에 의하여 형성되었다는 점이다. 따라서 이 세 가지 기본권 제한 정당화 심사기준의 적용과 관련하여 장기간의 영업중지 및 제한이 행해지는 사례에 대해서는 집단적 주체의 기본권 제한 여부에 관계없이 조정의무가 수반된 내용적 확정규정이 적용되어야만 한다.85

공용수용과 조정적 내용 및 한계규정이 적용되는 사례에 있어서 관련 시민의 배상청구권의 법적 근거는 그 자체가 아니고, 배상에 대해서 규정하고 있는 법률이다. 따라서 이러한 배상청구권을 법적으로 근거지우는 배상규정(Entschädigungsregelung)이 법률 속에 규정되어 있지 않으면, 그 법률은 헌법위반이고(verfassungswidrig), 이 법률에 근거하여 행해진 공용수용 내지 조정의무가 수반된 내용 및 한계규정은 법위반이다(rechtswidrig).86 따라서 이와 관련된 법률은 법적인 결정(juristische Entscheidung)을 통해서 폐지될 수 있다(aufheben). 이러한 사례들에 해당되는 경우에는 피공용수용자 내지 조정의무가 수반된 내용 및 한계규정에 의하여 재산권이 제한된 시민은 배상을 청구할 수 없다(수인 후 조정의 적용이 적용 안 됨(kein “dulde und liquidiere”)).[87]

VI. 법원의 판례를 통한 수용적 제한 그리고 수용유사적 제한에 대한 배상청구

희생적 사고에 기반을 둔 수용적 제한에 근거한 배상청구권 대해서 좀 더 깊은 검토를 할 필요가 있다. 이 배상청구권은 적법한 국가적 처분(rechtsmäßige staatliche Maßnahme)이 시민의 재산권을 제한하고, 이러한 제한이 재산권에 대한 일반적인 공공복리 적합의무(Allgemeinheit)에 반하는 특별한 희생(Sonderopfer)을 초래하는 경우에 한해서 인정된다. 이 청구권은 책임과 관계없이 인정된다(verschuldensunabhängig). 독일연방법원(Bundesgerichtshof)는 자신의 법관법적인 판례형성(richterrechtliche Ausprägung)을 통해서 이 개별적 청구권의 법적 근거를 1794년의 프로이센 일반주법의 전문(Einleitung des Allgemeinen Landrechts für die Preußischen Staaten (EinALR)) 제74조, 제75조로 보고 있다.[88] 이러한 청구권의 인정의 필요성을 근거지우는 헌법원리는 법치국가 원리이다.[89]

수용적 침해에 대한 배상청구권을 통해서 재산권에 대한 적법한 공권력의 행사에 의한 비전형적이고 예측불가능한 부수적 손해발생(schädiche Nebenfolge)에 대한 조정적 배상이 행해지게 된다. 예를 들면 군사공항에서의 항공기 이륙과 착륙과 관련된 소음적 공해,[90] 지역의 건축공사장(kommunale Bauarbeiten)의 오염,[91] 지역적 정화장치의 악취로 인한 피해[92] 등이 그러한 부수적 손해발생(schädiche Nebenfolge)의 경우에 해당한다.

수용적 침해에 대한 손해배상청구의 전제조건은 항상 청구권자(Anspruchssteller)에게 특별한 희생(Sonderopfer)이 발생한 경우이다. 재산권에 대하여 손해를 발생시키는 처분(die das Eigentum belastende Maßnahme)이 적법하기 때문에, 이러한 처분으로 인한 손해발생에 대한 손해배상청구를 위해 무엇보다도 이 청구를 법적으로 정당화시키기 위한 보다 높은 이에 대한 논증의 노력이 요구된다. 어떠한 경우에 있어서 손해배상청구가 가능한 희생을 판단하는 경계선(Opfergrenze)을 넘어섰는지 여부에 대한 판단은, 전적으로 개별적 사례에 달려있다.[93]

법원의 판례는 (독일연방행정법원의 경계이론[94]을 근거로 한) 기대가능성 고려를 통해서 특별희생이론을 보완하였고, 재산권자에 대한 제한의 결과가 기간(Dauer), 종류(Art), 강도(Intensität) 그리고 효력(Auswirkung)이 재산권자가 이에 대한 손해배상 없이 수인하는 것이 더 이상 기대할 수 없을 정도로 중대한지 여부에 대해서 중점적으로 판단하였다.[95]

수용적 제한에 대한 배상청구권(Anspruch aus enteigendem Eingriff)과 수용유사적 제한에 대한 손해배상청구권(Anspruch aus enteignungsgleichem Eingriff)의 구분은 손해에 대한 배상이 재산권에 대한 법위반적 제한(rechtswidrige Eingriffe)을 통해서 발생한 손해(Schäden)에 대한 것인지 여부에 따라서 행해진다. 독일연방헌법재판소의 자갈채취결정(Nassauskiessungsentscheidung des BVerfG)은 수용적 제한과 수용유사적 제한을 구분하지 않는다.[96]

그 외에도 수용적 제한에 근거한 배상청구권이 일반적 희생이론적 사고(Gedanken der allgemeiner Aufopferung)[97]에 법적 근거를 두고 있음에도 불구하고, 수용유사적 제한에 근거한 배상청구권의 인정 여부에 대한 판단에 있어서는 이러한 특별희생의 판단기준(Merkmal des Sonderopfers)은 포기되었다. 왜냐하면 지배적 견해에 의하면 이 판단기준은 제한의 법위반성이라는 구성요건적 기준(Tatbestandsmerkmal der "Rechtswidrigkeit des Eingriffs")을 통해서 대체될 수 있기 때문이다.[98]

그 외에도 수용유사적 제한에 근거한 배상청구권은 행정법적인 우선적 권리보호에 대하여 보충적 역할을 수행한다(subsidär gegenüber dem Primärrechtsschutz).[99] 재산권자가 자신의 재산에 대하여 법위반적인 재산의 손실적 제한(rechtswidrige Belastungen)이 발생한 경우에 수용유사적 제한에 근거한 배상청구권을 행사하려는 사례에서, 재산권자는 우선적으로 행정법원에 항고소송(verwaltungsrechtliche Abwehrklage)을 청구하게 될 것이다.[100]

수용적 제한에 근거한 배상청구권(Anspruch aus enteignendem Eingriff)뿐만 아니라 수용유사적 제한에 근거한 배상청구권(Anspruch aus enteignungsgleichem Eingriff)의 경우에는 청구권자는 발생한 손해(Schäden)에 대하여 정당한 금전적 배상(angemessene Entschädigung in Geld)을 요구할 수 있다. 이 청구권들은 발생한 재산적 손실에 대한 보상(Kompensation eines erlittenen Vermögensnachteil)을 목적으로 하기 때문에, 지배적 견해에 의하면 희생법적인 청구권(aufopferungsrechtliche Ansprüche)은 정신적 손해에 대한 배상청구권 즉 위자료(Schmerzengeld) 배상은 요구할 수 없다.[101] 비록 이 청구권의 행사가 책임여부와 관계없이(verschuldenunabhängig) 인정된다고 할지라도, 피손해자(Geschädigte)는 손해발생에 대한 자신의 공동책임(Mitschuld)이 인정되는 경우에는, 독일민법(BGB) 제254조의 유추적용(analogie Anwendung)을 통해서 축소된 손해배상액을 수령할 수 있다.[102]

이러한 수용적 제한과 수용유사적 제한의 구별에도 불구하고 양자를 구별할 필요가 없는 중요한 이유는 국가의 적법한 공권력 행사 혹은 위법한 공권력 행사여부에 관계없이 이로 인하여 개인에게 수인할 수 없는 특별한 희생이 발생한 경우에 대해서는 양자 모두 이에 대한 국가의 배상책임이 인정되기 때문이다.

Ⅶ. 결 론

중앙정부 혹은 지방정부의 행정명령에 의한 영업제한 혹은 영업금지로 인하여 발생하게 된 절박한 현실적 경제적 어려움들과 별도로, 상가임대차와 관련하여 임대인과 임차인은 영업금지를 명령한 국가적 처분에 대한 법적 판단에 있어서도 중대한 법적인 불안정성을 경험하게 된다. 이와 관련하여 한편으로는 임차인에 대해서는 공법적 보상청구권을 원용하게 되면 자신의 임차료의 감액 요구가 거부될 위험이 발생한다.

이와 반대로 임차인에게 임대인이 그 분배를 요구할 수 없는 광범위한 보상청구권이 인정된다고 할지라도, 임차인의 영업기반(Geschäftsgrundlage)의 상실로 인하여 임차료의 일부분의 수령을 포기해야만 하는 위험부담이 임대인에게 발생한다. 이와 관련하여 독일의 경우 임대차 계약 당사자에게는 감염병의 예방 및 관리에 관한 법률에 근거한 보상청구권뿐만 아니라 수용적 제한과 수용유사적 제한에 근거한 관습법적으로 인정된 보상청구권의 행사를 위해서 민사법원의 소송청구를 할 수 있는 길이 열려 있다. 이러한 청구권들은 그들에게 독일민사소송법(ZPO) 제72조 제1항에 의하여 공권력을 행사하는 공공기관의 공권력 행사와 관련된 법적인 분쟁에 대해서 소송을 제기하는 것을 허용하게 만든다.

독일의 경우 민법(BGB) 제313조 제1항에 의한 사정변경에 의한 계약내용의 조정(Vertragsanpassung)이 거부되어진다면, 아마도 임대인에 대해서 포괄적인 공법적 보상청구권(ein umfassender öffentlich-rechtlicher Entschädigungs-anspruch)이 인정될 것이다. 이 공법적 보상청구권은 독일민사소송법 제74조, 제68조에 의한 분쟁의 공식화를 통한 소송참가적 효력(Interventionswirkung der Streitverkündung)을 통해서 법원이 보상청구권과 관련된 소송에서 민법적 해결책을 강구하고, 잘못된 임차료 분쟁 결정에 대한 저지수단으로서 작용한다. 이에 반해서 민법 제313조에 의하여 임차료의 인하에 대한 조정이 인정되다면, 아마도 임대인에게 보상청구권이 인정될 것이다. 이러한 공법적 소송참가의 공식화(Streitverkündung)는 임대인에게 법원이 보상청구권 소송에서 공법적 해결책을 따르는 것을 보장해 준다. 그럼에도 불구하고 이러한 공법적 소송참가는 법원이 공법적 소송청구권을 전적으로 인정하지 않는 경우에 대해서는 임대인에게 아무런 보호도 제공할 수 없다. 팬데믹을 원인으로 한 영업금지가 보상 없이 수인되어진다면, 단지 영업상의 기초에 대한 민법적인 조정적 해결방식(zivilrechtliche Ausgleich über die Geschäftsgrundlage)만 인정된다.

코로나 방역을 위하여 행해지는 영업제한과 금지를 통해서 개인이 수인할 수 없는 특별히 중대한 재산권의 손실적 제한(besonders schwere Belastung)이 발생한 경우에는 과잉금지 원칙의 적용을 통해서 파생된 개념인 조정적 보상의무 규정이 필요하다. 이러한 재산권의 중대한 손실적 제한이 발생한 경우에, 관련법률 속에 이러한 피해에 대한 조정규정이 결여된 경우에는 재산권의 중대한 손실적 제한을 발생하게 만드는 내용 및 한계규정은 헌법위반이다. 우리나라의 감염병의 예방 및 관리에 관한 법률은 이들에 대한 보상규정을 두고 있지 않고 있다. 다른 보상규정을 통해서 이에 대한 보상청구권을 해석적으로 도출해 낼 수도 없다. 수용적 제한에 대한 보상청구권은 개별적 사례 속에서의 개인이 특별한 희생자(Sonderopfer)로서의 자격이 인정되어만 허용될 수 있다. 따라서 개별경제분야나 업종 그리고 일련의 기업들이 관련된 손실에 대한 조정적 보상은 행해질 수 없다. 대량의 경제적 손실에 대해서 수용적 제한의 법리의 확대적용은 인정될 수 없다. 따라서 개별적 사례에서만 인정될 수 있는 법원의 재판을 통한 보상청구권의 범위를 넘어서는 입법을 통한 사후 조정적 보상청구권의 도입이 매우 시급하게 필요했던 것이다.

미주

* 코로나 19 시대의 영업의 자유와 재산권, 경북대학교 법학논고 73호,, 2021, 107-142면을 일부 수정한 것이다.

** 경북대학교 법학전문대학원 교수.

1 Jörg Berwanger, Defizitäres Infektionsschutz-Entschädigungsrecht. Erwiderung auf Shirvani (NVwZ 2020, 1457), S. 1804.

2 BVerfGE 25, 112 (117 ff.); 37, 132 (139 ff.); 52, 1 (29); 50, 290 (340); 58, 300 (335); 58, 137 (147 f.); 70, 191 (200); 79, 174 (198); 81, 208 (220); 83, 201 (208); Hans Jürgen Papier/Shirvani, in: Theodor Maunz/Günter Dürig, Grundgesetz-Kommentar, Bd. Ⅱ, 92. Aufl., München 2020, Art. 14 Rn. 424

3 Clemens Antweiler, Betriebsuntersagung durch Covid-19-Rechtsverordnungen: Eigentumseingriff und Entschädigung, NVwZ 2020, S. 587 f.

4 Hans D. Jarass, Charta der Grundrechte der Europäischen Union, 4. Aufl., München 2021, Art. 17 Rn. 18.

5 Foroud Shirvani, Defizitäres Infektionsschutz-Entschädigungsrecht. Zum Reformbedarf im IfSG-Entschädigungsrecht, NVwZ 2020, S. 1457.

6 Michael Kloepfer, Verfassungsrecht, Bd. Ⅰ, München 2011, § 10 Rn. 238.

7 Vgl. Heiko Sauer, Staatshaftungsrecht. Eine Systematisierung für Fallbearbeitung, JuS 2012, S. 695.

8 Kloepfer, 위의 책(주 6), § 10 Rn. 238.

9 Joachim Wieland, in: Horst Dreier (Hrsg.), Grundgesetz-Kommentar, Bd. 2, 2. Aufl., Tübingen 2006, Art. 34 Rn. 4 ff.; Berwanger, 앞의 논문(주 1), S. 1805.

10 Shirvani, 앞의 논문(주 5), S. 1457.

11 Kloepfer, 앞의 책(주 6), § 10 Rn. 240.

12 Vgl. Sauer, 앞의 논문(주 7), S. 695 f.

13 Kloepfer, 앞의 책(주 6), § 10 Rn. 241.

14 Kloepfer, 앞의 책(주 6), § 10 Rn. 242.

15 Kloepfer, 앞의 책(주 6), § 10 Rn. 243.

16 Fritz Ossenbühl, Staatshaftungsrecht, 5. Aufl., München 1998, S. 1.

17 Kloepfer, 앞의 책(주 6), § 10 Rn. 244.

18 Antweiler, 앞의 논문(주 3), S. 585.

19 예를 들면 BGHZ 100, 136 ff., 142, 259 ff.

20 이에 대해서는 BGHZ 106, 323 ff., 113, 367 ff., 142, 259 ff; Kloepfer, 앞의 책(주 6), § 10 Rn. 246.

21 Bergwanger, 앞의 논문(주 1), S. 1805.

22 Vgl. Antweilder, 앞의 논문(주 3), S. 585.

23 Peter Axer, in: Volker Epping/Christian Hillbruber (Hrsg.), BeckOK Grundgesetz, 46. Aufl.,

München 2021, Art. 14 Rn. 69.

24 Axer, 위의 책, Art. 14 Rn. 69.

25 Antweilder, 앞의 논문(주 3), S. 585.

26 Antweilder, 앞의 논문(주 3), S. 585.

27 EGMR, Nr. 7151/75 v. 23. 9. 1985, Rn. 63: vgl. Jarass, 앞의 책(주 4), Art. 17 Rn. 17.

28 EuGH, Rs. 20/00, Slg. 2003, I-7411 Rn. 79 ff.

29 EGMR, Nr.34044/02-Depalle, 29.3.2010, Rn.78; Jarass, 앞의 책(주 4), Art. 17 Rn. 18.

30 EGMR, Nr. 12033/86 (1991) Rn. 45; Nr. 14556/89 (1993) Rn. 43 f.

31 EuGH,C-44/79-Hauer, Slg.1979, 3727 Rn.19; Jarass, 앞의 책(주 4), Art. 17 Rn. 18.

32 EGMR, Nr. 31423/96 (1999) Rn. 48.

33 EGMR, Nr. 31423/96 (1999) Rn. 53 f. = EuGRZ 1999, 319.

34 Antweiler, 앞의 논문(주 3), S. 586; Berwanger, 앞의 논문(주 1), S. 1806.

35 BVerfGE, 100, 226 (244) = NVwZ 1999, S. 1218 = NJW 19999, S. 2877.

36 Shirvani, 앞의 논문(주 5), S. 1461 f.; Berwanger, 앞의 논문(주 1), =S. 1806

37 Kloepfer, 앞의 책(주 6), § 10 Rn. 252.

38 헌법재판소 전원재판부 89헌마214, 1998. 12. 24.

39 BVerfGE 58, 300 (330 ff.).

40 BVerfGE 79, 174 (191); 104, 1 (10)-Baulandumlegung

41 Kloepfer, 앞의 책, § 10 Rn. 254.

42 재산권에 대한 손실적 제한(Belastung)이 발생한 경우에 대한 보상은 단지 ~~공용수용~~의 경우에만 행해져야만 한다는 입장에서 본다면, 즉 기존의 경계이론의 입장에서 본다면 체계위반적으로 볼 수 있다.

43 Vgl. BVerfGE 58, 137 (149 ff.)-납본(Pflichtexemplar); 79, 174 (192).

44 Kloepfer, 앞의 책, § 10 Rn. 255.

45 Shirvani, 앞의 논문, S. 1457.

46 Vgl. auch LG Hannover, COVuR 2020, S. 370 Rn. 21 ff,; Lukas Struß/Johannes Fabi, Düsseldorf, Entschädigungsansprüche für unternehmensbezogene Eingriffe nach dem IfSGS, DÖV 2020, S. 669.

47 LG Heilbronn, NVwZ 2020, S. 975 = COVuR 2020, S. 142 Rn. 21; Thomas Winter/Sophie Charlotte Thürk, in: Hubert Schmidt (Hrsg.), COVID-19, Rechtsfragen zur Corona-Krise, München 2020, § 17. Rn. 67.

48 Vgl. BGHZ 102, (361 f.) = NJW 1988, S. 478 = NVwZ 1988, S. 283 Ls.; LG Hannover, COVuR 2020, S. 370 Rn. 87 ff.

49 Kloepfer, 앞의 책(주 6), § 10 Rn. 253.

50 Vgl. BGHZ 132, 181 (188) = NJW 1996, S. 2422; Thoms Mann, in: Michael Sachs (Hrsg.), Grundgesetz, 8. Aufl., München 2018, Art. 12 Rn. 177 f.; 이에 대한 비판적 입장은 Papier/Shirvani, 앞의 책(주 2), Art. 14 Rn. 796; Shirvani, 앞의 논문(주 5), S. 1458.

51 Vgl. BVerfGE 51, 193 (221 f.) = NJW 1980, S. 383; BVerfGE 143, 246 = NJW 2017, S. 217 Rn. 240; BVerfG, Beschl. v. 30.6.2020 - BeckRS 2020, 19850 Rn. 86; Shirvani, 앞의 논문, S. 1458.

52 BGHZ 23, 157 (162 f.) = NJW 1957, S. 630; BGHZ 45, 150 (154 f.) = NJW 1966, S. 1120; BGHZ 187, 177 = NVwZ-RR 2011, S. 95 Rn. 14; Peter Axer, in: Volker Epping/Christian Hillgruber

(Hrsg.), BeckOK Grundgesetz, München 2020, Art. 14 Rn. 51 f.; Papier/Shirvani, 앞의 책, Art. 14, Rn. 200.

53 Papier/Shirvani, 앞의 책, Art. 14 Rn. 200.

54 BVerfGE 68, 193 (222 f.) = NJW 1985, S. 1385 = NVwZ 1985, S. 481 Ls.; BVerfGE 123, 186 (259) = NJW 2009, S. 2033.

55 BVerfGE 45, 142 (173) = NJW 1977, S. 2024; BVerfGE 68, 193 (223) = NJW 1985, S. 1385 = NVwZ 1985, S. 481 Ls.; Has D. Jarass in ders./Bodo Pieroth, Grundgesetz, 16. Aufl. München 2020, Art. 14 Rn. 21.

56 BGHZ 111, 349 (356) = NJW 1990, S. 3260 = NVwZ 1991, S. 201 Ls.

57 Vgl. Struß/Fabi, 앞의 논문(주 46), S. 674; Shirvani, 앞의 논문(주 5), S. 1458.

58 Shirvani, 앞의 논문(주 5), S. 1458.

59 Jarass, 앞의 책(주 4), Art. 17 Rn. 26.

60 EuGH, Rs. 44/79, Slg. 1979, 3727 Rn. 19

61 EuGH, Rs. 258/81, Slg. 1982, 4261 Rn. 5, 13.

62 EuGH, Rs. 293/97, Slg. 1999, I-2603 Rn. 55.

63 EuG, Rs. 65/98, Slg. 2003, II-4653 Rn. 171; Jarass, 앞의 책(주 4), Art. 17 Rn. 26.

64 Vgl. EuGH, Rs. 200/96, Slg. 1998, I-1953 Rn. 28.

65 Jarass, 앞의 책(주 4), Art. 17 Rn. 33 참조.

66 BVerfGE 126, 331 (361) = NVwZ-RR 2010, S. 745 Ls.; BVerfGE 143, 246 = NJW 2017, S. 217 Rn. 285.

67 OVG Münster, Beschl. v. 8.7.2020-13 B 870/20.NE, BeckRS 2020, 15727 Rn. 23 u. 27.

68 EuGH, Rs, 232/81, Slg. 1984, 3881 Rn. 18 f.

69 Vgl. EuGH, Rs. 368/96, Slg. 1998, I-7967 Rn. 74, 83 f.

70 Jarass, 앞의 책(주 4), Art. 17 Rn. 33.

71 EuGH, Rs. 317/00, Slg. 2000, I-9541 Rn. 61; Jarass, 앞의 책, Art. 17 Rn. 33.

72 OVG Münster, Beschl. v. 8.7.2020-13 B 870/20.NE, BeckRS 2020, 15727 Rn. 24 u. 27.

73 BVerfGE 143, 246 = NJW 2017, S. 217 Rn. 289.

74 Vgl. OVG Lüneburg, Beschl. v. 27.7.2020-13MN 272/20 BeckRS 2020, 17308 Rn. 15; OVG Saarlouis, BeckRS 2020, 14497 Rn. 18 f. = NVwZ-RR 2020, 791 Ls.

75 EuGH, Rs. 84/95, Slg. 1996, I-3953 Rn. 23; Rn. 317/00, Slg. 2000, I-9541 Rn. 60; EuG, Rs. 13/99, Slg. 2002, II-3305 Rn. 456.

76 EuG, Rs. 13/99, Slg. 2002, II-3305 Rn. 456.

77 Jaras, 앞의 책(주 4), Art. 17 Rn. 38.

78 BVerfGE 25, 112 (117) = BeckRS 9998, 181160; BVerfGE 126, 331 (360) = NVwZ-RR 2010, 745 Ls.

79 Vgl. BVerfGE 52, 1 (29) = NJW 1980, S. 985; BVerfGE 101, 239 (259) = NJW 2000, S. 413.

80 Shirvani, 앞의 논문(주 5), S. 1459.

81 Vgl. BVerfGE 100, 226 (244) = NJW 1999, S. 2877 = NVwZ 1999, S. 1218 Ls.; Shirvani, 앞의 논문(주 5), S. 1460.

82 BVerfGE 100, 226 (244) = NJW 1999, S. 2877 = NVwZ 1999, S. 1218 Ls.; BVerfGE 143, 245 =

NJW 2017, 217 Rn. 260.

83 Shirvani, 앞의 논문(주 5), S. 1460.

84 Vgl. BVerfGE 143, 246 = NJW 2017, S. 217 Rn. 258, 261; Shirvani, 앞의 논문(주 5), S. 1460.

85 Shirvani, 앞의 논문(주 5), S. 1460.

86 Kloepfer, 앞의 책(주 6), § 10 Rn. 256.

87 Kloepfer, 앞의 책(주 6), § 10 Rn. 256.

88 BGHZ 91, 20 (26 ff.).

89 Kloepfer, 앞의 책(주 6), § 10 Rn. 257.

90 BGHZ 59, 378 ff., 122, 76 ff.; 129, 124 ff.

91 BGHZ, DBVl 1972, 115 ff.

92 BGHZ, 91, 20 ff.

93 Kloepfer, 앞의 책(주 6), § 10 Rn. 256.

94 BVerwGE 5, 143 (145).

95 BGHZ 57, 359 (366); Kloepfer, 앞의 책(주 6), § 10 Rn. 259.

96 Maurer, Allgemeines Verwaltungsrecht, 17. Aufl., 2009, § 27 Rn. 87, 109; Ossenbühl, Staatshaftungsrecht, 5. Aufl., 1998, S. 222 ff., 270 ff.

97 BGHZ 90, 17 (31).

98 BGHZ 32, 208 ff.; Kloepfer, 앞의 책(주 6), § 10 Rn. 260.

99 BGHZ 90, 17 (31).

100 Kloepfer, 앞의 책(주 6), § 10 Rn. 262.

101 BGHZ 20, 61 ff.; 22, 43 ff.; 45, 46 (47).

102 Kloepfer, 앞의 책(주 6), § 10 Rn. 264.

PART

03

코로나19 대응에서 정보적 수단

08

동선관리와 프라이버시 보호의 법제 비평

동선관리와 프라이버시 보호의 법제 비평*

이 진 규**

Ⅰ. 들어가며

코로나바이러스감염증-19(이하 '코로나19')는 우리 사회가 기존에 고민하지 않았던 여러 영역에서 다양한 질문을 던졌다. 2015년 여름, 중동에서 유입된 메르스 코로나바이러스(MERS-CoV, Middle East Respiratory Syndrome Coronavirus)에 의한 중동호흡기증후군(이하 "메르스") 유행에 대처하면서 쌓아온 감염병 예방과 확산방지 등의 대응역량을 충분히 발휘할 수 있는 의료적 대응체계를 갖추었는지, 코로나19 확산을 차단하고 국민의 건강과 생명을 지키기 위한 국가와 시민의 책임과 역할이 사회적으로 합의되었는지, 코로나19로 인해 초래된 생계의 어려움을 국가가 조력할 때 그 대상, 우선순위, 지원 방식은 어떻게 결정해야 하는지, 코로나19 백신을 접종할 때 접종대상군의 순서는 어떤 기준으로 결정해야 하는지 등이 그러한 질문의 일부라 할 수 있다. 특히, 코로나19와 같이 전 국민의 건강과 일상생활에 직접적이고, 붕괴적(disruptive)인 영향을 미치는 상황에 맞닥뜨렸을 때 국민의자유와 권리를 어느 수준까지 제한할 수 있는지에 관한 질문은 우리나라를 포함하여 전 세계 각 국가에 동일하게 던져졌다. 각 국가는 이러한 질문에 대한 해답을 내놓으면서 서로 유사하거나 균질한 답변을 제시하기도 했지만 일부 국가는 매우 다른 답변을 제시하기도 했다. 구주와 중국의 대응에서 이와 같은 차이는 매우 두드러졌다.

IT기술을 활용한 '접촉자 추적(contact-tracing)'방식에 따른 프라이버시 침해 가능성 및 사회적 수용성에 대한 논의는 코로나19와 관련하여 전 세계적으로 가장 활발하게 논의된 이슈 가운데 하나일 것이다. 우리나라의 경우 방역 목적의 다양하고 방대한 정보 수집 체계 구축 및 이동경로 공개와 관련한 프라이버시 침해 문제가 거대한 사회적 이슈로 다루어 졌다.[1] 이동경로의 공개로 인한 사회적 문제는 크게 '프라이버시 vs. 방역의 효율 및 효과' 관점에서 논의되었다. 양자의 가치를 비교형량하여 어떤 상황에서 어느 것이 우선시되어야 하는 평가는 차치하더라도, 이동경로 공개가 실제로 방역의 효율 및 효과에 어느 정도의 기여를 한 것인지는 코로나19 확진자가 국내에서 최초로 확인된 '20년 1월로부터 상당한 시간이 흐른 현재에도 확인하기 어렵다. 정부의 여러 커뮤니케이션 활동 중 가짜뉴스를 효과적으로 관리하는 데 가장 도움이 되었던 것은 정부의 정례 브리핑(3.84점/5점 만점)이었고, 그 뒤를 이어 확진자 동선 공개(3.68점)라는 연구결과와 같이 실질적이고 계량화된 분석결과도 제시되지 않은 채, 확진자 이동경로 공개가 방역의 효율성과 효과성에 기여했다고 주장하는 것이 과연 우리 공통체에 얼마나 실질적 이익을 가져다 줄 수 있는 주장인지 다시 생각해볼 필요도 있을 것이다.[2]

이 글은 코로나19 확진자의 이동경로공개에 관한 법령의 내용 및 그 변화를 확인하고, 변화된 주요 법규정이 사회에 어떤 영향을 미쳤으며, 그로 인해 발생한 문제점 및 개선을 위한 고려사항이 무엇인지살펴보기로 한다. 특히, 비록 계량화 되지는 않았으나 사회적으로 당연히 그러할 것이라 기대되는 방역의 효율 및 효과성을 유지하면서도 프라이버시 침해 위험을 최소화하기 위한 절차적 개선점은 무엇이 있을지 살펴보기로 한다.

Ⅱ. 「감염병예방법」상 이동경로 공개에 관한 규정의 이해와 변화

1. 정보공개 규정의 신설

2003년 중증급성호흡기증후군(SARS)을 겪으면서 각종 질병에 대한 통합관리의 필요성이 제기되어 2004년 1월 이를 담당할 국가기관으로 '질병관리본부'가 출범하였고, 신종플루 이후 제기된 감염병 예방 · 관리의 문제점 개선과 효율적인 감염병 업무수행을 위해 「전염병예방법」(1954년 제정)과 「기생충질환예방법」(1966년 제정)을 통합하여 2009년 「감염병예방법」으로 전부개정되었다. 이후 국내 유입된 메르스로 인하여 국민의 건강과 재산상의 피해 및 막대한 사회 · 경제적 손실을 겪으면서, 감염병 유입 초기에 이를 신속히 관리할 수 있도록2015년 감염병 관련 체계가 개편되기에 이르렀다.[3]

2015년 6월 25일 국회는 「감염병의 예방 및 관리에 관한 법률」(이하 "「감염병예방법」", 법률 제13392호)을 통과시켰다. 당시 186명이 감염, 총 38명이 사망에 이르게 된 원인이 되었던 메르스 대응 과정에서 발견된 각종 미비점을 개선 및 보완하기 위한 것이었다. 소위 '메르스 법'으로 불리기도 했을만큼 법 개정의 목적이 분명했는데, 정부는 "메르스(중동호흡기질환) 등 감염병에 신속히 대응할 수 있도록 국가 방역관리체계를 강화하는 것"을 법개정의 핵심이라 밝히면서, ① 감염병에 대한 신속하고 효과적인 즉각 대응체계 구축, ② 감염병 발생 정보 신속 공개, ③ 감염병환자 등에 대한 의무 강화 및 의무 이행시 보상 근거 명확화 등을 주된 개정 내용으로 소개했다.이 가운데, ② 감염병 발생 정보 신속 공개와 관련하여 보건복지부는 ▲국민들에게 감염병 정보 신속 공개(법 제34조의2(감염병 위기시 정보공개), ▲관계기관에 정보제공 요청(법 제76조의2(정보제공요청)), ▲감염병 정보시스템의 구축 및 운영등의 개선 사항을 반영했다고 밝혔다. 감염병 발생 정보 신속 공개와 관련여 신설된 주요 조문은 아래 표와 같다.[4]

표 1 「감염병예방법」(법률 제13392호, 2015. 7. 6., 일부개정,주요 조문별 사례 분석)

개정안	문제 사례	개정 전	개정 후
제34조의2(감염병 위기시 정보공개)	메르스 환자 발병 의료기관의 늦은 공개로 초기 방역차단에 실패하였다는 비판	감염병 발생 초기의 경우, 개인정보 보호법 등으로 인해 환자의 이동경로, 거주지역, 진료의료기관 등을 신속히 공개하기 어려운 측면이 있음	국민의 건강에 위해가 되는 감염병 확산시 감염병 환자의 이동경로 · 수단, 진료의료기관, 접촉자 현황 등을 신속히 공개하여 국민 불안 해소 및 효과적 대응 가능
제76조의2(정보제공 요청)	감염이 의심되는 사람의 의식불명, 진술거부, 정보 오류 등으로 전화번호, 주소 등 기본적인 정보를 확보하지 못해 역학조사 등 신속한 조치 불가	「감염병예방법」상 근거가 미비하여 역학조사에 필요한 개인정보 등의 확보 및 선제적 대응이 어려움	「감염병예방법」에 근거하여 감염병환자등의 성명, 전화번호, 주소 등을 신속히 확인할 수 있어효과적인 접촉자관리 등 방역조치 가능

위의 표를 통해 알 수 있는 점은 감염병 위기시 이동경로 등 정보공개를 통해 정부가 기대한 점이 크게 두 가지로 1) 국민 불안을 해소하고, 2) 감염병 확산에 효과적으로 대응할 수 있다는 것이다. 이와 같은 법개정을 통해 기대한 큰 두개의 축이 실제로 코로나19 대응 과정에서 충족되었는지를 살펴보는 것은 매우 중요하다. 코로나19 대응 과정에서 사회적으로 큰 논란을 일으킨 제도가 당초 목적을 달성하지 못하고 오히려 사회적 혼란을 야기했다면 법제도가 잘 못 설계되었거나, 이의 실행과정에서 법제도의 의도와 달리 실행을 했을 것이기 때문이다.

「감염병예방법」(법률 제13392호)에 새롭게 도입된 '감염병 위기시 정보공개(법 제34조의2)' 및 같은 법 시행규칙(보건복지부령 제391호, 시행 2016. 1. 7.)의 '감염병위기 시 정보공개 범위 및 절차 등(시행규칙 제27조의2)'의 규정은 다음과 같다.

〈「감염병예방법」〉

제34조의2(감염병위기 시 정보공개) ① 보건복지부장관은 국민의 건강에 위해가 되는 감염병 확산시 감염병 환자의 이동경로, 이동수단, 진료의료기관 및 접촉자 현황 등 국민들이 감염병 예방을 위하여 알아야 하는 정보를 신속히 공개하여야 한다. 다만, 공개된 사항 중 사실과 다르거나 의견이 있는 당사자는 보건복지부장관에게 이의신청을 할 수 있다.

② 제1항에 따른 정보공개의범위, 절차 및 방법 등에 관하여 필요한 사항은 보건복지부령으로 정한다.

[본조신설 2015. 7. 6.]

〈「감염병예방법」 시행규칙〉

제27조의2(감염병위기 시 정보공개 범위 및 절차 등) ① 감염병에 관하여 「재난 및 안전관리 기본법」 제38조 제2항에 따른 주의 이상의 예보 또는 경보가 발령된 후에는 법 제34조의2에 따라 감염병환자의이동경로, 이동수단, 진료의료기관 및 접촉자 현황 등을 정보통신망에 게재하거나 보도자료를 배포하는 등의 방법으로 국민에게 공개하여야 한다.

② 제1항에 따른 정보의 당사자는 공개된 사항 중 사실과 다르거나 의견이 있는 경우 보건복지부장관에게 구두, 서면 등의 방법으로 이의신청을 할 수 있으며, 보건복지부장관은 이에 따라 공개된 정보의 정정 등 필요한 조치를 하여야 한다.

[본조신설 2016. 1. 7.]

상기의 내용은 간단히 “재난 및 안전관리 기본법에 따른 ‘주의’ 이상의 예보 또는 경보가 발령되면, 보건복지부 장관은 감염병 환자의 이동경로, 이동 수단, 진료의료기관 및 접촉자 현황 등을 정보통신망에 게재하거나 보도자료를 배포하는 등의 방법으로 국민에게 공개하여야 한다.”고 요약할 수 있다. 「감염병예방법」에 따라 보건복지부장관이 정보 공개를 결정하는 기준이 되는 “국민의 건강에 위해가 되는 감염병 확산 시”가 법 시행령에 규정된 재난 및 안전관리기본법에 따른 “주의 이상의 예보 또는 경보가 발령”과 동일한 것으로 보아야 할 것인지는 명확하지 않다. 즉, 후자가 충족된 경우라면 보건복지부장관이 정보공개 여부에 대한 판단을 하지 않고 국민들이 감염병 예방을 위하여 알아야 하는 정보를 신속히 공개하여야 하는 것인지(제1안), 또는 후자가 충족된 경우라 할지라도 국민의 건강에 위해가 되는 감염병 확

산에 해당하는 사안인지를 별도로 판단해야 하는 것인지는(제2안) 해석상 명확하지 않은 지점이 있다.[5]

2. 정보공개 규정의 변화

그런데, 「감염병예방법」의 이와 같은 정보공개 규정으로 말미암아 국민들의 실생활에선 대혼란이 발생했다. 공개된 코로나19 확진자 정보를 기반으로 하여 다양한 억측과 추정이 덧붙여지면서 확진자 사생활에 관한 소문을 개인들과 언론이 확대 재생산 해낸 것이다. 일부 사회 계층이나 종교적 신념을 공유하는 사람들을 대상으로 한 혐오가 확산되기도 했다. 이러한 현상에 대해 코로나19 감염보다 동선공개가 더 무섭다는 언론보도가 나왔다. 우리나라의 이와 같은 상황을 영국 BBC 등 해외 매체가 타전하기도 했다. 이후, 국가인권위원회 위원장 성명발표와 질병관리본부의 개선방안 발표 등이 이어지면서 중앙방역대책본부가 <확진환자의 이동경로 등 정보공개 지침(1판, 2020. 10. 6., 이하 "정보공개 지침")>을 내놓은 데 이어, 결국 법률 개정까지 이르게 되었다.[6]

정보공개 규정이 신설되었던 2015년 당시와 코로나19로 인한 이동경로 공개로 인해 발생한 여러 문제점을 개선하기 위해 수 회 개정을 거쳐, 최종 2021년 3월에 개정된 정보공개 규정을 비교해보면 아래 표와 같다.

우선 정보공개 주체가 보건복지부장관에서 질병관리청장과 '시 · 도지사 및 시장 · 군수 · 구청장'으로 변경되었다. 이와 같은 변화는 이동경로공개와 관련하여 지방자치단체가 서로 경쟁적으로 감염병 환자의 경로를 공개하는 과정에서 통일성 없는 공개 기준을 적용하여 국민불안을 오히려 가중시킨 문제점을 해결하는 동시에 「감염병예방법」상 정보공개 권한이 없는 지방자치단체장이 정보공개를 하는 것에 대한 위법성 논란을 잠재우기 위한 것으로 평가할 수 있다.[7] 공개 대상 정보에는 "감염병의 지역별 · 연령대별 발생 및 검사 현황 등"이 추가되었으나, 이는 개정 전의 규정에 따라서도 공개할 수 있는 범주의 정보에 포섭되는 것으로 볼 수 있지만, 공개해야 하는 정보를 명확히 함으로써 정보공개 주체로 하여금 가장 기본적으로 공개해야 할

표 2 「감염병예방법」상 정보공개 규정(2015년 및 2021년) 비교

	2015년 정보공개 규정 (법률 제13392호, 2015. 7. 6., 일부개정)	2021년 정보공개 규정 (법률 제17920호, 2021. 3. 9., 일부개정)
정보공개 주체	보건복지부장관	질병관리청장*, 시·도지사 및 시장·군수·구청장
공개대상 정보	감염병 환자의 이동경로, 이동수단, 진료의료기관 및 접촉자 현황 등 국민들이 감염병 예방을 위하여 알아야 하는 정보	감염병 환자의 이동경로, 이동수단, 진료의료기관 및 접촉자 현황, 감염병의 지역별·연령대별 발생 및 검사 현황 등 국민들이 감염병 예방을 위하여 알아야 하는 정보
공개제외 정보	관련규정 없음	성별, 나이, 그 밖에 감염병 예방과 관계없다고 판단되는 정보로서 대통령령으로 정하는 정보(아래 1.-3.) 1. 성명 2. 읍·면·동 단위 이하의 거주지 주소 3. 그 밖에 질병관리청장이 감염병별 특성을 고려하여 감염병의 예방과 관계없다고 정하는 정보
공개정보 삭제	관련규정 없음	질병관리청장, 시·도지사 및 시장·군수·구청장은 제1항에 따라 공개한 정보가 그 공개목적의 달성 등으로 공개될 필요가 없어진 때에는 지체 없이 그 공개된 정보를 삭제하여야 함
정보공개 유의사항	관련규정 없음	감염병 위기상황, 감염병의 특성 및 역학적 필요성을 고려하여 공개하는 정보의 범위를 결정(법 시행규칙 제27조의4제1항)
이의신청 방법	구두, 서면 등의 방법	서면이나 말 또는 정보통신망을 이용

* 기존의 보건복지부장관이아니라 질병관리청장이 「감염병예방법」상 정보공개 주체로 지정된 것은 2020년 8월 4일에 정부조직법과 「감염병예방법」 개정안이 국회를 통과했기 때문임. 질병관리청은 2020. 9. 14. 5국 3관 41과 총 1,471명 규모로 감염병 총괄기구로서 승격(중앙행정기관)되었음. 질병관리청은 「감염병예방법」 등 6개 법률을 소관함.

정보의 범주를 확대했다는 의의가 있다. ▲공개제외 정보, ▲공개정보 삭제 의무, ▲정보공개 유의사항 등은 기존 에는 규정되지 않았으나 법 개정을 통

해 최종적으로 반영이 되었다. 이들 항목의 포함은 코로나19 확진자 이동경로 공개로 인해 초래되었던 여러 사회적 혼란이 재발하는 것을 막기 위해 필요한 조치로 볼 수 있다. 일부에서는 공개정보 삭제 규정의 추가와 관련하여 개인정보보호법상 개인정보의 처리 목적 달성으로 불필요하게 된 때에는 지체 없이 해당 개인정보를 파기해야 하는 규정(개인정보보호법 제21조 제1항)에 따라 파기 의무가 있음에도 이를 준수하지 않는 문제가 있어서 부득이하게 「감염병예방법」에 이를 반영했다고 설명한다. 그러나 개정 「감염병예방법」 및 정보공개 지침에 따라 공개되는 이동경로의 절대다수는 개인(식별)정보에 해당하지 않게 되었다는 점을 고려할 때, 개인정보보호법에 기반하여 공개된 이동경로가 더 이상 유효하지 않게 되는 경우 개인정보보호법의 파기규정에 따라 삭제의무가 발생한다고 하는 것은 적절한 설명이라 하기는 어려운 것으로 판단된다. 기타, 정보공개에 대한 이의 신청 방법으로 정보통신망을 이용하는 방법을 제한하지는 않았으나, 이를 명시적으로 반영한 것은 정보공개에 따른 이의 신청 방법에 대한 접근성을 향상시키기 위한 조치로 이해할 수 있다.

이와 같이 「감염병예방법」 제34조의2에 따라 공개되는 감염병 환자의 이동경로, 이동수단, 진료의료기관 및 접촉자 현황 등의 정보를 방역당국이 확보하는 원천과 방법은 「감염병예방법」 제76조의2(정보 제공 요청 및 정보 확인 등)에 상세히 규정되어 있다. 해당 조항의 요체는 "감염병 예방 및 감염 전파의 차단을 위하여 필요한 경우 방역당국은 공공기관, 의료기관, 법인, 단체, 개인 등 그 대상을 막론하고 감염병환자등 및 감염병의심자에 관한 다양한 정보를 수집하여 활용할 수 있다."라고 정리할 수 있는데, 이에 대한 내용 및 문제점 등은 장을 달리하여 이동경로 공개와 관련한 여러 문제점을 검토할 때 함께 살펴보기로 한다.

Ⅲ. 이동경로 공개와 관련한 여러 문제점의 검토

1. 이동경로 공개와 관련한 문제

1) 이동경로를 구성하는 정보항목의 불명확성

이동경로가 귀속되는 정보주체가 식별되지 않는 수준에서 정보가 공개된다는 점을 전제로 하면, 이동경로의 공개는 확진자와 접촉하여 감염 가능성이 있으나 방역당국이 파악하기 어려운 대상자로 하여금 스스로 밀접 접촉여부를 판단하고, 필요한 경우 코로나19 선별진료소를 방문하고 검진을 받아 감염 여부를 스스로 확인하는 절차를 거치도록 함으로써 정부 방역망의 그물코보다 작은 감염의 가능성에 대해서도 선제적으로 대응이 가능하다는 측면에서 충분한 가치가 있다고 할 것이다. 이러한 측면에서 이동경로의 공개를 통해 선별진료소를 방문한 인원(A)과, 이들 가운데 실제 확진 판정을 받은 인원(B), 그리고 확진 판정일의 기초감염재생산지수(R0)가 공개되었다면 이들 변수의 관계를 살펴보는 방식으로 실제 이동경로 공개가 방역에 어느 정도 도움이 되었는지 어렵지 않게 확인을 할 수 있을 것이다.[9]

그런데, 이동경로 공개에 따른 효과성에 대한 충분한 사전적 논의가 부재한 상황에서 감염병 환자의 이동경로를 지나치게 자세한 항목으로 구성하여 공개하는 경우 당초 이동경로 공개의 정책 목표 가운데 하나인 "효과적 방역 대응"에는 일부 도움이 될 여지가 있으나, 또 다른 목표인 "국민 불안 해소"에는 오히려 역효과를 낼 수밖에 없다는 점이 간과되었던 것으로 보인다. 이동경로 공개에 따라 얼마나 큰 사회적 논란이 야기되었으며, 코로나19 상황이 일상화된 현재에도 이동경로 추적을 위한 정보 수집과 관련한 인권 침해적 사안에 대한 헌법소원 사안이 진행 중인 점에도 주목을 할 필요가 있다.[10]

'감염병 환자의 이동경로'가 구체적으로 어떤 정보 항목으로 구성될 수 있는지에 대한 충분한 논의가 없었다는 점은 2018년 메르스 환자 이동경로 공개 사례를 통해 확인할 수 있다. 2018년 9월 쿠웨이트에서 입국한 메르스 환자의 이동동선을 공개한 보건복지부 질병관리본부의 보도참고자료에 기재된 환자의 동선에는 '항공기 편명, 목적지, 운항 시간, 좌석 번호, 공항 체류 시간, 경유 지점, 대중교통 유형 및 승하차 시간' 등이 포함되었다. 특히, 항공기 편명, 운항 시간, 좌석 번호를 조합하면 감염병 환자를 특정할 수 있기 때문에 이는 명확히 개인위치정보를 공개한 것으로 판단할 수 있다. '좌석 번호'를 공개한 배경을 미루어 추정해 보면, 해당 좌석 번호 주변에 착석하여 비행을 한 탑승객들에게 스스로의 위험을 판단해보도록 한 것이라 생각할 수도 있다. 그러나 항공기라는 3밀 환경(밀접, 밀집, 밀폐)이라면 탑승한 승객 및 항공사 직원 전체를 감염 가능성이 있는 대상으로 보아도 문제가 없음에도 굳이 좌석 번호를 공개하여 감염병 환자 개인을 특정할 수 있는 이동경로를 공개한 것은 결국 개인위치정보를 공개한 것이라서 매우 아쉬운 지점이라 평가할 수밖에 없다.[11]

상기 사례 및 코로나19 감염병 환자의 동선 공개로 인한 각종 부작용으로 인해 「감염병예방법」(법률 제17920호, 시행 2021. 3. 9.)은 정보공개와 관련하여, "다만, 성별, 나이, 그 밖에 감염병 예방과 관계없다고 판단되는 정보로서 대통령령으로 정하는 정보는 제외하여야 한다."는 내용을 추가하여 개정되었고(법 제34조의2 제1항 단서), 이에 따라 같은 법 시행령은 성명, 읍·면·동 단위 이하의 거주지 주소, 그 밖에 질병관리청장이 감염병별 특성을 고려하여 감염병의 예방과 관계없다고 정하는 정보를 제외하도록 명시하였다(시행령 제22조의2 제1항 제1호 내지 제3호). 이동경로 공개 범위를 상당부분 제외한 것은 정보주체의 신원 노출 및 그로 인해 발생할 수 있는 프라이버시 침해를 예방할 수 있다는 측면에서 긍정적으로 평가할 수 있으나, 정보공개 지침에서는 여전히 개인을 식별할 수 있는 정보의 공개가 가능한 것으로 해석할 수 있는 내용을 담고 있다는 점에서 이동경로를 통해 개인정보 및 개인위치정보가 공개될 수 있는 여지를 남긴 것은 여전히 아쉬운 지점이라 할 것이다.[12] 현재 이동경로의 공개 방식은 혼합형 네거티브 방식(hybrid negative)이라 할 수 있는데, 법, 시행령, 정보공개 지침에서 정하고 있는 공개 예외 정보를 제외하고는 이동경로에 포섭되는 모든 정보를 공개할 수 있기 때문

표 3 **주요 국가(주)의 코로나19 환자 정보 공개 비교**[13]

공개 정보	대한민국	싱가포르	홍콩	영국	독일	뉴욕
나이 및 성별	○	○	○	×	○	○
이동 경로	○	○	○	○	×	○
근무지 주소	○	○	×	×	×	×
집 주소	○	○	○	×	×	×
기존 확진자와의 관계	×	○	○	×	○	×
(해외발 사례) 국가	○	○	×	×	×	×
치료 장소	○	○	○	○	×	×
예전 방문지	○	○	×	×	×	×
확인된 접촉자	○	×	○	×	×	×
확진 방식	○	×	×	×	×	×
지역 분포	×	×	○	×	○	○

* 출처: The Wall Street Journal, '20년 4월 기준.

이다. 개인정보의 공개를 원천적으로 차단하기 위해서는 이동경로 공개의 목적을 재검토하고, 해당 목적에 부합하는 최소한의 정보만을 공개하되 그 외의 정보는 공개를 금지하는 포지티브 방식으로 전면 전환하는 것을 고려할 필요가 있다. 이와 같은 정보공개 수준을 결정할 때, 해외 주요 국가가 코로나19 확진자 정보를 어느 수준에서 공개하고 있는가를 참고하는 것도 중요하다.

2) 개인위치정보의 공개

메르스로 인해 「감염병예방법」에 이동경로 공개가 법제화된 2015년부터 코로나19 확진과 이동경로 공개가 사회적 이슈가 되어 「감염병예방법」의 정보공개 규정이 개정되기 전까지의 기간 동안 이동경로를 구성하는 가장 기본적인 정보는 위치정보라 할 수 있다. 위치정보라 함은 이동성이 있는 물건 또는 개인이 특정한 시간에 존재하거나 존재하였던 장소에 관한 정보로서 전기통신사업법 제2조 제2호 및 제3호에 따른 전기통신설비 및 전기통신회선설비를 이용하여 수집된 것을 말한다(위치정보법 제2조 제2호). 특히, 특정 개인의 위치정보(위치정보만으로는 특정 개인의 위치를 알 수 없는 경우에도 다른 정보와 용이하게 결합하여 특정 개인의 위치를 알 수 있는 것을 포함)는 개인위치정보라 하여 일반 위치정보보다 각별한 보호를 받는다(법 제2조 제2호). 「감염병예방법」은 위치정보법 제15조 및 통신비밀보호법 제3조에도 불구하고 위치정보법 제5조 제7항에 따른 개인위치정보사업자, 전기통신사업법 제2조 제8호에 따른 전기통신사업자에게 감염병환자등 및 감염병의심자의 위치정보를 요청할 수 있고, 요청을 받은 위치정보사업자와 전기통신사업자는 정당한 사유가 없으면 이에 따라야 한다고 규정한다(제76조의2 제2항).

그런데, 위치정보의 보호 및 이용 등에 관한 법률(이하 "위치정보법")은 개인위치정보주체의 동의를 받지 아니하고 해당 개인위치정보를 수집 · 이용 또는 제공하는 것을 금지하고 있으나, 다른 법률에 특별한 규정이 있는 경우에는 예외를 허용한다. 「감염병예방법」은 질병관리청장, 시 · 도지사 또는 시장 · 군수 · 구청장으로 하여금 감염병 예방 및 감염 전파의 차단을 위하여 필요한 경우 경찰관서의 장에게 감염병환자등 및 감염병의심자의 위치정보를 요청할 수 있도록 하며, 경찰관서의 장은 위치정보법 제15조 및 통신비밀보호법 제3조에도 불구하고 개인위치정보사업자 및 전기통신사업자에게 감염병환자등 및 감염병의심자의 위치정보를 요청할 수 있고, 요청을 받은 위치정보사업자와 전기통신사업자는 정당한 사유가 없으면 이에 따르도록 하고 있다(제76조의2 제2항). 결국, 「감염병예방법」에 의하는 경우 개인위치정보주체의 동의가 없더라도 방역당국이 "감염병 예방 및 감염 전파의 차단을 위하여 필요한 경우"에는 개인위치정보를 수집 · 이용하거나, 제공할 수 있는 것이다.

그러나 이와 같은 규정은 소위 '위치 프라이버시(locationprivacy)'를 충분히 고려하지 못한 규정으로 판단된다. 위치 프라이버시에 대한 적절한 보호가 제공되지 않는 경우 개인위치정보주체는 물리적 공격이나 괴롭힘, 정보주체에 대한 프로파일링과 추적, 정치적/종교적/성적 비판 및 차별 등의 원인이 될 수 있다는 점이 간과된 것이다. 위치 프라이버시에 대한 적절한 보호가 제시되지 않아 이와 같은 공격 위험이 현실화된 것은 코로나19 초기 동선 공개로 말미암아 우리나라에서 발생한 각종 사회적 논란에서 충분히 확인된 바 있다.[14] 또한, 이와 같은 규정은 당초 「감염병예방법」 개정을 통해 개인 위치정보를 수집 등 처리할 수 있게 한 배경과도 거리가 있다는 점도 지적하지 않을 수 없다. 「감염병예방법」 제34조의2, 제76조의2를 신설한 배경은 앞서 살펴본 바와 같이 국민의 건강에 위해가 되는 감염병 확산시 감염병 환자의 이동경로수단, 진료의료기관, 접촉자 현황 등을 신속히 공개하여 국민 불안을 해소하고 효과적 대응(방역조치)을 가능하도록 하려는 것인데, 이러한 목적 달성에 불필요한 '개인을 특정할 수 있는 정보'를 함께 공개함으로써 오히려 국민의 불안을 가중시키는 역효과를 내게 되었다. 이러한 측면에서, 이동경로 공개가 당초 해당 제도를 도입한 목적에 오히려 반한다는 점에서 반(反)직관적 조치(counter-intuitive measures)라고 평가받을 소지도 있는 것으로 보인다.

추가로, 역학조사관이 감염병환자 및 감염병의심자와의 문답을 통해 이들이 이동했던 경로를 구두로 확인하는 경우, 이는 위치정보법상의 개인위치정보 수집에는 해당하지 않는다. "전기통신설비 및 전기통신회선설비를 이용하여 수집된 것"에 해당하지는 않기 때문이다. 그렇다면 구두에 의한 동선의 수집은 어느 법적 근거에 의하여 가능한 것인가? 신원이 확인된 개인의 동선은 개인정보보호법이 정하는 개인정보에 해당할 수 있다. 개인정보는 살아 있는 개인에 관한 정보로서 해당 정보만으로는 특정 개인을 알아볼 수 없더라도 다른 정보와 쉽게 결합하여 알아볼 수 있는 정보를 포함하는데(개인정보보호법 제2조 제1호 나목), 특정 시간대에 형성된 개인의 동선은 그의 신원정보와 결합하는 경우 정보주체인 개인의 식별성을 높이는 것이어서 결국 이동경로는 개인정보에 해당하는 것으로 볼 수 있다. 개인정보를 수집, 이용하기 위해선 법이 정하는 일정한 경우에 해당해야 하는데, 개인정보보호법은 법 제15조 제1항 제1호 내지 제6호에서 개인정보를 수집 및 이용할 수 있는 법적 근거를 제시하고 있고, 역학조사관은 정보주체의 동의(제1호), 법률에 특별한 규정이 있거나 법령상 의무를 준수하기 위하여 불가피한 경우(제2호), 공공기관이 법령 등에서 정하는 소관 업무의 수행을 위하여 불가피한 경우(제3호) 등에 의거하여 개인정보인 이동경로를 구두로 수집할 수 있을 것이므로 이동경로를 구두로 수집하는 것과 관련한 명확한 근거가 있는 것으로 보인다. 다만, 우리나라의 경우 정보주체로부터 개인정보 수집 및 이용에 대한 처리의 적법 근거로 정보주체의 동의를 활용하는 것이 일반적이며, 실제 법률에 특별한 규정이 있거나 법령상 의무를 준수하기 위해 불가피한 경우 내지 공공기관이 법령 등에서 정하는 소관 업무의 수행을 위하여 불가피한 경우라 할지라도 동의 절차를 거치도록 하는 것이 관행화 되어 있다는 점은 실무적으로 개선의 필요가 있는 지점으로 보인다.

3) 정보공개의 주체

이동경로 공개와 관련하여 이를 공개할 수 있는 정당한 권한 있는 자가 누구인지에 관한 이슈, 즉 정보공개 주체의 문제도 있었다. 「감염병예방법」의 개정으로 보건복지부장관(개정 후, 질병관리청장)외에도 시 · 도지사 및 시장 · 군수 · 구청장이 정보공개를 할 수 있게 되었으나, 코로나19초기의 이동경로 공개가 사회적으로 문제되던 2020년도 초반만 하더라도 「감염병예방법」상 정보공개의 주체는 보건복지부장관에 한정되었다. 지방자치단체의 장이 관할하는 행정구역 내에서 발생한 감염병환자 등 감염이 우려되는 사람의 이동경로 공개에 대한 법적 근거를 어디에서 찾아야 할지는 명확하지 않았던 것이다. 「감염병예방법」은 "국민은 감염병 발생 상황, 감염병 예방 및 관리 등에 관한 정보와 대응방법을 알 권리가 있고, 국가와 지방자치단체는 신속하게 정보를 공개하여야 한다."라고 규정(제6조 제2항)하고 있으나, 이는 국민의 권리와 의무를 규정하고 있는 일종의 선언적 규정이라서, 해당 규정이 지방자치단체의 이동경로 공개에 대한 법적 근거가 될 수 있을지 여부는 논란이 있다. "지방자치단체는 「감염병예방법」 제34조의2가 아니라 같은 법률 제6조 제2항에서 지방자치단체의 정보공개 근거를 찾는 것으로 보이나 이를 확진환자의 구체적인 동선 공개의 근거로 삼는 것은 다소 무리가 있어 보이며 이는 역으로 "지방자치단체가 주의 이상의 위기경보가 발령되지 않은 경우에도 정보를 광범위하게 공개할 가능성, 일률적인 기준을 준수하지 않은 채 정보를 공개하는 등 공개 남용을 초래할 우려"를 초래할 수도 있다."는 주장은 이런 의미에서 중요하게 살펴볼 지적이다.[1516]

일부는 개인정보보호법에 따라 개인의 이동경로를 공개할 수 있다고 주장하기도 한다(특히, 제15조 제1항 제3호 및 제17조 제1항 제2호). 그런데, 개인정보보호법은 소관 업무의 수행을 위하여 '불가피한 경우'에만 정보주체의 동의 없이도 개인정보를 수집, 이용, 제공할 수 있도록 규정한다. 이동경로의 공개가 지방자치단체의 소관 업무에 해당하는지 여부에 대한 판단은 차치하더라도 공개 행위의 '불가피성'을 인정할 수 있을지에 대해서는 여전히 부정적 입장이 강하다.[17]

4) 민감정보 공개와 개인정보보호법

개인정보보호법은 "사상 · 신념, 노동조합 · 정당의가입 · 탈퇴, 정치적 견해, 건강, 성생활 등에 관한 정보, 그 밖에 정보주체의 사생활을 현저히 침해할 우려가 있는 개인정보로서 대통령령으로 정하는 정보"를 민감정보로 규정하면서, 원칙적으로 이의 처리를 금지한다(개인정보보호법 제23조 제1항). 특정 정보주체의 코로나19 감염 여부는 해당 정보주체의 건강정보로서 개인정보보호법이 정하는 민감정보에 해당한다. 이와 같은 민감정보를 예외적으로 처리할 수 있는 경우는 정보주체에게 일정한 사항을 알리고 다른 개인정보의 처리에 대한 동의와 별도로 동의를 받은 경우(제1호)이거나, 법령에서 민감정보의 처리를 요구하거나 허용하는 경우(제2호)로 한정된다. 민감정보를 수집하여 공개(이용)하는 과정에서 정보주체로부터 다른 개인정보의 처리에 대한 동의와 별도로 동의를 받지 않는다면 결국 법령에서 민감정보의 처리를 요구하거나 허용하는 경우에만 처리가 가능하다고 볼 수 있는데, 「감염병예방법」이 민감정보인 특정 정보주체의 감염병 확진 사실을 공개하는 것을 요구 내지 허용하는 규정을 가지고 있는 것으로 평가하기는 어려울 것으로 보인다. <개인정보보호 법령 및 지침고시 해설(개인정보보호위원회, 2020. 12.)>은 법령에서 민감정보의 처리를 요구하거나 허용하는 경우를 "법령에서 민감정보의 종류를 열거하고 그 처리를 요구하고 있는 경우(법정서식에 민감정보 기재사항이 있는 경우도 포함)"로 한정하고 있다는 점도 「감염병예방법」이 민감정보인 감염병 확진사실을 공개하는 것을 명시적으로 허용하는 것이라 보기 어렵다는 점을 뒷받침한다.[18]

다만, 이런 경우에도 개인정보보호법은 "공중위생 등 공공의 안전과 안녕을 위하여 긴급히 필요한 경우로서 일시적으로 처리되는 개인정보"에 대하여 법률 제3장부터 제7장까지의 적용을 배제(법 제58조 제1항 제3호)하고 있기 때문에 감염병 확진자의 이동경로 공개라는 민감정보 이용이 불법이라고 단적으로 평가할 수는 없다. 그런데, '일시적으로 처리'가 어느 정도의 시간적 범주(range)를 의미하는 것인지에 대한 해석례를 찾아보기는 어렵다. 자칫 이의 해석을 지나치게 유연하게 접근하는 경우 개인정보에 관한 정보주체의 권리를 지나치게 제한할 수 있다는 점에 유의할 필요가 있다. 우리나라 개인정보보호법은 유럽연합 개인정보보호규정(EU GDPR)과 비교하여 공중위생 등 공공의 안전과 안녕을 위한 경우로서 긴급히 필요한 경우에 개인정보를 일시적 처리하는 과정에서 정보주체의 권리 행사나 기본적 개인정보 보호조치를 과도하게 우회할 수 있는 규정을 두고 있다는 점은 문제라는 지적을 받고 있다는 점에도 주목할 필요가 있다.[19]

2. 이동경로를 구성하는 정보수집 방식의 문제

1) 사용명세에 관한 문제

「감염병예방법」은 이동경로를 파악하기 위하여 필요한 정보를 방역당국이 수집 등 이용할 수 있도록 규정하고 있으며, 여기에는 인적사항, 진료기록부 등,출입국관리기록 외에도 대통령령으로 정하는 정보가 포함된다. 구체적으로 어느 출처에서 어떠한 정보가 수집될 수 있고,수집된 정보가 어떠한 경로를 거쳐 대중에 이동경로로 공개되는지는 아래의 그림이 잘 나타내고 있다.

법 시행령 제32조의2에 의하는 경우 「여신전문금융업법」 제2조 제3호 · 제6호 및 제8호에 따른 신용카드 · 직불카드 · 선불카드 사용명세(제1호)와 「대중교통의 육성 및 이용촉진에 관한 법률」 제10조의2 제1항에 따른 교통카드 사용명세가 수집 정보에 포함된다. 그런데, '사용명세'라 함은 특정한 사용에 관하여 기록한 물품이나 금액 따위의 분명하고 자세한 내용을 의미할 것이라서 신용카드 등의 사용명세나 교통카드 사용명세에는 「감염병예방

그림 1 **한국의 코로나19 역학조사 프로세스**[20]

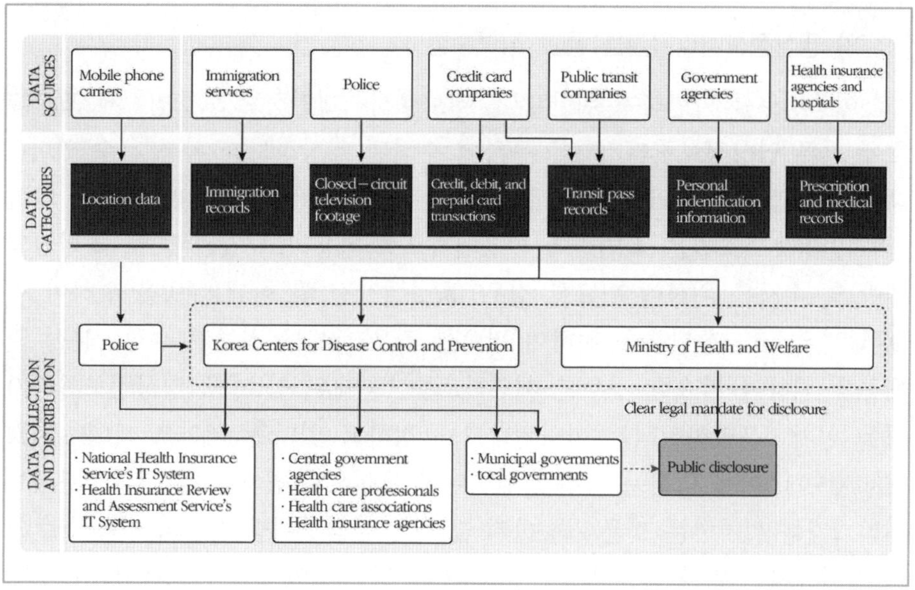

출처: JAMA.

법」의 정보수집 및 공개 목적의 한 축인 "효과적 방역 대응"과 직접적으로 연관성 없는 정보까지 수집 등 처리될 수 있다.예를 들어, 신용카드 사용명세의 경우 카드번호, 카드상의 이름, 사용시간, 장소, 구매(지출)품목, 할부 여부 및 기간 등의 정보가 포함될 수 있다. 피임 도구 구매 내역, 병원 진료 사실, 숙박 기록 등과 같이 개인의 사생활이 침해될 여지가 매우 높은 상황임에도 불구하고 이와 같은 정보들이 효과적 방역을 위한 목적이라며 무차별적으로 수집 등 처리될 수 있다는 지점에 대해서는 개선의 여지가 분명히 있다. 물론, 이와 같은 정보를 '개인정보'라고 본다면 개인정보 최소수집의 원칙(개인정보보호법 제3조 제1항)에 따라 최소한의 개인정보만을 수집 등 처리하여야 하며, 이용목적이 달성되는 즉시 파기(법 제21조)하는 등 적절한 보호조치가 적용될 것으로 기대할 수 있을 것이다. 그러나 애초부터 방역과 무관한 정보의 수집 등 처리가 발생하지 않도록 수집 가능한 정보의 범위를 적극적으로 제한하려는 노력이 없었다는 점은 향후 법 개정 과정에서 고려가 필요하다 판단된다.

2) 영상정보처리기기를 통한 정보수집

이동경로를 확인하기 위한 기초 정보로서 「개인정보 보호법」 제2조 제7호에 따른 영상정보처리기기를 통하여 수집된 영상정보를 활용할 수 있다(「감염병예방법」 제76조의2 제1항 제4호 및 같은 법 시행령 제32조의2 제3호). 그런데 개인정보보호법은 ▲법령에서 구체적으로 허용하고 있는 경우, ▲범죄의 예방 및 수사를 위하여 필요한 경우, ▲시설안전 및 화재 예방을 위하여 필요한 경우, ▲교통단속을 위하여 필요한 경우, ▲교통정보의 수집 · 분석 및 제공을 위하여 필요한 경우를 제외하고는 "공개된 장소"에 영상정보처리기기를 설치 · 운영하여서는 아니된다고 규정하고 있다(법 제25조 제1항 제1호 내지 제5호). 이에 의하는 경우 감염병예방 목적으로 공개된 장소에 영상정보처리기기를 설치하는 것은 가능하지 않으나, 감염병예방 차원의 이동경로 확인 차원에서는 위와 같은 목적으로 기록된 영상을 제공받아 이용할 수 있다. 이에 대하여 "설치는 불가하지만 설치되어 있는 것을 이용하는 것은 정당화되는, 모순된 논리구조를 띤다."는 비판이 제기되기도 한다.[21]

개인정보보호법 "제25조는 공개된 장소에 영상정보처리기기를 설치운영하는 것만을 규제하고 있으므로, 비공개된 장소 및 순수한 사적(私的) 장소에 영상정보처리기기를 설치운영하는 경우에는 어떠한 원칙이 적용되는지에 대한 문제가 있다."[22] 그런데, 「감염병예방법」은 공개된 장소 내지 비공개된 장소 및 순수한 사적 장소에 영상정보처리기기가 설치되었는지를 불문하고 영상정보가 개인정보보호법 제2조 제7호에 따른 영상정보처리기기를 통하여 수집된 것이라면 심지어 개인에게까지 해당 정보의 제공을 요청할 수 있고, 요청을 받은 자는 이에 따라야 한다. 이를 위반하여 자료 제공을 거부하거나 거짓자료를 제공한 의료기관 및 약국, 법인, 단체, 개인은 1년 이하의 징역 또는 2천만원 이하의 벌금에 처해질 수 있다(법 제79조의2 제3호). 과연 가정을 비추는 홈 네트워크 카메라를 통해 기록된 영상을 「감염병예방법」에 따라 요청받은 경우 개인이 자신의 은밀한 사생활이 노출될 위험을 감수하면서까지 이를 제공해야 하는지, 제공을 거절하는 경우 실형을 받을 수 있는 부담을 '감염병의 효과적 대응' 목적을 위해 감내해야 하는 것인지에 대해서는 사회적으로 더 많은 논의가 필요한 지점이라 할 수 있다.

비록 개인정보보호법상의 문제이긴 하지만, 「감염병예방법」에 따라 영상정보처리기기를 통해 영상정보를 수집하는 것과 관련하여 고려할 지점이 또 한 가지 있다. 개인정보보호법이 정하는 영상정보처리기기는 대통령령으로 정하는 장치로 그 범위가 한정되는데, 법 시행령은 영상정보처리기기의 범위를 폐쇄회로 텔레비전과 네트워크 카메라로 한정한다(시행령 제3조 제1호 및 제2호). 그런데 전자는 "일정한 공간에지속적으로 설치된" 카메라를 통하여 영상 등을 촬영하거나, 이를 특정 장소에 전송하는 장치이거나 그에 따라 촬영 내지 전송된 영상정보를 녹화, 기록할 수 있는 장치를 의한다. 후자 또한 "일정한 공간에 지속적으로 설치된" 기기로 촬영한 영상정보를 인터넷을 통하여 어느 곳에서나 처리할 수 있도록 하는 장치를 의미한다. 이와 같은 영상정보처리기기의 정의로 인하여 일정한 공간에 지속적으로 설치된 기기에 의한 것이 아니라, 이동 가능한 기기를 통해 수집한 영상정보는 「감염병예방법」에 따라 수집하여 활용하는 것이 제한된다는 점은 방역의 효과성에 부정적 영향을 미칠 수 있다는 점도 향후 개선의 필요가 있을 것인지 고려할 지점으로 생각된다.

3) 감염병의심자에 대한 부적절한 범주 설정

「감염병예방법」(법률 제17067호, 2020. 3. 4., 일부개정)은 "감염병의심자"의 정의를 추가했다(법 제1조 제15의2). 감염병의심자란 1) 감염병환자 감염병의사환자 및 병원체보유자(감염병환자등)와 접촉하거나 접촉이 의심되는 사람(접촉자)(가목), 2) 검역법 제2조 제7호 및 제8호에 따른 검역관리지역 또는 중점검역관리지역에 체류하거나 그 지역을 경유한 사람으로서 감염이 우려되는 사람(나목), 3) 감염병병원체 등 위험요인에 노출되어 감염이 우려되는 사람(다목)을 말한다. 당초 「감염병예방법」에 의거하여 보건당국이 정보를 수집할 수 있는 대상은 감염병환자 등 및 "감염이 우려되는 사람"이었다. 그러나 법 개정 전까지 감염이 우려되는 사람에 대한 정의가 부재하여, 구체적으로 감염이 우려되는 사람이 어떤 범주의 사람을 의미하는 것인지는 명확하지 않았다. 따라서 방역당국의 자의적 판단에 의해 감염의 가능성이 있는 대상이라면 누구라도 감염이 우려되는 사람으로 분류되어 무차별적 정보 수집이 발생할 수 있는 문제가 있었다.

그런데, 위 감염병의심자의 정의 2), 3)에는 여전히 "감염이 우려되는 사람"이라는 법 개정 전의 표현이 그대로 남아 있다. 과거 "감염이 우려되는 사람"에 대한 정의가 부재하여 발생할 수 있는 문제점을 개선하기 위하여 법 개정을 통해 "감염자의심자"를 명확히 규정하였음에도, 과거에 명확히 정의되지 않아서 개선의 대상이 되었던 문언을 그대로 개정법에도 가져온 것은 잘못된 것이며, 일종의 '순환논리의 오류'에 빠진 것으로 볼 수밖에 없는 지점이다. 이를 도식화하면 아래 그림과 같다.

이와 같이 감염병의심자의 범주가 지나치게 자의적으로 판단될 수 있도록 규정된 것에 대한 문제의식은 시민사회가 제기한 한 헌법소원심판청구서를 통해서도 확인할 수 있다. 시민사회는 "이동통신사로부터 이태원 클럽 주변의 기지국에 접속한 사람들 가운데 30분 이상 체류한 자 전원을 감염병의심자로 볼 수 있는지 의문"이라며, 서울시가 "감염병의심자에 대해 정보제공요청을 한 것이 아니라, 이태원 주변 기지국에 접속한 모든 사람들의 인적

그림 2

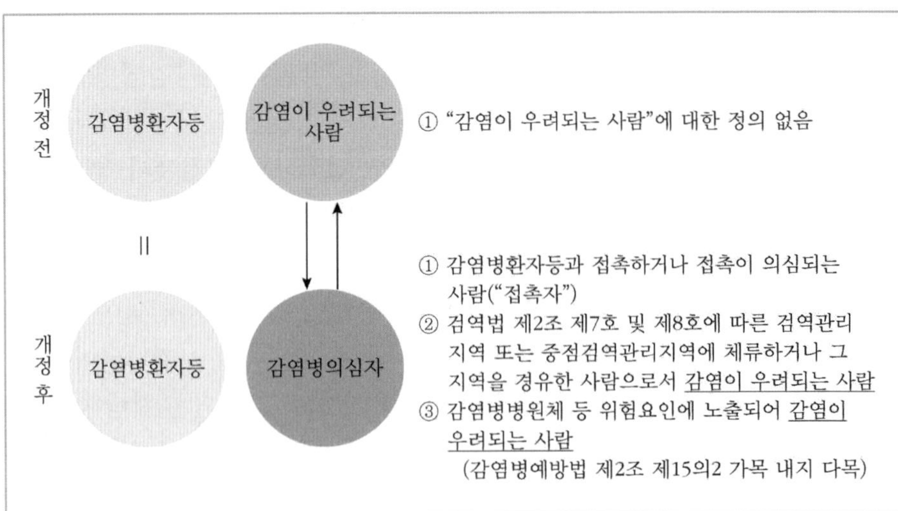

사항을 요청한 것이기에 이는 「감염병예방법」에서 그 법적 존재하지 않는 침익적 행위"라고 주장하였는데, 이와 같은 문제의식의 기저에는 감염병의심자의 정의가 자의적으로 해석될 수 있는 「감염병예방법」상의 부적절한 정의 내지 범주 설정이 자리잡고 있다고 할 것이다.[23]

4) 기 타

우리나라는 코로나19 대응 초기부터 역학조사지원시스템을 가동하여 데이터 기반으로 3T(Trace-Test-Treat) 대응을 수행하고 있다는 점을 대응역량 향상의 배경으로 설명해왔다. 국토교통부가 공개한 코로나19 역학조사 지원시스템에 대한 설명자료를 살펴보면 국내 이통사와 카드사를 통해 수집된 정보가 역학조사 지원시스템에 저장되며, 이는 질병관리본부가 확진자와의 면담에 활용하여 최종 동선(이동경로)를 확인한다는 점을 확인할 수 있다.[24] 보건복지부는 2021년 2월말부터는 카드결제 정보를 역학조사 시스템에 연계, 정보취득 및 분석까지 10분이 소요되는 등 역학조사 지원시스템 성능개선을 대대적으로 홍보하기도 했다.[25]

이와 같은 역학조사 지원시스템은 개인정보보호법상 민감정보인 건강정보를 비롯한 국민 다수의 개인정보를 처리하는 것이기 때문에 정보주체의 개인정보 침해 요인 분석 및 개선 사항 도출을 위한 "개인정보 영향평가"의 대상이 되어야 한다는 것이 일반 대중의 인식일 것이나, 해당 시스템이 실제 영향평가를 받았는지 알려지지 않았다. 우리나라 개인정보보호법은 "공공기관의 장은 대통령령으로 정하는 기준에 해당하는 개인정보파일의 운용으로 인하여 정보주체의 개인정보 침해가 우려되는 경우에는 그 위험요인의 분석과 개선 사항 도출을 위한 평가를 하고 그 결과를 보호위원회에 제출하여야 한다."고 규정하는데(법 제33조 제1항), 법 시행령 제35조는 구체적으로 1)구축 · 운용 또는 변경하려는 개인정보파일로서 5만 명 이상의 정보주체에 관한 민감정보 또는 고유식별정보의 처리가 수반되는 개인정보파일(제1호), 2)구축 · 운용하고 있는 개인정보파일을 해당 공공기관 내부 또는 외부에서 구축 · 운용하고 있는 다른 개인정보파일과 연계하려는 경우로서 연계 결과 50만 명 이상의 정보주체에 관한 개인정보가 포함되는 개인정보파일(제2호), 3)

구축 · 운용 또는 변경하려는 개인정보파일로서 100만 명 이상의 정보주체에 관한 개인정보파일(제3호)의 경우 의무적으로 개인정보 영향평가를 수행해야 하는 대상으로 정하고 있다. 또한, 4) 개인정보보호법에 따라 개인정보 영향평가를 받은 후에 개인정보 검색체계 등 개인정보파일의 운용체계를 변경하려는 경우 그 개인정보파일(이 경우 영향평가 대상은 변경된 부분으로 한정)도 개인정보 영향평가 대상으로 정한다.

역학조사 지원시스템에 어느 만큼의 정보가 저장되었는지 명확히 공개된 바는 확인되지 않으나, '21년 3월말 현재 10만 명을 돌파한 국내 확진자 수에 비추어 5만 명 이상의 정보주체에 관한 민감정보 또는 고유식별정보의 처리가 수반되는 개인정보파일을 해당 시스템이 처리하는 것으로 추정해볼 수 있다. 이와 같은 상황에서 해당 시스템의 개인정보영향평가 수행 여부 및 그 결과가 공개되고 있지 않은 것은 개인정보 보호법의제도 취지를 무색하게 하는 것으로 적절하지 않다고 판단된다. 개인정보 영향평가 수행 기준에 해당한다 하더라도, 이를 이행하지 않는 공공기관에 대한 처벌 규정이 없어 이행강제력을 확보하지 못한 점은 개인정보보호법의 개선 지점으로 남아있다 할 것이다. 역학조사 지원시스템 외, 질병관리청이 코로나19 확산방지 및 역학조사를 목적으로 수집한 232만 명의 개인정보를 법적 근거 없이 영구보존 결정을 내린 것으로 확인되었으며, 이 과정에서 '20년 10월 기준으로 '검역정보시스템'에 15만 명 이상의 주민등록번호가 처리된 점이 확인되었음에도 해당 시스템에 대한 개인정보 영향평가 수행 여부가 확인, 공개되지 않는 점 또한 개인정보보호법의 개인정보 영향평가제도가 무력화된 대표적 사례라고 할 수 있을 것이다.2627

Ⅳ. 나가며

「감염병예방법」상 이동경로 공개, 그리고 이를 위한 정보 수집 규정은 유례를 찾아보기 힘든 코로나19 감염병이라는 전 세계적 판데믹 상황에 효과적으로 대응하기 위한 조치로서 그 필요성 자체를 부정하는 목소리는 크지 않다. 그러나 제도 도입을 통해 실제 측정가능한 효과를 거두었고 당초 제도 설계의 기대를 충족했는지, 개인정보보호법을 비롯한 정보주체의 프라이버시를 보호하기 위한 법제도와 적절한 조화를 이루었는지, 코로나19 이동경로 공개에 따른 사회적 물의 야기와 그로 인해 여러 차례 법 개정이 진행되면서 사회적으로 합의가능한 수준의 정보공개 기준을 마련했는지 등에 대해서는 여전히 만족할 수준의 답이 제시되지 않은 것으로 보인다.

2015년도 당시 메르스 대응을 거치면서 국민 불안을 해소하고, 감염병 확산에 효과적으로 대응하려는 두 가지 목적을 염두에 두었으나 실제 이동경로 공개를 통해 국민 불안을 가중시키는 동시에 어느 정도의 감염병 확산 대응 효과가 있었는지는 여전히 미지수인 현재의 상황은 법제가 현실에서의 문제점을 해결함에 있어 당초 기대한 바를 달성하는 것이 얼마나 어려운 것인지를 보여주는 것으로도 볼 수 있을 것이다. 국민 불안 해소를 위한 개인정보보호 강화 및 정보주체의 권익 보장을 위해 「감염병예방법」의 정보 수집 치 이동경로 공개 관련 규정을 지속적으로 개정하는 작업은 지속되어야 한다. 그 과정에서개인정보보호법의 취지와 조화를 이루도록 해야 하며, 필요한 경우 개인정보보호법, 위치정보법 등 관련 법제의 개선도 함께 논의가 되어야 할 것이다. 국민 불안 해소와 감염병 확산 방지는 서로 상충하는 목적이 아니라, 상호 보완적인 것으로 보아야 한다. 어느 하나가 불안해지는 경우 다른 하나가 무너질 수 있으나, 반대로 어느 하나가 단단하게 지탱되면 다른 하나가 더욱 단단해 질 수 있는 것이다. 단순히 추상적 효과를 기대하는 것이 아니라, 현장에서 국민의 목소리를 적극 반영하여 실질적 결과를 이끌어낼 수 있는 법제로 재탄생하길 기대한다.

미주

* 이 글은 지난 2020년 7월 9일 한국공법학회와 송파구청이 공동주최한 제2회 코로나19, 공법학의 과제 포럼에서 필자가 발제한 내용을 토대로 한 글이다.

** 네이버 이사.

1 전 세계적으로 접촉자 추적 앱(contact-tracingapps)에 적용된 protocol은 크게 1) 기기를 통해 수집한 정보를 보건당국 등 특정 관리주체에게 전송하여 처리하는 중앙집중형(centralized)과 2) 수집한 정보를 기기에 저장하였다가 필요한 경우에 한하여 접촉 위험을 알려주거나 당국에 자발적으로 신고하도록 하는데 사용하는 분산형(decentralized)으로 나뉘었다. 전자의 경우 대표적으로 PEPP-PT와 같은 protocol이 있는데, 이는 감염병 확산 차단에 효과적이지만 정보 관리주체에 의한 프라이버시 침해 위협이 상존한다는 점이 문제점으로 지적되었다. 후자의 경우 대표적으로 DP-3T 등이 있는데, 이는 비교적 높은 수준의 프라이버시 보호를 기대할 수 있으나, 감염병 확산 차단에 관한 제한적 효과성이 문제로 지적이 제기되기도 했다. 전 세계적으로 채택된 주요 contact-tracingprotocol의 종류, 아키텍처, 제작자, 라이센스 등은 다음의 글을 참조할 수 있다. - Ryan(Ryadel), Digital Contact Tracing Apps: allknownprotocols, May31, 2020, URL: https://www.ryadel.com/en/digital-contact-tracing-apps-all-protocols-projects-peppt-pt-dp-3t/, 2021년 2월 1일 접속

2 손애리, 최명일, 이혜규, 김대욱, 한숙정, 장사랑, 윤난희, 최영준, 김인영, "COVID-19: 대한민국의 사례와 경험-보건커뮤니케이션과 위기관리 관점에서-", 2020. 11., 한국국제협력단 연구보고서, p.37.

3 정태종, "「감염병 예방 및 관리에 관한 법률」의 내용과 개선방안", 법학연구 20(3), 2020. 9, p.293.

4 이 표는 보건복지부의 2015년 6월 26일자 보도참고자료에 첨부된 '주요 조문별 사례 분석'을 편집한 것이다. 글자 굵기 및 밑줄 등의 강조 표시는 보도참고자료의 것을 그대로 옮겼다. 해당 보도참고자료 원문은 다음을 참조할 수 있다. - 보건복지부, "[보도자료] 감염병에 신속적절하게 대처하기 위한 「감염병예방법」 개정 법률안 국회 본회의 통과", 2015. 6. 26., URL: https://www.mohw.go.kr/react/al/sal0301vw.jsp?PAR_MENU_ID=04&MENU_ID=0403&CONT_SEQ=323775&page=1

5 중앙방역대책본부가 공개한 <확진환자의 이동경로 등 정보공개 지침(1판, '20.10.7.)>은 확진환자의 이동경로 등 정보공개 시점을 "「재난 및 안전관리 기본법」 제38조 제2항에 따른 주의 이상의 위기경보 발령 시"라고 명시하고 있어 제1안과 동일한 태도를 취하는 것으로 보인다. 또한,<감염병 재난 위기대응 실무매뉴얼(식품의약품안전처, 2019. 7.)>에 따르면 보건복지부장관은 (보건복지부자체)위기평가회의 결과에 따라 위기경보를 발령하도록 되어 있는데, 위기평가회의에서 주의 이상의 예보 또는 경보를 발령하는 것으로 결정되는 경우, 현실적으로 보건복지부장관이 「감염병예방법」상의 정보공개를 이행하지 않을 여지는 없어 제1안을 따르는 결과로 이어진다. 따라서 현실적으로 해석의 차이에 따른 실익은 거의 없는 사안으로 판단된다. 이와 관련한보다 자세한 내용은 다음 링크의 매뉴얼 문서를 참조할 수 있다. - 식품의약품안전처, "'감염병 재난' 위기대응 실무매뉴얼(공무원지침서)", 2019. 8. 5., URL: https://www.mfds.go.kr/brd/m_218/view.do?seq=33284&srchFr=&srchTo=&srchWord=&srchTp=& itm_seq_1=0&itm_seq_2=0&multi_itm_seq=0&company_cd=&company _nm=&page=1

6 중앙방역대책본부 환자관리팀은 2020. 10. 6.에<확진환자의 이동경로 등 정보공개 지침(1판)>을 내놓으면서, "공개 범위에 대한 지역별 편차 및 불필요한 사회적 혼선의 방지를 예방하기 위하여"라며 지침 발간 목적을 밝혔다. 또한 사회적 혼선의 사례로 "역학적 연관성이 낮은 동선 공개로 인한 사생활 침해 논란 및 경제적 피해 발생 등"이 있다고 설명하였다. 그러나 실제 역학적 연관성이 낮은 동선 공개가 문제가 아니라, 감염병 확산 예방 및 차단을 위해 반드시 필요한 정보가 아닌 불필요한 정보가 상당한 수준으로 포함되어 공개되었고 그 과정에서 명확한 공개 기준도 부재하여 지방자치단체 등이 우후죽순격으로 각기 다른 기준으로 정보를 공개함으로써 혼란이 발생했던 것이 근본적인 문제점이라고 평가할 수 있다. 역학적 연관성이 낮은 동선이었다면 방역당국은 이를 공개하지 않았어야 한

다는 지적이 제기될 수밖에 없는 지점이다. 해당 정보공개 지침은 다음 링크를 통해 확인할 수 있다. URL: http://www.cdc.go.kr/board/board.es?mid=a20507020000&bid=0019

7 지방자치단체의 장에게 감염병환자의 이동경로 등 정보공개 의무를 부여한 내용은 개정 「감염병예방법」(법률 제17491호, 2020. 9. 29.,일부개정)에서 반영된 것인데, 법률 제정개정 이유는 "실제 현장에서 감염병을 대응하고 있는 지방자치단체의 역량을 지원하기 위하여 지방자치단체의 장에게 감염병환자의 이동경로 등 정보공개 의무, 방역관에 대한 한시적 종사명령 권한, 관계 기관 등에 대한 감염병환자 등 및 의심자 관련 정보 제공 요청 권한을 부여함."으로 제시하고 있다.

8 질병관리청 정은경 청장(당시 중앙방역대책본부 본부장)은 2020년 3월 6일 브리핑에서 방역 정책에서 동선 공개가 가진 효과성에 대해 "동선공개를 하는 이유는 방역당국이 찾지 못하는 다른 노출자가 있을 수 있다는 판단 때문"이라면서 "그래서 (동선이 일치하는) 국민들이 스스로 의심하고 진단을 받게 한다는 방역적 목적이 있고, 여기 부합된 경우만 공개하는 것을 원칙으로 하고 있다"고 설명하여 이동경로 공개의 목적이 정부 방역망에 포섭되지 않은 (바이러스)노출자로 하여금 스스로 진단에 나서도록 하는 것임을 확인한 바 있다.관련 기사는 다음 링크를 참조할 수 있다. - 뉴시스, "질본"확진자 동선 공개 불가피…인권침해 최소화하겠다"", 2020. 3. 6.,
URL:https://newsis.com/view/?id=NISX20200306_0000945855

9 예를 들면, 이동경로를 확인하고 선별진료소를 방문하여 확진된 사람 및 그들이 검사를 받지 않았다면 감염이 어느 정도 확산되었을 것인지, 그에 따라 이동경로 공개가 실질적으로 어느 정도의 방역 효과를 거두었는지는 E(효과성 분석 지수)=B/A×R0와 같은 간단한 수식으로도 확인이 가능했을 것이다.

10 참여연대, "코로나19 관련 이태원 기지국 접속정보 처리 및 동의 없는 위치추적 법률에 대한 헌법소원청구", 2020. 7. 29. URL: http://www.peoplepower21.org/sue/1724967

11 질병관리본부(보건복지부), "보도참고자료: 메르스 환자 이동 동선, 접촉자 중간조사 발표", 2018. 9. 10., URL: https://www.cdc.go.kr/board/board.es?mid=a20501000000&bid=0015&list_no=140635&cg_code=&act=view&nPage=1

12 정보공개지침은 원칙적으로 "성별, 연령, 국적, 거주지 및 직장명 등 개인을 특정하는 정보를 공개하지 않음"이라고 하여 개인 식별성이 있는 정보의 공개를 제한한다. 그러나, 직장에서 불특정 다수에게 전파시켰을 우려가 있는 경우 직장명을 공개할수 있도록 하는 예외라던가, 가능한 범위 내에서 공간적, 시간적 정보를 특정하여 장소 및 이동수단을 공개하도록 하면서 건물의 '특정 호실'이나 대중교통의 '탑승지(하차지)및 탑승일시(하차일시)', 공개 장소의 '상호명 및 세부주소'를 공개정보의 예시로 제시한 것은 개인정보 및 개인위치정보의 공개가 언제라도 가능한 상황을 효과적으로 예방하지 못한 것으로 평가할 수밖에 없다. 싱가포르도 확진자 발생 현황에 관한 정보를 웹에 공개하는데, Case Number(환자번호), Age(나이), Status(상태: In Hospital, Recovered or Deceased), Gender(성별: Male, Female, Unidentified), Nationality(국적), Infection Source(감염 원인: Local transmission or Imported), Country of Origin(발병 국가)등의 정보를 공개하고 있으나, 이동경로를 포함하여 개인을 식별하는데 사용할 수 있는 수준의 정보를 공개하지는 않는다. 보다 자세한 내용은 covid19 SG 웹사이트를 통해 확인할 수 있다. - URL:https://co.vid19.sg/singapore/

13 The Wall Street Journal, "How Coronavirus is Eroding Privacy", 2020. 4. 15., URL: https://www.wsj.com/articles/coronavirus-paves-way-for-new-age-of-digital-surveillance-11586963028

14 위치 프라이버시는 어떻게, 언제, 그리고 어떠한 목적으로 자신의 위치 정보가 다른 당사자에게 공개될 수 있을 것인지를 결정하는 개인의 권리라고 정의할 수 있는데, 이에 대한 보호가 부족한 경우 발생할 수 있는 공격 유형으로는 원하지 않는 광고에의 노출(unsolicitedadvertising), 물리적 공격이나 괴롭힘(physicalattacksorharassment), 정보주체에 대한 프로파일링과 추적(user profilingandtracking), 정치적/종교적/성적 비판 및 차별(political,religious,sexualpersecutionanddiscrimination), 서비스 제공 거부(denialofservice) 등이 있다. 이에 대한 세부 내용은 "Computerand Information Security handbook, SecondEdition(2013, JohnR. Vacca)" 제746면을 참고할 수 있다.

15 김민섭, "감염병예방법에 따른 확진환자 동선공개와 인권", 감염병예방법상 정보제공요청과 정보인권 (제3회 '코로나19, 공법학의 과제' 포럼), 2020. 8. 7., p.38-39.

16 지방자치단체의 이동경로 공개 에 관하여 중앙방역대책본부 부본부장(권준욱)은 2020년 3월 5일 브

리핑에서 "두 번째 지방자치단체의 역학조사 경우 카드번호 사용 여부 등과 관련해서는 중앙이 됐든 지방자치단체가 됐든 역학조사와 관련해서 당연히 역학조사의 범위에 활용할 수는 있는데 다만 특별히 정보의 공개와 관련해서는 「감염병예방법」에 따르면 보건복지부 장관만이 이동동선이라든지 이런 것들을 정보공개할 수 있고 거기에 따라서 마찬가지로 반대로 이의청구도 보건복지부 장관을 대상으로 하게 돼 있습니다.
따라서 그거와 관련된 부분에 대해서는 정보공개와 관련된 부분에 대해서는 법적인 어떤 권한, 책임이 복지부 장관에게 있으나 그 이외의 다른 일반적인 역학조사와 관련해서는 당연히 지자체가 어떤 제한 없이 당연히 해야 될 일이고 또 법상으로도 할 수 있는 상황 따라서 말씀하신 아마 카드번호 사용이라든지 이런 것들이 동선과 관련된 것일 수 있는데 두 번째 사유 중에는 다른 이유로 카드조사를 하려 해도 지금 상당히 많은 건이 단기간에 발생한 상황입니다."라고 발언하여 지방자치단체가 「감염병예방법」에 따른 이동경로 공개 권한이 없다는 점을 확인하기도 했다. 발언 전문은 다음 링크를 참조할 수 있다. - 연합뉴스TV, "[현장연결] 국내 확진 총 5,766명 중앙방역대책본부 브리핑", 2020. 3. 5., URL: https://www.yonhapnewstv.co.kr/news/MYH20200305011700038.

17 개인정보보호법 제15조(개인정보의 수집 · 이용)는 제1항에서 "개인정보처리자는 다음 각 호의 어느 하나에 해당하는 경우에는 개인정보를 수집할 수 있으며 그 수집 목적의 범위에서 이용할 수 있다."라고 규정하면서, 제3호를 통해 "공공기관이 법령 등에서 정하는 소관 업무의 수행을 위하여 불가피한 경우"를 제시한다. 또한, 동법 제17조(개인정보의 제공)는 제1항에서 "개인정보처리자는 다음 각 호의 어느 하나에 해당되는 경우에는 정보주체의 개인정보를 제3자에게 제공(공유를 포함한다. 이하 같다)할 수 있다."라고 규정하면서, 제2호를 통해 "제15조 제1항 제2호 · 제3호 · 제5호 및 제39조의3 제2항 제2호 · 제3호에 따라 개인정보를 수집한 목적 범위에서 개인정보를 제공하는 경우"를 제시한다.

18 동 해설서 p. 160.

19 졸저, "코로나 바이러스와 개인정보 활용에 대한 소고-공익 목적의 개인정보 이용은 항상 옳은가?", KISA Report 2020 Vol 2., p. 11.

20 Sangchul Park, Gina Jeehyun Choi, HaksooKo, "Information Technology-Based Tracking Strategy in Response to COVID-19 in South Korea-Privacy Controversies", JAMA, 2020. 4. 23., URL: https://jamanetwork.com/journals/jama/fullarticle/2765252

21 이근옥, "'정보공개법'상 개인정보 보호와 공익의 조화: 코로나19 팬데믹하에서의 프라이버시 침해를 중심으로.", 한국언론정보학보, 2020.10, p.155.

22 개인정보보호 법령 및 지침고시 해설, p. 183.

23 코로나19 기지국 정보 처리 위헌확인 소송 대리인단, "헌법소원심판청구서", 2020. 7. 29. P. 14-15, URL: https://opennet.or.kr/wp-content/uploads/2020/08/%ED%97%8C%EB%B2%95%EC%86%8C%EC%9B%90%EC%8B%AC%ED%8C%90%EC%B2%AD%EA%B5%AC%EC%84%9C200729.pdf

24 스마트시티 종합포털, "한 눈에 살펴보는 '한국의 코로나19 역학조사 지원시스템'", 2020. 5. 7., URL:https://smartcity.go.kr/2020/05/07/%ED%95%9C-%EB%88%88%EC%97%90-%EC%82%B4%ED%8E%B4%EB%B3%B4%EB%8A%94-%ED%95%9C%EA%B5%AD%EC%9D%98-%EC%BD%94%EB%A1%9C%EB%82%9819-%EC%97%AD%ED%95%99%EC%A1%B0%EC%82%AC-%EC%A7%80%EC%9B%90%EC%8B%9C/

25 보건복지부, "역학조사 지원 시스템 개선으로 확진자 동선 분석이 더욱 신속해집니다!", 2021. 2. 22., URL:https://blog.naver.com/mohw2016/222252525473

26 국회의원 정춘숙 블로그, "질병관리청, 232만명 코로나 개인정보, 영구보존 결정", 2020. 10. 22., URL:https://blog.naver.com/chounsook_jung/222123298359

27 뉴질랜드, 영국, 호주 등의 국가는 코로나19와 관련하여 정보주체의 프라이버시에 영향을 미칠 수 있는 접촉자 추적 앱이나 체크인 앱 등을 대상으로 한 개인정보영향평가(Privacy or Data Protection Impact Assessment) 결과를 공개한 바 있다. 대표적으로 호주의 COVIDSafe어플리케이션에 대한 개인정보 영향평가 결과는 다음 링크에서 확인할 수 있다. - Australian Government, Dept. of Health, "COVIDSafe Application Privacy Impact Assessment", 2020. 4. 25., URL: https://www.health.gov.au/resources/publications/covidsafe-application-privacy-impact-assessment

09

동선 공개에 대한 공법이론적 검토

동선 공개에 대한 공법이론적 검토*

정 필 운**

Ⅰ. 문제제기

감염병 확산을 막기 위한 조치 중 일부는 시민의 인권을 과도하게 제한한다는 언론의 비판이 있었다. 환자 동선 공개도 그 중 하나다. 그러나 이와 같은 조치가 어떤 법적 근거에 따라 구체적으로 어떻게 이루어지는지, 정말 과도한 것인지, 과도하다면 어떻게 개선되어야 하는지에 관한 이론적 진단은 별로 없었다.

이 글은 코로나19 환자의 동선 공개의 현황과 문제점을 공법이론의 관점에서 검토하고 개선 방안을 제시하는 것을 목적으로 한다. 이러한 목적을 달성하기 위하여 우선 법제 현황을 살펴보고, 이를 공법이론적 관점에서 분석한다(Ⅱ). 그리고 법제의 문제점을 정리하고 이에 대한 개선방안을 제시한다(Ⅲ). 마지막으로 이상의 논의를 정리하며 글을 맺는다(Ⅳ).

Ⅱ. 법제의 현황과 분석

1. 법적 근거

동선 공개의 법적 근거는 다음과 같다.

감염병의 예방 및 관리에 관한 법률(약칭: 「감염병예방법」) **제6조**(국민의 권리와 의무) ① 국민은 감염병으로 격리 및 치료 등을 받은 경우 이로 인한 피해를 보상받을 수 있다.
② 국민은 감염병 발생 상황, 감염병 예방 및 관리 등에 관한 정보와 대응방법을 알 권리가 있고, 국가와 지방자치단체는 신속하게 정보를 공개하여야 한다.
③ 국민은 의료기관에서 이 법에 따른 감염병에 대한 진단 및 치료를 받을 권리가 있고, 국가와 지방자치단체는 이에 소요되는 비용을 부담하여야 한다.
④ 국민은 치료 및 격리조치 등 국가와 지방자치단체의 감염병 예방 및 관리를 위한 활동에 적극 협조하여야 한다.

제34조의2(감염병위기 시 정보공개) ① 질병관리청장, 시·도지사 및 시장·군수·구청장은 국민의 건강에 위해가 되는 감염병 확산으로 인하여 「재난 및 안전관리 기본법」 제38조 제2항에 따른 주의 이상의 위기경보가 발령되면 감염병 환자의 이동경로, 이동수단, 진료의료기관 및 접촉자 현황 등 국민들이 감염병 예방을 위하여 알아야 하는 정보를 정보통신망 게재 또는 보도자료 배포 등의 방법으로 신속히 공개하여야 한다. 다만, 성별, 나이, 그 밖에 감염병 예방과 관계없다고 판단되는 정보로서 대통령령으로 정하는 정보는 제외하여야 한다. <개정 2020. 3. 4., 2020. 8. 11., 2020. 9. 29.>
② 질병관리청장, 시·도지사 및 시장·군수·구청장은 제1항에 따라 공개한 정보가 그 공개목적의 달성 등으로 공개될 필요가 없어진 때에는 지체 없이 그 공개된 정보를 삭제하여야 한다. <신설 2020. 9. 29.>
③ 누구든지 제1항에 따라 공개된 사항이 다음 각 호의 어느 하나에 해당하는 경우에는 질병관리청장, 시·도지사 또는 시장·군수·구청장에게 서면이나 말로 또는 정보통신망을 이용하여 이의신청을 할 수 있다. <신설 2020. 3. 4., 2020. 8. 11., 2020. 9. 29.>
1. 공개된 사항이 사실과 다른 경우
2. 공개된 사항에 관하여 의견이 있는 경우

④ 질병관리청장, 시·도지사 또는 시장·군수·구청장은 제3항에 따라 신청한 이의가 상당한 이유가 있다고 인정하는 경우에는 지체 없이 공개된 정보의 정정 등 필요한 조치를 하여야 한다. <신설 2020. 3. 4., 2020. 8. 11., 2020. 9. 29.>

⑤ 제1항부터 제3항까지에 따른 정보공개 및 삭제와 이의신청의 범위, 절차 및 방법 등에 관하여 필요한 사항은 보건복지부령으로 정한다. <개정 2020. 3. 4., 2020. 9. 29.> [본조신설 2015. 7. 6.]

제76조의2(정보 제공 요청 및 정보 확인 등) ① 질병관리청장 또는 시·도지사는 감염병 예방 및 감염 전파의 차단을 위하여 필요한 경우 관계 중앙행정기관(그 소속기관 및 책임운영기관을 포함한다)의 장, 지방자치단체의 장(「지방교육자치에 관한 법률」 제18조에 따른 교육감을 포함한다), 「공공기관의 운영에 관한 법률」 제4조에 따른 공공기관, 의료기관 및 약국, 법인·단체·개인에 대하여 감염병환자등 및 감염병의심자에 관한 다음 각 호의 정보 제공을 요청할 수 있으며, 요청을 받은 자는 이에 따라야 한다. <개정 2016. 12. 2., 2020. 3. 4., 2020. 8. 11., 2020. 9. 29.>

1. 성명, 「주민등록법」 제7조의2 제1항에 따른 주민등록번호, 주소 및 전화번호(휴대전화번호를 포함한다) 등 인적사항
2. 「의료법」 제17조에 따른 처방전 및 같은 법 제22조에 따른 진료기록부등
3. 질병관리청장이 정하는 기간의 출입국관리기록
4. 그 밖에 이동경로를 파악하기 위하여 대통령령으로 정하는 정보

② 질병관리청장, 시·도지사 또는 시장·군수·구청장은 감염병 예방 및 감염 전파의 차단을 위하여 필요한 경우 감염병환자등 및 감염병의심자의 위치정보를 「국가경찰과 자치경찰의 조직 및 운영에 관한 법률」에 따른 경찰청, 시·도경찰청 및 경찰서(이하 이 조에서 "경찰관서"라 한다)의 장에게 요청할 수 있다. 이 경우 질병관리청장, 시·도지사 또는 시장·군수·구청장의 요청을 받은 경찰관서의 장은 「위치정보의 보호 및 이용 등에 관한 법률」 제15조 및 「통신비밀보호법」 제3조에도 불구하고 「위치정보의 보호 및 이용 등에 관한 법률」 제5조 제7항에 따른 개인위치정보사업자, 「전기통신사업법」 제2조 제8호에 따른 전기통신사업자에게 감염병환자등 및 감염병의심자의 위치정보를 요청할 수 있고, 요청을 받은 위치정보사업자와 전기통신사업자는 정당한 사유가 없으면 이에 따라야 한다. <개정 2015. 12. 29., 2018. 4. 17., 2020. 3. 4., 2020. 8. 11., 2020. 12. 22.>

③ 질병관리청장은 제1항 및 제2항에 따라 수집한 정보를 관련 중앙행정기관의 장, 지방자치단체의 장, 국민건강보험공단 이사장, 건강보험심사평가원 원

장, 「보건의료기본법」 제3조 제4호의 보건의료기관(이하 "보건의료기관"이라 한다) 및 그 밖의 단체 등에게 제공할 수 있다. 이 경우 보건의료기관 등에 제공하는 정보는 감염병 예방 및 감염 전파의 차단을 위하여 해당 기관의 업무에 관련된 정보로 한정한다. <개정 2020. 3. 4., 2020. 8. 11.>

④ 질병관리청장은 감염병 예방 및 감염 전파의 차단을 위하여 필요한 경우 제3항 전단에도 불구하고 다음 각 호의 정보시스템을 활용하여 보건의료기관에 제1항 제3호에 따른 정보 및 같은 항 제4호에 따른 이동경로 정보를 제공하여야 한다. 이 경우 보건의료기관에 제공하는 정보는 해당 기관의 업무에 관련된 정보로 한정한다. <신설 2020. 3. 4., 2020. 8. 11.>

1. 국민건강보험공단의 정보시스템
2. 건강보험심사평가원의 정보시스템
3. 감염병의 국내 유입 및 확산 방지를 위하여 질병관리청장이 필요하다고 인정하여 지정하는 기관의 정보시스템

⑤ 의료인, 약사 및 보건의료기관의 장은 의료행위를 하거나 의약품을 처방·조제하는 경우 제4항 각 호의 어느 하나에 해당하는 정보시스템을 통하여 같은 항에 따라 제공된 정보를 확인하여야 한다. <신설 2020. 3. 4.>

⑥ 제3항 및 제4항에 따라 정보를 제공받은 자는 이 법에 따른 감염병 관련 업무 이외의 목적으로 정보를 사용할 수 없으며, 업무 종료 시 지체 없이 파기하고 질병관리청장에게 통보하여야 한다. <개정 2020. 3. 4., 2020. 8. 11.>

⑦ 질병관리청장, 시·도지사 또는 시장·군수·구청장은 제1항 및 제2항에 따라 수집된 정보의 주체에게 다음 각 호의 사실을 통지하여야 한다. <개정 2020. 3. 4., 2020. 8. 11.>

1. 감염병 예방 및 감염 전파의 차단을 위하여 필요한 정보가 수집되었다는 사실
2. 제1호의 정보가 다른 기관에 제공되었을 경우 그 사실
3. 제2호의 경우에도 이 법에 따른 감염병 관련 업무 이외의 목적으로 정보를 사용할 수 없으며, 업무 종료 시 지체 없이 파기된다는 사실

⑧ 제3항 및 제4항에 따라 정보를 제공받은 자가 이 법의 규정을 위반하여 해당 정보를 처리한 경우에는 「개인정보 보호법」에 따른다. <개정 2020. 3. 4.>

⑨ 제3항에 따른 정보 제공의 대상·범위 및 제7항에 따른 통지의 방법 등에 관하여 필요한 사항은 보건복지부령으로 정한다. <개정 2020. 3. 4.> [본조신설 2015. 7. 6.] [제목개정 2020. 3. 4.]

법 시행령 제22조의2(감염병위기 시 공개 제외 정보) ① 법 제34조의2 제1항에서 "대통령령으로 정하는 정보"란 다음 각 호의 정보를 말한다.

1. 성명

2. 읍·면·동 단위 이하의 거주지 주소
3. 그 밖에 질병관리청장이 감염병별 특성을 고려하여 감염병의 예방과 관계없다고 정하는 정보
② 질병관리청장은 제1항 제3호에 따라 감염병의 예방과 관계없는 정보를 정한 경우에는 그 내용을 질병관리청의 인터넷 홈페이지에 게재하고, 시·도지사 및 시장·군수·구청장에게 알려야 한다. [본조신설 2020. 12. 29.]

제32조의2(제공 요청할 수 있는 정보) 법 제76조의2 제1항 제4호에서 “대통령령으로 정하는 정보”란 다음 각 호의 정보를 말한다.
1. 「여신전문금융업법」 제2조 제3호·제6호 및 제8호에 따른 신용카드·직불카드·선불카드 사용명세
2. 「대중교통의 육성 및 이용촉진에 관한 법률」 제10조의2 제1항에 따른 교통카드 사용명세
3. 「개인정보 보호법」 제2조 제7호에 따른 영상정보처리기기를 통하여 수집된 영상정보 [본조신설 2016. 1. 6.] [종전 제32조의2는 제32조의3으로 이동 <2016. 1. 6.>]

법 시행규칙 제27조의4(감염병위기 시 정보공개 범위 및 절차 등) ① 질병관리청장, 시·도지사 및 시장·군수·구청장은 법 제34조의2 제1항에 따라 정보를 공개하는 경우에는 감염병 위기상황, 감염병의 특성 및 역학적 필요성을 고려하여 공개하는 정보의 범위를 결정해야 한다. <개정 2020. 6. 4., 2020. 9. 11., 2020. 12. 30.>
② 법 제34조의2 제3항에 따라 서면으로 이의신청을 하려는 사람은 별지 제18호의5 서식의 정보공개 이의신청서를 질병관리청장, 시·도지사 또는 시장·군수·구청장에게 제출해야 한다. <개정 2020. 6. 4., 2020. 9. 11., 2020. 12. 30.> [본조신설 2016. 1. 7.] [제27조의3에서 이동 <2020. 6. 4.>]

제47조의2(감염병 차단을 위한 정보 제공 대상 등) ① 질병관리청장은 법 제76조의2 제3항에 따라 다음 각 호의 대상에게 법 제76조의2 제1항 및 제2항에 따라 수집한 정보를 제공할 수 있다. <개정 2018. 9. 27., 2020. 6. 4., 2020. 9. 11.>
1. 중앙행정기관의 장
2. 지방자치단체의 장
3. 국민건강보험공단 이사장
4. 건강보험심사평가원 원장

5. 「보건의료기본법」 제3조 제4호에 따른 보건의료기관
6. 「의료법」 제28조에 따른 의료인 단체 및 「약사법」 제11조에 따른 약사회
7. 「의료법」 제52조에 따른 의료기관 단체
② 질병관리청장은 제1항에 따라 정보를 제공하는 경우에 다음 각 호의 정보시스템을 활용할 수 있다. <신설 2018. 9. 27., 2020. 9. 11.>
1. 국민건강보험공단의 정보시스템
2. 건강보험심사평가원의 정보시스템
3. 그 밖에 감염병 예방 및 감염 전파의 차단을 위하여 질병관리청장이 필요하다고 인정하여 지정하는 기관의 정보시스템
③ 법 제76조의2 제6항에 따른 정보의 파기 결과 통보는 서면으로 해야 한다. <개정 2018. 9. 27., 2020. 3. 4.>
④ 법 제76조의2 제7항에 따른 통지는 전자우편·서면·팩스·전화 또는 이와 유사한 방법 중 어느 하나의 방법으로 해야 한다. <개정 2018. 9. 27., 2019. 9. 27., 2020. 3. 4.>

2. 제한의 목적과 제한되는 기본권

1) 제한의 목적: 시민의 알 권리 보장을 통한 생명권과 건강권의 보장

환자 동선 공개의 목적은 환자와 동선이 겹치지만 신원을 알 수 없는 접촉자가 있을 경우, 개인들이 스스로 접촉 가능성을 알고 적절한 대책을 세울 수 있도록 하기 위한 알 권리 보장에 있다.[1]

알 권리란 정보원에 접근하여 필요한 정보를 수집할 수 있는 자유, 국가가 가진 정보를 공개하여 달라고 청구할 수 있는 권리 등을 말한다.[2] 이러한 측면에서 알 권리는 자유권, 청구권, 생활권적 성격을 동시에 가지고 있다. 민주사회에서 국민의 자기 지배를 관철하거나 국가에 민주적 정당성을 투입하기 위해서는 국가가 가진 정보에 자유롭게 접근할 수 있어야 한다. 그리고 정보사회에서 직업 활동을 성공적으로 수행하고 자신의 인격을 자유롭게 실현하기 위해선 자기에게 필요한 정보를 자기 목적에 맞게 이용할 수 있어야 한다. 이러한 환경이 조성되기 위해서는 정보원에 접근하여 필요한 정보를 수집할 수 있는 자유인 정보접근권(access right, right to access)이 필요하다. 나아가 개인이 국민으로서 당연히 알아야 할 일반적으로 접근 가능한 정보

를 가지고 있는 경우 그 정보를 수집하기 위해서는 국가에 그 공개를 청구할 수 있는 정보공개청구권이 주관적 공권으로 인정되어야 한다.[3] 따라서 알 권리는 일반적 정보공개청구권을 그 내용으로 한다.

과거 헌법학계에서는 알 권리의 헌법적 근거를 헌법 제21조 표현의 자유에서 구하는 견해, 헌법 제21조와 헌법 제10조 인격권과 행복추구권에서 구하는 견해, 헌법 제21조와 헌법 제10조 인격권과 행복추구권과 헌법 제1조 국민주권원리에서 구하는 견해 등이 제시되어 왔다(김배원, 2006; 정종섭, 2015). 그러나 (i) 알 권리를 주장하는 계기가 언론 · 출판의 자유를 행사하기 위한 것일 때에는 헌법 제21조가 그 근거가 되고, (ii) 알 권리를 주장하는 계기가 재산권, 재판청구권 등 헌법이 보호하는 다른 기본권을 실현하기 위한 수단일 때에는 재산권, 재판청구권과 같이 당해 기본권이 그 근거가 된다고 보는 것이 타당하다.[4][5]

또한, 알 권리는 수단적 권리로서의 성격을 가지고 있다. 예를 들어, 경찰의 가혹행위를 이유로 국가배상청구권을 행사하고 싶은 사람이 수사실의 CCTV 영상자료를 요청하면 그것은 국가배상청구권을 행사하기 위한 수단적 성격의 알 권리를 청구하는 것이다. 동선 공개에 있어서도 마찬가지다. 동선 공개의 목적은 시민의 생명권, 건강권 보장이다. 그리고 동선 공개의 근거가 되는 알 권리는 이 생명권과 건강권의 보장을 위한 수단적 성격의 알 권리이다. 따라서 알 권리의 내용과 범위도 이에 따라 결정되어야 한다.

결국, 동선 공개는 시민의 생명권과 건강권 보장을 위해 필요한 범위 내에서 이루어지면 족하다. 이 범위를 넘은 정보를 공개하는 것은 다른 시민의 기본권을 침해하고, 특정 종교 혐오, 특정 국가 출신 혐오, 특정 성향 혐오 등 사회적으로 불필요한 논란을 야기할 수 있다.

이런 관점에서 보면 법 제6조 제2항의 법문의 표현은 일부 수정이 필요하다. 이에 관해서는 Ⅲ.에서 자세히 서술한다.

2) 제한되는 기본권: 개인정보권

정보사회란 정보가 부를 비롯한 다양한 가치를 창조하는 원동력이 되고, 인간의 주요활동이 정보통신기술(ICT)을 이용하여 이루어지는 사회이다. 이러한 경향이 진전되면서 우리는 업무, 여가 등 삶의 다양한 영역에서 정보통신기술을 활용하여 과거와 비교해 혁신적으로 편리한 생활을 할 수 있게 되었다.[6] 그러나 그 이면에는 이른바 정보사회의 역기능이라고 불리는 문제군이 도사리고 있고 그 대표적인 것이 개인정보 침해의 문제이다. 개인정보 침해에 대한 시민의 불안을 불식시키지 못하면 기술의 발전에도 불구하고 그 기술을 우리 삶에 이용하기 어렵게 된다. 따라서 지능정보사회에서 신뢰 기반을 조성하기 위하여 개인정보의 보호는 매우 중요하다.

그러나 현행 헌법은 이에 대하여 침묵하고 있다. 과거에는 헌법해석적 관점에서 개인정보 보호의 헌법적 근거를 헌법 제17조 사생활의 비밀과 자유, 이에 기반한 정보 프라이버시(informational privacy)에서 구하였다. 그러나 앞으로 살펴보는 것처럼 이 주장은 부적절한 것으로 드러났다. 이에 개인정보의 보호의 헌법적 근거를 '개인정보자기결정권(informational autonomy)'이라는 독자적 기본권에서 구하는 견해가 주장되었고, 우리 헌법재판소에서도 지난 2005년 이러한 견해를 취하였다.[7]

개인정보권이란 개인정보에 관한 일체의 권리 중 헌법에서 보호하는 권리로, 자신에 관한 정보가 언제 누구에게 어느 범위까지 알려지고 이용되도록 할 것인지를 그 정보주체가 스스로 결정하고 이를 통하여 이익을 얻을 수 있는 권리이다.[8]

개인정보권은 상대적으로 제한을 많이 받을 수 있는 기본권이다. 개인정보권의 보호대상인 개인정보는 "개인의 신체, 신념, 사회적 지위, 신분 등과 같이 개인이 인격주체성을 특징짓는 사항으로서 개인의 동일성을 식별할 수 있게 하는 일체의 정보"이므로 여기에는 "개인의 내밀한 영역이나 사사의 영역에 속하는 정보에 국한되지 않고 공적 생활에서 형성되었거나 이미 공개된 정보까지 포함한다."[9] 그리고 현대 정보사회에서 개인정보는 행정서비스와 각종 정보서비스를 이용하기 위하여 필수불가결하게 요구되고 제공되기 때문이다.

한편, 개인정보는 그 내용이 사적 영역에서 형성된 정보냐 공적 생활에서 형성된 정보냐, 공개된 정보냐, 비공개된 정보냐, 스스로 만든 정보냐, 타인에 의해 만들어진 정보냐에 따라 그 제한의 가능성과 범위는 넓은 편차가 있다. 일반적으로는 사적 영역에서 형성된 정보보다는 공적 생활에서 형성된 정보가, 비공개 정보보다는 공개된 정보가, 스스로 만든 정보보다는 타인에 의해 만들어진 정보가 제한 가능성이 더 크다고 판단할 수 있다.

2. 제한의 정당성 판단

1) 판단기준: 기본권 상충 이론? 제37조 제2항에 의한 제한의 정당성 심사

코로나19 환자의 동선 공개를 통해 제한되는 환자의 개인정보권 제한의 정당성 심사를 헌법이론에서 논의되는 기본권 상충 이론을 적용하여 판단하여야 한다는 주장이 있다.[10]

현대 헌법학은, 시민이 국가에게 기본권의 효력을 주장하는 것을 '기본권의 대국가적 효력'만을 인정하는 것을 넘어, 시민 상호간에도 기본권의 효력을 주장할 수 있다는 '기본권의 대사인적 효력'을 해석론으로 인정하고 있다. 그러므로 시민 갑과 시민 을이 서로 자신의 이익을 관철하기 위하여 대립하는 기본권을 주장할 수 있는 가능성이 있다. 이를 기본권의 상충이라고 한다.[11] 이와 같은 기본권의 상충은 입법자가 입법을 통해 1차적으로 해결한다. 그리고 일반법원이 일반 사건을 해결하며 헌법 명령을 법률의 해석에 투입하거나 헌법재판소가 헌법 해석을 하여 보충적으로 해결한다.[12]

이렇게 보았을 때 코로나19 환자의 동선 공개를 통해 제한되는 환자의 개인정보권과 동선 공개를 통해 실현되는 일반 시민의 알 권리의 상충은 입법자가 만든 「감염병관리법」 제34조의2에 의해 1차적으로 결정되었다. 그리고 이와 같은 제34조의2에 의한 코로나19 환자의 개인정보권 제한이 정당한지 여부는 기본권 상충 이론이 아니라 과잉금지 원칙을 중심으로 한 헌법 제37조 제2항에서 제시한 기본권 제한의 요건에 의하여 판단되어야 한다.

우리 헌법은 제37조 제2항에서 "국민의 모든 자유와 권리는 국가안전보장 · 질서유지 또는 공공복리를 위하여 필요한 경우에 한하여 법률로써 제한할 수 있으며, 제한하는 경우에도 자유와 권리의 본질적인 내용을 침해할 수 없다."고 규정하여 제한의 요건과 그 한계를 명시하고 있다. 그러므로 입법자가 기본권을 제한하려면 (i) 제한의 목적이 국가안전보장, 질서유지, 공공복리라는 공익을 위하여 제한하여야 하고(목적의 정당성), (ii) 그 형식이 국민의 대표가 만든 법률이라는 법형식이어야 하고(형식의 정당성), (iii) 그 방법이 과잉금지의 원칙, 명확성의 원칙, 소급입법금지, 신뢰보호원칙 등을 준수하여야 한다(방법의 정당성). 아래에서 차례로 살펴본다. 다만, 이 글은 코로나19 환자의 동선 공개 근거 법률의 위헌성을 판단하는 것이 목적이 아니라 동선 공개가 좀 더 기본권 친화적으로 개선하기 위한 방안을 찾기 위한 것이므로 그러한 취지에 맞게 검토한다.

2) 목적의 정당성의 관점에서 평가와 시사점

환자 동선 공개의 목적은 환자와 동선이 겹치지만 신원을 알 수 없는 접촉자가 있을 경우, 개인들이 스스로 접촉 가능성을 알고 적절한 대책을 세울 수 있도록 하기 위해서이다. 따라서 중대본도 환자의 접촉자를 모두 파악 가능한 경우에는 해당 동선을 공개할 필요가 없다고 하였다.

이렇게 보았을 때 환자 동선 공개가 추구하는 법익은 일반 시민의 알 권리 보호를 통한 생명권과 건강권 보호이다. 이 권리는 한 사람의 시민에게는 사익이지만, 그 사익이 모이면 공익이 된다. 이러한 공익은 헌법 제37조 제2항의 표현에 따르면 공공복리에 해당한다. 따라서 환자 동선 공개는 목적의 정당성을 충족한다.

목적의 정당성과 관련하여 환자 동선 공개가 감염병에 걸린 사람에 대한 응보나 특별 예방 또는 일반 시민에 대한 일반 예방을 위한 제재로서 기능할 수는 없으며 그래서도 안 된다. 이에 관해서는 Ⅲ.에서 자세히 서술한다.

3) 형식의 정당성의 관점에서 평가와 시사점

우리 헌법은 기본권을 제한할 때 “법률로써 제한”하도록 명시하고 있다. 국민의 대표인 국회가 만드는 법형식으로만 기본권을 제한할 수 있도록 한 것이다. 그러나 법률이 기본권 제한의 모든 내용을 규정하는 것은 현실적으로 어렵다. 따라서 이 경우 입법자는 본질적인 내용은 법률로 정하고 그 밖의 사항을 헌법 제75조와 제95조에 따라 행정부에 위임할 수 있다. 이때 위임은 포괄적이어서는 아니 되고 구체적이어야 한다. 이를 위반한 경우 포괄적 위임입법금지의 원칙에 위배되어 위헌이 된다.[13]

이와 같은 관점에서 보았을 때 코로나19 환자의 동선 공개 근거 규정인 법 제34조의2와 시행규칙 제27조의4는 약간의 문제가 있다. 첫째, 제34조의2 제1항은 동선 공개의 주체로 지방자치단체의 장을 명시하고 있지 않다. 둘째, 제34조의2 제4항을 보아서는 이의신청의 절차와 방법 등에 대한 최소한의 윤곽도 파악할 수 없다. 셋째, 법 제34조의2 제4항 보건복지부령에 위임한 사항을 보건복지부령이 충실하게 이행하지 않은 흠이 있다. 넷째, 「확진환자의 이동경로 등 정보공개 지침」을 제정한 것은 바람직하나 이 지침이 행정규칙의 법형식을 취한 것은 아닌 것으로 보인다. 이와 같은 관점에서 문제점과 개선방안은 Ⅲ.에서 자세히 살펴본다.

4) 방법의 정당성의 관점에서 평가와 시사점

과잉금지 원칙이란 당해 조치를 통하여 달성하려고 하는 목적에 비추어 선택한 수단이 지나쳐서는 아니 된다는 원칙을 말한다. 이 원칙은 당해 조치를 통하여 달성하려고 하는 목적에 비추어 선택한 수단이 적합하고(수단의 적합성), 제한받는 시민의 법익을 최소로 침해하며(침해의 최소성), 달성하려고 하는 공익이 침해되는 사익보다 커야 한다(법익의 균형성)는 세 가지 원칙으로 이루어진다. 이 중 어느 하나라도 충족하지 못하면 위헌으로 판단한다.

이에 대해 차례로 검토한다.

첫째, 당해 조치를 통하여 달성하려고 하는 목적에 비추어 선택한 수단이 적합하여야 한다는 수단의 적합성을 충족하였는지 살펴본다.

이미 설명한 것처럼 동선 공개의 목적은 환자와 동선이 겹치지만 신원을 알 수 없는 접촉자가 있을 경우, 개인들이 스스로 접촉 가능성을 알고 적절한 대책을 세울 수 있도록 하기 위해서이다. 따라서 이를 통해서 추구하는 법익은 일반 시민의 알 권리 보호를 통한 생명권과 건강권 보호이다. 그리고 이러한 목적을 달성하기 위해 선택한 수단은 환자 동선 공개이다. 이와 같은 환자 동선 공개는 환자가 어디서 어떻게 이동하여 누구와 접촉했을 가능성이 있는지 일반 시민에게 알려 그와 동선이 겹치는 일반 시민이 환자와 접촉했을 가능성을 알도록 하여 알 권리를 보호하고 이를 통하여 생명권과 건강권을 보호할 수 있는 적절한 수단이다. 이러한 관점에서 동선 공개는 장소 기반으로 위치정보를 이용하여 접촉 가능성 있는 자를 파악한 후 개별 통보를 하는 방법, 사람 기반으로 블루투스 비콘(Beacon)을 이용하여 접촉 가능성 있는 자를 파악 한 후 개별 통보를 하는 방법[14]과 더불어 수단의 적합성을 충족한다.

둘째, 당해 조치를 통하여 달성하려고 하는 목적에 비추어 선택한 수단이 기본권을 제한받는 환자의 법익을 최소로 침해하였는지 살펴본다.

이미 설명한 것처럼 환자와 동선이 겹치지만 신원을 알 수 없는 접촉자가 있을 경우, 개인들이 스스로 접촉 가능성을 알고 적절한 대책을 세울 수 있도록 하는 방법은 동선 공개를 하는 방법 외에 장소 기반으로 위치정보를 이용하여 접촉 가능성 있는 자를 파악한 후 개별 통보를 하는 방법, 사람 기반으로 블루투스 비콘, QR 코드 등을 이용하여 접촉 가능성 있는 자를 파악한 후 개별 통보를 하는 방법이 있다.

동선 공개는 정보가 널리 공개되므로 일반 시민이 접촉 정보를 전파하는 가장 효과적인 방법 중 하나라고 할 수 있다. 특정시간에 특정장소 출입한 자의 정보를 새로 생성하여 관리할 필요가 없다는 것, 기술의존적이지 않아 집행 과정에서 불확실성이 없다는 장점도 있다. 그러나 환자의 개인정보권, 관련자의 영업의 자유 등이 지나치게 제한되는 단점, 일반적으로 공개되므로 관심 없는 자에 대한 인지 가능성이 희박해져 결과적으로 접촉 정보를 전파하는 가장 비효율적인 방법이 될 가능성도 있다.

장소 기반으로 위치정보를 이용하여 접촉 가능성 있는 자를 파악한 후 개별 통보를 하는 방법은 지난 이태원 집단 감염 사태 때 한시적으로 사용된 방법이다. 이 방법은 정보가 제한적으로 공개되는 것이 최대 장점이다. 접촉 정보가 개별적으로 통보가 되므로 접촉 가능성도 더 확실하게 인지 가능한 것도 장점이다. 그러나 특정시간과 특정장소에 출입한 자의 정보를 사후적으로 생성하여 관리하는 것, 개별적으로 통보가 되므로 검사 요구자가 급증할 우려, 기술적 불완전성 등의 단점이 있다.

사람 기반으로 블루투스 비콘, QR 코드 등을 이용하여 접촉 가능성 있는 자를 파악 한 후 개별 통보를 하는 방법도 유력하게 거론된다. 이 방법도 정보가 제한적으로 공개되는 것이 최대 장점이며 접촉 정보가 개별적으로 통보가 되므로 접촉 가능성 더 확실하게 인지 가능한 것도 장점이다. 그러나 특정시간에 특정장소 출입한 자의 정보를 별도로 수집하여 관리하는 것, 세 가지 대안 중 기술적으로 가장 불완전하다는 단점이 있다. 그리고 중앙집권형의 경우 개별적으로 통보가 되므로 검사 요구자가 급증할 우려, 블루투스 비콘형의 경우 기술적으로 불완전하다는 점, 앱설치형의 경우 앱설치를 강제할 수 있는지 법적 검토가 필요하다는 단점이 있다.

세 가지 방법 중 어느 방법이 확진자 개인정보권, 관련자의 영업의 자유 등을 최소로 침해하는지는 현재로서는 분명하게 판단하기 곤란하다. 각 방법은 각기 접촉 가능자의 인지, 통보 또는 공개를 통한 알 권리 충족, 이를 통한 본래 목적 달성의 가능성 등에서 각기 장단점이 있는 것으로 보인다. 이렇게 보았을 때 동선 공개 방법이 피해의 최소성을 위반하였다고 단정하기는 어렵다.

셋째, 달성하려고 하는 공익이 침해되는 사익보다 큰지 살펴본다. 동선 공개를 통하여 달성하려고 하는 일반 시민의 알 권리 보호를 통한 생명권과 건강권 보호라는 공익은 환자의 개인정보권, 관련자의 영업의 자유라는 사익과 비교하여 보았을 때 중요하다고 할 수 있다. 이러한 점에서 법익의 균형성을 충족하고 있다고 판단할 수 있다. 그러나 구체적인 집행 과정에서 양자가 균형을 이루도록 입법부와 행정부는 좀 더 노력하여야 한다. 동선 공개 과정에서 과실로 환자가 다녀간 영업점이 아닌 다른 영업점을 공개하여 당해 영업점이 폐업하는 결과[15]는 집행 과정에서 충분히 막을 수 있었던 것이다. 그리고 이와 같은 사건이 발생한 경우 국가배상을 좀 더 신속하게 받을 수 있도록 「감염병예방법」에서 특별 규정을 마련하고 행정적 조치를 취하는 것도 고려할 수 있다. 동선 공개로 상호가 불가피하게 드러날 수밖에 없는 경우 비례적인 손실 보상이 반드시 필요하다고 볼 수는 없지만 그로 인한 손실을 보전할 수 있는 행정 조치는 적극적으로 취하는 것이 바람직하다.

Ⅲ. 입법과 집행 과정에서 문제점과 개선 방안

위에서 논의한 현행 코로나19 환자 동선 공개 근거 법령과 집행 작용의 문제점과 개선방안을 정리하면 다음과 같다.

1. 동선 공개의 목적에 충실한 공개 범위와 방법의 설정

위에서 서술한 것처럼 환자 동선 공개의 목적은 환자와 동선이 겹치지만 신원을 알 수 없는 접촉자가 있을 경우, 개인들이 스스로 접촉 가능성을 알고 적절한 대책을 세울 수 있도록 하기 위해서이다. 이렇게 보았을 때 환자 동선 공개가 추구하는 법익은 일반 시민의 알 권리 보호를 통한 생명권과 건강권 보호이다. 따라서 동선 공개에서 구체적인 공개 범위는 시민의 생명권과 건강권 보장을 위해 필요한 범위 내에서 이루어지면 충분하다. 이러한 의미에서 동선 공개의 대상이 되는 정보는 일부에서 생각하는 것처럼 "국가가 가진 정보를 되도록 많이 알려라"라는 명제에 해당하는 정보가 아니다. 이 정보는 "시민에게 필요한 정보를 필요한 범위 내에서만 알려라"라는 명제에 해당하는 정보이다. 이 범위를 넘은 정보 공개는 다른 시민의 개인정보권, 영업의 자유 등을 지나치게 제한하고, 특정 종교 혐오, 특정 국가 출신 혐오, 특정 성적 지향 혐오 등 사회적으로 불필요한 논란을 야기할 수 있다.

한편, 환자의 동선 공개로 인해 제한되는 개인정보권은 상대적으로 제한을 많이 받을 수 있는 기본권이다. 동선 공개를 통해 공개되는 구체적인 사항이 사적 영역에서 형성된 정보냐 공적 생활에서 형성된 정보냐, 공개된 정보냐 비공개된 정보냐, 스스로 만든 정보냐 타인에 의해 만들어진 정보냐에 따라 개별적으로 판단하여 공개할 수 있는 사항과 공개되어서는 안 되는 사항을 정해야 한다. 또한 영업의 자유도 상대적으로 제한을 많이 받을 수 있는 기본권이다.

이런 관점에서 동선 공개의 목적에 충실한 공개 범위와 방법을 구체적으로 정해야 한다. 이 점은 언론과 시민단체에서 지속적으로 구체적인 문제가 제기되었으며, 이를 통하여 개선이 되었다. 그럼에도 이와 관련하여 다음과 같은 몇 가지 점은 추가적인 개선이 필요하다.

첫째, 이미 지침 개정하여 성별, 연령, 국적, 거주지, 직장명 등 개인을 특정하는 정보를 공개하지 않도록 하고 있다. 그러나 그 집행과정에서 이와 같은 지침이 적절히 준수되고 있지 않다.[16] 중앙방역대책본부도 언론 브리핑 등을 통해 여전히 성별, 연령, 거주지 등 공개되며, 동선 공개 정보와 결합하여 보도되고 있다. 그리고 환자의 연번(예를 들어, 종로구 XX번)은 다른 정보와 결합하여 개인을 특정할 수 있는 매개 기능을 수행하는 반면 일반 시민이 알 필요가 없는 정보이므로 비공개해야 한다.[17]

둘째, 개별 사례에서 공개 여부 판단을 위하여 법전문가를 보강할 것을 권고한다. 공개 항목과 비공개 항목을 정하더라도 개별 사례에서 개별 항목 공개에 대한 판단이 필요한 경우가 많다. 이러한 경우 개별 항목 공개 여부 판단을 위하여 법전문가를 방역당국에 보강할 필요가 있다. 코로나19 환자가 증가하면 현재 역학조사관이 있지만 그 인력을 증원해야 하는 것처럼 코로나19 환자가 증가하면 이와 같은 업무를 처리할 법전문가가 더 필요하다.

셋째, 시민의 알 권리의 목적에 충실한 운영을 위해서는 법제에 이와 같은 관점이 충실히 반영되어야 한다. 이러한 관점에서 보면 법 제34조의2의 법문은 위와 같은 법리를 잘 반영한 적절한 표현을 사용하였다고 판단할 수 있다. 그러나 제6조 제2항의 법문의 표현은 일부 수정이 필요하다. 국가와 지방자치단체는 "국민의 감염병 예방 및 관리를 위해 필요한 정보를" 신속하게 공개하여야 한다는 표현이 추가되어야 한다.

넷째, 개인별 동선 공개가 아니라 합산 공개 방법으로 변화가 필요하다. 무엇보다 현재 확진자의 연번과 시간대 순으로 동선을 공개하는 방법은 개인 특정의 위험성을 내포할 수 있으므로, 전체 동선을 모아 지도 형태로 공개하는 방법과 같이 근본적인 공개 방법 개선을 제안한다. 또한 자치구별로 하는 동선 공개 방식에서 생활단위인 광역구역별, 지도형태인 경우 전국 단일의 동선 공개 방식을 제안한다.

2. 법률유보 원칙에 충실한 동선 공개

이미 충분히 설명한 것처럼 우리 헌법 제37조 제2항은 기본권을 제한할 때 "법률로써 제한"하도록 법률유보 원칙을 선언하고 있다. 이것은 국민의 대표인 국회가 만드는 법형식으로만 기본권을 제한할 수 있도록 하여 법치주의 원리와 민주주의 원리를 결합하여 국가의 기본권 제한을 엄격히 통제하고자 하기 위한 것이다. 그리고 엄격한 요건을 충족하는 경우에만 이를 위임할 수 있도록 하였다. 이를 위반한 경우 당해 국가작용은 위헌이다.

이와 같은 관점에서 보았을 때 코로나19 환자의 동선 공개 근거 규정인 법 제34조의2과와 시행규칙 제27조의4는 약간의 문제가 있다. 첫째, 제34조의2 제1항[18]은 동선 공개의 주체로 지방자치단체의 장을 명시하고 있지 않다. 이러한 상황에서 현재와 같이 지방자치단체의 장이 환자 동선 공개를 하는 것은 기본권을 제한할 때 "법률로써 제한"하도록 명시하도록 한 헌법 제37조 제2항에 충실하지 못하다. 법률에 명시적인 근거를 마련하여야 한다.[19] 둘째, 제34조의2 제4항[20]을 보아서는 이의신청의 절차와 방법 등에 대한 최소한의 윤곽도 파악할 수 없다. 그리고 이의신청의 절차와 방법은 방역 상황에 따라 수시로 변하는 성질의 것도 아니다. 심지어 현행 시행규칙 제27조의4를 보아도 매우 구체화되어 있지 않다. 둘째, 법 제34조의2 제4항 보건복지부령에 위임한 사항을 보건복지부령이 충실하게 이행하지 않은 흠이 있다.[21] 결론적으로 제4항이 포괄적 위임입법금지 원칙 위반이어서 위헌이라고 말할 정도는 아니지만, 현행 시행규칙 중 제27조의4 제1항 정도의 수준은 법률에서 직접 규정하고, 시행규칙에서는 정보공개와 이의 신청에 관한 사항 좀 더 자세히 규정하는 것이 바람직하다. 셋째, 이미 서술한 것처럼 필자의 학회 발표 이후 중앙방역대책본부에서는 2020년 10월 7일 「확진환자의 이동경로 등 정보공개 지침」을 제정하여 환자 동선 공개 업무를 개선하였다. 매우 의미 있고 바람직한 방향이다. 그러나 이 지침이 행정규칙의 법형식을 취한 것은 아닌 것으로 보인다. 그 형식을 봐도 그렇고, 법제처의 국가법령정보센터의 행정규칙에서도 검색되지 않는 것을 보면 그렇게 판단된다. 이것을 보건복지부장관이 제정하는 행정규칙 형식으로 전환하는 것이 바람직하다. 또한

이 내용 중 법률, 시행령, 시행규칙 등 법규로 규정되어야 할 사항은 검토를 거쳐 법규의 내용으로 포함하는 것이 타당하다.

3. 알 권리의 목적을 달성할 수 있는 다른 기술적 방법으로 점차 대체

법과 제도는 사회문제를 해결하기 위한 다양한 수단 중 하나에 불과하다. 하버드 로스쿨의 로렌스 레식(Lawrence Lessig) 교수는 「코드」에서 정보통신영역에서 사회문제가 발생했을 때 그것에 영향을 미치는 원인과 사회가 이를 해결하기 위해 동원할 수 있는 수단에는 법, 법을 제외한 다른 사회규범, 시장, 구조(architecture), 구조를 결정하는 기술 등이 있다고 주장하며, 특정 사회문제 해결을 위하여 어떤 수단을 써야 할지를 결정할 때는 모든 수단을 선택지에 올려놓고 그 문제에 가장 적절하고 유효한 하나의 수단 또는 여러 개의 수단을 동시에 사용할 것을 주장하였다.[22]

감염병 예방과 관리에 있어 시민의 알 권리를 충족시키는 것 또한 그러하다. 이미 설명한 것처럼 환자와 동선이 겹치지만 신원을 알 수 없는 접촉자가 있을 경우, 개인들이 스스로 접촉 가능성을 알고 적절한 대책을 세울 수 있도록 하는 방법은 동선 공개를 하는 방법 외에 장소 기반으로 위치정보를 이용하여 접촉 가능성 있는 자를 파악한 후 개별 통보를 하는 방법, 사람 기반으로 블루투스 비콘, QR 코드 등을 이용하여 접촉 가능성 있는 자를 파악 한 후 개별 통보를 하는 방법이 있다. 위 세 가지는 서로 배타적인 것이 아니다. 병행하여 사용할 수 있다. 따라서 일반 시민의 알 권리 보호를 통한 생명권과 건강권 보호라는 목적을 달성하기 위하여 이를 적절히 병행하는 방법을 고려하여야 한다. 이를 위하여 다양한 방법에 대한 좀 더 과학적인 분석이 추가되어야 한다.

4. 법의 한계와 이를 보완하기 위한 교육, 홍보 등의 병행

방역당국이 일반 시민을 대상으로 동선 공개 업무를 어떻게 수행하였는지 보고하고 평가하는 이른바 '동선 공개 투명성 보고서' 같은 형식의 백서를

제작하는 것도 입법과 집행 과정에서 신뢰성을 높이며 그 문제점을 찾고 개선하는데 도움이 될 것이다.23

그리고 동선 공개의 목적을 교육하고 홍보하여 언론과 다른 시민이 동선 공개의 목적 이외로 기사를 작성하거나 댓글을 작성하지 않도록 유도하는 노력도 병행되어야 할 것이다. 이것은 방역당국의 몫이 아니라 학계와 언론계의 몫이다. 이러한 노력에도 불구하고 문제가 상당 시간 계속된다면 매우 제한적으로 법적인 수단을 동원할 수도 있다.

한편, 환자 동선 공개가 감염병에 걸린 사람에 대한 응보나 특별 예방 또는 일반 시민에 대한 일반 예방을 위한 제재로서 기능할 수는 없으며 그래서도 안 된다. 제재를 부과하기 위해서는 사전에 작위 의무이든, 부작위 의무이든 의무부과가 전제되어야 하는데, 감염병에 걸리는 것과 관련해서 이런 의무 부과를 생각하기는 어렵다. 모든 확진자에게 감염병에 걸리지 않을 의무를 부과하고 이를 위반했을 때 제재하여야 하는데 그런 의무가 법적 의무가 될 수 없음은 명확하다. 규범적으로는 너무나 당연한 말이지만 환자 동선 공개와 관련된 언론 기사와 그 댓글을 보며 이와 같은 점을 명확히 하기 위해 부언한다.

Ⅳ. 결 론

이 글은 코로나19 환자의 동선 공개의 현황과 문제점을 공법이론적으로 검토하고 개선 방안을 제시하는 것을 목적으로 하였다. 이러한 목적을 달성하기 위하여 우선 법제 현황을 살펴보고, 이를 공법이론적 관점에서 분석하였다(Ⅱ). 그리고 법제의 문제점을 정리하고 이에 대한 개선방안을 제시하였다(Ⅲ).

이상의 논의를 간략히 정리하면 다음과 같다.

「감염병예방법」 제34조의2 등 현행 동선 공개의 근거 법령은 환자와 접촉 가능성 있는 시민의 알 권리를 보호하여 궁극적으로 일반 시민의 생명권과 건강권을 보호하기 위한 매우 선진적인 입법이다. 그런데도 환자와 접촉 가능성이 있는 시민의 생명과 건강을 위한 알 권리의 보장이라는 목적에 충실하도록 법령의 일부 개선이 필요하다. 집행은 더 많은 개선이 필요하다. 이를 위해서는 우선 동선 공개의 목적을 좀 더 분명히 하고, 이러한 목적을 달성하기 위해서 동선 공개의 대상이 되는 정보는 일부에서 생각하는 것처럼 "국가가 가진 정보를 되도록 많이 알려라"라는 명제에 해당하는 정보가 아니라 "시민에게 필요한 정보를 필요한 범위 내에서만 알려라"라는 명제에 해당하는 정보라는 점을 분명히 할 필요가 있다. 한편, 동선 공개로 제한되는 기본권인 개인정보권도 상대적으로 제한을 많이 받을 수 있는 기본권이며, 개인정보의 내용, 이미 공개 여부, 생성 주체 등에 따라 법적으로 다층적으로 평가되어 달리 취급될 수 있다는 점을 분명히 하여야 한다. 이러한 헌법이론적 검토를 바탕으로 코로나19 환자의 동선 공개의 근거가 되는 법령과 집행작용을 검토하여 보니, 헌법 제37조 제2항에서 요구하는 기본권 제한의 요건 중 형식요건과 방법 요건의 관점에서 일부 개선하여야 할 점이 있다는 것이 밝혀졌다. 동선 공개의 목적에 충실한 공개 범위와 방법을 찾아 입법과 집행작용을 개선할 필요가 있다. 무엇보다 아직 기술적으로 불완전하긴 하지만 동선 공개의 목적을 달성하는데 동선 공개 외에 장소 기반으로 위치정보를 이용하여 접촉 가능성 있는 자를 파악한 후 개별 통보를 하는 방법, 사람 기반으로 블루투스 비콘, QR 코드 등을 이용하여 접촉 가능성 있는 자를 파악 한 후 개별 통보를 하는 방법 등이 있다는 점을 인식하고 이를 좀 더 과학적인 분석하고 평가하여 동선 공개와 병행하여 사용할 것을 권고한다.

미주

* 이 글은 지난 2020년 8월 7일 사단법인 한국공법학회와 사단법인 오픈넷이 주최한 "감염병예방법상 정보제공요청과 정보인권" 제목의 세미나에서 필자가 발표한 "감염병예방법 제34조의2에 대한 공법이론적 검토"를 수정 · 보완한 글입니다.

** 한국교원대학교 교수.

1 참여연대, http://www.peoplepower21.org/PublicLaw/1693910(2020. 7. 20. 최종 방문).

2 전광석, 「한국헌법론」, 집현재, 2021, 379쪽; 김하열, 「헌법강의」, 박영사, 2018, 454쪽.

3 문재완, 「잊혀질 권리」, 집문당, 2016.

4 전광석, 앞의 책, 379-380쪽.

5 이상 알 권리에 관해서는 정필운, "정보기본권 신설 동향과 지향-새로운 미디어 환경을 헌법은 어떻게 수용하여야 하는가?-", 「미디어와 인격권」 제4권 제1호, 2018, 24-26쪽에서 발췌하였다.

6 한국산업사회학회 엮음, 「사회학」, 한울아카데미. 2004.

7 헌재 2005. 5. 26. 99헌마513 · 2004헌마190(병합).

8 이상 개인정보권에 관해서는 정필운, 앞의 글, 2016, 12-14쪽에서 발췌하였다.

9 헌재 2018. 8. 30. 2014헌마843.

10 지능정보화법제도 포럼 2021년 5월 월례발표회(2020. 5. 21.) 당시 토론 과정에서 토론자.

11 정필운 집필 부분, 한국인의 법과 생활, 박영사, 2021.

12 김하열, 앞의 책, 254쪽.

13 이상 전광석, 앞의 글, 743쪽.

14 이에 관해서는 이의진, "COVID-19추적조사를 위한 ICT기술개발 동향", 한국인공지능법학회 주최 학술대회 발표집, 2020.6.25.

15 중앙일보, 2020년 7월 7일 인터넷기사(https://news.v.daum.net/v/20200707154724273, 2020. 7. 18. 최종 방문)

16 이에 대해서는 개인정보보호위원회에서도 보도자료를 통해 지적한 바 있다.

17 필자가 발표 당시 제기하였던 연번 공개 문제는 발표 이후 어느 정도 해소된 것으로 보인다.

18 발표 당시 해당 조항의 내용은 다음과 같다.
「감염병예방법」 제34조의2(감염병위기 시 정보공개) ① 보건복지부장관은 국민의 건강에 위해가 되는 감염병 확산으로 인하여 「재난 및 안전관리 기본법」 제38조 제2항에 따른 주의 이상의 위기경보가 발령되면 감염병 환자의 이동경로, 이동수단, 진료의료기관 및 접촉자 현황 등 국민들이 감염병 예방을 위하여 알아야 하는 정보를 정보통신망 게재 또는 보도자료 배포 등의 방법으로 신속히 공개하여야 한다. 다만, 공개된 사항 중 사실과 다르거나 의견이 있는 당사자는 보건복지부장관에게 이의신청을 할 수 있다.
② 제1항에 따른 정보공개의 범위, 절차 및 방법 등에 관하여 필요한 사항은 보건복지부령으로 정한다. [본조신설 2015. 7. 6]

19 필자가 발표 당시 제기하였던 이 문제는 발표 이후 법률의 개정을 통하여 해결되었다.

20 「감염병예방법」 제34조의2(감염병위기 시 정보공개) ④ 제1항 및 제2항에 따른 정보공개와 이의신청의 범위, 절차 및 방법 등에 관하여 필요한 사항은 보건복지부령으로 정한다.

21 법 시행규칙 제27조의4(감염병위기 시 정보공개 범위 및 절차 등) ① 질병관리본부장은 법 제34조의2 제1항에 따라 정보를 공개하는 경우에는 감염병 위기상황, 감염병의 특성 및 역학적 필요성을 고려하여 공개하는 정보의 범위를 결정해야 한다. <개정 2020. 6. 4.>
② 법 제34조의2 제2항에 따라 서면으로 이의신청을 하려는 사람은 별지 제18호의5서식의 정보공개 이의신청서를 질병관리본부장에게 제출해야 한다. <개정 2020. 6. 4.>

22 로렌스 레식 저, 김정오 역, 「코드: 사이버공간의 법이론」, 나남, 1999, 391쪽 이하.

23 이진규, "코로나19와 동선 공개, 그리고 프라이버시", 지능정보화법제도 포럼 2021년 5월 월례발표회 발제문, 2020. 5. 21.

10

「감염병예방법」 제76조의2 정보제공요청의 문제와 개선 방향

「감염병예방법」 제76조의2 정보제공요청의 문제와 개선 방향*

김 가 연**

Ⅰ. 문제제기

2020년 우리 정부의 코로나19 대응은 이동제한이나 전면봉쇄(lockdown)와 같은 조치 없이도 확산을 억제하는 데 성공했다는 점에서 방역 모범국으로 다른 국가의 벤치마킹의 대상이 되었다. 국제사회에서는 K-방역 성공의 가장 큰 요인을 철저한 확진자 접촉 추적(contact tracing)과 동선 공개에 있다고 긍정적으로 평가함과 동시에 프라이버시 침해 문제를 지적한다. 이러한 배경에는 고도의 기술에 기반을 둔 감시사회와 사생활 침해에 상대적으로 둔감한 문화가 있음은 부인할 수 없는 사실이다. 세계 1위의 스마트폰 보급률을 자랑하는 한국에는 전 국민에게 태어날 때부터 고유식별번호를 부여하고 만 17세 이상 국민의 열 손가락 지문정보를 보관 · 전산화하는 주민등록제도가 있고, 전국 곳곳에 촘촘하게 설치된 CCTV를 통해 수많은 개인영상정보가 수집되고 있으며, 일상생활의 대부분이 추적이 가능한 신용카드, 체크카드, 교통카드 등에 의해 이루어진다. 또한 이렇게 축적된 개인정보와 위치정보를 방역당국과 수사기관이 법원의 영장이나 허가 없이 제공받을 수 있는 절차도 마련되어 있으며, 스마트시티 기술을 활용한 '코로나19 역학조사 지원시스템'도 운영 중이다. 독일의 주요 일간지 '디 벨트(Die Welt)'에서 한국의 방역시스템을 '한국식 추적 체계'라고 지칭할 만큼[1] K-방역은 어쩌면 한국에서만 가능한 K-감시체계일지도 모른다.

코로나19의 예방과 확산 차단에 있어 확진자의 동선 추적과 정보 공개가 어느 정도 효과가 있었음을 부정하기는 어렵다. 그러나 문제는 그 과정에서 과도한 개인정보의 수집 및 공개로 인한 심각한 인권 침해가 야기되었다는 것이다. 대표적으로 작년 5월 이태원 클럽 확진자 발생 사건에서는 민감정보인 확진자의 성적 성체성이 부각되었고, 접촉자를 확인하는 과정에서 통신사가 휴대폰 기지국 접속정보를 통해 파악한 무려 1만 명이 넘는 사람들의 이름, 전화번호, 집주소 등 개인정보가 방역당국에 제공되었다.[2] 이에 대해 민변 디지털정보위원회, (사)오픈넷, (사)정보인권연구소, 진보네트워크센터, 참여연대는 정보제공행위와 관련 법조항에 대해 헌법소원을 청구한 바 있다.[3] 역학조사 과정에서 이루어지는 개인정보 수집의 근거 규정인 「감염병예방법」 제76조의2 정보제공요청 조항이 제기하는 헌법적 문제를 살펴보고 그 개선 방향을 제시해보고자 한다.

Ⅱ. 「감염병예방법」 제76조의2에 대한 분석

1. 제76조의2의 연혁

2015년 메르스(MERS, 중동호흡기증후군)가 유행하던 당시 보건복지부에서 메르스 관련 병원 등 정보의 공개를 거부하고 있는 상황에서 이재명 성남시장이 메르스 1차 양성판정자의 거주지, 직장, 자녀의 학교명 등을 자신의 SNS를 통해 공개한 바 있다. 그러나 정보공개에 대한 법적 근거가 없어 많은 논란이 야기되었다.[4] 정부는 첫 메르스 확진자가 발생한 2015년 5월 20일 이후 18일 만인 6월 7일에 환자 발생병원, 경유병원 등의 정보를 공개했는데, 이러한 정보공개 지연이 메르스 확산의 원인이었다는 비판이 거셌다. 이를 계기로 법률 제13392호로 2015년 7월 6일 개정되고 2016년 1월 7일부터 시행된 「감염병의 예방 및 관리에 관한 법률」(이하 "「감염병예방법」")에 정보공개에 관한 규정인 제34조의2와 함께 방역당국이 감염병환자 등에 관한 정보의 제공을 요청할 수 있도록 하는 규정인 제76조의2가 신설되었다. 당시 수많은 「감염병예방법」 개정안이 발의되었는데, 제76조의2는 2015년 6월 12일 이명수 의원이 대표발의한 안에 포함되어있던 조항이다. 동 조항에 대해 국회 보건복지위원회 전문위원은 "진료기록부 등의 자료를 요청할 수 있도록 하는 것은 「의료법」 제21조와 함께 논의되어야 할 것이며, 감염병환자등 이외에 감염이 우려되는 사람의 위치정보까지 수집 가능하도록 하는 것은 행동의 자유 및 개인정보의 자기결정권 차원에서 바람직한지에 대한 검토도 있어야 할 것"이라는 의견을 제시한 바 있다.[5] 이후 이명수의원안은 보건복지위원장의 대안에 반영되어 폐기되었으며 위원장 대안이 2015년 6월 25일 국회 본회의를 통과했다.[6] 제76조의2는 2020년 코로나19 대응 과정에서 수 차례 개정되어 현재 조항에 이르게 되었다.

2. 제76조의2의 내용

「감염병예방법」 제76조의2 제1항에 의하면 질병관리청장 또는 시 · 도지사는 감염병 예방 및 감염 전파의 차단을 위하여 필요한 경우 관계 중앙행정기관의 장, 지방자치단체의 장, 공공기관, 의료기관 및 약국, 법인 · 단체 · 개인에 대하여 감염병환자등[7] 및 감염병의심자에 관한 정보 제공을 요청할 수 있으며, 요청을 받은 자는 이에 따라야 한다. 제공 요청 대상 정보는 성명, 주민등록번호, 주소 및 전화번호(휴대전화번호 포함) 등 인적사항(제1호), 처방전 및 진료기록부등(제2호), 출입국관리기록(제3호) 그리고 이동 경로를 파악하기 위해 대통령령으로 정하는 정보(제4호)이며, 「감염병예방법」 시행령 제32조의2는 "대통령령으로 정하는 정보"를 신용카드 · 직불카드 · 선불카드 사용명세(제1호), 교통카드 사용명세(제2호), 영상정보처리기기를 통하여 수집된 영상정보(제3호)로 구체화하고 있다. 제76조의2 제2항에 의하면 질병관리청장, 시 · 도지사 또는 시장 · 군수 · 구청장은 감염병 예방 및 감염 전파의 차단을 위하여 필요한 경우 감염병환자등 및 감염병의심자의 위치정보를 경찰관서의 장에게 요청할 수 있다. 이러한 요청을 받은 경찰관서의 장은 「위치정보의 보호 및 이용 등에 관한 법률」 제15조 및 「통신비밀 보호법」 제

3조에도 불구하고 개인위치정보사업자와 전기통신사업자에게 위치정보를 요청할 수 있고, 사업자는 정당한 사유가 없으면 이에 따라야 한다. 이로 인해 방역당국은 확진자나 접촉자의 GPS 기반 위치정보 등을 당사자의 동의나 법원의 허가 없이 제공받을 수 있게 되었다.

아울러, 질병관리청장은 위와 같이 수집한 정보를 관련 중앙행정기관의 장, 지방자치단체의 장, 국민건강보험공단 이사장, 건강보험심사평가원 원장, 보건의료기관 등에 제공할 수 있고(동조 제3항), 정보제공을 받은 자는 감염병 관련 업무 이외의 목적으로 정보를 사용할 수 없으며, 업무 종료 시 지체 없이 파기하고 질병관리청장에게 통보해야 한다(동조 제6항). 질병관리청장, 시 · 도지사 또는 시장 · 군수 · 구청장은 수집된 정보의 주체에게 수집과 제공 사실 등을 통지해야 한다(동조 제7항). 그리고 제76조의2 제1항을 위반하여 질병관리청장 또는 시 · 도지사의 요청을 거부하거나 거짓자료를 제공한 의료기관 및 약국, 법인 · 단체 · 개인이나 제76조의2 제2항을 위반하여 경찰관서의 장의 요청을 거부하거나 거짓자료를 제공한 자는 1년 이하의 징역 또는 2천만 원 이하의 벌금에 처해진다(제79조의2 제3호, 제4호).

3. 다른 법과의 관계

"개인정보"란 "살아 있는 개인에 관한 정보"로서 "성명, 주민등록번호 및 영상 등을 통하여 개인을 알아볼 수 있는 정보", "해당 정보만으로는 특정 개인을 알아볼 수 없더라도 다른 정보와 쉽게 결합하여 알아볼 수 있는 정보", 그리고 가명정보를 말하며, 「감염병예방법」 제76조의2에 의해 수집되는 정보는 모두 개인정보에 해당된다고 할 수 있다. 개인정보의 수집을 포함해 처리와 보호를 규율하는 일반법은 「개인정보 보호법」이다. 그러나 「개인정보 보호법」 제6조는 "개인정보 보호에 관하여는 다른 법률에 특별한 규정이 있는 경우를 제외하고는 이 법에서 정하는 바에 따른다"고 하고 있어, 감염병 대응 과정에서의 개인정보 처리는 「감염병예방법」이 우선적으로 적용되고 「감염병예방법」에 특별한 규정이 없는 경우에는 여전히 「개인정보 보호법」이 적용된다. 또한 「감염병예방법」 제76조의2 제8항[8]은 정보를 제공받은 자가 「감염병예방법」의 규정을 위반하여 해당 정보를 처리한 경우에는 「개인정보 보호법」을 따르도록 규정하고 있으므로, 제공받은 개인정보를 목적 외로 이용하거나 업무 종료 즉시 파기하지 않을 경우에는 「개인정보 보호법」 제71조 제2호와 제73조 제1호의2 등의 벌칙 조항이 적용될 수 있다. 그런데 제8항은 "제3항과 제4항에 따라 정보를 제공받은 자"에 대하여만 규정하고 있어 제1항과 제2항에 따라 개인정보와 위치정보를 제공받은 질병관리청 등에 대해서는 적용되지 않는다고 해석된다. 이 경우 당연히 「개인정보 보호법」이 적용되어야 할 것인데, 이러한 측면이 「감염병예방법」에 명확하게 규정되어 있지 않다.[9]

한편 「개인정보 보호법」 제58조 제1항 제3호는 "공중위생 등 공공의 안전과 안녕을 위하여 긴급히 필요한 경우로서 일시적으로 처리되는 개인정보"의 경우 「개인정보 보호법」 제3장부터 제7장까지의 적용을 제외하고 있다.[10] 이에 대해 '공중위생 등 공공의 안전과 관련 있는' 코로나19 관련 개인정보 처리에 대해서는 동 조항에 의해 정보주체의 권리 보장과 안전에 관한 규정인 제3장부터 제7장까지의 법 규정이 효력을 상실하게 되므로 개선이 필요하다는 견해와,[11] 이 조항은 '일시적으로 처리되는 개인정보'에 적용되기 때문에 코로나19 대응 과정에서의 개인정보 처리에는 「감염병예방법」이 적용되어 해당사항이 없고, 다만 이 조항의 적용 범위를 명확하게 하는 방향으로 개정될 필요가 있다는 견해가 있다.[12]

제76조의2 제2항은 방역당국이 필요한 경우 감염병환자 및 감염병의심자의 위치정보를 경찰관서의 장에게 요청할 수 있다고 하고 있다. 요청을 받은 경찰관서의 장은 「위치정보의 보호 및 이용 등에 관한 법률」(이하 "위치정보법") 제15조[13] 및 「통신비밀 보호법」 제3조[14]에도 불구하고 개인위치정보사업자와 전기통신사업자에게 위치정보를 요청해 제공받을 수 있다. "위치정보"는 "이동성이 있는 물건 또는 개인이 특정한 시간에 존재하거나 존재하였던 장소에 관한 정보로서 「전기통신사업법」 제2조제2호 및 제3호에 따른 전기통신설비 및 전기통신회선설비를 이용하여 수집된 것"이고, "개인위치정보"는 "특정 개인의 위치정보"로서 위치정보만으로는 특정 개인의 위치를 알 수 없는 경우에도 다른 정보와 용이하게 결합하여 특정 개인의 위치를 알 수

있는 것을 포함한다. 제76조의2 제2항에서 말하는 위치정보는 감염병환자 및 감염병의심자의 '개인위치정보'로서 「개인정보 보호법」의 적용대상인 개인정보에도 해당하지만, 「위치정보법」이 특별법으로 우선적용된다. 또한 이태원 사건에서 접촉자 추적에 이용되었던 기지국 접속정보나 GPS 등의 위치정보는 「통신비밀 보호법」상 '통신사실확인자료'에도 해당한다. 그런데 「위치정보법」 제15조 제1항 제3호는 "다른 법률에 특별한 규정이 있는 경우"를 규정하고 있는 반면, 「통신비밀 보호법」 제3조 제1항은 「통신비밀 보호법」, 「형사소송법」, 「군사법원법」만을 제한적으로 열거하고 있어 개정이 필요하다.[15]

4. 비교법적 검토

1) 국제인권기준

국제인권기준은 감염병 위기 상황에도 인권의 보장을 최우선 가치로 두어야 하고, 공중보건 보호를 이유로 한 인권의 제한이 적법하고, 필요하며, 비례적으로 이루어질 것을 강조하고 있다. 안토니오 구테레스 유엔사무총장은 2020년 4월 23일 코로나19와 인권 정책보고서[16]의 발간을 알리는 영상 메시지에서 "모든 긴급 조치는 적법하고, 비례적이며, 필요하고, 비차별적이어야 하며, 구체적인 핵심사항 및 기간을 갖추고, 공중 보건 보호를 위한 가장 덜 침해적인 방식을 취해야 한다"고 강조했다.[17] 정책보고서는 권고 사항으로 "코로나-19 대응책의 일환으로 감시용 신기술에 대한 안전장치가 있어야 한다. 예를 들어 제한된 용도 및 충분한 사생활 및 데이터 보호가 이에 해당된다"고 설시했다.[18] 유엔인권최고대표사무소(UN OHCHR)는 『COVID-19 인권보호지침(COVID-19 Guidance)』[19]에서 프라이버시에 관하여 "보건 모니터링은 개인의 행동과 이동을 감시하고 추적하는 수단을 포함한다. 그러한 감시와 모니터링은 공중보건이라는 특정 목적과 특별히 연관되어야 하고 그 목적에 맞게 사용되어야 하며 특정 상황에서 요구되듯이 그 기간과 범위 또한 제한적이어야 한다. 정부나 기업들이 공중보건 위기와 무관한 목적으로 사적인 정보들을 수집하는데 이러한 조치들을 남용하지 않도록 보장하기 위한 강경한 보호 장치를 시행해야 한다"고 밝혔다.[20] 유엔경제사회이사회(UN Economic and Social Council)는 1984년에 시라쿠사 원칙[21]을 채택하여 '공중보건'을 포함해 기본권을 제한할 수 있는 구체적인 조건과 근거를 제시하였다. 세계보건기구(WHO)는 2002년 발간한 『건강과 인권에 관한 25가지 질문과 답변』에서, 공중보건 목표 달성을 위해 인권을 간섭하는 일은 최후의 방편으로만 가능하며, 시라쿠사 원칙에 따른 조건들이 충족되는 경우에만 정당화될 수 있다고 한 바 있다.[22] 유엔 경제적 · 사회적 · 문화적 권리 위원회(UN Committee on Economic, Social and Cultural Rights)는 2020년 4월 6일 채택된 성명서[23]에서 "감염병 퇴치를 위한 당사국의 조치는 모든 인권을 보호하기 위해 합리적이고 비례해야 한다"고 강조하면서, "본질적으로, 그러한 조치는 코로나-19로 발생한 공중보건 위기 극복을 위해 필요하고, 합리적이며, 비례적이어야 한다. 감염병 해결을 위해 당사국이 채택한 비상조치와 권한은 남용되어서는 안 되며, 공중보건 보호를 위해 더 이상 필요하지 않을 시 즉각 해제되어야 한다"고 권고했다.[24] 국제 시민사회는 휴먼라이츠워치, 국제앰네스티, 액세스나우 등이 연명한 공동성명서에서 코로나19에 대응하는 정부의 조치가 인권 침해적인 감시체제를 대폭 확대하기 위한 도구로 사용되어서는 안 되며, 개인과 집단을 추적하고 감시하는 디지털 기술이 절대적으로 인권을 존중하며 이행될 것을 각국 정부에 촉구했다.[25]

2) 지역별 또는 국가별 현황

각 국의 개인정보 감독기구는 코로나19 위기 상황에서의 개인정보 처리의 원칙을 발표하고 있는데, 「개인정보 보호법」이 감염병 위기 대응을 위한 개인정보 처리를 가로막는 것은 아니며 여전히 개인정보보호원칙이 적용된다는 것이 대체적인 입장이다.[26] 유럽연합의 개인정보 감독기구인 유럽개인정보보호이사회(EDPB, European Data Protection Board)는 2020년 3월 19일 채택한 성명에서 GDPR과 같은 개인정보보호원칙은 준수되어야 하며 개인정보처리자는 정보주체의 개인정보를 보호해야 한다고 하면서, 모바일에 기반을 둔 위치정보는 원칙적으로 익명화한 뒤 처리해야 하며, 개인의 위치추적(tracking)과 같이 익명화하지 않은 위치정보의 처리는 아주 예외적인 상황에서만 허용될 수 있다고 밝혔다.[27] 이후 4월에는 위치정보와 접촉추적앱 사용에 관한 가이드라인을 발표하고 위치정보 익명화, 최소수집, 암호화, 식별자 가명화 등의 원칙 준수를 권고하였다.[28] 독일에서는 보건당국이 코로나19 확진자와 접촉자의 휴대전화 정보를 활용하기 위한 법 개정을 추진하여 휴대전화 위치정보를 방역에 활용하려는 시도가 있었다. 하지만 이에 대한 시민사회의 거센 비판에 직면하자 독일 정부는 휴대전화 위치정보를 파악할 수 있는 앱을 개발해 배포하되, 앱 설치는 강제하지 않는 방향으로 후퇴했다고 한다.[29]

이렇듯 우리나라의 「감염병예방법」 제76조의2처럼 방역당국의 광범위한 개인정보 수집과 처리를 허용하고 있는 법제는 찾아보기 어렵다. 예를 들어 영국이나 미국에서 제정된 코로나19 관련 법령은 주로 위기 극복을 위한 정부 지원 조치에 관한 내용을 담고 있다.[30] 특히 국가기관이 정보주체의 의사에 반하여 영장없이 강제적으로 과거의 위치정보를 수집할 수 있는 상시적 법제를 갖춘 나라는 싱가포르 정도이며, 이스라엘은 총리의 긴급명령을 통해 첩보기관인 신베트(Shin Bet)에게 확진자 동선 추적 권한을 부여한 바 있는데, 2020년 4월 26일 이스라엘 대법원은 동 긴급명령에 대해 위헌 결정을 내렸으며[31] 결정 취지에 따라 3개월 기간의 한시법이 발의되었다.[32]

Ⅲ. 확진자에 대한 역학조사 및 접촉자 추적 방식

확진환자(이하 "확진자")에 대한 역학조사를 통해 감염원을 추적하고 접촉자를 격리하게 되므로, 역학조사 방식을 살펴보면 「감염병예방법」 제76조의2에 따른 정보제공요청이 구체적으로 어떻게 이루어지는지를 알 수 있다. 역학조사관은 확진자를 통해 증상 발생일, 동선, 감염원 및 감염경로, 증상 발생일 14일전 활동력 등을 조사하게 된다. 먼저 확진자 인터뷰를 통해 동선 등 기본적인 정보를 파악하고,[33] 의료진 및 가족 인터뷰가 추가적으로 이루어지기도 한다. 조사 단계에서 파악된 정보의 보완이 필요하다고 판단되는 경우, 의무기록, 핸드폰 위치정보, CCTV, 신용카드 기록 등 보다 객관적인 정보를 수집 · 확인하게 된다. 이렇게 수집된 정보를 바탕으로 확인된 접촉자는 보건교육, 증상모니터링과 함께 자가격리 조치를 받게 되며, 추가 감염을 막기 위해 확진자의 동선은 홈페이지 등을 통해 공개하고 있다. 역학조사를 통해 확진자의 동선과 감염경로를 중심으로 확인된 가족, 동거인 등 접촉자들은 확진환자 최종접촉일 다음날부터 최대 잠복기(14일) 동안 자가격리하며, 코로나19 의심증상이 발생하는지에 대한 모니터링을 받게 된다.[34]

확진자가 치솟는 상황에서 수작업에 기반한 확진자 동선 파악으로 인한 과부하(일손 부족), 확진자의 동선 허위 진술 등으로 인한 역학조사 및 방역체계의 구멍 발생 등으로 인해[35] 정부는 2020년 3월 26일 '코로나19 역학조사 지원시스템'(이하 "지원시스템")을 도입했다. 국토교통부, 과학기술정보통신부, 질병관리본부 협업으로 경찰청, 여신금융협회, 3개 통신사(SKT, KT, LGU+), 22개 신용카드사 간 협력체계를 구성하여 운영 중인 지원시스템은 「감염병예방법」에 따른 역학조사 절차를 자동화했으며, 이에는 대규모 도시데이터를 수집 · 처리하는 스마트시티 연구개발 기술을 활용했다. 이 시스템을 통해 확진자 면접조사 결과를 보완하고 빅데이터의 실시간 분석으로 확진자 이동동선과 시간대별 체류지점을 자동으로 파악할 수 있어, 코로나19 상황 초기에 평균 하루 이상이 소요되었던 이동동선 도출 등 역학조사 분석시간이 10분 이내로 줄어들었다고 한다.[36] 정보의 수집 및 통합이 자동화 · 간소화되었기 때문이다.[37] 이로써 방역당국은 확진자 1명당 하루 평균 약 2천 건에 달하는 수초 단위의 기지국 기반 위치정보와 카드결제 건에 대한 결제 일시 및 가맹점 주소 정보로 파악한 카드결제 내역 기반 위치정보를 수집할 수 있게 되었다.[38] 2020년 7월 1일부터는 전자출입명부시스템(KI-Pass)이 연계되어 코로나19 역학조사 지원시스템을 통해 역학조사에 필요한 시설 출입이력 확인이 가능해졌다.[39]

정부는 지원시스템의 법적 근거로 「감염병예방법」 제18조, 제18조의4 그리고 제76조의2를 들고 있지만, 이는 지원시스템의 법적 근거라기보다는 역학조사를 통한 개인정보 수집 및 처리의 근거 규정이라고 할 것이다.[40] 2020년 9월 29일 「감염병예방법」 개정을 통해 제40조의5 감염병관리통합정

그림 1 [코로나19 역학조사 지원시스템 운영체계][42]

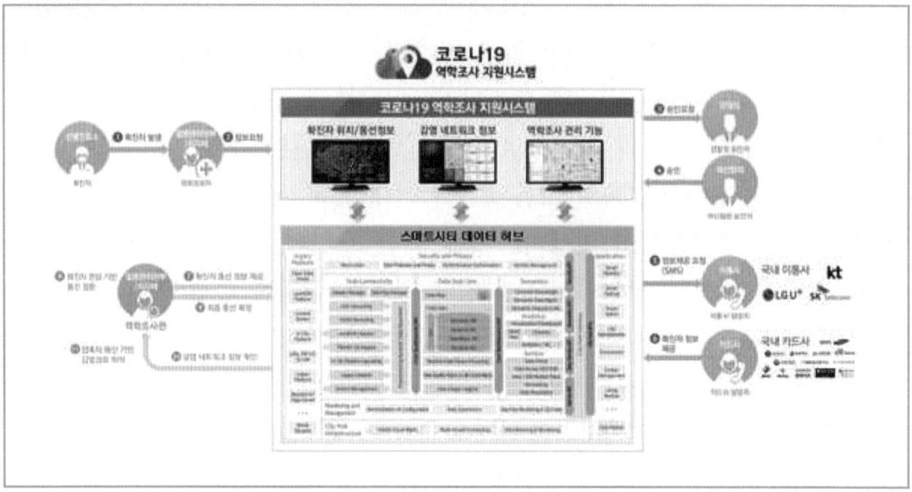

보시스템의 근거 규정을 별도로 신설한 것처럼 지원시스템 역시 별도의 법적 근거를 마련할 필요가 있다.[41]

코로나19 대응 과정에서 감시로 인한 프라이버시 침해가 우려되는 나라가 한국만은 아니다. 세계 각국에서 위치추적, 안면인식 등 고도의 감시기술을 이용하고 있다. 하지만 한국처럼 광범위한 개인정보 수집 · 활용 제도와 정교한 추적시스템을 갖춘 나라는 찾아보기 어렵다. 유럽, 미국 등 다수의 국가는 한국에서는 사용되고 있지 않은 자발적으로 설치하는 접촉자 추적 앱(contact tracing app)을 통한 모바일 접촉 추적 방식을 선호하고 있다. 아마도 다른 나라에서는 역학조사를 할 수 없을 정도로 많은 확진자가 발생하고 프라이버시 중시를 이유로 정밀한 접촉자 추적이 힘든 반면 한국은 개인정보 수집과 감시 기술을 통해 앱을 사용하지 않고도 접촉자를 찾아낼 수 있기 때문일 것이다.[43]

추적 방식은 크게 네트워크 기반 추적 방식과 블루투스 기반 추적 방식으로 나뉘는데, 네트워크 기반 추적 방식은 이통사를 통해 기지국 접속정보 등 Cell ID 기반 위치정보를 얻거나 앱을 통해 GPS 기반 위치정보를 얻는 방식이다. 한국처럼 강제적인 네트워크 기반 추적 방식을 택한 나라는 이스라엘과 중국 정도밖에 없는 것으로 나타나고 있다. 블루투스 기반 추적 방식은 중앙집중형(centralized)과 분산처리형(decentralized)으로 나뉘며, 네트워크 기반 추적 방식보다 덜 침해적이라고 평가된다. 싱가포르(TraceTogether), 호주(COVIDSafe), 그리고 프랑스, 독일, 이탈리아 등 EU 국가(EU PEPP-PT), 미국, 뉴질랜드 등의 국가가 블루투스 기반 추적 방식 앱을 개발해 제공하고 있다.[44]

Ⅳ. 「감염병예방법」 제76조의2의 헌법적 문제와 개선 방향

1. "대통령령으로 정하는 정보"의 포괄위임금지원칙 위반

「감염병예방법」 제76조의2 제1항 제4호는 정보제공요청 대상을 "그 밖에 이동경로를 파악하기 위하여 대통령령으로 정하는 정보"라고 규정하고 있어, 포괄위임금지의 원칙에 반할 소지가 있다. 정보주체의 의사와 무관하게 이동경로를 파악하기 위해 제3자에게 제공 요청을 하고 제3자에게 그 요청에 따른 제공을 의무화하는 것은 개인정보자기결정권의 제한이며, 이동경로를 파악할 수 있는 정보 가운데 개인을 식별할 수 있는 각종 정보는 개인정보자기결정권의 행사에 있어서 본질적 사항이라고 할 수 있으므로 해당 개인정보가 무엇인지는 법률에서 직접 규정하는 것이 바람직하기 때문이다.[45] 위임을 하는 경우에도 「헌법」 제75조에 따라 법률에 이미 대통령령으로 규정될 내용 및 범위의 기본사항이 구체적으로 규정되어 있어서 누구라도 당해 법률로부터 대통령령에 규정될 내용의 대강을 예측할 수 있어야 한다. 더욱이 제76조의2 제1항을 위반하여 요청을 거부하거나 거짓자료를 제공한 자는 처벌되므로(제79조의2 제3호), 동 조항은 형벌법규의 구성요건에도 해당하는데, 형벌법규 내지 처벌법규의 위임은 특히 긴급한 필요가 있거나 미리 법률로써 자세히 정할 수 없는 부득이한 사정이 있는 경우에 한정되어야 하고, 이러한 경우일지라도 법률에서 범죄의 구성요건은 처벌대상인 행위가 어떠한 것일 거라고 이를 예측할 수 있을 정도로 구체적으로 정해야 한다

는 것이 확립된 헌법재판소의 입장이다.[46]

그런데 「감염병예방법」 제76조의2 제1항 제4호 문언만 볼 때는 감염병환자나 의심자의 이동경로를 파악할 수 있는 정보 가운데 어떤 정보가 대통령령에서 구체화될 것인지 전혀 가늠하기 어렵다. 참고로 「재난 및 안전관리 기본법」(이하 "재난안전법") 제74조의3 제1항 제2호는 재난피해자등의 이동경로 파악 및 수색 · 구조를 위한 정보로서 「개인정보 보호법」 제2조 제7호에 따른 영상정보처리기기를 통하여 수집된 정보(가목), 「대중교통의 육성 및 이용촉진에 관한 법률」 제2조 제6호에 따른 교통카드의 사용명세(나목), 「여신전문금융업법」 제2조 제3호 · 제6호 및 제8호에 따른 신용카드 · 직불카드 · 선불카드의 사용일시, 사용장소(재난 발생 지역 및 그 주변 지역에서 사용한 내역으로 한정한다)(다목), 「의료법」 제17조에 따른 처방전의 의료기관 명칭, 전화번호 및 같은 법 제22조에 따른 진료기록부상의 진료일시(라목)를 구체적으로 명시하고 있다. 「감염병예방법」과 「재난안전법」의 목적과 각 조항의 내용이 대동소이함을 고려할 때 「감염병예방법」상 이동경로를 파악하기 위한 정보를 대통령령으로 위임해야 할 긴급할 필요가 있거나 미리 법률로 자세히 정할 수 없는 부득이한 사정이 있었다고 보기는 어렵다. 따라서 시행령에서 열거하고 있는 정보들을 제76조의2 제1항 제4호에 직접 규정하는 것이 포괄위임금지원칙 위반 소지를 없애는 바람직한 개선 방향이라고 할 것이다.

2. "감염병의심자"의 명확성원칙 위반

「감염병예방법」 제76조의2는 "감염병환자등 및 감염병의심자"에 관한 개인정보와 위치정보를 요청할 수 있는 근거 규정이다. 이 중 "감염병의심자"는 2020년 3월 4일 동법이 개정될 때 새롭게 추가되었다. 「감염병예방법」 제2조[47]에 의하면 "감염병환자등"은 감염병환자(제13호), 감염병의사환자(제14호), 병원체보유자(제15호)이며, "감염병의심자"는 감염병환자등과 접촉하거나 접촉이 의심되는 사람(이하 "접촉자"라 한다)(가목), 검역관리지역 또는 중점검역관리지역에 체류하거나 그 지역을 경유한 사람으로서 감염이 우려되는 사람(나목), 감염병병원체 등 위험요인에 노출되어 감염이 우려되는 사람

(다목)을 포함한다.

동 조항은 감염병환자등 및 감염병의심자의 개인정보자기결정권 등 기본권을 제한하는 내용이며 형벌법규의 구성요건이므로 죄형법정주의에서 파생되는 명확성의 원칙을 준수해야 한다. 법규범이 명확한지 여부는 예측가능성 및 자의적 법집행 배제가 확보되는지 여부에 따라 판단하게 된다.[48] 감염병의심자 중 감염병환자등과 실제로 접촉한 사람의 경우에는 접촉시간, 장소, 형태, 마스크 착용 여부 등에 따라 동선 추적의 필요성이 인정될 수도 있다. 또한 감염병환자등과 접촉한 것이 명확하지 않더라도 접촉이 이루어졌을 개연성이 객관적으로 현저한 사람이 있을 수 있다. 하지만 '접촉이 의심되는 사람'이라는 문구 때문에 동선 추적의 대상이 되는 감염병의심자의 범위를 제한적으로 해석하기 어려우며, 감염병환자등과의 접촉이 의심되는 사람에 국한되는 것인지 아니면 감염병환자등을 접촉한 자와의 접촉이 의심되는 사람까지 포함하는 것인지도 불명확하다. 나아가 '의심되는'이라는 문구 자체도 추상적이어서 구체적으로 어떤 사람이 동선 추적의 대상이 되는지 모호하다. 이로 인하여 방역당국이나 지방자치단체의 장 또는 경찰관서의 장이 감염병의심자의 범위를 자의적으로 판단하여 대다수 국민의 동선을 추적할 가능성을 배제하기 어렵다.[49] 이렇게 예측가능성이나 자의적 법집행 배제가 확보되지 않으므로 제76조의2 중 '감염병의심자' 부분은 명확성원칙에 반할 소지가 크다.

'감염병의심자' 범위의 불명확성으로 인해 제76조의2 정보제공요청의 대상이 되는 정보주체가 무한정 확대될 수 있으며, 이는 사실상 모든 국민에 대한 감시를 허용하는 결과로 이어질 수 있다. 그 실제 사례가 2020년 5월 이태원 클럽 확진자 발생 당시 접촉자 내지 접촉의심자를 파악하기 위해 행해진 기지국 접속정보 확인이다. 이태원 클럽에서 확진자가 발생하자 서울시와 방역당국은 이동통신 3사에게 접촉자 정보를 요청했고, 이통사들은 4월 24일부터 5월 6일까지 매일 자정에서 새벽 5시 사이에 이태원 클럽 주변의 17개 기지국에 30분 이상 접속한 총 1만 905명의 개인정보를 제공한 바 있다.[50] 해당 확진자가 클럽을 방문한 날은 5월 2일 새벽이었는데 왜 2주간의 정보를 요청했는지는 알려진 바 없다. 기지국의 반경은 수십미터에서 수키로

미터에 이르기도 한다는 점에 비추어볼 때, 결과적으로 2주 동안 이태원 인근을 방문한 모든 사람들이 감시의 대상이 된 것이다. 이태원 클럽 사례 이전에도 구로콜센터 집단감염, 동대문 PC방, 서래마을 와인바 사례에서 기지국 접속정보가 제공된 바 있고, 최대 2만여명이 참석한 것으로 추정되는 2020년 8월 15일 보수단체의 광화문 집회 사례에서도 기지국 접속정보가 방역당국에 제공되었다.[51]

이렇듯 기지국 접속정보 처리의 근거가 된 '감염병의심자'는 그 범위가 행정주체의 자의적 판단에 따라 정해지고 있는데, 「감염병예방법」의 적용대상이 되는 국민들은 법적 안정성과 예측가능성을 담보할 수 없는 상황에서 개인정보자기결정권에 대한 제한을 받아들여야 하는 상황이다. 따라서 '감염병의심자'의 정의에서 '접촉이 의심되는 사람' 부분을 삭제하거나 혹은 동법 제76조의2에 의해 동선 추적 등의 대상이 되는 인적 범위를 보다 명확하게 규정할 필요가 있다. 방역당국의 자의적인 판단을 감독할 수 있는 절차나 기구가 필요하다는 의견도 있다.[52]

3. 개인정보자기결정권 등 기본권 침해

1) 제한되는 기본권

개인정보자기결정권은 자신에 관한 정보가 언제 누구에게 어느 범위까지 알려지고 또 이용되도록 할 것인지를 그 정보주체가 스스로 결정할 수 있는 권리로서, 「헌법」 제10조 제1문에서 도출되는 일반적 인격권 및 헌법 제17조의 사생활의 비밀과 자유에 의하여 보장된다. 개인정보자기결정권의 보호대상이 되는 개인정보는 개인의 신체, 신념, 사회적 지위, 신분 등과 같이 개인의 인격주체성을 특징짓는 사항으로서 그 개인의 동일성을 식별할 수 있게 하는 일체의 정보이고, 그러한 개인정보를 대상으로 한 조사 · 수집 · 보관 · 처리 · 이용 등의 행위는 모두 원칙적으로 개인정보자기결정권에 대한 제한에 해당한다.[53] 「감염병예방법」 제76조의2가 확진자 등의 개인정보자기결정권을 제한하는 조항임은 분명하다. 이태원 클럽 사건에서 기지국 접속정보 제공을 당한 청구인을 대리하여 헌법소원을 청구한 시민사회단체들은 기지국 정보 처리 행위와 제76조의2 제1항과 제2항에 대해 개인정보자기결정권 외에도 통신의 자유, 사생활의 비밀과 자유, 일반적 행동자유권의 침해도 주장한 바 있다. 아래에서는 편의상 개인정보자기결정권 침해 위주로 살펴보고자 한다.

2) 과잉금지원칙 위반

「헌법」 제37조 제2항에 의해 국민의 기본권은 국가안전보장 · 질서유지 또는 공공복리를 위하여 필요한 경우에 한하여 법률로써 제한할 수 있다고 하여 기본권 제한에 관한 과잉금지의 원칙을 천명하고 있다. 국민의 개인정보자기결정권 등을 제한하는 「감염병예방법」 제76조의2가 과잉금지원칙에 반한다면 이는 위헌적인 기본권 침해로서 허용되지 않는다.

먼저 감염병 예방 및 감염 전파의 차단을 위하여 필요한 경우 확진자 등의 정보를 제공받는 것은 공공복리와 질서유지라는 기본권 제한의 목적에 합치하므로 목적의 정당성은 인정된다고 할 수 있다. 또한 역학조사에 의한 확진자 동선의 추적은 감염병의 발생과 유행 방지에 효과적인 수단이 될 수 있으므로 방법의 적절성도 인정된다. 다만 이태원 사건의 경우와 같은 기지국 접속정보 수집 및 처리에 대해서는 비판이 있다. 즉 기지국 정보의 수집을 통해 감염병의 전파가 효율적으로 방지되었다는 객관적 자료나 통계 등은 어디에서도 찾아볼 수 없으며, 기지국 정보의 수집 등 처리가 감염병의 전파를 효율적으로 방지한 수단임이 입증되지 않는 이상, 적절한 수단이 아니라는 것이다.[54]

방법의 적절성이 인정된다고 하더라도 정보주체의 개인정보자기결정권을 덜 제한하면서도 그 목적을 달성할 수 있는 다른 방법이 존재한다면 피해의 최소성을 충족하기 어렵다. 여기서 코로나19 확진자 등의 동선을 추적하거나 공개하는 방법을 동원하지 않고도 코로나19의 예방과 확산 방지에 효과를 거둔 외국의 사례를 참고할 수 있겠으나,[55] 나라마다 감염병 전파의 양상이나 확산 원인, 방역당국의 역량, 감염병에 대한 국민의 인식 등에 있어서 차이가 있으며 이동권 등에 대한 제한이 결코 프라이버시에 대한 제한보다 가볍지 않음을 고려할 때 선불리 판단하기는 어렵다. 다만 헌법재판소가 위헌으로 판단한 기지국 수사[56]와 유사한 기지국 접속정보의 수집은 1) 보충성을 기지국 정보의 수집 등 처리를 허용할 수 있는 요건으로 규정하는 방안, 2) 법원의 허가 또는 전문가로 구성된 위원회의 심의 등을 통해 기지국 정보의 수집 등 처리의 필요성을 심사하는 방안 등이 기본권을 덜 제한하는 방법으로서 고려될 수 있을 것이다. 또한 앞서 보았듯이 '감염병의심자'의 범위가 너무 광범위하여 접촉하였을 것이 "의심"되는 사람까지 정보제공요청의 대상이 되는 것은 명확성원칙 위반일 뿐만 아니라 정보주체의 기본권에 대한 과도한 제한으로 과잉금지원칙에 어긋난다.[57] 그리고 이렇게 국민의 기본권에 대한 침해가 그것이 달성하고자 하는 공익을 능가하는 경우에는 법익의 균형성이 충족되지 않는다.

과잉금지의 요청은 「개인정보 보호법」 제3조의 '개인정보 보호 원칙'으로 구체화되고 있다. 즉 목적 명확화의 원칙, 데이터 최소화의 원칙, 적법하고 정당한 수집의 원칙(제1항), 목적 구속의 원칙(제2항), 정확성, 완전성 및 최신성의 원칙(제3항), 안전성의 원칙(제4항), 처리공개 및 열람권 등 보장의 원칙(제5항), 사생활침해 최소의 원칙(제6항), 익명 또는 가명처리의 원칙(제7항), 책임 및 신뢰의 원칙(제8항) 등이다. 방역당국이 「감염병예방법」 제76조의2에 따라 개인정보 처리할 때 이러한 요청을 준수해야 할 것이다.[58]

4. 위치정보 수집 시 영장주의 문제

「감염병예방법」 제76조의2에 의한 정보제공요청은 그 성질상 개인정보나 위치정보에 대한 압수 · 수색에 유사한 행정조사라고 할 수 있다. 행정조사란 행정기관이 사인(私人)으로부터 행정상 필요한 자료나 정보를 수집하기 위하여 행하는 일체의 작용을 말하며, 「행정조사기본법」 제2조는 "행정조사"를 "행정기관이 정책을 결정하거나 직무를 수행하는데 필요한 정보나 자료를 수집하기 위해 현장조사 · 문서열람 · 시료채취 등을 하거나 조사대상자에게 보고요구 · 자료제출요구 및 출석 · 진술요구를 행하는 활동"이라고 규정하고 있다(제1호).

이러한 행정조사에 대해서도 영장주의가 적용되는지에 대해서 행정조사가 형사소추절차가 아니라는 이유만으로 영장주의를 배제할 수 없으므로 영장을 필요로 하나 영장을 기다려서는 적시에 적정한 조사를 할 수 없는 경우에는 예외가 인정된다는 견해,[59] 헌법상 압수 · 수색을 하는 경우 법관이 발부한 영장을 제시하도록 하였으므로 행정조사를 위한 압수 · 수색에도 영장을 발부받아야 한다는 견해,[60] 「헌법」 제16조에 영장주의를 규정하였으므로 행정조사에도 영장주의를 적용시켜야 하나 행정조사의 특성을 무시할 수 없어 행정조사 목적달성에 불가피하다고 인정되는 합리적인 사유가 있는 경우에 한하여 영장주의 적용이 배제된다는 견해[61] 등이 있다.[62] 정리하면 원칙적으로는 영장주의가 적용되지만, 긴급한 상황 등에서 영장 발부를 기다린다면 행정조사의 목적을 달성할 수 없는 경우 영장이 요구되지 않는다고 보는 것이 다수설인데, 행정조사가 실질적으로 형사책임추급을 목적으로 하는 경우에는 영장이 필요하다는 견해도 있다.[63]

코로나19 발생이라는 긴급한 상황과 신속한 확산 방지라는 목적에 비추어 보면 제76조의2 정보제공요청은 영장주의의 예외에 해당할 수 있으나, 제76조의2 제2항은 수사기관의 요청에 의한 위치정보 수집을 규정하고 있어 영장주의 위반 가능성이 제기된다. 경찰이 위치정보 제공의 매개 역할을 하도록 규정하면서 형사책임추급을 목적으로 정보를 취득할 수 있는 통로를 열어놓았기 때문이다. 더욱이 동선에 대해 사실대로 말하지 않는 것이 「감염병예방법」상 범죄로 규정됨에 따라[64] 위치정보 취득행위와 범죄수사를 구분하기가 어렵게 되었다. 위치정보는 「통신비밀 보호법」상 통신사실확인자료에 해당하므로, 이에 대한 수사기관의 요청은 「통신비밀 보호법」에 준하여 법원의 허가를 받도록 개선하는 것이 바람직하다고 보인다.

V. 결 론

2020년 K-방역의 성공은 신속한 진단 검사 및 격리, 투명한 정보 공개, 국민들의 마스크 착용과 사회적 거리두기 등 방역지침에 대한 능동적 준수,

성숙한 시민문화, 선진적 의료체계 및 건강보험제도 등 여러 요인에 기인한다고 할 것이다. 다만 가장 중요한 요인으로 주목받은 촘촘한 역학조사 및 확진자 동선 공개에 대해서는 투명성 제고와 국민의 알권리 충족이라는 긍정적 평가와 과도한 프라이버시 침해라는 부정적 평가가 공존한다. 다른 나라처럼 전면적 봉쇄나 이동 제한 조치를 취하지 않고서도 코로나19 확산을 1년 넘게 통제가능한 수준으로 억제하고 있는 것은 괄목할만한 성과이지만, 방역 과정에서 세계에서 유일무이한 철저한 동선 추적과 공개가 어느 정도 효과가 있었는지, 프라이버시에 대한 제한을 최소화할 수 없었는지에 대한 성찰이 필요하다고 보인다.

특히 2015년 메르스 대응 당시 정부의 불투명성에 대한 반성으로 「감염병예방법」 제34조의2 정보공개 조항과 함께 도입된 제76조의2 정보제공요청 조항은 충분한 공론화나 논의과정 없이 급하게 법제화되면서 애초부터 많은 헌법적 문제를 안고 있었다. 「개인정보 보호법」 등 타법과의 관계에서부터 시작해 여기서 지적한 포괄위임금지원칙 위반 문제, 명확성원칙 위반 문제, 개인정보자기결정권 등 기본권 침해 문제, 영장주의 위반 문제뿐만 아니라 수집된 개인정보에 대한 관리 · 감독과 파기 문제 등은 빠른 시일 내에 개선이 필요하다. 제76조의2 개정에 있어서는 개인정보 보호의 주무부처인 개인정보보호위원회가 주도적인 역할을 담당해야 할 것이다.

미주

* 이 글은 지난 2020년 8월 7일 한국공법학회와 사단법인 오픈넷이 주최한 제3회 코로나19, 공법학의 과제 포럼에서 필자가 발제한 내용을 수정 보완한 글이다.

** 트위터코리아 공공정책 총괄 상무.

1 권건보, "감염병 위기 대응과 정보인권", 공법학연구 제21권 제3호, 한국비교공법학회, 2020. 8, 10면.

2 머니투데이, "1만905명…그날 이태원서 핸드폰 들고 있던 사람들 다 찾았다", 2020. 5. 12.

3 (사)오픈넷, "코로나 19 관련 이태원 기지국 접속정보 처리에 대한 헌법소원 청구", 2020. 7. 30. https://opennet.or.kr/18515 (2021. 3. 31. 최종접속).

4 서울신문, "이재명 성남시장, 메르스 환자 정보 공개 "찬반 양론 거세" 도대체 왜?", 2015. 6. 7.

5 국회 보건복지위원회, "감염병의 예방 및 관리에 관한 법률 일부개정법률안 검토보고", 2015. 6., 94-95면.

6 보건복지부, "감염병에 신속 · 적절하게 대처하기 위한 「감염병예방법」 개정 법률안 국회 본회의 통과", 2015. 6. 26.

7 「감염병예방법」 제2조에 의하면 "감염병환자등"은 감염병환자(제13호), 감염병의사환자(제14호), 병원체보유자(제15호)를 말한다.

8 제76조의2(정보 제공 요청 및 정보 확인 등) ⑧ 제3항 및 제4항에 따라 정보를 제공받은 자가 이 법의 규정을 위반하여 해당 정보를 처리한 경우에는 「개인정보 보호법」에 따른다.

9 (사)정보인권연구소, "코로나19와 정보인권", 이슈리포트 정보인권 통권 제9호, 2020. 11., 10면.

10 제58조(적용의 일부 제외) ① 다음 각 호의 어느 하나에 해당하는 개인정보에 관하여는 제3장부터 제7장까지를 적용하지 아니한다.
3. 공중위생 등 공공의 안전과 안녕을 위하여 긴급히 필요한 경우로서 일시적으로 처리되는 개인정보

11 이근옥, "'정보공개법'상 개인정보 보호와 공익의 조화: 코로나19 팬데믹하에서의 프라이버시 침해를 중심으로", 한국언론정보학보 통권 103호, 한국언론정보학회, 2020. 10., 152면.; 김선량, "감염병환자 등 및 감염병의심자에 대한 정보수집 및 감염병환자의 정보공개와 개인정보 보호", 언론과 법 제19권 제3호, 한국언론법학회, 2020. 12., 22-23면.; 이주희, "코로나 19 시대의 개인정보보호방안에 관한 연구", 과학기술과 법 제11권 제2호, 2020. 12., 313-314면.; 이준복, "코로나바이러스(COVID-19) 팬데믹 사태의 합리적 대응을 위한 법적 고찰:감염병 환자의 정보 활용 범위에 대한 제언", 강원법학 제61권, 강원대학교 비교법학연구소, 2020. 10., 250면.

12 (사)정보인권연구소, 앞의 글, 10-11면.

13 제15조(위치정보의 수집 등의 금지) ① 누구든지 개인 또는 소유자의 동의를 얻지 아니하고 당해 개인 또는 이동성이 있는 물건의 위치정보를 수집 · 이용 또는 제공하여서는 아니된다. 다만, 다음 각 호의 어느 하나에 해당하는 경우에는 그러하지 아니하다.
1. 제29조제1항에 따른 긴급구조기관의 긴급구조요청 또는 같은 조 제7항에 따른 경보발송요청이 있는 경우
2. 제29조제2항에 따른 경찰관서의 요청이 있는 경우
3. 다른 법률에 특별한 규정이 있는 경우

14 제3조(통신 및 대화비밀의 보호) ① 누구든지 이 법과 형사소송법 또는 군사법원법의 규정에 의하지 아니하고는 우편물의 검열 · 전기통신의 감청 또는 통신사실확인자료의 제공을 하거나 공개되지 아니한 타인간의 대화를 녹음 또는 청취하지 못한다. 다만, 다음 각호의 경우에는 당해 법률이 정하는 바

에 의한다.
1.~5. 생략

15 임규철, "코로나 바이러스 극복대책 실행 시 개인정보 활용에 대한 비판적 논의", 법학연구 제31권 제4호, 충남대학교 법학연구소, 2020. 11., 95면.

16 UN, COVID-19 and Human Rights: We are all in this together, 2020. 4. 23.

17 UN OHCHR. We are all in this together: UNSG delivers policy brief on COVID-19 and human rights. Statement by UN Secretary-General Antonio Guterres, 2020. 4. 23., https://www.ohchr.org/EN/NewsEvents/Pages/UNSG_HumanRights_COVID19.aspx (2021. 3. 31. 최종접속)

18 국가인권위원회, "COVID-19 국제 인권 규범 모음집", 2020. 5. 30면.

19 UN OHCHR, COVID-19 GUIDANCE, 2020. 4. 27.

20 국가인권위원회, 앞의 글, 39면.

21 Siracusa Principles on the Limitation and Derogation of Provisions in the International Covenant on Civil and Political Rights, Annex, UN Doc E/CN.4/1984/4 (1984).

22 World Health Organization, 25 Questions and Answers on Health and Human Rights, 2002.

23 UN Economic and Social Council, Statement on the coronavirus disease (COVID-19) pandemic and economic, social and cultural rights, E/C.12/2020/1, 2020. 4. 17.

24 국가인권위원회, 앞의 글, 49면.

25 "시민사회 공동성명서: 코로나 사태에 대응하기 위해 디지털 감시기술을 이용하는 국가들은 인권을 존중해야 한다", 2020. 4. 2. https://www.hrw.org/ko/news/2020/04/02/340273 (2021. 3. 31. 최종접속)

26 (사)정보인권연구소, 앞의 글, 7면.

27 EDPB, Statement on the processing of personal data in the context of the COVID-19 outbreak, 2020. 4. 19.

28 EDPB, Guidelines 04/2020 on the use of location data and contact tracing tools in the context of the COVID-19 outbreak, 2020. 4. 21.

29 권건보, 앞의 글, 11-12면.

30 김은진, "영국의 코로나바이러스감염증 관련 법령 및 시사점", 외국입법 동향과 분석 제40호, 국회입법조사처, 2020. 5.; 김준현, "미국 코로나19 위기에 대응한 「CARES Act」의 주요내용과 시사점", 외국입법 동향과 분석 제41호, 국회입법조사처, 2020. 5.

31 HCJ 2109/20 Shachar Ben Meir, Adv. v. Prime Minister (April 26, 2020)

32 박상철, "이동경로 추적 · 공개: 국내외 법적 평가", 'COVID-19에 대한 ICT 기반 대응과 프라이버시' 토론회 자료집, 한국인공지능법학회, AI정책포럼, 2020. 6. 25., 21면.

33 확진환자는 '기초역학조사서'에 인적사항으로 성명, 주민등록번호, 성별, 국적, 거주지 주소, 연락처(보호자 포함), 직업(직장명, 학교명)을 기재해야 하고, 해외 방문력, 확진자 접촉력, 임상증상 및 기저질환 등을 기재해야 한다.

34 중앙방역대책본부 · 중앙사고수습본부, "대한민국 방역체계", http://ncov.mohw.go.kr/baroView2.do?brdId=4&brdGubun=42 (2021. 3. 31. 최종접속)

35 조상연, "감염병 확산 신속 대응을 위한 역학조사 지원 시스템-전자출입명부시스템", 'COVID-19에 대한 ICT 기반 대응과 프라이버시' 토론회 자료집, 한국인공지능법학회, AI정책포럼, 2020. 6. 25., 41면.

36 국토교통부, "스마트시티 기술로 코로나19 확진자 동선 파악이 더 빠르고 더 정확해집니다", 2020. 3. 25. 이에 대해 어떤 역학조사관은 "10분? 그런 거 없어요. 그래도 요즘은 조금 빨라졌어요. 한6시간? 그 전에는 2-3일 걸리기도 해서 그냥 현장조사 나가서 확인하는 게 빨라요"라고 답변했다고 한다. 최

홍조, “감염병과 인권 - 보건 정책적 고려”, ‘COVID-19에 대한 ICT 기반 대응과 프라이버시’ 토론회 자료집, 한국인공지능법학회, AI정책포럼, 2020. 6. 25., 36면.

37 이의진, “COVID-19 추적조사를 위한 ICT 기술개발 동향”, ‘COVID-19에 대한 ICT 기반 대응과 프라이버시’ 토론회 자료집, 한국인공지능법학회, AI정책포럼, 2020. 6. 25., 2면.

38 조상연, 앞의 글, 45면.

39 보건복지부, “전자출입명부(KI-Pass) 안내-지자체용-”, 2020. 7.

40 임규철, 앞의 글, 83면.

41 (사)정보인권연구소, 앞의 글, 16면.

42 국토교통부, “스마트시티 기술로 코로나19 확진자 동선 파악이 더 빠르고 더 정확해집니다”, 2020. 3. 25.

43 (사)정보인권연구소, 앞의 글, 12면.

44 박상철, 앞의 글, 19면.

45 권건보, 앞의 글, 20면.

46 헌재 1991. 7. 8. 91헌가4; 헌재 2008. 7. 31. 2002헌가26 등

47 제2조(정의) 이 법에서 사용하는 용어의 뜻은 다음과 같다.
13. “감염병환자”란 감염병의 병원체가 인체에 침입하여 증상을 나타내는 사람으로서 제11조제6항의 진단 기준에 따른 의사, 치과의사 또는 한의사의 진단이나 제16조의2에 따른 감염병병원체 확인기관의 실험실 검사를 통하여 확인된 사람을 말한다.
14. “감염병의사환자”란 감염병병원체가 인체에 침입한 것으로 의심이 되나 감염병환자로 확인되기 전 단계에 있는 사람을 말한다.
15. “병원체보유자”란 임상적인 증상은 없으나 감염병병원체를 보유하고 있는 사람을 말한다.
15의2. "감염병의심자"란 다음 각 목의 어느 하나에 해당하는 사람을 말한다.
가. 감염병환자, 감염병의사환자 및 병원체보유자(이하 "감염병환자등"이라 한다)와 접촉하거나 접촉이 의심되는 사람(이하 "접촉자"라 한다)
나. 「검역법」 제2조제7호 및 제8호에 따른 검역관리지역 또는 중점검역관리지역에 체류하거나 그 지역을 경유한 사람으로서 감염이 우려되는 사람
다. 감염병병원체 등 위험요인에 노출되어 감염이 우려되는 사람

48 헌재 2005. 6. 30. 2002헌바83 등

49 권건보, 앞의 글, 25면.

50 KBS, “[팩트체크K] ‘이태원 클럽’ 인근 방문자, 어떻게 파악했나?”, 2020. 5. 12.

51 동아일보, “‘폰은 알고 있다’... 광화문 집회 참석자, 기지국 접속 정보로 확인”, 2020. 8. 19.

52 (사)정보인권연구소, 앞의 글, 24면.

53 헌재 2016. 10. 27. 2014헌마709.

54 (사)오픈넷, “코로나 19 관련 이태원 기지국 접속정보 처리에 대한 헌법소원 청구”, 2020. 7. 30., 첨부 헌법소원심판청구서 참조. https://opennet.or.kr/18515 (2021. 3. 31. 최종접속)

55 권건보, 앞의 글, 21면.

56 헌재 2018. 6. 28. 2012헌마191 등

57 서채완, “감염병 위기 속 인권 보장을 위한 입법과제(감염병의 예방 및 관리에 관한 법률의 개정방향을 중심으로)”, 코로나19와 인권: 지켜져야 할 인권원칙과 입법과제 토론회 자료집, 2020. 7. 17. 63면.

58 권건보, 앞의 글, 21면.

59 김동희 행정법 I, 박영사, 2015, 503면.

60 김남진 · 김연태, 행정법 I , 법문사, 2011, 451면; 강의중 외, 행정법, 교학연구사, 2008, 336면.

61 박윤흔 · 정형근, 행정법 강의(상), 박영사, 542면.

62 이재구, 이호용, "수사로 활용될 수 있는 행정조사의 법적 쟁점-실무자의 관점에서-", 법학논총 제35권 제2호, 한양대학교 법학연구소, 2018. 6., 403면에서 재인용.

63 박균성, 행정법론(上)제18판, 박영사, 2019, 559-561면.

64 제79조(벌칙) 다음 각 호의 어느 하나에 해당하는 자는 2년 이하의 징역 또는 2천만원 이하의 벌금에 처한다.
1. 제18조제3항을 위반한 자
제18조(역학조사) ③ 누구든지 질병관리청장, 시 · 도지사 또는 시장 · 군수 · 구청장이 실시하는 역학조사에서 다음 각 호의 행위를 하여서는 아니 된다.
1. 정당한 사유 없이 역학조사를 거부 · 방해 또는 회피하는 행위
2. 거짓으로 진술하거나 거짓 자료를 제출하는 행위
3. 고의적으로 사실을 누락 · 은폐하는 행위

11

감염병 역학조사와 프라이버시의 효용

감염병 역학조사와 프라이버시의 효용*

이 희 정**

Ⅰ. 서

2019년 말 이래 전 세계가 COVID19을 극복하기 위해 노력하고 있다. 그간 '세계화(globalization)' 또는 '세계화와 지방화(glocalization)'가 진행되면서 역할이 축소되는 것으로 보였던 '국가'가 감염병의 치료 및 확산 방지라는 임무를 전담하면서 다시 그 영향력을 강화시키는 계기가 되고 있다. 그간 우리 정부의 COVID19에 대한 적극적인 대응은 'K방역'이라는 명칭을 얻을 정도로 성과를 거두었다. 그 요인은 우리나라의 보건의료제도와 전문 인력, 효율적인 행정체계와 국민의 협력 등 여러 가지가 있지만, 초기부터 채택된 정보통신기술 기반의 방역수단도 그 하나로 평가되고 있다. "검사 · 확진(Test) ⇒ 역학 · 추적(Trace) ⇒ 격리 · 치료(Treat)"라는 3단계의 방역조치는 휴대전화나 신용카드, 모바일 자가진단 또는 격리관리 앱, QR 코드 등을 통해 위치정보, 건강정보와 같은 개인정보를 수집 · 활용하는 활동에 의존하고 있다. 최근에는 백신 접종이 본격화되면서 접종완료자와 미접종자에 대해 방역규칙을 달리 적용하기 위해 백신여권, 백신패스 등에 백신접종에 관한 건강정보를 수집 · 활용하고 있다.

초유의 비상상황에 대응할 국가적 역량이 있다는 점은 다행스럽지만, 국가기관이 이를 계기로 대량의 개인정보를 수집 · 보유하고 이를 통해 방역수칙 준수나 자가격리 위반 방지 등 개인의 행동을 통제하는 데까지 나아가는 것은 위험이 없을지 우려 또한 크다.[1] 그 우려의 핵심에는 국가에 의한 개인의 프라이버시, 개인정보자기결정권, 그리고 자유에 대한 침해의 위험이 있다. 현재 COVID19의 극복은 무엇보다 우선순위가 높은 공익으로 보이지만, 이를 위한 수단이라도 다른 기본권의 본질적 침해나 비례원칙에 위반한 침해는 허용될 수 없다는 헌법적 한계는 준수되어야 한다. 그 한계는 「감염병의 예방 및 관리에 관한 법률('「감염병예방법」'이라 함)」, 개인정보보호에 관한 일반법으로서 「개인정보보호법」 등에 의해 구체화되고 있다. 그러나 메르스 대응의 실패를 거울삼아 2015년 「감염병예방법」상 개인정보의 수집과 공개에 대한 근거를 신설할 때 개인정보 보호에 관한 규정은 미흡하였고, 2020년 COVID19 대응 시 비판을 받으면서 보완 입법이 이루어졌다는 점, 법률의 규정은 여전히 추상적이어서 현실에서 이를 집행하는 데는 다양한 대안들이 존재하므로 그 선택에 있어서는 개인정보보호에 관한 근본적인 가치와 원리를 참조해야 한다는 점을 고려하면, 앞으로 COVID19의 경험을 거울삼아 개인정보보호와 활용을 더 잘 조화시킬 과제가 남아있다.

이미 이와 관련하여 법학계의 연구도 다수 이루어지고 있다.[2] 이러한 연구들에서 취하는 주된 접근은 역학조사와 그 결과 공개 등이 감염병의 예방과 관리에 기여하는 효과와 그로 인해 개인의 프라이버시권이나 개인정보자기결정권에 미치는 영향을 형량하여 개인정보 처리의 합리적 수준을 정하고자 하는 것이다. 이를 헌법상 비례원칙으로 표현하면, 방역조치가 목표한 감염병 관리에 기여할 수 있는 수단인지(적합성), 복수의 수단이 존재한다면 그러한 대안들 중 개인의 프라이버시나 개인정보자기결정권을 가장 덜 침해하는 수단에 해당하는지(필요성), 방역조치의 효과성과 개인정보자기결정권 침해 정도가 적절한 비례관계에 있는지(협의의 비례원칙)를 평가하는 것이다. 예컨대 확진자의 동선을 추적하여 밀접접촉자들을 격리시키고 검사를 받도록 하는 방법이 실제로 코로나 확산방지에 효과가 있는지가 과학적으로 확인되는지 여부, 동선추적을 통한 접촉자들을 개인을 식별하는 데 이르지 않는 수준으로만 확인하는 등 대안이 존재하는지 여부,[3] 밀접접촉자의 동선 공개로 얻은 방역효과와 개인정보자기결정권이 침해됨으로써 발생한 피해의 중요성과 크기를 비교함으로써 특정 조치가 비례원칙에 어긋나는지 검토하는 것이다.

이 글에서는 이러한 형량과정에서 고려할 요소로서 국가기관이 개인의 위치정보나 건강정보를 수집하는 것의 의미와 그로 인한 위험의 본질에 대해 살펴보고자 한다. 비례원칙에 따른 판단은 위와 같은 체계와 구조에 따라 이루어질 수 있지만, 그 핵심은 국가기관에 의한 개인정보의 수집과 공개가 위태롭게 하는 개인의 이익이 얼마나 중요한 의미를 갖는가 하는 실질적이고 총체적인 판단일 것이다. 그렇다면 국가가 침해자로 등장할 때, 다시 말해 국가와의 관계에서 개인의 프라이버시가 갖는 효용이 무엇이라고 볼지, 그것이 얼마나 중요하다고 볼지가 비례원칙에 따른 판단에 매우 큰 영향을 미칠 것은 자명하다. "개인정보보호법이 등장하기 전에 국가에 의한 정보의 수집행위는 주로 '행정조사'의 문제로 다루어졌다. 「감염병예방법」상 역학조사 역시 '행정조사'로서의 성질도 갖는다. 개인정보보호법상 개인정보보호는 상대적으로 처리자나 처리목적 등에 관계없이 보편적인 접근을 하고 있지만, 개인정보처리의 효용과 위험을 제대로 형량하기 위해서는 그 구체적인 맥락 속에서 이를 파악해 보는 것이 유용하다.[4] 「감염병예방법」상 역학조사에 대해 「개인정보보호법」에 비추어 프라이버시나 개인정보가 충분히 보호되고 있는지 검토해 보아야 하지만, 동시에 '행정조사'에 관한 법리 역시 평가에 도움이 될 것이다. 프라이버시는 행정조사활동에 대한 법적 통제를 통해 보호하고자 하는 주된 이익 중 하나이기 때문이다. 이 글에서는 행정조사를 역학조사활동이 갖는 맥락 중 하나로 보고, 행정조사의 법적 통제에 관해 간략히 살펴본 후, 프라이버시 내지 개인정보 보호가 기여할 수 있는 이익에 대해 살펴보고자 한다.

Ⅱ. 행정조사로서 역학조사의 한계

행정조사를 규율하는 일반법인 「행정조사기본법」에 따르면, 행정조사는 "행정기관이 정책을 결정하거나 직무를 수행하는 데 필요한 정보나 자료를 수집하기 위하여 현장조사 · 문서열람 · 시료채취 등을 하거나 조사대상자에게 보고요구 · 자료제출요구 및 출석 · 진술요구를 행하는 활동"을 말한다. 간단히 말하자면, 행정조사는 행정기관이 행정에 필요한 정보를 수집하는 활동인데, 그 목적은 정책을 결정하기 위한 자료를 수집하는 것부터 규제를 집행하기 위해 위반행위가 있는지 조사하는 것까지 모두 포함될 수 있는 매우 넓은 개념이다.

인류가 주변 환경으로부터 오는 장애 또는 위협을 극복하고 생존을 유지해 온 방식은 1차적으로 그 상황 및 이를 극복할 방안에 대한 정보를 수집하고 그에 기초하여 행동하는 것이었다고 말할 수 있다. 개인, 기업과 마찬가지로 국가가 그 역할에 최선의 성과를 내기 위해서는 왜곡되지 않은 다양한 정보를 충분히 확보하여 이에 기초하여 결정을 내리는 것이 필요하다. 최근 부상하고 있는 '증거기반행정', '데이터기반행정' 등의 개념도 새로운 기술환경에서 행정이 더욱 양질의 정보에 기초하여 이루어지길 추구하는 개념이다. 행정조사는 행정기관이 국민을 위해, 그리고 국가공동체의 유지를 위해 수행하는 행정의 기초로 삼을 정보를 수집하는 활동으로 국가행정의 성패에 중요한 역할을 한다.

다른 한편으로 행정조사의 권한은 국가 '권력'의 중요한 부분을 차지한다. 법치행정의 원리상 모든 국가권력의 행사는 기본적으로 법적 통제를 받지만, 최종적인 법적 결정인 '행정처분'에 비해 그 처분에 이르는 과정에서 필요한 정보를 수집하는 행정조사에 대해서는 최근까지 법적 통제가 치밀하게 발전하지 못하였다. 행정작용 중 개인에게 궁극적으로 중요한 것은 최종적인 결정의 내용이고, 일단 결정이 내려지면 그에 이르는 과정은 그 결정에 흡수되는 종속적인 것으로 보았다. 이는 국가의 형사사법권력을 규율하는 형사소송법에서 범죄의 증거를 수집하는 '수사'활동에 대해 상대적으로 엄격한 규정을 두고 있는 것과 대조된다. 이는 1차적으로는 형사사법권력이 행정권력에 비해 '형사처벌'이라는 더 가혹한 물리력의 행사를 수반하는 권력이므로 처벌의 근거인 정보를 수집하는 과정에 대한 통제가 더 절실했기 때문일 수 있다. 다른 한편으로는 행정조사를 수반하는 행정권력의 행사는 법위반행위에 대한 행정제재부터 계획과 정책의 수립에 이르기까지 너무나 다양해서 일률적인 법적 기준을 수립하기 어려웠던 탓도 있는 것으로 보인다. 행정은 공동체가 지향하는 공익 실현을 위해 장래를 향해 형성적인 활동을 하는 것이므로, 과거의 범죄행위를 확인하는 것보다 훨씬 더 많은 문제해결의 선택지가 존재하는 개방된 결정의 장이다. 그러한 결정을 뒷받침하는 정보는 최대한 광범하게 수집되고 판단의 기초로 사용되는 것이 바람직하므로 정보권력 남용의 문제는 '수사'에 비해 심각하지 않다고 보았을 것이다. 수사의 결과 이루어지는 처벌은 피고인에게 그 직접적인 불이익이 집중되는 데 비해, 행정청이 문제해결을 위해 선택하는 조치는 훨씬 더 다양한 사회구성원들에게 여러 단계를 거쳐 파급효과를 발생시키는 점도 정보를 더 널리 수집하는 것이 정당화되는 이유일 수 있다.

그러나 민주주의, 법치주의의 진전과 함께 행정권에 대한 법적 통제의 밀도가 높아지면서 행정조사에 대한 법적 통제도 진전되고 있다. 입법과 사법(司法) 모두에서 그러한 증거를 볼 수 있다. 우선 2007년 행정조사에 관한 일반법인 「행정조사기본법」이 최초로 제정되었다. 주로 행정처분에 대한 구제절차를 정하는 「행정소송법」이 1951년에, 그리고 행정조사와 유사하게 행정처분에 이르는 과정에서의 절차를 정하는 「행정절차법」이 1996년에 제정되었고, 행정청이 취득한 정보에 대해 규율하는 「공공기관의 개인정보보호에 관한 법률」이 1994년에, 「공공기관의 정보공개에 관한 법률」이 1996년에 제정되었다는 점을 감안하면 행정조사에 대한 일반법의 제정은 상당히 늦은 것이라 할 수 있다. 「국세기본법」상 세무조사권한의 남용 금지에 관한 상세한 규정을 제외하면, 개별 행정영역별 법률에서 행정조사의 근거와 증표 제시 등을 넘어 상세한 규정을 둔 경우는 많지 않지만, 점차 증가하고 있다. 다른 한편, 법원에서도 최근 위법한 세무조사나 음주측정에 관한 판례들을 통해 행정조사의 적법성 통제를 강화하는 경향을 보이고 있다. 주로 위법한 세무조사에 근거한 과세처분이나 위법한 음주측정 결과를 토대로 한 운전면허 취소처분을 취소하는 판결인데, 이는 형사재판에서 위법수집증거를 유죄판결의 증거로 삼지 않음으로써 위법수사를 방지하려는 것과 유사하다.[5]

그렇다면, 행정조사라는 행정권력(한)의 행사는 왜 통제되어야 하는가? 행정조사를 받는 사람에게 행정조사의 위험 또는 해악은 무엇인가? 조사의 결과를 기초로 처분이나 어떤 조치가 이루어질 경우, 조사가 부정확하게 이루어진다면 잘못된 결정에 이르게 할 수 있다는 점에서 조사가 정확하게 이루어지도록 통제되어야 한다. 다른 한편 조사결과에 기초한 결정이나 조치와의 관련성 외에 조사행위 자체가 조사대상자에게 미치는 영향은 무엇인가? 조사행위 자체의 영향으로 가장 대표적인 위험은 조사대상자의 프라이버시에 대한 것이다. 행정조사로 인해 조사대상자의 프라이버시가 침해될 경우 어떤 피해가 발생하는가? 사생활에 대한 침해는 그 자체로 헌법 제17조의 사생활에 관한 기본권 침해를 구성하지만, 과연 이는 그 개인에게 어떤 영향을 미치는 것인가? 그리고 이는 개인의 불이익에 그치는가? 아니면 프라이버시의 침해를 받는 개인이 많아지면 그것이 사회나 국가와 같은 공동체에도 불이익을 가져오는가? 이 문제에 대해 Ⅲ.에서 생각해 보기로 한다.

Ⅲ. 프라이버시의 효용

감염병의 예방 · 관리는 '공익'이기도 하지만, 그 공익의 내용에는 잠재적 감염 가능성이 있는 시민들의 건강권 · 생명권이라는 중요한 사익도 포함되어 있다. 국민들이 평상시에는 용인하기 어려운, 자유를 심대하게 제한하는 방역조치를 수인하는 것은 그것이 궁극적으로는 자신과 다른 시민들의 건강과 생명의 유지에 기여할 것으로 보기 때문이다. 기본권의 충돌에 있어서 항상 다른 기본권보다 우위에 있는 특정 기본권을 상정하기는 쉽지 않지만, 건강과 생명이 상당히 우선적 지위에 있는 기본권임은 인정할 수 있다. 따라서 감염병 상황에서는 관련 공 · 사익의 형량에 있어서 공익이 이를 구성하는 시민들의 건강과 생명의 이익과 함께 그 중대성을 크게 인정받게 되므로, 그 반대편에 놓이는 이익, 기본권은 상대적으로 존중받기가 쉽지 않은 불리한 위치에 놓인다.

그런데, 전통적인 기본권으로 확고히 자리매김한 생명권, 재산권과 비교하면 프라이버시는 그 내용이 안정화되고 고정된 권리라고 보기 어려운 점이 있고, 좀더 실체적인 내용을 갖는 다른 권리들을 실현하기 위해 필요한 조건으로 보일 때가 많다. 예컨대, 양심의 자유, 종교의 자유, 표현의 자유 등이 실현되려면 그 전제로서 사적 영역에 대한 존중이 필요하다.[6] 다른 사람들이 지켜보고 있으면 윤리적, 종교적 고민의 과정을 통한 선택도, 내면에서 의견을 형성하여 표현할지 여부나 방식을 선택하는 것도 자유로운 상태에서 이루어지기가 어렵다. 따라서 이러한 권리들의 보장을 위해서는 사생활, 사적 영역에 대한 보호가 필요하다. 그러나 이로써 사생활에 관한 권리가 별도로 보장될 필요가 없어지는 것은 아니다. 양심, 종교, 표현의 자유의 침해가 문제될 때는 사생활의 침해는 그 전제조건, 배경이 될 뿐이지 그 자체의 보장에 초점이 맞춰지지 않기 때문이다.

이에 비하면 개인정보자기결정권은 그 의미가 확정되기가 더 용이하다. 이는 자신의 개인정보를 어느 정도까지 노출되도록 할 것인지, 누구에게 어느 정도로 전달되도록 할 것인지 등을 통제할 수 있는 권리이다. 개인정보자기결정권의 보장을 목적으로 하는 「개인정보보호법」에서 취하고 있는 주된 보호수단이 정보주체의 '동의'인 것은 그 권리의 본질과 잘 부합된다. 그러나 '동의'에 지나치게 의존하는 경우 개인정보 보호에 대한 모든 책임을 정보주체, 개인에게 이관함으로써 개인정보에 대한 실질적인 보호가 미흡해질 가능성이 있다는 비판 역시 높다. 정보주체가 관련된 위험과 자신의 결정과 관련된 비용을 판단하는데 필요한 충분한 정보를 얻고 그에 기초해 동의 여부를 결정하도록 해야 한다는 점도 강력히 주장된다. 그러나 여전히 '정보주체가 동의만 하면 프라이버시는 전혀 필요하지 않은 것일까? 그럼에도 불구하고 일정한 정도의 프라이버시를 제공해주어야 할 객관적 필요는 없는가?' 하는 문제는 남는다.

프라이버시는 역사적으로 독립적인 법적 유형으로 인정받지 못해서 법원에서 이를 주장할 때에는 법적으로 인정된 다른 가치들에 담겨서 표현되곤 하였다. 그러나 프라이버시권이 지속적으로 주장되고 그것이 점차 법적 인정을 얻어나가는 것은 프라이버시의 개념에는 다른 법적 개념이 포섭하지 못하는 중요한 무언가가 있음을 의미한다. 따라서 이를 판단하기 위해서는 사람에게 '프라이버시'의 확보가 왜 중요한지에 대해 더 깊은 숙고와 설명이 필요하다. 이를 크게 개인적 차원의 효용과 집단적 차원의 효용으로 나눠 살펴보면 아래와 같다.

1. 개인적 차원의 효용

1984년 Ferdinand Schoeman의 논문, "Privacy: Philosophical Dimensions"에서는 그 때까지 철학계에서 이루어진 프라이버시의 가치에 대한 논의를 잘 정리하고 있다.[7] 이에 따르면 프라이버시의 가치를 긍정하는 견해와 부정하는 견해가 있는데, 전자는 다시 크게 존엄한 자율적 인격을 형성하는 것과 타인과의 관계를 다양하게 (특히 친밀한 관계를) 형성하는 것 두 가지로 분류하고 있다.

첫째, 프라이버시를 존중하는 것은 인간의 존엄성(individual dignity) 일반을 존중하는 것과 관련된다. (독자적 인격 형성) 프라이버시는 불가침의 인격(inviolate personality)과 관련하여 독자적 가치를 갖는다. 타인이 자신을 주시하고 있는 경우 이는 그 개인의 목표를 위축시킬 수도 있고, 그가 자신의 삶을 꾸려나가고자 하는 조건을 변경시킬 수도 있다. 타인의 존재는 우리로 하여금 우리의 행동이 관찰되고 있고, 따라서 우리의 행동이 그 타인의 관점에서 판단(평가)되고 있다는 사실을 고려하도록 강제한다. 이 점은 사회적 존재로서의 인간에게 심대한 영향을 미친다. 그러한 상황은 개인으로 하여금 그 자신에 대한 다른 관점을 인정하도록 강제한다.[8] 이러한 상황이 계속되면 결국 사람은 자신의 고유한 특성(uniqueness), 자율성(autonomy), 그가 개인으로서 그 자신이라는 감각 즉, 그의 '도덕적 자아(moral personality)'를 상실하게 된다. 그는 타인의 기대에 맞추게 되고, 사회적 합의에 따르는 전형적인 존재가 되어서 차별화되지 않는 대중의 한명이 되고 만다.[9] 이로부터 개인이 그러한 시선과 판단으로부터 자유로운 방식으로 행동하도록 하려면, 그 사람을 존중하는 방법은 그의 선호가 도덕적으로 옳다고 추정해주는 것임이 도출된다. 다시 말해 우리가 그 개인을 그의 의지에 반해 관찰할 만한 이유를 가지고 있지 않는 한, 우리는 그렇게 해서는 안 된다. 사람에게 사회적 책임이 요구되는 것은 타인의 권리를 존중해야 할 때로 제한되어야 하고, 자발적으로 의무를 부담하거나 특별히 도덕적으로 불가피한 상황으로 인해 의무

가 발생하는 경우에만 사회적 후생을 증진시킬 의무가 인정된다.[10]

추가로 Jeffrie Reiman의 견해를 보면, 프라이버시는 사회가 개인에게 그의 존재가 온전히 그 자신의 것이라는 점을 인정하고 소통하는 사회적 행위 중 핵심적인 부분이라고 한다. 인간이 자신을 인격적으로 구별되는 존재라고 느끼는 의식은 사람들에게 타인의 사적 영역을 인정하도록 가르치고 강제하는 사회적 제도가 없이는 발전되거나 유지될 수 없다. 규범적 의미에서 자신의 생각에 누가 접근할 수 있는지를 통제할 능력이 클수록 이러한 생각이 진정으로 자기 것이라고 말하는 것이 더 의미를 갖는다. 개인에게 자신의 생각에 대한 접근을 통제할 권한을 부여하는 사회적 제도 없이는 사람들은 그들 자신의 의식에 대한 도덕적 권리를 가질 수 없다. 자신의 생각에 대한 접근을 통제할 능력을 박탈당한 사람은 더 이상 자신을 '인간(a person)'으로 보지 못하게 될 것이라고 한다.[11]

둘째, 프라이버시는 개인에게 특별한 의미를 갖는 타인과의 상호관계 및 삶의 친밀한 관계를 형성하고 유지할 능력의 전제 조건이다(다양한, 친밀한 관계 형성).

개인이 사랑, 우정, 신뢰와 같은 중요한, 친밀한 관계를 형성할 능력도 개인의 도덕적, 사회적 인격의 성격(personality)의 발달에 못지않게 인간에게 근본적으로 필요한 것이다. 사람의 마음속에 떠오르는 다양한 생각들 중에 어느 것을 어떤 맥락에서 밝힐 것인지를 선택할 수 있는 재량은 개인이 어떤 유형의 사람이 될지 선택할 능력에 핵심적인 사항이다. 개인이 특정한 타인과 친밀한 관계를 맺기 위해서는 자신의 내면적 '자아'의 일부를 타인에게 즉각적으로 내어주어야 한다. 이렇게 자아의 일부를 공유하기 위해서는 우선 공유의 대상이 될 '자아'를 가지고 있어야 한다. 프라이버시와 '자아'라는 감각, 그리고 그것이 만들어내는 자아에 대한 권리는 사랑, 우정과 같이 친밀한 관계와 그 밖의 관계들을 다양하게 변조해 낼 능력의 필요조건이다. '자신의 삶의 일부를 공유하는 데 대한 권한('개인정보자기통제권'과 유사한 개념일 것이다)'이 친밀한 관계와 그렇지 않은 관계들의 차이를 만들어 낼 수 있게 하므로, 이러한 권한이 없다면 사람에게 소중한 신뢰, 사랑, 우정이 발전할 수는 없다는 것이다. 자신에 대한 정보를 공유함에 있어서 무차별적인 사람

은 그러한 특별한 관계를 발전시킬 수 없다.[12]

한편, Gavison은 타인과의 관계를 유지하는 데 있어 프라이버시의 또 다른 기능으로 개인이 타인과의 불일치를 드러내지 않음으로써 관계를 유지할 수 있도록 한다는 점을 들고 있다. 즉, 사람들은 때로 다른 가치나 행동이 정당성이 있다고 인정은 하지만 이를 인내하기는 어려운 경우가 있다. 그러한 상황에서 프라이버시는 심각한 불일치가 있는 영역을 드러내어 긴장관계를 고조시킬 필요없이 이러한 관점과 행태에 대해 효과적으로 참을 수 있도록 해준다. 달리 말해 프라이버시는 사회적 규범의 일부가 집행되지 않도록 함으로써 개인의 기준과 사회적 규범 간의 긴장관계를 일부 완화시켜준다 이는 개인으로 하여금 일관성과 중요한 관계들을 유지하도록 해준다.[13]

위와 같이 프라이버시가 개인의 인격 형성과 타인과의 관계 맺기에 있어서 중요한 기능을 가지고 있으므로, 개인을 감시하는 것은 그가 개인적 차원에서 윤리적 모색(ethical exploration), 정체성의 개발(identity development), 자기 표현(self-expression), 자아 실현(self actualization) 등을 포함하여 개인의 자유에 핵심적인 삶의 과업들을 (life projects) 손상시키는 효과가 있다. 정부의 감시는 사람들로 하여금 자신이 감시당하고 있다는 인식을 내면화하게 만든다. 그것이 실제로 일어나고 있지 않더라도 잠재적 인식은 동일한 영향력을 가질 수 있다. 정부의 감시는 "받아들일 수 있는 신념과 행동의 스펙트럼(the acceptable spectrum of belief and behaviour)"을 제한하고, 그 결과 우리의 인격의 내용에 미묘하지만 근본적인 변화를 가져온다. 사람들은 건전하고 주류적인 방향으로 변화하게 되는데, 이는 독특한 개성의 표현을 위축시킬 뿐만 아니라 점차적으로 그렇게 하고 싶은 열망 자체를 약화시킨다. 개인들의 일상에 대한 광범하고 무차별적인 데이터 수집이 이루어지면, 개인들은 자신의 활동, 선후, 관계 등에 대한 유의미한 선택을 할 수 없게 되고, 당황하게 되거나 상호비방의 대상이 될까 두려워서 그러한 선택에 기해 행동할 수가 없게 된다. 개인의 발전과 표현은 필연적으로 위축된다.

2. 건강한 민주주의를 위한 전제로서 프라이버시의 가치

광범하고 무차별적인 감시는 건강한 민주주의에 대해서도 악영향을 미친다. 프라이버시는 공동체의 시민으로서 중요한 역할을 할 수 있는 공간을 확보해준다. 자치(self-rule)는 "자율적 개인들 사이에서 이루어지는 집단을 향한 비판적 담론 과정(group-oriented process of critical discourse among autonomous individuals)을 필요로 한다. 우리의 온라인 활동이나 오프라인 활동이 지속적으로 기록되는 것은 시민으로서의 참여와 숙고에 대한 개입으로 작동한다. 개인과 이렇게 정보를 수집하는 주체들간의 힘의 불균형이 발생한다. 표현의 자유도, 결사의 자유도, 집회의 자유도 개인 정보가 수집되고 처리되는지 여부, 개인정보가 어떤 상황에서 어떤 목적으로 수집되고 처리되는지가 불확실한 상태라면 이러한 자유들이 완전하게 행사될 수 없다.[14]

이러한 이유로 프라이버시를 옹호하는 사람들은 공동체의 민주적 생활에 참여할 동기나 의지를 파괴할 수 있는 국가 또는 공동체의 침해를 막을 수 있는 법을 제정하고자 하였다. 그들의 관점에서는 민주적 사회가 기능하기 위해서는 "privacy in public"이 필수적이었다. 물론 사람들이 이러한 감시를 받는다고 필연적으로 민주적 활동을 하지 않는 것은 아니다. 이들은 생산적으로 저항할 수도 있고, 아무것도 숨길 것이 없다고 감시받는 위험을 무시할 수도 있다. 그러나 사람들이 누가 자신을 보고 있는지, 그들의 정보가 어떻게 처리되는지 알지 못할 때 자기검열의 충동은 강하다. 인종적, 민족적, 종교적 소수자들은 특히 정부의 의심과 프로파일링에 대해 취약하기 때문에, 그들이 감시의 대상이 될 때는 스스로 좋은 삶이 무엇인지 탐색하거나 공적 생활에 당당하게 참여하는 것을 삼갈 가능성이 높아진다. 국가의 감시에 의해 촉발되는 자기 검열(self-censorship)의 부담은 불평등하게 귀속된다. 민주적 참여는 시민들이 영웅적 용기를 내야 하도록 요구해서는 안된다. 이는 헌법 체계에도 위반되고, 자유롭고 민주적인 사회의 시민에게 부당한 부담이 된다.

Ⅳ. 결: 감염병 예방의 공익과 프라이버시

1. 행정조사 근거 법령에서 프라이버시의 반영 필요성

우리는 정보통신기술을 이용한 개인정보의 수집과 공유가 법적으로 즉시 허용될 수 있었던 것은 이전의 메르스 감염병 확산 당시의 경험을 반성하여 「감염병예방법」에 관련 규정을 입법해 두었기 때문임을 다행으로, 현명하였던 것으로 평가하고 있다. 그러나 이후 확진자의 동선공개가 이루어지면서 개인의 사생활이 공개되는 예상치 못한 당황스러운 상황들을 마주하면서 이대로 감염병 예방에만 집중하면 되는 것인지에 대해 의문이 제기되어 왔다.

법률에 의해 공익을 위한 개인정보 수집을 허용하고 개인정보보호법의 적용을 배제한다는 것이 내포하는 우리 입법자의 결단의 내용은 무엇인가? 개인정보보호법이 보호하는 권리가 '개인정보자기결정권'이라면 이는 집단적인 공익을 위해 구성원인 개인들의 '결정권' 또는 '통제권'을 회수하여 (또는 정지시켜) 집단의 결정권에 귀속시키는 것을 의미한다. '결정권' 전체를 국가의 결정으로 이전하는 것이 달성하고자 하는 공익에 비해 과도하다면, 결정권을 국가와 개인 간에 분점하는 방안을 생각해 볼 수 있겠다. 그런데 개인이 자기정보에 대한 통제권을 일부라도 갖는다는 것은 개인에 따라 다른 결정이 가능하다는 것이다. COVID19의 확산은 특정인에 한하지 않고 공동체 구성원 전체에게 위험이 존재한다는 특징을 갖는다. 따라서 사업자 등 일부 구성원에게 위험관리에 대한 책임을 집중적으로 부여하는 환경규제 등과는 접근방법이 다를 수 있다. 피규제자가 너무 많을 경우 개별적인 선택을 허용하는 경우 효과적인 집행이 어려울 수 있다. 그렇다면 개인정보자기결정권의 일부를 회복시켜 분점하는 방안보다는 법률에서 프라이버시와 같은 개인정보자기결정권과 관련된 필수적인 이익을 미리 고려하여 국가의 개인정보 수집, 활용에 관한 권한의 한계를 설정하는 접근이 필요하다. 그렇다면 이러한 한계를 어떻게 결정할 것인가? 동선조사 및 공개의 헌법적 한계와 관련하여 어떠한 이익을 저울에 올려 형량할 것인가? 개인의 사익이자 공익적 가치도 있는 프라이버시 역시 저울에 올려야 할 중요한 가치이다. 그러나 프라이버시는 집단적 위기상황에서는 제대로 그 가치를 인정받기 어려울 수 있다. 그 효용은 사적 영역에서 소극적 방식으로 발현되기 때문이다. 그러나 위에서 본 바와 같이 프라이버시는 개인에게는 물론 자유민주주의라는 공동체적 목표를 위해서도 필수적인 요소이므로 형량에 있어 그 무게에 걸맞는 비중이 부여되어야 한다.

2. 프라이버시의 가치

우리 국민들은 전반적으로 정부의 COVID19에 대한 조치들에 잘 협력해 왔다. 그 주된 동기는 공익에 기여하고자 하는 것뿐 아니라 자신과 가족의 건강과 생명을 보호하고 정상적 경제활동이 재개되어 영업의 자유를 회복하고자 하는 염원일 것이다. 그렇다면 우리 국민 개인들은 프라이버시와 개인정보자기결정권의 제한을 이러한 건강권, 생명권, 경제활동의 자유라는 기본권과 형량하고 있을 가능성이 높다.

한편 이러한 높은 협력 수준은 일부 외국 시민들이 정부가 마스크를 착용하도록 하는 조치에 반대하며 거칠게 의사를 표현하는 모습과는 대조된다. 우리나라의 방역방식에 대해 프라이버시 침해 가능성 등을 우려하는 외국 언론의 기사들도 다수 소개된 바 있다. 그들은 공익을 위해 자신의 자유를 절제할 수 있는 시민의식이 부족한 것으로 볼 수 있다. 그렇지만 동시에 이러한 저항에는 정부와 개인의 관계에서 보건의료적 공익을 위해서라도 이를 위해 개인의 자유, 사생활에 대한 개입이 이루어지는 것에 대한 민감한 저항이 포함되어 있다. 이를 무조건 긍정적으로 볼 수는 없지만, 그들의 행위에 나타난 자유와 사적 영역을 존중하라는 요청에 대해서는 음미해 볼 필요가 있다.

'자유 아니면 죽음을 달라!' 라는 말은 미국의 독립전쟁이 발발할 무렵 영국군에 저항하는 군대 조직을 만들 것인지를 놓고 격론이 벌어질 때 군대 창설을 호소하면서 한 표현으로 알려져 있다. 물론 여기에서 말하는 자유와 감염병의 방역지침으로부터의 자유는 같은 맥락에서 비교하기 어렵다. 다만 이 표현으로부터 우리는 어떤 상황에서는 자유가 없는 삶은 죽음과 등가에 놓일 수 있음을 알 수 있다. 일제의 압제로부터의 독립을 위한 투쟁, 그리고 민주화 투쟁 모두 자유를 위한 투쟁으로서의 의미를 갖는다. 따라서 우리 역시 어느 나라보다 자유의 가치를 소중히 하는 역사를 가지고 있다. 그러나 가장 개인적 차원의 자유, 사적 영역에서의 자유의 감각에 대해서 우리는 어느 정도의 가치를 부여하는가? 객관적으로 우리 공동체가 이에 대해 어떤 가치를 부여하는지를 생각해 보는 것이 방역지침의 헌법적합성에 대한 형량을 수행하는데 필요한 요소이다. 그리고 그 형량에 있어서 두 가지 점을 추가로 말하고자 한다. 하나는 개인의 건강권이나 생명권 또는 국가공동체의 보건의료적 공익이 항상 사람들의 자유권이나 사생활을 존중받을 권리보다 절대적 우위에 있는 것은 아니라는 점이다. 건강권이나 생명권이 얼마나 중한 위험에 처해 있는지, 보건의료적 공익이 얼마나 위태롭게 된 상황인지에 따라 비례원칙이 적용되어야 한다는 것이 곧 이를 보여준다. 상황에 따라서 '자유로운 삶'은 생명과 건강에 대한 리스크를 감수하며 지켜야 하는 가치일 때도 있다. 사적 영역의 보호는 인간이 자유로운 인격체로서 타인과 다른 자아를 자각하고 발전시킬 수 있는 기본적인 조건이자, 타인과의 관계를 다양하게 형성해 나갈 수 있는 전제가 되고, 이는 개인으로서 인간다운 삶을 위해 필요한 것이기 때문이다. 또한 이는 사회적 관점에서도 높은 가치를 부여받아야 한다. 타인과 구별되는 고유한 자아를 가진 자유로운 인격체들이 감염병에 대항하여 싸울 수 있는 다양한 방안을 창안해 내는 힘을 발휘할 수 있고, 감염병으로 상호간의 스트레스가 높아지는 상황에서도 상호 차이를 인정하고 평화로운 공존이 가능해지며, 사랑과 우정, 신뢰관계 등 친밀한 관계를 만들어내어 협력과 생존의 가능성을 높이는 조건이 되기 때문이다.

확진자수와 같은 가시적인 정량적 목표를 기준으로 정책을 실현해 가는 것은 여러 장점을 갖지만, 이를 추진하는 과정에서 정량화될 수 없는, 그러나 사회의 근본을 이루는 가치들이 희생되더라도 잘 알아챌 수 없다는 단점도 있다. 정부뿐만 아니라 방역지침으로 사생활이 침해되는 경험을 직접 하지 못한, 방역의 협조자이자 수혜자인 많은 시민들이 그러한 사생활 침해의 결과의 심각성에 대해 인식하고 우려를 표하는 것이 무겁게 고려되어야 한다. 우리 헌법상 함께 추구되어야 하는 가치의 균형에 대해 동시대의 사람들이 어떠한 선택을 원하는지가 오늘날 우리를 통합시키는 헌법적 가치의 구체적 내용이기 때문이다. 그러기 위해서는 프라이버시가 우리들의 생각과 행동, 그리고 타인과의 관계에 어떤 영향을 끼치는지를 돌아보고, 이를 이론적 · 실증적으로 더 깊게 규명해서 사회적으로 공유하는 것이 필요하다.

미주

* 이 글은 지난 2020년 11월 18일 제4회 코로나19, 공법학의 과제 포럼에서 필자가 발표한 내용을 토대로 한 글이다.

** 고려대학교 법학전문대학원 교수.

1 송경재 (경희대 공공거버넌스연구소), "빅브라더 '코로나 행정부'…우리 사생활은 안전한가?" [좋은나라 이슈페이퍼] 보편적 코로나19와 민주주의의 위협, 프레시안, 기사입력 2020.09.21. 10:24:09 최종수정 2020.09.21. 10:24:10 출처: https://www.pressian.com/pages/articles/2020092109291847164#0DKU 프레시안(http://www.pressian.com)

2 이준복, 코로나 바이러스(COVID-19) 팬데믹 사태의 합리적 대응을 위한 법적 고찰: 감염병 환자의 정보 활용 범위에 대한 제언, 강원법학 61, 강원대 비교법학연구소, 2020. 10.; 서정은 · 김법연 · 권헌영, 감염병 예방목적을 위한 개인정보 수집 및 활용의 한계와 헌법적 타당성 확보방안, 정보법학 24(3), 정보법학회, 2020. 12.; 박미정, 코로나바이러스 감염증-19 역학조사에 대한 비례 원칙의 고찰, 생명윤리정책연구 14(2), 이화여대 생명의료법연구소, 2021. 3.; 이봉문, 코로나 19 시대의 개인정보보호의 문제점 및 개선방안-「감염병예방법」과 개인정보보호법을 중심으로-, 법학연구 24(1), 인하대 법학연구소, 2021. 3; 백경희 · 김자영, 감염병 위기대응과 보건의료 빅데이터 수집에 대한 법적 고찰, 법학논총 28(1), 조선대 법학연구원, 2021. 4. 등.

3 예컨대, 프라이버시 보호가 가능한 코로나19 감염자 동선 추적 시스템에 대한 설명으로 김승주 (고려대), "코로나19 사태로 본 공공의 알권리와 개인 프라이버시의 충돌", 매일경제, 입력 2020/04/17 06:01 https://m.mk.co.kr/premium/special-report/view/2020/04/28175/

4 그러한 맥락에서 우리의 행위나 사건, 거래는 대부분 어떤 구체적 맥락(예컨대, 정치, 교육, 시장 등) 속에서 일어나는데, 모든 생활영역에는 개인정보를 누구에게 얼마나 공개할지, 그리고 일단 공개된 정보가 어떤 경로로 흘러갈지에 대한 규범이 존재하고 있으므로, 개인정보에 관해서는 1차적으로 그 맥락별 규범이 존중되어야 한다고 한다는 지적은 매우 의미있다. Helen Nissenbaum, Symposium, Privacy as Contextual Integrity, 79 Washington Law Review 119 (2004)

5 이희정, 사실조사행위의 적법성과 행정처분의 효력-동의를 결한 채혈에 기한 운전면허취소처분의 허용성-, 공법연구, 2016.12.

6 Ferdinand Schoeman, Privacy: Philosophical Dimensions, American Philosophical Quaterly, Jul. 1984 Vol. 21 No.3 (1984), p. 202

7 Schoeman, David Ferdinand, "Privacy: Philosophical Dimensions", American Philosophical Quaterly, , vol. 21, no. 3, 1984.

8 Benn, Stanley I, "Privacy, Freedom and Respect for Persons. In Nomos XIII: Privacy, ed. J. R. Pennock and J. W. Chapman, New York: Atherton Press, 1971, 각주 2 Schoeman p.206에서 재인용.

9 Bloustein, Edward, "Privacy as an Aspect of Human Dignity: An Answer to Dean Prosser," New York University Law Review 39, 1964, 각주2 Schoeman p.205에서 재인용.

10 각주 3 Benn, Stanley I, p. 206.

11 Reiman, Jeffrey, "Privacy, Intimacy and Personhood", Philosophy and Public Affairs 4, 1976, 각주 2 Schoeman p.207에서 재인용.

12 Rachels, James, "Why Privacy is Important", Philosophy and Public Affairs, vol. 4, no. 4, 1975.

13 Gavison, Ruth, "Privacy and the Limits of the Law", Yale Law Journal 89, 1980, 각주 2 Schoeman p.209에서 재인용.

14 Spiros Simitis, Reviewing Privacy in an Information Society, 135 U. Pa. L. Rev. 707, 734 (1987).

PART
04

코로나19 방역행정과 법 집행

12

감염병 대응에서 경찰권 행사의 법적 근거와 한계

감염병 대응에서 경찰권 행사의 법적 근거와 한계*

박 원 규**

Ⅰ. 서 론

코로나19는 다른 전염병에 비하여 전파력 및 치명률이 높기 때문에 코로나19의 확산은 국민의 생명 · 건강에 대한 심각한 위협으로 작용한다.[1] 특히 코로나19 환자가 급격히 증가한다면 국가 의료시스템의 붕괴로 이어질 수 있다는 점에서 코로나19의 예방 및 확산방지를 위한 국가의 적극적이고 선제적인 개입을 필요로 한다. 이러한 차원에서 보건복지부, 질병관리청 등 방역당국뿐만 아니라 경찰의 역할 또한 요구된다. 실제 경찰은 코로나19라는 보건비상상황에서 역학조사, 자가격리자 관리, 불법행위 단속 등 보건행정청의 방역활동을 지원하고 있다. 그러나 이러한 실무와 관련하여 경찰의 방역활동 지원 및 경찰권 행사의 법적근거가 무엇인지, 그리고 그 한계가 어떠한지에 대한 검토는 부족하다.

따라서 이 글에서는 먼저 「감염병예방법」의 법적성격에 대해서 살펴본 후(II), 감염병 영역에서의 경찰권 행사의 법적근거에 대해서 검토하고자 한다(III). 특히 본 연구는 행정법적 관점에서의 경찰권 행사를 주된 대상으로 하는바, 감염병 영역에서의 경찰의 여러 활동 중에서 「감염병의 예방 및 관리에 관한 법률」, 「경찰관 직무집행법」, 「집회 및 시위에 관한 법률」에 근거한 경찰작용을 중심으로 논의하고자 한다.

Ⅱ. 위험방지법으로서의 「감염병예방법」

감염병 영역에서의 경찰권 행사에 대해 검토하기 위해서는 우선 「감염병예방법」의 법적성격에 대하여 이해할 필요가 있다. 특히 「감염병예방법」의 위험방지법으로서의 성격을 이해함으로써 일반적 위험방지를 담당하는 경찰행정청과 감염병이라는 특수한 영역에서의 위험방지를 담당하는 보건행정청 간의 관계에 대한 법적논의 및 경계설정이 가능하기 때문이다.[2]

1. 「감염병예방법」의 법적성격

「감염병의 예방 및 관리에 관한 법률(이하 '「감염병예방법」'이라 한다)」 제1조에서는 "국민 건강에 위해가 되는 감염병의 발생과 유행을 방지하고, 그 예방 및 관리를 위하여 필요한 사항을 규정함"을 목적으로 한다고 규정하고 있다. 이렇듯 「감염병예방법」은 감염병의 발생과 유행으로 인하여 야기되는 국민의 생명 · 신체에 대한 위험을 방지하는 것을 목적으로 하는 법으로서 감염병이라는 특수한 영역에서의 위험방지법, 즉 특별경찰법의 성격을 가지고 있음을 알 수 있다.[3]

이외에도 「감염병예방법」 제2조에서는 '감염병환자', '감염병의사환자', '병원체보유자', '감염병의심자' 등의 개념을 사용하고 있는바, 이러한 개념들에서도 「감염병예방법」의 위험방지법으로서의 성격을 찾아볼 수 있다. 이들 개념은 감염병으로 인한 위험을 방지하기 위하여 관할행정청이 *누구를 대상*으로 권한을 행사할 것인지에 대해 규정하고 있는 것으로써 일반경찰법상 경찰책임의 원칙에 상응한다.[4] 감염병환자는 자신의 행위로 인하여 다른 사람의 생명 · 건강에 대한 위험을 야기한다는 점에서 책임자에 해당하며, 보건행정청의 조치의 대상자가 된다. 한편 감염병환자가 아닌 감염병의사환자, 감염병의심자는 경찰법에서 의미하는 구체적 위험, 즉 국민의 생명 · 건강에 손해를 발생시킬 *충분한 개연성*이 있는 것은 아니지만, 「감염병예방법」은 이들도 책임자의 범위 내로 포섭하고 있다. 이러한 「감염병예방법」의 특수성에 대해서는 아래에서 구체적으로 서술하고자 한다.

2. 「감염병예방법」의 특수성

「감염병예방법」이 보건 영역에서의 위험방지법에 해당한다고 하더라도 일반경찰법과는 구별되는 몇 가지 특수성을 가지고 있다.

첫째, 「감염병예방법」은 국가의 개입시점을 전치화하고 있다. 일반경찰법에서는 국민의 생명 · 신체 등 보호법익에 대한 *구체적 위험*이 존재하는 경우에만 경찰이 개입할 수 있다. 즉 손해 발생의 충분한 개연성이 있어야 한다. 반면 감염병의 경우 전파경로, 전염력, 치명률 등 위험성에 대한 사전 예측이 어려운 경우가 많다. 그럼에도 국가가 적시에 개입하지 않을 경우 국민의 생명 · 신체에 중대한 위험이 초래될 수 있다. 이러한 이유로 「감염병예방법」은 감염병 예방 및 확산방지라는 목적을 효과적으로 달성하기 위하여 구체적 위험이 확인되지 않은 *위험의심* 상황에서의 개입을 가능하게 한다.[5] 예를 들어 「감염병예방법」 제42조 제2항은 감염병의심자에 대해서도 자가 또는 시설에의 격리조치 등 상대방의 기본권을 중대하게 제한하는 위험방지 조치까지 허용하고 있다. 구체적 위험이 확인될 때까지 보건행정청이 개입하지 못하도록 한다면 다수 사람들의 생명, 건강에 대한 위험을 방치하는 결과가 초래될 수 있기 때문이다.

둘째, 「감염병예방법」에서는 책임자의 범위를 확장하고 있다. 일반경찰법에서는 원칙적으로 공공의 안녕 또는 질서에 대한 위험을 야기한 사람에 대하여 경찰권을 행사하여야 하며, 이러한 사람을 경찰책임자라고 한다. 반면 「감염병예방법」 제2조에서는 다른 사람의 생명 · 신체에 대한 구체적 위험을 야기하는 감염병환자뿐만 아니라 감염병환자와 접촉한 사람 등도 감염병의심자라고 정의한 후 책임자의 범위 내로 포섭하고 있다.[6] 더 나아가 「감염병예방법」 제49조 제1항 제2호에 따른 집합금지, 같은 법 제49조 제1항 제2의2호 내지 제2의4호에 따른 마스크착용의무 등은 감염병환자, 감염병의심자뿐만 아니라 일반국민을 대상으로도 행해진다.

셋째, 「감염병예방법」에서는 행정청의 개입의무를 명시적으로 부과하고 있다. 일반경찰법상 권한조항의 경우 대개 재량형식으로 규정되어있다. 따라서 법률에서 정하는 요건이 존재하는 경우에도 행정청은 해당 사안에 대한 개입여부를 결정할 수 있는 재량을 가지고 있다(결정재량). 그러나 「감염병예방법」은 행정청에게 이와 같은 결정재량을 부여하지 않고 있다. 예를 들어 「감염병예방법」 제49조 제1항에서는 보건복지부장관, 시 · 도지사 등은 감염병을 예방하기 위하여 본 조항에서 규정하고 있는 모든 조치를 하거나 그에 필요한 일부 조치를 하여야 한다고 규정하고 있다. 이러한 규정방식은 입법자가 의도적으로 법에서 규정한 조치를 취할 의무를 보건행정청에 부여하고 있음을 의미한다.[7] 즉 코로나19와 같은 전파력 및 치명률이 높은 감염병이 발생하는 경우 관할행정청은 어떠한 방법으로든 행위하여야 하며, 아무런 조치를 하지 않는 것은 허용되지 않는다. 이러한 해석은 국가의 기본권 보호의무에도 부합한다.

3. 소 결

이상에서 알 수 있듯이 「감염병예방법」은 감염병으로 인하여 발생할 수 있는 국민의 생명 · 신체에 대한 위험을 방지하는 법으로서 특별경찰법/위험방지법적 성격을 가지고 있다. 물론 「감염병예방법」이 위험방지법, 즉 넓은 의미에서의 경찰법의 한 영역에 해당한다 하더라도 「감염병예방법」에만 적용되는 특수성을 가지고 있으며, 해당 사무에 대해서는 원칙적으로 일반경찰행정청이 아닌 보건복지부, 질병관리청 등 보건행정청이 관할한다. 「감염병예방법」에 대한 이러한 이해를 바탕으로 다음 장에서는 감염병 영역에서의 경찰권 행사에 대한 구체적인 법적근거 및 그 한계에 대해 살펴보고자 한다.

Ⅲ. 감염병 영역에서의 경찰권 행사

코로나19 대응과 관련한 경찰활동은 주로 「감염병예방법」 및 경찰관직무집행법에 근거하여 이루어지며, 집회로 인하여 또는 집회와 관련하여 발생하는 감염위험에 대해서는 집회 및 시위에 관한 법률에 근거하여 이루어진다. 이외에도 「감염병예방법」에서 형벌규정을 두고 있거나 대상자가 방역업무를 수행하는 공무원에 대하여 폭력을 행사하는 등 형법상 범죄행위를 저지르는 경우에는 경찰은 형사소송법에 근거하여 수사를 진행한다. 다만 수사 등 사법경찰작용의 경우 일반적인 형사소송절차에 따라 진행하면 되기 때문에 – 실무에서의 중요성은 별론으로 하더라도 – 별도 검토의 필요성은 낮다. 따라서 이 장에서는 감염병 영역에서의 행정경찰작용을 중심으로 논의하기로 한다.

1. 「감염병예방법」에 근거한 경찰권 행사

1) 본래적 관할

위험방지 영역에서의 국가 활동에 해당한다 하더라도 경찰이 아닌, 권한 있는 행정청에 의한 조치만이 적법하다. 왜냐하면 국민의 기본권을 제한하는 조치의 적법성을 판단함에 있어 '관할'은 절차 등과 함께 형식적 요건을 구성하기 때문이다. 여기서 관할이란 특정 행정청이 어떠한 임무를 수행하는지, 그리고 이를 수행하기 위하여 어떠한 권한을 행사할 수 있는지를 말한다.[8]

특히 공공의 안녕 또는 질서에 대한 위험방지임무를 담당하는 행정청의 권한에 대해서는 「감염병예방법」, 경찰관 직무집행법 등 개별 법률에서 규정하고 있으며, 정부조직법에서도 각 행정기관이 담당하는 사무에 대해 규정하고 있다. 예를 들어 정부조직법 제38조 제2항에서는 방역 · 검역 등 감염병에 관한 사무는 질병관리청이 관장한다고 규정하고 있으며, 같은 법 제34조 제5항에서는 치안에 관한 사무는 경찰청이 관장한다고 규정하고 있다.

한편 경찰관 직무집행법 제2조 제1호에서는 경찰관은 국민의 생명 · 신체 및 재산의 보호에 관한 직무를 수행한다고 규정하고 있다. 이와 관련하여 코로나19 등 감염병의 확산으로 인한 위험 또한 국민의 생명 · 신체에 대한 위험을 의미하기 때문에 감염병 영역에서의 위험방지도 경찰의 본연의 임무라고 해석할 여지가 있다. 그러나 탈경찰화(脫警察化) 및 특별법 우선의 원칙에 따라 감염병 등 특정한 영역에서의 위험방지에 대한 임무가 다른 행정청에 부여되어 있는 경우에는 경찰의 개입이 원칙적으로 배제된다.[9] 즉 특별경찰행정청이 담당하는 임무는 일반경찰행정청의 임무에서 제외되는 것이다. 따라서 위험방지를 담당하는 다수 행정청 간의 소위 '이중관할'은 법치국가 원리 및 권력분립원칙에 따라 극히 예외적인 상황을 제외하고는 인정되지 않는다.[10]

이러한 논의에 따르면 「감염병예방법」에 근거한 감염병 예방 및 대응 업무는 경찰 본연의 임무는 아니다. 설령 코로나19와 같은 보건비상상황 하에서 경찰이 역학조사, 자가격리자 관리, 방역지침 준수여부 단속 등에 있어 실질적으로 중요한 역할을 수행한다 하더라도 이를 경찰 본연의 임무라고 이해한다면 탈경찰화라는 역사적 흐름에 역행하는 것이며, 권력분립원칙에 반할 수 있으며, 감염병 위기를 계기로 경찰권을 확대한다는 – 경찰은 의도하지 않은(?) – 오해를 불러일으킬 수도 있다.

또한 앞서 설명한 것과 같이 「감염병예방법」에서는 구체적 위험이 존재하지 않는다 하더라도 감염의심이 존재한다면 위험방지조치를 할 수 있는바, 이는 구체적 위험의 존재를 요구하는 일반경찰법과의 차이점이다. 만약 현장 경찰관이 코로나19 대응이 경찰 본연의 임무라고 생각하고, 관할보건행정청의 요청이 없음에도 불구하고 '감염병의심자에 대하여' 경찰관 직무집행법 제5조에 따른 억류 및 피난조치, 제6조에 따른 제지조치 등을 한다면 위법한 경찰권 행사가 될 여지가 있다.[11] 왜냐하면 경찰관 직무집행법 제5조, 제6조에 따른 조치는 사람의 생명 · 신체에 대한 구체적 위험 및 긴급성, 임박성이라는 요건을 요구하기 때문이다. 일반적으로 감염병의심자의 경우에는 다른 사람의 생명 · 신체에 대한 손해를 발생시킬 '의심'은 존재하나 '충분한 개연성'이 있다고는 할 수 없으며, 법익침해에 대한 긴급성, 임박성도 인정하기 어렵다.[12]

정리하자면 코로나19 대응에 있어 경찰이 적극적인 역할을 수행한다하여 「감염병예방법」에 근거한 위험방지가 경찰 본연의 임무인 것은 아니다.[13]

2) 집행원조 및 행정응원

「감염병예방법」에 따른 국가의 개입은 경찰의 본래적 관할은 아니다. 경찰법 이론에서는 「감염병예방법」 등 특별경찰법에 개별적 수권조항이 없는 경우에는 일반경찰법상 일반적 수권조항에 근거하여 권한을 행사할 수 있다고 설명하고 있는바, 이를 잘못 이해하여 특별경찰법에 입법적 공백이 있는 경우 경찰이 일반적 수권조항에 근거하여 개입할 수 있다고 설명하기도 한다. 그러나 이 경우에도 어디까지나 감염병 등 특정한 영역에서의 위험방지를 관할하는 행정청이 일반경찰법상 일반적 수권조항에 근거하여 위험방지조치를 할 수 있다는 것을 의미할 뿐이다. 따라서 경찰은 원칙적으로 감염병 영역에서는 개입하지 않아야 한다. 그러나 예외적으로 현재의 코로나19 상황과 같이 보건행정청의 역량만으로는 감염병 예방 및 확산방지가 어려운 경우에는 경찰행정청이 집행원조 및 행정응원을 통하여 관련 업무를 지원할 수 있다.

(1) 집행원조

경찰을 제외한 여타 행정청은 집행 인력이 없거나, 부족하여 자신들에 의하여 행해진 명령 등 행정행위를 집행할 수 없는 경우가 다수 존재한다. 그럼에도 '법집행의 확실성을 통한 법적안정성(Rechtssicherheit qua Rechtsdurchsetzungsgewissheit)'의 보장을 위하여 행정청이 발한 행정행위는 의무자의 저항에도 불구하고 집행될 필요성이 있다.[14] 이와 관련하여 논의되는 것이 경찰의 집행원조이다.

집행원조(Vollzugshilfe)란 다른 행정청의 요청에 의하여 그 행정청이 발한 행정행위의 집행을 위하여 경찰이 대신하여 강제력을 행사하는 것을 의미한다.[15] 집행원조는 다른 행정청이 특정한 행정처분을 할 권한은 가지고 있으나, 이를 집행하기 위하여 필요한 인력을 가지고 있지 않고, 다른 방법으로도 이를 집행할 수 없는 경우에 인정된다.[16] 집행원조를 행정응원과 구별하는 견해도 있으나,[17] 일반적으로 특수한 형태의 행정응원으로 이해한다.[18] 따라서 집행원조에 관한 별도의 규정이 없다면 행정응원에 관한 규정이 동일하게 적용된다.[19]

한편 집행원조를 통하여 관철하고자 하는 행정행위의 적법성은 집행원조를 요청하는 행정청에 적용되는 법률을 기준으로 판단하며, 집행원조의 유형과 방법의 적법성에 대해서는 집행원조를 요청받은 행정청, 즉 경찰에 적용되는 법률을 기준으로 판단한다.[20] 따라서 요청기관은 집행될 조치의 적법성에 대한 책임을 지며, 피요청기관은 강제력 행사의 종류 및 방법의 적법성에 대한 책임진다. 예를 들어 경찰이 집행원조 차원에서 코로나19 확진자를 격리시설로 이동시키는 경우, 상대방이 격리시설로의 이동명령 자체에 대하여 위법성을 주장하고자 한다면 보건행정청을 상대로 이의를 신청하거나 소를 제기하여야 할 것이다. 그러나 격리시설 이동명령 자체는 적법하나, 집행원조를 하는 경찰관이 이동 과정에서 필요 이상으로 강제력을 행사하였다면 경찰이 법적 책임을 부담하여야 한다. 즉 집행원조 또는 행정응원이라고 하여 경찰의 법적 책임이 무조건 면제되는 것은 아니다.

(2) 행정응원

행정응원(Amtshilfe)은 하나의 행정청의 고유한 기능만으로는 행정목적을 달성할 수 없는 경우 특정 행정청의 요청에 의하여 다른 행정청을 원조하는 것을 말한다.[21] 다른 행정청을 위하여 행하는 장소 · 인력 · 장비의 지원, 기술적인 검사, 조사 등의 수행이 이에 해당한다.

행정응원에 대해서는 행정절차법 제8조에서 규정하고 있다. 행정응원의 요청은 1. 법령 등의 이유로 독자적인 직무 수행이 어려운 경우, 2. 인원 · 장비의 부족 등 사실상의 이유로 독자적인 직무 수행이 어려운 경우, 3. 다른 행정청에 소속되어 있는 전문기관의 협조가 필요한 경우, 4. 다른 행정청이 관리하고 있는 문서 · 통계 등 행정자료가 직무 수행을 위하여 필요한 경우, 5. 다른 행정청의 응원을 받아 처리하는 것이 보다 능률적이고 경제적인 경우에 가능하다. 이때 행정응원을 요청받은 행정청은 행정응원으로 인하여 고유의 직무 수행이 현저히 지장 받을 것으로 인정되는 명백한 이유가 있는 경우 등에는 응원을 거부할 수 있다.

행정응원은 단지 보조적인 성격을 가진다.[22] 따라서 전체적인 절차나 조치에 대한 결정권은 행정응원을 요청하는 행정청이 행사한다. 한편 행정응원을 요청하는 행정청은 법적으로 부여된 임무범위 내에서만 응원을 요청하여야 하며, 행정응원을 통하여 자신의 임무범위를 확장하는 것은 허용되지 않는다. 마찬가지로 행정응원을 요청받은 행정청은 자신의 법률상 권한범위 내에서만 응원에 응하여야 한다. 다만 행정응원을 통하여 요청행정청은 자신의 권한범위 외의 권한을 '사실상' 행사하게 되고, 피요청행정청은 자신의 임무범위 외의 임무에 대하여 '사실상' 개입하게 되는 결과가 발생한다는 점에서 집행원조를 포함한 행정응원은 예외적인 경우에만 제한적으로 인정되어야 한다. 다른 행정청의 업무영역에서 권한을 행사하는 것은 권력분립의 원칙에 반할 수 있으며, 결과적으로 국가 전체의 행정권한이 지나치게 확장될 우려가 있기 때문이다. 따라서 코로나19와 관련한 경찰의 행정응원은 보건행정청의 인력 및 자원만으로는 역학조사, 자가격리자 관리, 방역지침 단속 등의 업무를 수행할 수 없고, 이 경우에도 경찰 본연의 업무에 지장을 주지 않는 범위에 한하여 행정응원을 하여야 할 것이다.

3) 긴급관할

탈경찰화는 과거 경찰이 담당하였던 위험을 여러 유형으로 구분하였고, 위험방지행정청을 다양화 · 전문화하였다. 예를 들어 감염병으로 인하여 발생할 수 있는 위험에 대해서는 보건행정청이, 화재로 인하여 발생할 수 있는 위험에 대해서는 소방행정청이 관할하게 되었다. 그럼에도 특별위험방지행정청과 일반위험방지행정청 간의 관할경합이 발생할 가능성이 완전히 배제되는 것은 아니다. 경찰관 직무집행법 제2조에 따라 국민의 생명 · 신체에 대한 보호는 경찰의 직무에 해당하며, 「감염병예방법」이 보호하고자 하는 법익도 이에 해당하기 때문이다. 그러나 위험방지법 영역에서 관할경합이 있는 것처럼 여겨지는 경우라도 일반적으로는 이중관할이 인정되지 않는다. 보건행정청 등 특수한 영역에서의 위험방지를 담당하는 행정청이 일반경찰행정청에 우선하기 때문이다. 그러나 관할행정청을 통해서는 적시에 위험을 방지할 수 없고, 그럼에도 국가의 즉각적인 개입이 필요하다고 인정되는 경우에는 경찰이 보충적으로 개입할 수 있는바, 이를 긴급관할(Eilzuständigkeit)이라 한다.[23]

그러나 긴급관할에 따른 경찰권 행사가 가능하다 하더라도 경찰이 위험방지에 대한 모든 책임을 부담한다는 것을 의미하지는 않는다. 경찰은 관할행정청이 임무를 인수받기까지만 임시적이고, 지체할 수 없는 조치만을 하여야 한다.[24] 따라서 긴급관할에 의거하여 경찰이 임시적인 조치를 한 경우에는 그러한 사실을 관할행정청에 통보하여야 하며, 관할행정청은 이를 인수받아야 한다. 이러한 차원에서 독일에서는 보건행정청 등 위험방지를 담당하는 행정청은 근무시간 외에도 임무를 수행할 수 있도록 대비하여야 한다는 내용을 법률에서 명시하는 경우가 많다.[25] 이러한 규정을 통해 관할행정청이 근무자 부재 등을 이유로 경찰에 업무를 전가하는 것을 방지하고자 한다.

한편 「감염병예방법」은 일반경찰법에 비하여 국가의 개입시점을 전치화하고 있다. 특히 감염병의심자의 경우 다른 사람의 생명 또는 신체에 대한 손해를 발생시킬 충분한 개연성은 존재하지 않으며, 따라서 경찰 개입의 일반적인 요건으로서의 구체적 위험도 존재하지 않는다. 이와 같이 감염병 확산에 대한 위험의심만 존재하는 상황에서 경찰이 긴급관할에 근거하여 강제력을 행사할 경우 과도한 – 경우에 따라서는 위법한 – 경찰권 행사라는 비판을 받을 수 있다. 따라서 긴급관할에 근거한 경찰권 행사는 경찰관 직무집행법이 요구하는 구체적 위험이 존재하는 경우, 예를 들면 코로나19 확진자가 공공장소를 돌아다니거나, 보건행정청에 의해 행해진 구체적인 명령을 위반하는 경우 등에만 허용되어야 할 것이다. 왜냐하면 경찰이 긴급관할에 근거하여 개입하는 경우에도 자신의 권한 범위 내에서만 조치를 취하여야 하기 때문이다.[26]

4) 소 결

다수의 행정청이 동일한 사안에 대해 관할권을 가지고 있는 다수관할의 경우 이론적으로는 다수의 행정청이 하나의 사안을 두고 관할 다툼을 할 수 있다(적극적 권한갈등). 그러나 현실에서는 이와는 반대로 하나의 행정청이 다른 행정청에게 업무를 미루게 되고, 그 어떤 행정청도 적극적으로 개입하지 않게 되는 상황이 빈번하게 발생한다(소극적 권한갈등).[27] 코로나19 등 감염병 예방 및 대응 영역에서도 보건행정청뿐만 아니라 경찰행정청도 해당 사무를 담당한다고 규정할 경우 이러한 문제가 발생할 수 있다.

실제 현장에서는 감염병 업무가 보건행정청의 본래적 관할임에도 불구하고 경찰에게 업무를 미루는 현상이 발생하고 있다고 한다. 이에 따른 불이익은 현장경찰관, 그리고 (경찰의 본연의 임무인) 범죄로부터 위협받는 국민이 부담하게 된다. 그러나 앞에서 검토한 바와 같이 감염병 예방 및 대응 영역은 경찰이 아닌 보건행정청의 관할이다. 따라서 경찰은 보건행정청이 적시에 개입할 수 없는 예외적 상황에서만 긴급관할에 근거하여 개입하여야 한다. 이 경우 경찰은 임시적인 조치를 취한 후 해당 업무를 보건행정청에 인계하여야 한다. 이외에도 보건행정청의 인력, 자원이 부족한 때에는 행정응원 또는 집행원조 차원에서 경찰력을 지원할 수 있다. 다만 이때에도 범죄예방, 수사라는 경찰 본연의 업무에 지장이 없는 범위 내에서 지원이 이루어져야 한다. 불확실하고 예측하기 어려운 감염병 위험에 비해 범죄로 인한 국민의 생명 · 신체 · 재산에 대한 위험이 더욱 구체적이고, 즉각적이며, 중대할 수 있기 때문이다.

결론적으로 '보건 영역에서의 위험방지도 경찰 본연의 임무이다'고 하는 것은 경찰법 이론 및 경찰의 임무에 대한 오해에서 비롯된 것이다. 보건영역에서 경찰은 긴급관할 또는 행정응원의 요건을 충족하는 범위 내에서만 개입할 수 있을 뿐이다. 이러한 해석은 권력분립의 원칙에도 부합한다. 다만 코로나19와 같은 비상상황에서는 예외적으로만 인정되어야 하는 경찰의 행정응원이 일상화되어 있기 때문에 감염병 영역에서의 위험방지도 경찰 본연의 임무라는 착시현상에 빠져 있을 뿐이다. 비록 현실이 그러하다 할지라도 경찰권 확대를 경계하고, 범죄 등으로 인한 국민의 생명 · 신체 · 재산에 대한 위해를 방지하고, 현장경찰관이 느끼는 수인할 수 없을 정도의 부담을 덜어주고, 책임 있는 행정청에 의한 책임 전가를 막기 위해서는 감염병 영역에서의 경찰권 행사에 대한 명확한 경계 설정은 필요하다.

2. 「경찰관 직무집행법」에 근거한 경찰권 행사

경찰이 감염병 예방 및 확산방지를 위한 업무를 수행하는 과정에서 강제력을 행사하여야 하는 경우에는 경찰관 직무집행법에 근거하여야 한다. 앞에서 검토한 행정응원, 긴급관할에 근거하여 강제력을 행사하는 경우에도 그러하다. 특히 경찰관 직무집행법 제5조의 위험 발생의 방지, 제6조의 범죄의 예방과 제지, 제7조의 위험방지를 위한 출입 등이 감염병 영역에서의 경찰권 행사와 관련성을 가질 수 있다. 그러나 이 글에서 경찰관 직무집행법에 규정되어 있는 개별권한에 대하여 별도로 열거하는 것은 의미가 없을 것으로 생각된다.[28] 따라서 다음에서는 코로나19 대응과 관련하여 문제가 될 수 있는 몇 가지 사례를 바탕으로 경찰관 직무집행법에 근거한 경찰권 행사에 대해 간략히 검토하고자 한다.

우선 폭력 등을 행사하여 역학조사를 하는 보건공무원을 방해하려는 사람에 대하여 경찰관은 경찰관 직무집행법 제6조의 범죄의 예방과 제지를 근거로 즉시강제권을 행사할 수 있을 것이다. 제6조에서는 경찰관은 범죄행위가 목전에 행하여지려고 하고 있다고 인정되는 경우 이를 예방하기 위하여 관계인에게 필요한 경고를 하고, 그 행위로 인하여 사람의 생명 · 신체에 위해를 끼치거나 재산에 중대한 손해를 끼칠 우려가 있는 긴급한 경우 그 행위를 제지할 수 있다고 규정하고 있는바, 해당 조항의 요건을 충족하는 경우 경찰권 행사가 가능하다.

한편 경찰관이 보건공무원과 함께 현장에 출동한 상황에서 역학조사를 방해하려는 행위를 제지하는 것도 행정응원에 해당하기 때문에, 보건공무원의 명시적인 협조요청이 있는 경우에만 경찰권을 행사하여야 한다는 견해가 있을 수 있다. 그러나 경찰관이 보건공무원과 합동으로 현장에 나간 것은 행정응원 차원에서 이루어졌다고 볼 수 있으나, 감염병이라는 특수한 영역에서의 위험이 아닌 폭력 등으로 인한 사람의 생명 · 신체에 대한 위험을 방지하기 위한 경찰권 행사는 경찰관 직무집행법에 근거한 것으로써, 경찰관의 본연의 직무에 해당한다. 따라서 이 경우에는 보건행정청의 협조요청이 없다하더라도 경찰관의 독자적인 판단 하에 경찰권을 행사할 수 있다.

또 다른 예로 「감염병예방법」상 의무위반행위에 대한 제재로 과태료만 규정하고 있더라도 법위반 상태가 지속되고 있는 경우에는 공공의 안녕에 대한 장해가 존재한다고 볼 수 있기 때문에 경찰관은 경찰관 직무집행법에 근거하여 경찰권을 행사할 수 있을 것이다. 예를 들어 집합금지명령에 위반하여 여러 사람이 특정한 장소에 모여 있는 경우 담당공무원이 과태료만 부과하고 현장을 떠난다면 합리적인 조치가 아닐 것이다. 이러한 경우 경찰관은 – 보건행정청의 행정응원 요청이 있다면 – 강제력을 행사함으로써 법위반 상태를 제거할 필요가 있다.[29] 그런데 경찰관 직무집행법 제5조에 따른 억류 및 피난조치는 사람의 생명 · 신체에 대한 구체적 위험을 전제로 한다. 만약 보건행정청의 집합금지명령에 위반하여 특정 장소에 모여 있는 사람들이 감염병환자가 아닌 건강한 사람들이라면 경찰관 직무집행법 제5조에 따른 조치는 허용되지 않는다. 건강한 사람은 다른 사람의 생명 · 신체에 대한 위험을 야기하지 않기 때문이다. 따라서 이 경우에는 경찰법상 일반적 수권조항에 근거하여 강제력을 행사하는 것을 검토해 볼 수 있다.[30] 일반적 수권조항은 '경찰관은 공공의 안녕 · 질서에 대한 위험방지를 위하여 필요한 조치를 할 수 있다'는 것을 내용으로 하는바, 공공의 안녕의 개념에는 법질서의 불가침성이 포함되며 여기에는 「감염병예방법」상 명령이나 금지의 관철도 포함되기 때문이다.[31] 다만 이러한 강제력 행사는 「감염병예방법」에 근거하여 행해진 행정행위의 관철을 목적으로 하기 때문에 보건행정청의 행정응원 요청이 있는 경우에만 허용되어야 할 것이다.

3. 집회의 자유와 경찰권 행사

1) 감염병 예방과 집회의 자유

코로나19 상황 하에서도 집회의 자유는 보장되어야 한다. 집회의 자유는 자유민주적 기본질서 하에서 국민들의 정치적 의사형성에 핵심적인 역할을 하기 때문이다. 특히 집회의 자유는 국민의 기본권을 광범위하게 제한하는 비상상황에서 더욱 중요한 의미를 가진다.[32] 그럼에도 헌법 제21조 제1항에서 규정하고 있는 집회의 자유는 헌법 제37조 제2항에 따라 국가안전보장 · 질서유지 또는 공공복리를 위하여 필요한 경우에 법률로써 제한할 수 있다는 점을 고려하여야 한다.

현재와 같이 감염병이 유행하는 상황에서는 국민의 생명 · 신체에 대한 보호를 위하여 집회의 자유에 대한 제한이 가능할 것이다. 다만 이 경우에도 집회의 자유와 대등한 또는 그 이상의 가치를 지니는 법익의 보호를 위해서만 집회에 대한 제한이 허용되며, 이때에도 비례의 원칙을 엄격히 준수할 것이 요구된다.[33] 이와 관련하여 코로나19와 같은 치명적인 감염병이 유행하는 상황에서는 국민의 생명, 신체의 보호를 위하여 집회의 자유를 제한하는 것은 가능할 것이다. 일반적으로 사람의 생명, 신체라는 법익은 집회의 자유와 비교할 때 대등한 또는 그 이상의 가치를 가진다고 인정되기 때문이다.[34] 특히 코로나19가 확산하여 의료시스템이 붕괴될 위험에 있는 경우에는 더욱 그러하다. 그러나 이때에도 감염병 예방이라는 목적달성을 위하여 필요최소한의 제한만이 허용되며, 국가는 충돌하는 법익 간의 실제적 조화[35]를 이루기 위한 노력을 기울여야 한다. 즉 사람의 생명 · 신체에 대한 보호와 집회의 자유 중 어느 하나만을 선택하기 보다는 충돌하는 기본권이 모두 실현될 수 있는 방안을 찾아야 한다.

2) 집시법 이외의 법률에 의한 집회 제한?

헌법상 보장되는 집회의 자유는 원칙적으로 「집회 및 시위에 관한 법률(이하 '집시법'이라 한다)」에 근거하여 보장되고 제한된다. 그러나 감염병이 확산하고 있는 상황에서는 「감염병예방법」 제49조 제1항 제2호에 근거해서도 집회를 포함한 다수인의 집합이 제한되고 금지될 수 있다. 이와 관련하여 집시법상 집회가 「감염병예방법」에 근거해서도 제한될 수 있는 것인지, 아니면 감염병 예방 및 확산방지 목적의 집회 제한이라 하더라도 집시법에 근거하여야 하는지의 문제가 제기된다. 실무적으로는 '집회의 자유는 집시법뿐만 아니라 「감염병예방법」에 근거해서도 제한이 가능하다' 정도로 논의가 정리되고 있는 듯하다. 즉 감염병 확산 방지를 위한 집회의 자유 제한에 있어 두 법률 간의 명확한 경계 설정이 이루어지지 않고 있다.

이와 관련하여 참고할 수 있는 것이 독일 집회법 이론에서 주로 논의되는 집중심사주의이다. 집중심사주의란, 집회를 개최하기 위하여 다른 행정청의 허가를 받아야 하는 경우 – 예를 들어 광장사용허가 – 집회주최자가 다수의 행정청으로부터 각각의 허가를 받는 것이 아니라 집회행정청에 1회 신고하면 여타의 요건들에 대해서는 집회행정청이 다른 행정청과 협의하여 심사한다는 것을 말한다. 독일에서는 집중심사주의에 따라 집회에 관한 사안이라

면 보건행정청이 추구하는 목적이라 하더라도 집회행정청을 통하여 검토되고 실현되어야 한다.[36]

한편 집회를 개최하는 건물에 화재 또는 붕괴 위험이 있는 등 집회와 직접적으로 관련 없는 위험의 방지를 위하여 집회참가자에 대한 퇴거명령을 하여야 하는 경우가 있을 수 있다.[37] 이러한 조치는 결과적으로 집회의 자유를 제한하게 된다. 과거에는 특정한 위험이 집회에 있어 전형적인 위험인지 또는 당해 조치가 집회를 직접적인 대상으로 하는지 등을 기준으로 집시법에 근거하여 조치를 취할 것인지, 아니면 다른 법률에 근거하여 조치를 취할 것인지를 결정해야 한다는 것이 일반적인 견해였다. 그러나 이러한 견해에 따르면 다른 영역에서의 위험방지를 핑계로 집회의 자유를 지나치게 제한할 우려가 있기 때문에 – 예를 들어 감염병 확산 방지를 명목으로 정부 정책에 항의하는 집회의 금지 – 최근에는 집회의 자유에 대한 제한이라는 결과가 발생한다면 「감염병예방법」 등 다른 법률이 아닌 집시법에 근거하여 그러한 제한이 정당한지를 판단해야 한다는 견해가 제기된다.[38] 「집회 및 시위에 관한 법률(이하 '집시법'이라 한다)」 제5조, 제8조 등에서는 공공의 안녕 질서에 직접적인 위험을 야기하는 집회 또는 시위를 금지할 수 있다고 규정하고 있는바, 여기서 '공공의 안녕'이라는 개념은 법질서의 불가침성을 포함하기 때문에, 「감염병예방법」 등 다른 법률에서의 위험방지에 관한 규정도 집회법에서 고려할 수 있게 하는 이른바 '법이론적 가교' 역할을 한다는 것이다.[39] 이러한 견해에 따라 감염병 예방을 이유로 집회를 제한하는 경우에도 기본권으로서의 집회의 자유는 존중되어야 하며, 「감염병예방법」 규정뿐만 아니라 집시법에서 요구하는 요건 및 절차에 근거하여 집회에 대한 제한이 행해질 필요가 있다.

3) 코로나19 방역지침과 집회의 자유의 조화

집회 실무에서는 코로나19 방역지침과 집회의 자유가 어떻게 조화를 이룰 수 있을 것인지에 대한 고민을 필요로 한다. 특히 코로나19와 같이 치명률 및 전파력이 높은 감염병이 확산하는 상황에서는 소규모 집회도 매우 위험하다고 인식될 수 있다. 그럼에도 국민의 기본권이 광범위하게 제한되고 있는 소위 '보건비상상황' 하에서 집회의 자유는 더욱 중요한 의미를 가진다는 점을 고려하여야 한다.[40] 앞에서 설명하였듯이 집회의 자유에 대한 제한은 동일한 또는 우월한 가치를 지니는 법익의 보호를 위하여, 비례의 원칙을 엄격히 준수하는 범위 내에서만 가능하며, 감염병 예방을 이유로 한 집회의 제한에 있어서도 이러한 원칙은 준수되어야 한다.

이에 집회행정청은 감염병 위기 상황에서도 집회를 포괄적 · 전면적으로 금지해서는 안 되며, 개별 사안에 있어 구체적 사정을 충분히 고려하여야 하며, 집회의 자유를 최대한 보장하기 위해 노력하여야 한다. 특히 감염위험성이 전혀 존재하지 않는 경우에만 집회를 허용하는 것은 집회의 자유를 지나치게 제한하는 것일 수 있다. 즉 감염가능성의 존재만으로 집회를 무조건적으로 금지해서는 안 된다. 더 나아가 집회행정청은 집회주최자와 함께 집회로 인한 감염위험을 최소화하기 위한 방안을 고민하여야 하며, 어느 한 기본권을 완전히 포기하기 보다는 충돌하는 기본권 간의 조화를 이루기 위한 노력을 기울여야 한다.[41]

Ⅳ. 결 론

지금까지 감염병 영역에서의 경찰권 행사에 대하여 「감염병예방법」, 경찰관 직무집행법, 집회 및 시위에 관한 법률을 중심으로 살펴보았다. 코로나19라는 보건비상상황에서는 보건행정청뿐만 아니라 경찰의 역할도 중요하다. 특히 경찰은 보건당국과 합동으로 유흥시설 등 다중이용시설에 대하여 점검하고, 담당공무원의 방역지침위반 단속활동을 지원하고, 집회 등으로 인하여 발생할 수 있는 감염위험을 방지하기 위한 활동을 한다. 그러나 경찰이 방역활동을 적극 지원한다하여 방역이 경찰 본연의 임무라고는 할 수 없으며, 경찰은 행정응원, 긴급관할 등의 요건을 충족하는 경우에, 범죄예방 및 수사 등 경찰 본연의 임무 수행에 지장을 주지 않는 범위 내에서 방역활동을 지원할 필요가 있다. 왜냐하면 방역뿐만 아니라 치안도 국민의 생명 · 신체 · 재산의 보호와 직결되며, 어떤 점에서는 법익침해의 위험이 감염병보다 더욱 구체적이고, 즉각적이며, 중대할 수 있기 때문이다. 이를 통해 경찰권 확대 또한 경계할 수 있다. 따라서 경찰이 감염병 대응을 위하여 어느 정도까지 개입하여야 하는지, 어떻게 하면 경찰 본연의 임무에 지장을 주지 않는 범위에서 감염병 예방 활동을 지원할 수 있는지에 대한 고민을 필요로 한다. 감염병 영역에서의 경찰권 행사에 대한 경계 설정이 필요한 것이다.

지금까지 코로나19라는 '예외적 상황'에서 기본권에 대한 광범위한 제한이 허용되어 왔다. 그러나 2년여가 지난 지금은 그러한 예외적 상황이 '일상적 상황'이 되었고, 코로나19의 확산경로, 위험성 등에 대해서도 어느 정도 예측 가능하게 되었다. 이러한 상황에서는 집회의 자유를 포함한 기본권에 대한 보장도 다시 정상화할 필요가 있다. 코로나19 관련 정책에 대한 비판적 논쟁은 민주주의를 강화시킨다.[42] 정치적 결정에 대한 다양한 논의가 있어야만 국민들은 해당 정책을 수용할 수 있으며, 정책의 모순점도 발견할 수 있기 때문이다. 한국, 그리고 경찰이 코로나19 대응을 잘 하고 있음에도 비판적 논쟁이 필요한 이유이며, 그것이 학문의 역할이다.

미주

* 이 글은 저자가 작성한 "감염병 영역에서의 경찰권 행사-코로나19 대응에 있어 경찰작용의 법적근거와 한계-, 법학논총 제37권 제4호, 2020" 및 "「감염병예방법」상 이동제한조치에 대한 법적 검토-코로나19 관련 독일의 법적상황 및 논의를 중심으로, 경찰법연구 제18권 제2호, 2020"에 바탕한 것임을 밝힌다.

** 군산대학교 법학과.

1 2021. 6. 10. 기준 국내 코로나19 치명률은 약 1.35%이나, 80세 이상의 경우 18.77%, 70세-79세의 경우 5.59% 등 고령자의 경우 특히 치명률이 높다.

2 물론 「감염병예방법」은 위험방지법 외에도 독자적인 영역으로서의 공중보건법의 성격도 가지고 있다(Engels, DÖV 2014, 464 ff. 참고). 다만 본 연구는 "감염병 영역에서의 경찰권 행사"에 관하여 논의하는 것을 주된 목적으로 한다는 점에서 위험방지법으로서의 성격을 중심으로 검토하고자 한다.

3 「감염병예방법」 제1조에서는 '국민 건강의 유지'뿐만 아니라 '국민 건강의 증진'도 「감염병예방법」의 목적이라고 규정하고 있는바, 「감염병예방법」 중 '국민 건강 증진'에 대하여 규정하는 부분은 위험방지법적 성격에 해당하지 않는다. 소극적 의미의 경찰작용과 복리행정의 구별에 대해서는, 서정범, 경찰행정법, 2020, 61-62쪽 참고.

4 경찰책임의 원칙에 대한 자세한 설명은, 서정범, 경찰행정법, 2020, 145쪽 이하 참고.

5 경찰법상 위험의심에 대한 자세한 설명은, 김성태, 위험에 대한 의심과 위험여부의 확인, 행정법연구 제51호, 2017, 160쪽 이하 참고.

6 감염병의심자에 대한 자세한 설명은, 박원규, "「감염병예방법」상 이동제한조치에 대한 법적 검토-코로나19 관련 독일의 법적상황 및 논의를 중심으로", 경찰법연구 제18권 제2호, 115-116쪽 참고.

7 Seewald, NJW 1987, 2265, 2268.

8 Kingreen/Poscher, Polizei- und Ordnungsrecht, 10. Aufl., § 6 Rn. 1.

9 서정범, 경찰행정법, 2020, 61쪽 참고.

10 Schenke, Polizei- und Ordnungsrecht, 5. Aufl., Rn. 453.

11 경찰관 직무집행법 제5조 제1항에서는 "경찰관은 사람의 생명 또는 신체에 위해를 끼치거나 재산에 중대한 손해를 끼칠 우려가 있는 (...) 그 밖의 위험한 사태가 있을 때에는 다음 각 호의 조치를 할 수 있다"고 규정하고 있다. 이와 관련하여 본 조항이 생명 · 신체에 위해를 끼칠 "우려가 있는" 경우에 위험방지조치를 할 수 있다고 규정하고 있기 때문에, 구체적 위험에 이르지 않은 위험의심 상황에서도 경찰권을 행사할 수 있다는 견해가 있다. 그러나 이러한 견해는 경찰행정법 및 경찰관 직무집행법에 대한 부족한 이해에서 기인한다. 경찰관 직무집행법 제5조 제1항에서는 생명 · 신체에 위해를 끼칠 "우려가 있는 위험한 사태"에서 경찰관이 위험방지조치를 할 수 있다고 규정하고 있는바, 본 조항을 해석함에 있어서는 "위험한 사태"에 중점을 두어야 한다. 따라서 경찰관 직무집행법 제5조 제1항에 따른 위험발생 방지조치는 경찰법상 구체적 위험이 존재하는 경우에만 허용된다는 것이 학설 · 판례의 일반적인 견해이다. 더 나아가 같은 법 제5조 제1항 제2호에 따른 억류 및 피난조치는 긴급성이라는 요건을 추가적으로 요구하고 있다(부산지방법원 2012. 2. 13. 선고 2011고단6582 판결 등 참고).

12 이러한 설명에 대하여 「감염병예방법」은 소위 '리스크법'이기 때문에 구체적 위험, 위험의심 등 일반 경찰법상 개념에 근거하여 이해해서는 안 된다는 반론이 있다. 그러나 본 연구의 대상은 '경찰관에 의한 경찰권 행사'에 관한 것이기 때문에 구체적 위험 개념에 근거하지 않고는 설명할 수 없다. 보건행정청이 감염병 확산을 방지하기 위하여 리스크, 즉 매우 낮은 정도의 개연성만 존재하는 상황에서도

사회적 거리두기, 마스크 착용 의무 등을 부과하는 것은 다른 차원의 논의이다.

13 설령 코로나19 감염으로 인해 다른 사람의 생명 · 신체에 위해를 끼칠 충분한 개연성이 존재하는 경우라고 하더라도 경찰관이 「감염병예방법」상 권한을 단독으로 행사할 수는 없으며, 경찰관 직무집행법에 근거하여 개입하는 것도 행정응원, 긴급관할이라는 예외적인 경우에만 허용된다.

14 Lisken/Denninger, Handbuch des Polizeirechts, 5. Aufl., Kap. D. Rn. 219.

15 Schenke, Polizei- und Ordnungsrecht, 5. Aufl., Rn. 408.

16 Kingreen/Poscher, Polizei- und Ordnungsrecht, 10. Aufl., § 3 Rn. 7.

17 Schenke, Polizei- und Ordnungsrecht, 5. Aufl., Rn. 409.

18 Kingreen/Poscher, Polizei- und Ordnungsrecht, 10. Aufl., § 3 Rn. 7.

19 Schenke, Polizei- und Ordnungsrecht, 5. Aufl., Rn. 410.

20 Schenke, Polizei- und Ordnungsrecht, 5. Aufl., Rn. 411.

21 박상희 · 서정범, 행정법총론, 2017, 297쪽.

22 Lisken/Denninger, Handbuch des Polizeirechts, 5. Aufl., Kap. D. Rn. 227 ff.

23 Lisken/Denninger, Handbuch des Polizeirechts, 5. Aufl., Kap. D. Rn. 238; 서정범, 경찰행정법, 2020, 61쪽.

24 Lisken/Denninger, Handbuch des Polizeirechts, 5. Aufl., Kap. D. Rn. 239.

25 예를 들어 니더작센주 경찰질서법 제99조에서는 "행정청은 위험방지 임무를 근무시간 외에도 수행할 수 있도록 담보하여야 한다"고 규정하고 있다.

26 Kingreen/Poscher, Polizei- und Ordnungsrecht, 10. Aufl., S. 47.

27 Stollenwerk, KommJur 2019, 125, 127.

28 경찰관 직무집행법상 개별 권한에 대해서는, 김성태 외, 경찰관 직무집행법. 인권과 법치를 위한 개정 권고안, 2020 참고.

29 이와 관련하여 제1차적 조치로서의 행정행위와 그의 관철을 위하여 행해지는 제2차적 조치로서의 강제력 행사를 명확하게 구분하여 이해할 필요가 있다. 원칙적으로 「감염병예방법」에 근거한 명령과 이를 관철하기 위한 강제력 행사는 보건행정청에 의하여 이루어져야 한다. 그러나 보건행정청에 집행권한이나 인력이 없는 경우에는 경찰이 행정응원 차원에서 제2차적 조치로서의 강제력 행사를 대신할 수 있을 것이다.

30 경찰관 직무집행법상 일반적 수권조항에 근거한 경찰상 강제집행을 인정할 것인지에 대해서는 견해 대립이 있다. 이를 인정하는 견해로는, 서정범, 경찰행정법, 2020, 327쪽.

31 Kingreen/Poscher, Polizei- und Ordnungsrecht, 10. Aufl., S. 51.

32 Fährmann/Aden/Arzt, Versammlungsfreiheit-auch in Krisenzeit!, VerfBlog., 2020. 4. 15.

33 박원규, "기본권 친화적 집시법 적용을 위한 제언", 법학논총 제35권 제3호, 2018, 115쪽.

34 Dürig-Friedl/Enders, Versammlungsrecht, 2016, Einleitung Rn. 76.

35 충돌하는 기본권 간의 최적화 명령으로서의 실제적 조화에 대한 자세한 설명은, Hesse, Grundzüge des Verfassungsrechts der Bundesrepublik Deutschland, Rn. 72, 317 ff.

36 Lisken/Denninger PolR-HdB, K. Versammlungsrecht Rn. 116, beck-online.

37 Lisken/Denninger PolR-HdB, K. Versammlungsrecht Rn. 119, beck-online.

38 Lisken/Denninger PolR-HdB, K. Versammlungsrecht Rn. 119, beck-online.

39 Lisken/Denninger PolR-HdB, K. Versammlungsrecht Rn. 120, beck-online.

40 Fährmann/Aden/Arzt, Versammlungsfreiheit-auch in Krisenzeit!, VerfBlog., 2020. 4. 15.

41 이상의 설명은 BVerfG, Beschl. v. 17.4.2020-1 BvQ 37/20 등 참고.

42 독일 메르켈 총리, 연방의회 연설, 2020. 10. 29; https://www.bundesregierung.de/breg-de/mediathek/kritische-debatte-1805568 (2020. 11. 15. 검색).

13

코로나 시대의 공공조달법제

코로나 시대의 공공조달법제*

김 대 인**

Ⅰ. 서 론

코로나19 대유행사태(이하 코로나사태)에 직면하여 여러 가지 이슈가 있지만 그 중에서도 마스크, 진단키트, 음압설비, 의료진 보호장비 등 보건의료장비의 신속한 수급의 중요성을 강조하지 않을 수 없다. 우리나라에서 이러한 보건의료장비의 신속한 수급이 이루어진 것이 다른 국가에 비해서 상대적으로 성공적으로 코로나에 대응하고 있는 원인 중의 하나가 되었다고 할 수 있다. 이러한 보건의료장비의 신속한 수급이 가능했던 것은 이를 뒷받침하는 법제가 있었기 때문이라고 할 수 있는데, 특히 국가나 지방자치단체와 같은 행정주체가 필요로 하는 물품, 서비스 등을 조달하는 행위를 규율하는 공공조달법제가 핵심적인 역할을 했다고 할 수 있다.

그러나 보건의료제품의 공공조달과 관련하여 다음과 같은 문제점도 나타나고 있다. 코로나 발생초기에 공공조달을 통한 마스크 생산 독려가 이루어지면서 마스크 생산업체가 난립하게 되었고 이로 인해 마스크 공급과잉 및 가격폭락으로 마스크 생산업체의 채산성이 악화된 것이다.[1] 이러한 상황은 코로나사태와 같은 위기상황에서 공공조달을 통해 보건의료장비 시장에 신속하게 개입하면서도 개입의 정도를 적절하게 조절할 필요가 있음을 잘 보여준다.

공공조달은 코로나사태로 인해 어려움을 겪고 있는 기업들을 지원하는 수단으로 사용될 수 있다는 점에서도 중요성을 갖는다고 할 수 있다. 비단 보건의료장비를 생산하는 기업들뿐만 아니라 경기침체로 영향을 받는 다양한 산업분야의 제품들을 공공조달을 통해 신속하게 구매해줄 경우 경기회복에 도움을 줄 수 있기 때문이다.

현재 전세계적으로 코로나19가 확산되면서 보건의료장비의 신속한 수급 및 경제회복의 중요성이 높아지면서 이를 뒷받침하는 공공조달법제에 대한 논의가 해외에서도 많이 이루어지고 있다.[2] 우리나라의 코로나사태에 대응한 공공조달법제 운영경험은 해외에 시사점을 제공해줄 수 있다는 점에서 검토의 가치가 큰 것으로 볼 수 있다.[3] 또한 코로나사태에 대응한 해외의 공공조달법제의 운영경험을 참고로 하여 포스트 코로나 사회를 대비한 우리나라 공공조달법제의 발전방안을 모색해보는 것도 의미가 있다고 하겠다. 그동안 공공조달법제에 대해서는 공법적 관점에서 다양한 연구가 이루어진 바 있으나, 코로나사태와 같은 위기상황에서의 공공조달법제에 대한 논의는 그동안 충분히 이루어지지 못했다. 이러한 연구공백을 메울 수 있다는 점에서도 검토의 필요성이 존재한다.

이러한 문제의식하에 이하에서는 우선 코로나사태에 대응한 우리나라의 공공조달법제를 소개하고(II), EU와 영국에서의 코로나사태에 대응한 공공조달법제를 검토한 다음(III), 우리나라의 법제와 해외법제를 비교하고, 우리나라 법제가 해외에 주는 시사점 및 코로나 이후의 우리나라 공공조달법제의 발전방안을 제시해보도록 한다(IV). 마지막으로 이상에서의 검토를 토대로 일정한 결론을 제시해보고자 한다(V).

II. 코로나사태에 대응한 우리나라의 공공조달법제

1. 개 관

우리나라 공공조달법제의 핵심을 이루고 있는 법률로는 「국가를 당사자로 하는 계약에 관한 법률」, 「지방자치단체를 당사자로 하는 계약에 관한 법률」, 「조달사업에 관한 법률」, 「전자조달의 이용 및 촉진에 관한 법률」, 「중소기업제품 구매촉진 및 판로지원에 관한 법률」, 「방위사업법」 등을 들 수 있다. 이 외에도 「공공기관의 운영에 관한 법률」, 「중소기업 기술혁신 촉진법」, 「건설산업기본법」, 「건설기술관리법」, 「엔지니어링산업진흥법」 등에서도 공공조달에 관한 규정들을 두고 있다. 공공조달법제의 내용 중 코로나사태와 관련되는 내용들로는 수의계약, 단가계약, 계약금액조정제도, 중소기업 R&D 등을 들 수 있으며, 부처별로 보면 조달청, 식품의약품안전처, 기획재정부, 중소벤처기업부 등이 연관성을 갖는다. 이하에서는 코로나사태 이후의 각 부처의 대응 및 관련법제를 우선적으로 살펴보고, 이어서 관련 법령내용의 변화를 검토해보도록 한다.

2. 각 부처의 대응 및 관련법제

1) 조달청

중앙조달기관의 역할을 담당하고 있는 조달청은 코로나사태 초기였던 2020년 1월 30월부터 주요 방역물품의 신속구매 절차를 마련하고, 전문기관 납품검사를 면제하는 등 신속 공급체제로 전환하였다. 우선 신종 코로나바이러스 방역에 필요한 물품 · 서비스 등 조달 요청 건은 긴급입찰과 수의계약을 통해 계약체결 소요 기간을 최대한 단축하여, 수요기관이 신속하게 구매하도록 지원하였다.[4]

또한 조달청은 종합쇼핑몰[5]을 통해 공급되는 마스크, 의료용 살균소독제 등 주요 방역물품도 납품검사를 면제하였다. 이처럼 기존 납품검사에 소요되는 기간 2~3주를 검사 면제 조치를 시행함에 따라 수요기관이 필요로 할 때 즉시 공급할 수 있게 되었다. 그리고 조달청에서는 예상되는 긴급 수요에 대비 방역물품의 안정적 공급을 위해 조달 계약업체에 대한 수급상황 점검도 실시하였다. 즉 마스크, 의료용 살균소독제, 소독기 등 주요 방역물자 조달계약 업체에 수급상황을 확인하고, 향후 긴급 수요에 대비하여, 납품 협조에

차질이 없도록 요청한 바 있다.[6]

조달청은 추경예산이 2020년 3월 17일 국회 본회의를 통해 확정되면서 코로나19 등에 대비한 '마스크 비축 및 관리지원 사업' 소요분 848억 원을 확보하였다. 이처럼 확보된 예산은 마스크 비축을 통하여 코로나19 감염 예방을 위해 국민이 마스크를 구입하는 데 겪는 어려움을 최대한 줄이는 데 우선적으로 쓰이고, 코로나19 종식 이후 마스크 수요가 줄어드는 경우에도 생산업체들이 안심하고 생산 확대에 나설 수 있도록 수급을 관리하는 데 투입할 예정이라고 밝히고 있다.[7]

조달청은 2020년 7월 6일에 2020년 하반기 조달 부서장회의를 개최하고, 공공구매력을 전략적으로 활용해 코로나19로 촉발된 경제위기를 극복하는데 역량을 집중하겠다는 점을 밝힌 바 있다. 이를 위해 물품분야에 집중되던 혁신조달을 공사 · 서비스 · 국방분야까지 확대하는 계획을 발표하였다. 이번 추경을 통해 확보한 예산을 활용하여, 상용화이전 혁신시제품 뿐만 아니라 우수 국가 R&D 결과물 등 혁신제품 구매 규모와 대상을 확대 · 다양화하고, 혁신제품 지정을 400개로 확대하고, 이를 통해 공공기관의 혁신제품 구매 활성화를 적극 지원하는 계획을 발표하였다.[8] 조달을 통한 혁신정책의 수행이 경제성장에 기여할 수 있을 뿐만 아니라 보건의료위기상황으로 인한 리스크 극복에도 중요하다는 점을 인식한 결과로 볼 수 있다.

조달청은 외교부와 함께 '해외공공조달 입찰지원'사업도 운영하고 있는데, 이를 통해 우리나라 기업이 해외에 보건의료장비를 수출할 수 있도록 지원하고 있다. 국내의 한 진단키트 회사는 이 사업을 통해 2020. 9. 28. 유엔(UN) 산하 유니세프(UNICEF)와 코로나19 진단키트에 대한 장기공급계약(Long Term Agreement: LTA)을 체결하기도 하였다.[9] 이는 「조달사업에 관한 법률」 제28조에서는 조달기업의 해외조달시장 진출지원에 관한 규정을 두고 있는 것과 밀접한 관계가 있는데, 이러한 규정은 정부의 수출장려지원이라고 하는 발전국가(developmental state)적 특징이 반영된 것으로 볼 수 있다.

2) 식품의약품안전처

식품의약품안전처(이하 식약처)는 코로나 발생 초기에 코로나19 위기대응지원본부를 설치하고, '공적 마스크 제도'를 운영하였다. 이는 마스크 생산업체에게 수출을 원칙적으로 금지하고 생산량의 80%를 공적 판매처로 출고하는 것을 내용으로 한다. 이는 「물가안정에 관한 법률」 제6조에 따른 '긴급수급조정조치'의 일환으로 시행된 것이다. 정부는 물가가 급격히 오르고 물품 공급이 부족하여 국민생활의 안정을 해치고 국민경제의 원활한 운영을 현저하게 저해할 우려가 있을 때 물품 사업자나 수출입업자 등에 5개월 이내의 기한 동안 긴급수급조정 조치를 할 수 있는데 이에 근거하에 공적 마스크 제도를 운영한 것이다. 공적 마스크의 계약주체는 조달청으로 하고 수의계약[10] 및 단가계약제도[11]를 활용하여 제조업체로부터 마스크를 신속하게 구매한 후, 약국 · 우체국 · 농협 등 공적 유통망을 통해 마스크를 공급하였다.[12]

또한 식약처는 코로나19 위기대응지원본부내에 '제품화팀'을 구성하고, 코로나19 치료제 및 백신개발을 준비 중인 제약업체를 대상으로 별도의 상담창구를 운영하여 제품화를 지원하고 관련 임상시험에 대해 우선 · 신속심사를 실시했다. 또한 과학기술정보통신부, 질병관리본부가 추진하는 코로나19 치료제 개발사업에 적극 협력하여 개발에 소요되는 기간을 최대한 단출할 수 있도록 지원하고, 국내 허가가 없는 의약품도 코로나19 치료를 위해 질병관리본부가 요청하는 경우 특례수입을 하였다.[13]

3) 기획재정부

기획재정부는 2020년 2월 12일 신종 코로나 바이러스의 확산을 방지하고 공공계약 현장에서 근무하는 근로자의 건강을 보호하는 한편, 신종 코로나 바이러스로 인한 작업 차질 및 부품 확보 곤란 등으로 피해를 겪는 공공계약 참여기업의 부담을 경감하기 위해 「신종 코로나 바이러스 대응을 위한 공공계약 업무 처리지침」을 시행하였다.[14] 위 지침의 내용은 크게 세 가지이다.

첫째, 감염병 예방조치 등 관련 법규의 준수이다. 공공 사업현장에서 계약상대방이 「감염병의 예방 및 관리에 관한 법률」, 「신종 코로나 바이러스 감염증 예방 및 확산방지를 위한 사업장 대응 지침」(고용노동부) 등 관련법규

및 지침에 따른 사업자의 의무를 준수해야 한다.15

둘째, 작업의 일시정지와 관련된 조치이다. 신종 코로나 바이러스 확진자 또는 의심환자 발생 등 현장여건, 공정진행정도 등 제반사정을 고려시 근로자의 안전을 위해 불가피하다고 판단되는 경우에는, 발주기관은 해당공사 또는 용역을 일시정지토록 할 수 있으며, 이 경우 정지된 계약기간에 대하여는 계약기간을 연장하고 계약금액을 조정하여야 한다.16

셋째, 그 외 신종 코로나 바이러스로 인한 작업곤란 등에 따라 계약이행이 지연된 경우 조치사항이다. 일시정지 조치를 실시하지 않은 경우라 하더라도 신종 코로나 바이러스로 인해 작업이 현저히 곤란하거나 주요 부품의 수급 차질 등으로 불가피하게 계약이행이 지체된 경우에는 해당기간에 대하여는 다음 계약예규의 규정에 따라 지체상금을 부과하지 아니하고, 계약금액 조정 요건 여부를 적극 검토하여 요건에 부합할 경우 계약금액을 조정하여야 한다.17

위의 내용을 보면 두 번째와 세 번째는 계약금액조정과 관련된 내용임을 볼 수 있다. 국가계약법 제19조에서는 물가변동, 설계변경, 그 밖에 계약내용의 변경(천재지변, 전쟁 등 불가항력적 사유에 따른 경우를 포함한다)으로 인하여 계약금액을 조정할 필요가 있을 때에는 계약금액을 조정할 수 있다고 되어 있다. 그런데 실무상 '기타 계약내용의 변경'을 통해 계약금액조정을 인정받기는 쉽지 않다. 위 지침의 내용은 코로나사태로 인한 계약금액조정이 용이하게 이루어지도록 함으로써 해석상 논란을 피하고자 한 것으로 이해할 수 있다.

4) 중소벤처기업부

코로나 발생초기에 진단키트가 신속하게 보급되어 대규모의 진단이 이루어졌던 것이 상대적으로 성공적으로 코로나에 대처하는 원인이 되었다. 그런데 이처럼 신속한 진단키트 보급이 가능했던 것은 이와 관련한 R&D지원사업이 이미 시행되고 있었기 때문이다. 보건복지부에서 발표한 '코로나19 관련 체외진단기기 제조 및 수출기업' 45개 회사 중 75.6%인 34개사가 「중소기업 기술혁신 촉진법」에 따른 중소벤처기업부 R&D지원사업을 통해 개발된 제품이다.[18] 이들이 개발한 제품은 검체채취키트, PCR장비, 진단시약 등인데, 개발업체들은 사스, 메르스 등 감염성 호흡기질환을 경험한 후 중기부 R&D지원을 통해 연구개발을 하였다.[19] 식약처의 긴급사용승인(PCR)을 받은 5개 기업 중 씨젠, 솔젠트, 코젠바이오텍, 바이오세움이 중소기업 R&D지원사업을 수행한 이력이 있으며 검체채취키트를 판매하는 노블바이오는 2017년 제품공정개선기술개발사업으로 검체배지의 생산성을 높이는 연구를 성공한 바 있다. 중소기업 R&D지원사업을 수행한 체외진단기기 제조 · 수출기업 34개는 평균 9억200만원의 중기부 R&D자금이 지원됐다. 이러한 연구개발경험이 코로나19로 인한 검체채취키트의 신속한 개발과 수출로 이어졌다.[20]

이러한 중소기업 R&D지원사업은 혁신조달(innovation procurement), 즉 공공조달을 통한 기술혁신의 촉진과 밀접한 관련이 있다고 할 수 있다.[21] 다시 말해 혁신조달정책이 코로나에 대한 대응에 긍정적인 영향을 미친 것으로 볼 수 있다. 혁신조달정책은 우리나라에서 지속적으로 강조되고 있는데, 2018년 11월 1월에는 '혁신제품 공공구매 확대방안'이, 2019년 7월 2일에는 '혁신지향 공공조달 추진방안'이 발표된 데에서도 이를 알 수 있다. 여기에서는 혁신지향 구매제도 활성화, 혁신 중소기업 제품 판로지원, 국가혁신조달 플랫폼 구축, 적극 조달행정 면책 및 인센티브 활성화 등의 방안이 제시된 바 있다.[22]

한편 마스크 업체의 시설투자와 신규업체의 증가로 국내 마스크 공급량이 대폭 확대된 반면 재고량 증가 등 어려움에 직면한 업체들의 애로사항을 해결하기 위해서 2020. 11. 3. 중소벤처기업부는 산업통산자원부, 식품의약품안전처와 함께 지원방안을 발표하였다. 그 내용으로는 내수판로지원(공영홈쇼핑 판매 방송, 긴급경영안정자금 지원, 코로나19특례보증 지원), 구조개선지원(사업 전환자금 지원, 경영악화 업체 대상 구조개선 및 사업전환지원), 해외수출지원(해외인증정보제공, 바이어매칭, 화상당담회, 온라인 특별전시관, 글로벌 온라인몰 입점지원), 제품개발지원(단순변경의 구비서류 간소화, 수출용 마스크 추가를 위한 허가) 등을 들 수 있다.[23]

3. 법령의 개정

1)「국가를 당사자로 하는 계약에 관한 법률 시행령」

코로나사태에 대응하여「국가를 당사자로 하는 계약에 관한 법률 시행령」이 2020년 5월 1일에 개정되었다. 그 주요내용을 보면 우선 경쟁에 부칠 여유가 없거나 경쟁에 부쳐서는 계약의 목적을 달성하기 곤란하여 수의계약을 체결할 수 있는 사유로 감염병 예방 및 확산 방지를 추가하였다.[24] 또한「재난 및 안전관리 기본법」제3조 제1호의 재난이나 경기침체, 대량실업 등으로 인한 국가의 경제위기를 극복하기 위해 기획재정부장관이 기간을 정하여 고시한 경우에도 수의계약이 가능하도록 규정을 신설했다.[25] 그리고「재난 및 안전관리 기본법」제3조 제1호의 재난이나 경기침체, 대량실업 등으로 인한 국가의 경제위기를 극복하기 위해 기획재정부장관이 기간을 정하여 고시한 경우에는 경쟁입찰을 실시했으나 입찰자가 1인뿐인 경우 재공고입찰을 실시하지 않더라도 수의계약을 할 수 있게 되었다.[26]

다음으로 감염병 확산 등의 재난, 경기침체 등으로 인한 국가의 경제위기를 극복하기 위해 기획재정부장관이 기간을 정하여 고시한 경우 해당 기간 동안 입찰보증금을 입찰금액의 100분의 5 이상에서 1천분의 25 이상으로, 계약보증금을 계약금액의 100분의 10 이상에서 100분의 5 이상으로 인하할 수 있도록 하여 감염병 확산 등에 따라 경영상의 부담을 겪는 조달업체를 지원하기 위한 조치를 마련했다.[27]

2)「물가안정에 관한 법률」

공적 마스크 제도의 근거가 되었던「물가안정에 관한 법률」도 2021. 1. 5. 물가안정장치의 법 체계적 정당성 및 예측가능성을 확보하기 위하여 다음과 같이 개정이 이루어졌다. 즉, 구법에서는 "정부는 물가가 급격히 오르고 물품 공급이 부족하여 국민생활의 안정을 해치고 국민경제의 원활한 운영을 현저하게 저해할 우려가 있을 때"에 물가안정조치를 취할 수 있다고 되어 있었으나, 개정법에서는 "정부는 내우외환, 천재지변, 긴급한 재정 · 경제상의 위기 등 대통령령으로 정하는 사유로 인하여 물가가 급격히 오르고 물품 공급이 부족하여 국민생활의 안정을 해치고 국민경제의 원활한 운영을 현저하게 저해할 우려가 있을 때"에 물가안정조치를 취할 수 있다고 하여 보다 구체적으로 물가안정조치가 이루어질 수 있는 사유를 명시한 것이다.[28]

물가안정조치의 내용으로는 1) 생산계획의 수립·실시 및 변경에 관한 지시, 2) 공급 및 출고에 관한 지시, 3) 수출입의 조절에 관한 지시, 4) 운송·보관 또는 양도에 관한 지시, 5) 유통조직의 정비, 유통단계의 단순화 및 유통시설의 개선에 관한 지시 등이 속하는데 이 부분은 구법과 동일한 내용이다.

3) 「조달사업에 관한 법률」

「조달사업에 관한 법률」이 2020년 3월 30일에 전면개정되었는데, 이 법의 개정이유는 "1994년 제정된 이래 조달사업의 효율적 수행을 위한 제도적 기틀을 마련하였고 중소기업 지원 등을 위한 제도적 보완이 이루어져 왔으나, 4차 산업혁명 등 조달사업을 둘러싼 정책 환경이 크게 변화함에 따라 부분적인 제도적 보완만으로는 현실을 반영하는 데 한계가 있음. 또한 조달 계약에 관련된 규정들이 하위법령에 위임되어 조문체계가 복잡하고 법령의 수요자인 국민이 이해하기 어려운 문제점이 있는바, 일반 국민의 입장에서 법령을 쉽게 이해할 수 있도록 법령체계를 개편하고 조문내용을 명확히 하기 위하여 이 법을 전부개정하려는 것"[29]으로 설명되고 있다.

이러한 개정이유에서는 코로나사태에 대응하였다는 점이 명시적으로 나타나지는 않는다. 그러나 코로나19사태로 인한 새로운 보건의료 물품 및 서비스에 대한 수요가 나타날 수 있고, 이를 뒷받침할 수 있는 구매제도가 필요하다. 동법 제27조에서는 공공서비스 향상과 기술혁신을 위하여 공공성, 혁신성 등이 인정되는 제품(혁신제품)에 대하여 시범구매 및 공급, 공공구매 지원 시스템 구축 및 운영 등의 방법으로 지원할 수 있도록 하고 있는데, 이는 혁신적인 보건의료 물품 및 서비스에 적용될 수 있다.

Ⅲ. 코로나사태에 대응한 EU와 영국의 공공조달법제

1. 개 관

코로나사태에 대응한 다양한 법제적인 노력이 유럽연합(European Union) 및 개별 회원국 차원에서 이루어지고 있다. 코로나사태 이전부터 유럽연합에서는 역내 공공조달시장의 개방을 촉진하기 위해서 공공조달지침(Public Procurement Directive)을 제정하여 운영하고 있고,[30] 영국에서는 이러한 EU 공공조달지침을 국내법으로 전환한 공공계약규칙(Public Contract Regulation)을 두고 있었다.[31] 그런데 이들 공공조달법제들은 계약공고에 따른 경쟁입찰을 원칙으로 하고 있어서 코로나사태에 대응한 신속한 보건의료장비의 조달방안이 문제될 수밖에 없다.

이러한 문제를 해결하기 위해서 유럽집행위원회(European Commission)는 2020년 4월 1일 코로나19 위기와 관련한 긴급상황에서의 공공조달 프레임워크의 사용에 관한 가이드라인을 발표하고, 유럽연합 회원국들이 필요로 하는 보건의료장비를 공동구매하기 위해 공동조달협약(Joint Procurement Agreement: JPA)을 체결하고, 코로나19 위기극복을 위한 연구개발 및 혁신에 관한 보고서를 발간하기도 하였다.[32] 영국정부도 네 차례에 걸쳐 코로나사태에 대응한 공공조달정책에 관한 조달정책문서(Procurement Policy Note)를 발표하였다.[33][34] 이하에서 보다 상세히 살펴보도록 한다.

2. EU

1) 공공조달 프레임워크의 사용에 관한 가이드라인

이 가이드라인에서는 EU 공공조달지침의 규정들이 코로나19로 인한 긴급상황의 대응에 필요한 수단을 이미 갖추었다고 하면서 다음과 같은 내용의 가이드라인을 제시하였다.

(1) 절차의 선택 일반

공공조달지침의 적용범위에 속하는 계약의 경우 발주청은 일반경쟁입찰절차 또한 제한경쟁입찰절차에 의해서 계약을 낙찰할 수 있다.[35] 이러한 일반경쟁입찰은 35일, 제한경쟁입찰은 30일 등의 입찰서 제출기한을 부여하는 것이 원칙이지만, 이러한 기한은 다음과 같은 경우에는 단축하는 것이 가능하다. 1) 사전정보공고(prior information notice)가, 경쟁입찰에 부치기 위해서 이루어진 것은 아니지만 공공조달지침 Annex V, Section I, Part B에 규정된 계약공고에 필요한 모든 정보들을 포함하고 있고 계약공고가 이루어지기 이전 35일에서 12개월 사이에 이루어진 경우이거나 2) 발주청이 긴급한 상황으로 인정한 경우로서 이 기한을 적용하는 것이 불가능한 경우가 그것이다.[36] 이 두 번째 경우를 좀 더 살펴보면 다음과 같다.

(2) 긴급상황에서 기한의 단축

정당화될 수 있는 긴급상황(urgency)이 있을 경우에는 입찰서 등의 제출에 필요한 기한(입찰공고기간)을 단축할 수 있다. 일반경쟁입찰의 경우에는 15일로 단축할 수 있으며, 제한경쟁입찰의 경우에는 10일로 단축할 수 있다. 이러한 입찰공고기간은 계약의 신속한 체결이 가능토록 한다. 이처럼 '신속화된' 일반경쟁입찰과 제한경쟁입찰의 경우에도 동등대우, 투명성의 원리들을 준수해야 하며, 경쟁을 확보해야 한다.[37]

(3) 초긴급상황에서 공고없는 협상절차의 사용

초긴급상황의 경우에는 우리나라의 수의계약에 해당하는 '공고없는 협상절차'(negotiated procedure without publication)를 사용할 수 있다. EU 공공조달지침에 따르면 발주청이 예상하지 못한 사건으로 발생한 초긴급상황(extreme urgency)으로 인해 일반경쟁입찰이나 제한경쟁입찰에 필요한 공고기간을 준수할 수 없는 경우에는 공고없는 협상절차에 의한 계약체결이 가능하다. 초긴급상황을 정당화할 수 있는 상황은 어떠한 경우에도 발주청에게 책임을 지울 수 있는 경우이어서는 안 된다.[38]

발주청이 공고없는 협상절차를 사용하는 것은 투명성과 관련한 EU 조약의 기본원리에서 벗어나는 것이기 때문에 유럽법원(European Court of Justice)은 이 절차는 관련요건들이 모두 충족되는 예외적인 경우에만 사용되어야 한다고 판시하고 있다.[39] 각 발주청은 다음의 요건들이 모두 충족되었는지 여부를 개별사건별로 판단해야 한다.[40]

첫째, 발주청이 예상하지 못한 사건이어야 한다. 코로나19사태로 인해 병원나 다른 의료기관들이 음압시설, 추가병상, 추가집중치료, 병원 인프라 등을 조달하는 것은 예상하지 못한 사건으로 봄에는 무리가 없다.[41]

둘째, 일반적인 계약공고기간을 준수하는 것이 불가능한 초긴급상황이어야 한다. 병원과 의료기관의 수요들이 최대한 신속하게 충족되어야 함은 의문의 여지가 없다. 일반경쟁입찰이나 제한경쟁입찰의 단축된 계약공고기간(15일 또는 10일)을 준수하는 것이 가능한지 여부는 개별적으로 판단되어야 하지만, 확진자수가 급격히 증가할 경우에는 이러한 단축된 계약공고기간도 준수하기 어렵다고 판단하는 것이 타당하다.[42]

셋째, 예상하지 못한 사건과 초긴급상황간에 인과관계가 존재해야 한다. 단기간에 병원과 의료기관의 즉각적인 필요를 충족시키기 위해서는 코로나19사태와 초긴급상황간의 인과관계는 의심의 여지가 없다.[43]

넷째, 보다 안정적인 솔루션이 가능해질 때까지의 간극을 메우기 위해서만 사용되어야 한다. 사전공고없는 협상절차는 즉각적인 필요를 충족시킬 수 있는 가능성을 제공한다. 사전공고없는 협상절차는 물품과 서비스에 대한 다수공급자계약(framework contract)[44]이나 정규의 절차(단축된 절차를 포함하여)와 같이 보다 안정적인 솔루션이 가능해질 때까지의 간극을 메울 수 있다.[45]

(4) 가이드라인에 대한 평가

이와 같은 가이드라인에 대해서는 기존의 유럽연합 공공조달지침의 내용을 그대로 둔 상태에서의 해석지침만으로만 문제를 해결하는 것에는 한계가 존재하며, 공공조달지침 자체에서 좀 더 탄력성을 부여하는 방식으로 개정이 이루어질 필요가 있다는 지적이 있다. 예를 들어 계약의 변경사유를 좀 더 확대하는 내용이 공공조달지침에 반영될 필요가 있다는 것이다. 그러나 이 경우에도 WTO 정부조달협정(Government Procurement Agreement: GPA)에 따른 제한범위내에서만 개정이 허용된다는 한계는 존재한다.[46]

2) 공동조달협약

2009년의 인플루엔자 대유행(pandemic) 사태로 인해 유럽연합 회원국들이 백신과 의약품의 구매력에 취약점을 가지고 있다는 점이 드러나게 되었다. 이러한 문제를 극복하기 위해서 2013년 유럽집행위원회 결정[47]을 통해 의약품에 대한 공동조달협약(Joint Procurement Agreement: JPA)제도를 도입했다. 공동조달협약(JPA)은 유럽연합 회원국들이 공동으로 필요로 하는 보건의료제품들을 구매하는 절차 및 조직을 규율하는데 이는 개별사안별로 체결되고, 유럽연합 회원국들도 개별사안별로 참여여부를 결정할 수 있다. 2020년 2월과 3월에 코로나19 사태에 대응하여 진단키트 등 4개의 보건의료제품에 대한 공동조달협약이 체결되었으며, 37개국이 이에 참여하고 있다.[48]

이러한 공동조달협약은 보건의료제품의 구매를 놓고 모든 유럽연합 회원국들이 '만인의 만인에 대한 투쟁'(war of all against all)을 벌이는 현상을 완화하기 위한 제도로 볼 수 있다. 그리고 이러한 공동조달협약에는 구매조직에 대한 내용도 들어가는데, 이는 유럽연합차원에서의 일종의 '중앙조달기관'(Central Purchasing Body: CPB)을 설치하는 의미를 갖는 것으로 볼 수 있다. 그리고 1) 유럽연합차원에서의 중앙조달기관, 2) 개별국가의 중앙조달기관,[49] 3) 개별 지방자치단체의 중앙조달기관간에 구매와 관련한 역할분담을 어떻게 하는 것이 바람직한지에 대해서도 여러 가지 논의가 이루어지고 있다.[50]

3) 혁신조달

유럽집행위원회(European Commission)는 2010년에 유럽의 사회적 시장경제를 위해서 Europe 2020 전략을 수립하여 발표한 바 있다. Europe 2020 전략에서는 특히 연구개발(R&D)의 강화를 포함하는 혁신정책(innovation policy)의 필요성이 강조되고 있는데, 특히 공공조달을 통한 수요부문정책의 중요성이 강조되고 있다.[51] 또한 유럽집행위원회(European Commission)에서는 2018년에 '혁신조달 가이드라인'을 발표했는데, 여기에서는 1) 모든 조달절차가 혁신친화적으로 운영되도록 하는 것과 2) 혁신친화적인 특정 조달절차를 활용하는 것이 혁신조달을 위해서 필요하다고 보고 있다. 그리고 2)와 관련해서는 경쟁적 대화, 설계공모, 혁신파트너십 등 연구개발의 조달 등을 들고 있다.[52]

이 중에서 주목해볼 만한 제도로 혁신파트너십(innovation partnership)을 들 수 있다. 이 절차는 2014년 EU 공공조달지침에 새롭게 들어간 절차인데 이는 크게 3가지의 단계로 나누어진다. 1) 파트너를 선정하는 계약의 낙찰단계, 2) 계약의 낙찰 이후에 계약이행단계에서 이루어지는 혁신 그 자체 단계(연구개발단계), 3) 연구개발로 인한 혁신적인 결과물을 실제로 구매하는 단계가 그것이다.[53] 이 제도는 연구개발과 공공조달을 연계한 제도라는 점에서 의미가 크다고 할 수 있고, 이는 코로나사태에 대응하는 새로운 보건의료제품의 연구개발에도 활용될 수 있다.

유럽집행위원회는 2020년 5월에 코로나위기로부터의 회복을 지원함에 있어서 연구개발 및 혁신의 중요성을 강조하는 내용의 보고서를 발표하였는데, 여기에서는 크게 6가지 내용이 지적되고 있다. 첫째, '연구개발 및 혁신'(R&I)은 코로나사태에 대해 유럽연합의 조율된 대응을 위한 핵심적인 요소라는 점을 인식할 필요가 있다. 둘째, 연구개발 및 혁신은, 유럽사회의 디지털화 및 친환경적 전환을 가능케하고 촉진시킬 필요가 있다. 셋째, 코로나사태에 대응한 현행 재정대책 및 향후 위기에 대응한 관점에서 볼 때, 공공투자는 연구개발 및 혁신에 우선순위를 부여해야 한다. 넷째, 혁신적인 중소기업(창업기업 포함)에 대한 투자가 경제회복에서 핵심적이다. 다섯째, 기업들이 경제활동을 유지하고 인적 자원과 연구개발 및 혁신에 투자할 수 있도록 하기 위한 인센티브를 부여해야 한다. 여섯째, 코로나사태에 유럽연합차원에서 대응함에 있어서 연구개발 및 혁신자금이 가장 영향력 있는 수단이 된다.[54]

이상의 내용을 보면 코로나사태 대응뿐만 아니라 코로나 이후 사회를 염두에 둔 연구개발의 중요성이 강조되고 있음을 볼 수 있다. 특히 디지털사회와 친환경사회로의 전환이라는 목표가 언급되고 있다. 연구개발을 촉진하는 수단으로 공공조달이 활용될 수 있기 때문에 위와 같은 논의들은 공공조달과도 밀접한 관련성을 갖는 것으로 볼 수 있다.

3. 영 국

1) 코로나19에 대응한 조달정책문서

영국의 내각사무처(Cabinet Office)는 2020년 3월에 코로나19에 대응한 조달정책문서(Procurement Policy Note)를 발표하였다. 이 가이드라인에서는 코로나19라는 예외적인 상황에서 발주청들은 초긴급성을 가지고 물품, 서비스, 공사 등의 조달이 필요하다는 점을 인정하고, 영국의 2015년 공공계약규칙(Public Contract Regulation)[55] 제32조 제2항(c)을 통해 수의계약(direct award)의 사용이 가능하다고 보고 있다. 그 외에도 경쟁의 부재나 배타적 권리의 보호를 이유로 한 수의계약, 다수공급자계약(framework agreement) 또는 역동적 구매시스템(dynamic purchasing system)[56]을 통한 구매, 단축된 계약공고기간을 활용한 정규경쟁입찰절차의 사용, 계약기간 중 계약기간의 연장 또는 계약내용의 변경 등의 다양한 조치가 가능하다고 규정하고 있다.[57] 차례로 살펴보도록 한다.

(1) 초긴급상황을 이유로 한 수의계약

EU 공공조달지침을 국내법으로 전환한 영국의 2015년 공공계약규칙(Public Contract Regulation)에서는 EU 공공조달지침과 마찬가지로 초긴급상황의 경우에 수의계약을 체결할 수 있다고 규정하고 있다.[58] 이를 위해서는 다음과 같은 모든 요건들을 충족해야 한다. 첫째, 초긴급상황에 대한 진정한 이유가 존재해야 한다. 공중보건리스크로 인해 코로나19 결과에 적각적으로 대응할 필요가 있어야 한다. 즉 진정한 긴급성이 존재해야 하며, 긴급성이 예측되는 것으로는 충분하지 않다. 둘째, 예상하지 못한 초긴급성을 발생시키는 사건이어야 한다. 코로나19가 이러한 사건에 해당된다고 봄에는 의문의 여지가 없다. 셋째, 공공계약규칙의 일반적인 계약공고기간을 준수하는 것이 불가능한 경우이어야 한다. 일반경쟁입찰이나 제한경쟁입찰의 단축된 계약공고기간으로 운영하는 것도 불가능해야 한다. 넷째, 상황이 발주청에게 귀속시킬 수 있는 것이어서는 안 된다. 초긴급상황이 발생하는 데에 발주청이 기여를 한 경우이어서는 안 된다.[59]

발주청이 기한내에 무엇인가를 하는 것을 지연하거나 실패할 경우에는 긴급한 필요, 예상불가능, 발주청의 무책임 등의 요건을 충족시킬 수 없다. 왜냐하면 공공계약규칙은 발주청이 경쟁절차를 사용할 수 있도록 시간을 효율적으로 계획할 것을 기대하고 있고, 단축된 일반경쟁입찰절차는 신속하게 이루어질 수 있고, 뭔가를 해야 한다는 것은 안다는 것은 이는 예상가능한 것이라는 점을 말한다고 판례법이 보고 있고, 발주청이 무엇인가를 하는 것을 지연하거나 실패했다는 것은 해당 상황에 대해서 발주청에게 책임이 있다는 것을 의미하기 때문이다.[60]

수의계약이 이루어지는 도중에도 발주청은 지속적으로 최적가치(value for money)가 달성되도록 해야 하며, 바람직한 재정적 판단(good commercial judgement)을 유지해야 한다. 일반적인 시장에서보다 높은 가격으로 계약이 체결될 수도 있지만, 지나치게 높은 가격은 적절한 재정책임자(commercial director)에 의해서 승인을 받아야 한다. 또한 발주청은 계약기간 동안에 계약금액의 감액이 가능할 수 있는 계약메커니즘을 고려하는 것이 권장된다. 이것이 불가능한 경우에는 관련자료의 보존 및 향후 감사(audit)를 위한 이유제시가 권고된다.[61]

(2) 경쟁의 부재나 배타적 권리의 보호를 이유로 한 수의계약

공공계약규칙에서는 기술적인 이유로 경쟁이 불가능한 경우이거나, 지식재산권을 포함하여 배타적인 권리의 보호를 이유로 특정 사업자로부터만 조달이 가능한 경우에는 수의계약이 가능하다고 규정하고 있다.[62] 코로나19에 대응해서 이러한 요건이 충족되는 경우에는 수의계약이 가능하다. 다만 이 경우에도 다른 합리적인 대안들이 사용가능하지 않은 경우이어야 하고, 발주청은 규격을 지나치게 세부적으로 정함으로써 조달의 범위를 인위적으로 축소해서는 안 된다. 이러한 요건들을 충족했는지 여부에 대해서 서면으로 근거를 남겨두어야 한다.[63]

(3) 다수공급자계약 또는 역동적 구매시스템을 통한 구매

영국의 중앙조달기관인 Crown Commercial Service(CCS)는 다수공급자계약(framework agreement) 또는 역동적 구매시스템(dynamic purchasing system: DPS) 등의 상업적 구매제도를 운영하고 있다. 다음의 요건들을 충족할

경우 위와 같은 상업적 구매제도 중의 하나를 활용하는 것이 가능하다. 1) 해당 발주청이 유럽연합관보 등에 수요기관으로 명시적으로 등록되어 있는 경우, 2) 조달하려고 하는 물품, 서비스, 공사 등이 다수공급자계약이나 역동적 구매시스템에서 구매가 가능할 경우, 3) 다수공급자계약이나 역동적 구매시스템을 통한 조달이 공공계약규칙을 준수한 경우, 4) 다수공급자계약 또는 역동적 구매시스템의 계약기간의 중대한 변경없이 발주청의 수요를 충족시킬 수 있는 경우이다.64

다수공급자계약은 수의계약으로 이루어질 수도 있고, 2단계 경쟁절차를 통해서 이루어질 수도 있다. 발주청은 다수공급자계약에 정해진 구매절차를 준수해야 한다. 역동적 구매절차하에서의 계약체결은 2단계결정을 거쳐야 하며, 입찰공고에 필요한 최소기간은 10일이다.65

(4) 단축된 계약공고기간을 활용한 정규경쟁입찰절차의 사용

긴급성의 정도가 정규의 계약공고기간을 준수하는 것이 불가능하게 할 경우에는 일반경쟁입찰이나 제한경쟁입찰, 협상을 통한 경쟁절차의 최소 계약공고기간을 단축시키는 것이 가능하다. 일반경쟁입찰경우에는 15일로 단축하는 것이 가능하다. 이처럼 단축된 계약공고기간을 사용하기 위해서 예상불가능한 경우이어야 한다든지, 발주청의 책임이 없어야 한다든지 등의 요건은 적용되지 않는다. 그러나 EU관보에 공고를 할 때에는 단축된 계약공고기간을 사용하는 이유에 대해서 명시를 해야 한다.66

발주청은 특정의 보건 및 사회서비스에 대해서는 간소화된 절차(light touch regime)를 사용하는 것이 가능하다(공공계약규칙 제74조부터 제77조까지). 이에 따르면 발주청은 EU관보에 계약을 공고하고 계약낙찰결과를 공고하는 것은 필요하지만, 어떠한 절차를 사용할 것인지는 자유롭게 선택할 수 있으며, 정규의 절차(일반경쟁입찰, 제한경쟁입찰)를 사용해야 하는 의무를 지지 않는다. 계약공고기간도 합리적이고 비례원칙에 부합하는 범위 내에서 사용하는 것이 가능하다.67

(5) 계약기간 중 계약기간의 연장 또는 계약내용의 변경

공공계약규칙에서는 다음과 같은 모든 조건이 충족될 경우에는 새로운 조달절차를 거치지 않고 계약을 변경하는 것이 가능하다고 규정하고 있다.

즉 1) 성실한 발주청이 예상하지 못한 상황이 발생하여 계약변경의 필요성이 존재하고, 2) 계약의 변경이 계약의 전반적인 성격을 변경시키지 않으며, 3) 계약금액의 증액이 원래 계약 또는 다수공급자계약의 가치의 50%를 초과하지 않을 경우에 그러하다.[68]

발주청은 이러한 조건들을 충족했다는 점에서 대해서 문서상 근거를 남겨두어야 한다. 코로나19로 인해서 계약기간을 연장하거나 계약내용을 변경할 수밖에 없다는 점을 제시해야 하는데, 예를 들어 계약공무원이 코로나19에 확진되어 일을 못함에 따라 새로운 절차를 거칠 시간적 여유가 없는 경우를 들 수 있다. 복수의 계약변경이 이루어질 수 있지만, 각 변경은 원래 계약금액의 50%를 초과해서는 안 된다.[69]

2) 코로나사태로 인한 공급업체 구제조치

영국 내각사무처는 2020년 3월에 코로나사태로 인한 공급업체 구제조치에 관한 정책문서(PPN 02/20)를 발표했다. 이는 코로나사태 전후로 공급업체들이 서비스 제공을 지속할 수 있도록 대금지급에 관한 가이드라인을 제시하고자 하는 취지이다. 이 정책문서는 발주청에게 다음과 같은 의무를 부과하고 있다. 첫째, 발주청은 계약 포트폴리오를 긴급하게 검토하고 위험에 처한 공급업체에게 (서비스제공에 장애가 발생하거나 서비스제공이 일시중단된다고 하더라도) 최소 6월 말까지 정상적으로 대금지급이 이루어진다는 점을 알려야 한다. 둘째, 공급업체의 현금흐름을 지원하기 위해 가장 적절한 지급방법을 마련해야 한다. 여기에는 사전주문, 선지급, 중도금 지급, (영수증 수령후 지급이 아니라) 주문동시지급과 같은 다양한 접근방식이 포함될 수 있다. 셋째, 계약이 '성과에 따른 지급'(payment by result)을 포함하는 경우에는 예컨대 이전 3개월에 대한 월평균 결제금액과 같이 이전의 송장에 따라 지급이 이루어지도록 한다. 넷째, (대금지급을 받을 수 있는) 적격성을 갖추려면 공급업체는 이 기간 동안 공개부기(open book) 방식으로 행동하고 비용 데이터를 발주청에게 제공하는 데에 동의해야 한다. 다섯째, (대금조정과정에서 시간이 좀 더 걸릴 수는 있지만) 공급업체가 제출한 송장이 수령 즉시 대금이 지급되도록 하여 공급망에서 현금흐름을 유지하고 일자리를 보호해야 한다.[70]

영국 내각사무처는 2020년 6월에 위 정책문서를 업데이트하면서 코로나 사태로부터의 회복 및 전환에 관한 정책문서(PPN 04/20)를 추가로 발표했다. 이 정책문서는 발주청에게 다음과 같은 의무를 부과하고 있다. 첫째, 발주청은 코로나사태로 인한 계약상 구제를 제공할지 여부를 포함하여 계약 포트폴리오를 검토해야 하며, 만약 핵심서비스 제공을 유지하는 데 적절하다면 PPN 02/20에 따른 조치를 지속하거나 개시해야 한다. 둘째, 공급업체와 파트너십을 맺고 합리적으로 가능한 한 신속하게 구제작업을 중단하기 위한 전환 계획을 개발해야 한다. 여기에는 운영요구사항이 크게 변경된 경우에는 계약내용을 변경하는 데에 동의하는 것이 포함된다. 셋째, 발주청은 이러한 전환과정에서 공급업체와 공개적이고 실용적으로 협력함으로써 계약이 중장기에 있어서 적절성이 있고, 지속가능하며, 최적가치(value for money)를 실현할 수 있도록 해야 한다. 넷째, 송장 수령 직후 또는 사전에 합의된 일정에 따라 공급업체에게 대금지급을 함으로써 현금흐름을 유지하고 일자리를 보호해야 한다.[71]

위의 두 정책문서의 특징으로는 첫째, 이 정책문서들은 영국기업에 대한 경제적인 지원책이라기보다는 대금지급을 유연하게 함으로써 공급업체의 현금흐름을 유지하고 일자리를 보호하는 데에 초점을 맞추고 있으며, 둘째, 관련된 문서를 보존하고, 공개부기방식을 채택하는 등 투명성을 확보하는 것을 강조하고 있다는 점이 지적되고 있다. 그러나 위 두 정책문서에서는 계약의 불성실한 이행으로 인한 부정당업자제재의 문제가 다루어지지 않고 있고, PPN 04/20에서의 진정한 전환계획(transition plan)을 다루고 있는지 의문이라는 점이 동시에 지적되고 있다.[72]

Ⅳ. 비교 및 시사점

1. 비 교

우리나라, EU, 영국의 코로나 사태에 대응한 공공조달법의 운영경험을 비교해보면 다음과 같은 공통점이 나타난다. 1) 신속한 조달의 필요성이 강조되면서 수의계약이 적극적으로 활용되었다는 점, 2) 제3자 단가계약(우리나라), 다수공급자계약 및 역동적 구매제도(EU, 영국)가 적극적으로 활용된다는 점, 3) 계약기간이나 계약내용의 변경을 넓게 인정한다는 점, 4) 혁신제품구매제도(우리나라), 혁신파트너십제도(EU)와 같이 R&D와 연결된 혁신조달이 강조되고 있는 점 등이 그것이다.

그러나 다음과 같은 차이점도 나타난다. 첫째, 우리나라의 경우에는 수의계약의 확대에 주로 초점을 맞추는 경향이 있으나, EU나 영국의 경우에는 수의계약 이외에도 일반경쟁입찰이나 제한경쟁입찰의 계약공고기간의 단축제도도 많이 활용된다는 점이 그것이다. 이는 EU나 영국의 경우 EU법상 무차별원칙의 관철이 매우 강조되면서 수의계약의 활용보다는 경쟁성이 확보되는 정규제도를 최대한 활용하는 것이 강조되기 때문으로 볼 수 있다. 그러나 이러한 경쟁성 확보의 강조는 코로나19 사태와 같은 비상사태에 신속하게 대응하는 데에는 아무래도 한계로 작동할 수밖에 없다.[73]

둘째, 우리나라에서 제3자 단가계약제도가 조달청의 전자조달시스템과 연결되어 효과적으로 운영된 것이 초기의 마스크 대란을 빨리 극복하는 데에 기여한 점도 영국과 대비되는 지점이다. 영국에서도 중앙조달기관을 통한 다수공급자계약제도나 역동적구매제도가 강조되고 있지만, 중앙조달기관의 적극적 역할이나 전자조달시스템의 효과성의 면에서는 우리나라에 비해 성공적이지 못했던 것으로 볼 수 있다.

셋째, 혁신조달이 우리나라와 EU, 영국 등에서 모두에서 강조되고 있기는 하지만 우리나라의 혁신조달은 중소기업 지원정책과 연계되는 경향이 강하고, 메르스사태 등을 경험하면서 보건의료분야의 R&D를 선제적으로 실시하였다는 점에서 EU나 영국과는 차이점이 존재한다고 할 수 있다. 이는 혁신조달과 관련한 법제도가 갖추어져 있다고 하더라도 이를 활용한 보건의료생태계가 갖추어져 있지 않은 상태에서는 법제도만으로는 한계가 있음을 잘 보여준다고 할 수 있다.

2. 시사점

이상과 같은 비교를 통해서 볼 때 코로나19에 대응한 우리나라 공공조달법제의 운영경험은 해외국가들에게 다음과 같은 시사점을 제공해주는 것으로 볼 수 있다. 첫째, 보건의료분야 R&D의 중요성이다. 감염병에 대응하는 진단키트, 백신 등 다양한 보건의료분야 R&D를 촉진하고 이를 공공조달제도와 연계하여 효과성을 높이는 것이 중요하다.[74]

둘째, 마스크 등 일상적인 방역용품을 신속하게 구매하여 제공하기 위해서 중앙조달기관의 역할이 중요할 뿐만 아니라 효율적인 전자조달시스템이 중요하다는 점이다. 코로나19로 인해 비대면행정이 더 강조되는 상황에서 전자조달시스템의 중요성은 더욱 중요하다고 하지 않을 수 없다. 우리나라의 입찰공고부터 계약체결, 대가지급, 검수 등에 이르는 전과정을 전자적으로 처리하는 전자조달시스템은 해외에도 많은 시사점을 제공해주는 것으로 볼 수 있다.

우리나라도 EU나 영국의 공공조달법제로부터 교훈을 얻을 수 있는 지점들이 존재한다. 첫째, 코로나19사태에 대응하여 수의계약사유를 넓히는 것은 초기에는 불가피한 측면이 있었지만, 코로나19로 인해 필요로 하는 수요에 대한 예측이 어느 정도 가능해지는 현단계에서는 수의계약을 계속 고집하는 것이 반드시 바람직하다고 볼 수는 없다. 영국의 경우 코로나19에 대응한 공공조달에서도 투명성(transparency)과 최적가치(value for money)가 확보될 필요가 있다고 지적하고 있는데 이러한 점은 우리나라에서도 배울 지점이 존재한다.[75]

둘째, 보건의료분야의 경쟁력을 높이기 위한 공공조달의 역할이 지속적으로 강조될 필요가 있다. 진단키트나 마스크 분야에서는 우리나라 기업들의 장점이 이번에 발휘되었지만 백신개발 등 첨단 보건의료분야에서의 우리나라 기업들의 경쟁력은 여전히 유럽선진국에 비해 뒤처지는 것이 사실이다.[76] 첨단 보건의료분야의 국내기업의 경쟁력을 높일 수 있는 R&D지원이 지속적으로 이루어질 필요가 있다.

더 나아가 포스트 코로나 사회의 특징에 대응한 공공조달법제의 개선도 이루어질 필요가 있다. 포스트 코로나 사회의 특징으로는 1) 비대면·원격 문화의 확산으로 인해 사회경제 전반의 디지털 전환이 본격화된다는 점, 2) 건강에 대한 관심이 증가함에 따라 바이오 분야 경쟁력이 제고된다는 점, 3) 자국 중심주의가 강화되면서 글로벌 공급망이 재편되고 산업의 스마트화가 가속화된다는 점, 4) 위험대응의 일상화되면서 예기치 않은 위험대응과 회복력이 중시되는 사회가 된다는 점 등이 언급되고 있다.[77]

이러한 포스트 코로나 사회에 대응하기 위해서는 1) 낙찰과정에서 기술력을 중시고 정당한 대가가 지급되도록 하는 등 IT분야 계약제도의 개선을 통해 IT분야의 경쟁력을 높일 필요가 있고, 2) 보건의료산업의 육성을 위한 R&D와 구매제도가 결합된 유럽의 혁신파트너십과 같은 제도의 도입이 필요하며,[78] 3) 다양한 산업분야의 국내기업들을 공공조달을 통해 적극적으로 육성할 필요가 있으며, 4) 위험에 대응하여 신속한 R&D가 가능하도록 하고 R&D결과물에 대한 적절한 성과평가를 통해 구매로 연결되는 시스템을 계속 발전시킬 필요가 있다.

그리고 공공조달을 통한 기업들의 역량을 제고하기 위해서는 무엇보다 공정한 국가계약질서가 정착될 필요가 있다. 2019년 11월 26일에 국가계약법이 개정되어 "각 중앙관서의 장 또는 계약담당공무원은 계약을 체결할 때 이 법 및 관계 법령에 규정된 계약상대자의 계약상 이익을 부당하게 제한하는 특약 또는 조건을 정해서는 아니 된다"라는 규정이 신설되었다.[79]

과거에 이와 유사한 규정이 국가계약법 시행령에 존재했고, 이에 대해서 대법원은 "여기서 어떠한 특약이 계약상대자의 계약상 이익을 부당하게 제한하는 것으로서 국가계약법 시행령 제4조에 위배되어 효력이 없다고 하기 위해서는 그 특약이 계약상대자에게 다소 불이익하다는 점만으로는 부족하고, 국가 등이 계약상대자의 정당한 이익과 합리적인 기대에 반하여 형평에 어긋나는 특약을 정함으로써 계약상대자에게 부당하게 불이익을 주었다는 점이 인정되어야 한다. 그리고 계약상대자의 계약상 이익을 부당하게 제한하는 특약인지는 그 특약에 의하여 계약상대자에게 생길 수 있는 불이익의 내용과 정도, 불이익 발생의 가능성, 전체 계약에 미치는 영향, 당사자들 사이의 계약체결과정, 관계 법령의 규정 등 모든 사정을 종합하여 판단하여야 한

다"고 판시한 바 있다.[80]

포스트 코로나 시대에는 국가와 사업자간의 관계에서 사업자가 부당특약으로 인해 계약상 이익을 침해받는 상황을 최대한 억제할 필요가 있다. 이를 위해서는 신설된 국가계약법 제5조 제3항을 적극적으로 해석하여 계약금액의 조정 등이 합리적으로 허용되도록 할 필요가 있다.

V. 결 론

전례가 없는 코로나 사태에 직면하여 마스크, 진단키트, 음압설비, 의료진보호장비 등 보건의료장비의 신속한 수급이 전세계적으로 강조되고 있다. 우리나라는 이러한 보건의료장비의 수급이 신속하게 이루어지고 있고 이는 상대적으로 코로나사태에 성공적으로 대처할 수 있는 토대가 되고 있다. 이는 감염병예방과 대처에 있어서 공공조달법이 얼마나 중요한 역할을 하는가를 잘 보여준다고 할 수 있다. 코로나사태로 인해 어려움을 겪는 기업들을 지원하는 수단이 될 수 있다는 점에서도 공공조달법제는 중요하다고 볼 수 있다.

EU와 영국은 잘 갖추어진 공공조달법제에도 불구하고 현실에서는 보건의료장비의 신속한 수급에 어려움을 겪고 있음을 볼 수 있다. 이러한 맥락에서 우리나라의 공공조달법제는 해외국가들에게 여러 가지 시사점을 제공해준다. 1) 보건의료분야의 R&D를 촉진하고 이를 공공조달과 연계하는 것이 필요하다는 점, 2) 중앙조달기관의 적극적인 역할과 효율적인 전자조달시스템의 운영이 중요하다는 점 등이 그것이다.

반면에 우리나라가 EU와 영국의 통해 배울 점도 존재하는데 1) 코로나사태 이후에 수의계약사유의 확대에만 의존하는 것은 투명성 약화라는 차원에서 문제가 발생할 수 있으므로, 앞으로 우리나라는 투명성과 최적가치를 확보하는 공공조달법제의 운영을 위해서 지속적으로 노력할 필요가 있다는 점, 2) 첨단 보건의료산업분야의 발전을 위한 R&D 지원제도가 지속적으로 정비될 필요가 있다는 점 등이 그것이다. 비대면 · 원격 문화의 확산, 바이오

산업의 중요성 증대, 글로벌 공급망의 변화, 위험대응의 일상화라는 포스트 코로나 사회에 적합한 공공조달법제의 발전을 위해 지속적인 노력을 기울여야 할 것이다.

또한 코로나 시대의 공공조달법제는 '비상상황에서의 행정법'을 보는 하나의 사례로서 의미가 크다고 할 수 있다. 예를 들어 이와 관련해서 마스크 생산독려정책으로 인한 마스크 생산업체의 채산성 약화 등의 문제를 어떻게 대응할 것인지가 문제될 수 있다. 긴급상황에서의 행정에 대해서 지나치게 엄격한 감사책임을 부여하는 것은 바람직한 것으로 볼 수 없다. '비상상황에서의 행정법'의 바람직한 발전방안에 대한 논의가 지속적으로 이루어질 필요가 있는데 이는 향후의 연구과제로 남겨두고자 한다.

미주

* "코로나시대의 공공조달법제에 대한 고찰", 공법연구 제49집 제3호, 2021. 2.에 게재된 원고에 따른 글이다.

** 이화여대 법학전문대학원 교수.

1 중소기업벤처부 · 산업통상자원부 · 식품의약품안전처 등은 이에 대한 대책을 발표하기도 하였다. 부처합동 보도자료, "마스크 업계 애로사항 점검 및 지원방안 마련", 2020. 11. 3.

2 특히 유럽에서는 다양한 보건의료장비의 수급부족문제, 각국의 보건의료장비 확보를 위한 지나친 경쟁, 이로 인한 보건의료장비의 가격폭등 등의 여러 가지 문제가 지적되고 있다. Beuter, Rita, EU Public Procurement Policy in the Context of COVID-19, EIPA Briefing 2020/6, 2020, p. 3.

3 영국의 Chimia 교수는 코로나에 대한 대응책을 마련하기 위해서는 서구국가들이 아니라 한국이나 중국과 같은 아시아 국가들의 경험으로부터 배울 필요가 있다고 지적하고 있다. Chimia, Annamaria La, "Procuring for COVID-19: Housebound Reflections on a Procurement Earthquake", P.P.L.R. 2020, 4, p. 169.

4 조달청 보도자료, "신종 코로나바이러스 방역물품 신속 공급", 2020. 1. 29.

5 종합쇼핑몰은 조달청이 운영하는 전자조달시스템인 나라장터의 한 부분을 구성하고 있으며, 전자조달에 관한 개별법으로 「전자조달의 이용 및 촉진에 관한 법률」이 존재한다. 우리나라 전자조달시스템은 국제적으로도 우수한 시스템으로 평가받고 있다. 이에 관해 상세히는 Kim, Dae-in, "Legal Issues in Facilitation & Fair Use of E-Procurement System - Lessons from Korean Experience -", KLRI Journal of Law and Legislation Vol. 9 No. 1, 2019 참조.

6 조달청 보도자료, "신종 코로나바이러스 방역물품 신속 공급", 2020. 1. 29.

7 이 예산은 1) 코로나19 등 비상용 대비 마스크(1억매) 비축 및 마스크 생산에 필수적인 원자재인 엠비(MB: Melt Blown) 필터 수입 지원 예산(758억), 2) 최근 원 · 부자재비, 인건비 상승 등의 어려운 여건 속에서 주말 · 공휴일 및 야간에도 최대한 마스크를 생산할 수 있도록 주말 등 생산물량에 대해 마스크 제조업체에게 생산 장려금 (보건용 마스크 : 매당 50원 등) 지급예산(85.8억 원), 3) 지역별 마스크 수요 분포, 생산업체 근접도 및 물류체계 등에 맞춘 신속한 공급을 위하여 조달청 창고 외에 민간 창고도 임차 사용하는 예산(4.2억원) 등으로 구성되어 있다. 조달청 보도자료, "마스크 수급안정 지원 추경예산 848억 원 확보", 2020. 3. 18.

8 조달청 보도자료, "조달청, 코로나19 위기 극복 및 혁신조달에 역량 집중", 2020. 7. 6, 1면.

9 이번 장기공급계약체결로 해당기업은 지난 4월 미국 식품의약국(FDA) 승인을 받은 실시간 유전자 증폭(Real-time PCR) 기반 코로나19 진단 키트를 최대 2년 간 유니세프를 통해 제공하게 되는데, 계약은 발주기관인 유니세프뿐만 아니라 유엔개발계획(UNDP), 유엔프로젝트조달기구(UNOPS) 등 유엔의 다른 기관에도 활용 가능한 확장성이 큰 계약으로 주목받고 있다. 메디게이트 뉴스, "씨젠, 코로나19 진단 키트 글로벌 공공조달 시장 진출", 2020. 9. 28.

10 국가계약법 시행령 제26조 제1항 제1호 가목

11 조달청은 수요기관이 필요로 하는 수요물자를 제조, 구매 및 가공하는 등의 계약을 할 때 미리 '단가'만을 정하여 계약을 체결할 수 있는데 이를 (제3자) 단가계약이라고 한다. (조달사업법 시행령 제12조 제1항) 납품총액을 대상으로 계약하는 '총액계약'제도와 대비되는 계약제도이다.

12 마스크 매입대금은 조달청이 업체에 우선 지급한 뒤 약국과 우체국, 농협 등 유통기관으로부터 회수하는 방식이다. 공적 판매처로의 출고비율은 2020. 5. 28. 60%로 조정이 되었으며, 수급이 안정되자

공적 마스크제도는 2020. 7. 12.에 폐지되었다.

13 식품의약품안전처 보도자료, "식약처, 코로나19 치료제 · 백신 개발 지원 및 안정적 의약품 공급관리", 2020. 3. 27, 2-3면.

14 기획재정부 보도자료, "신종 코로나 바이러스(CV) 대응을 위한 공공계약 업무 처리지침 시달", 2020. 2. 12.

15 「신종 코로나 바이러스 대응을 위한 공공계약 업무 처리지침」 1.

16 「신종 코로나 바이러스 대응을 위한 공공계약 업무 처리지침」 2; 「공사계약 일반조건」 제47조제1항, 「공사계약 일반조건」 제23조제1항, 제26조제1항; 용역계약은 「용역계약 일반조건」 제32조제1항, 「용역계약 일반조건」 제17조제1항, 제19조제1항.

17 「신종 코로나 바이러스 대응을 위한 공공계약 업무 처리지침」 3; 「공사계약 일반조건」 제23조제1항, 제25조제3항, 제26조제1항, 제4항; 「용역계약 일반조건」 제17조제1항, 제18조제3항, 제19조제1항, 제4항; 「물품구매(제조)계약 일반조건」 제11조의2제1항, 제24조제3항, 제25조제1항, 제4항.

18 중소기업 R&D 지원사업에 대한 선행연구로 김선우 · 정효정, 한국과 미국의 중소기업 R&D 지원 비교와 시사점, 과학기술정책연구원, 2019.

19 손혜정 기자, "코로나 진단기기 수출기업 75%, 중기부 R&D지원 받았다", 중소기업뉴스 2020.05.12.

20 손혜정 기자, "코로나 진단기기 수출기업 75%, 중기부 R&D지원 받았다", 2020.05.12.

21 혁신조달에 대한 소개로 강희우, "기술혁신 지원을 위한 공공조달시장 제도 개선방향", 재정포럼 제268권, 2018.

22 관계부처합동, 혁신제품 공공구매 확대방안, 2018. 11. 1, 3-7면 및 관계부처합동, 혁신지향 공공조달 방안, 2019. 7, 2, 5-12면.

23 부처합동 보도자료, "마스크 업계 애로사항 점검 및 지원방안 마련", 2020. 11. 3.

24 「국가를 당사자로 하는 계약에 관한 법률 시행령」 제26조 제1항 가목

25 「국가를 당사자로 하는 계약에 관한 법률 시행령」 제26조 제6항

26 「국가를 당사자로 하는 계약에 관한 법률 시행령」 제27조 제3항

27 「국가를 당사자로 하는 계약에 관한 법률 시행령」 제37조 제1항, 제50조 제1항, 제52조 제1항 제2호

28 「물가안정에 관한 법률」 제6조 제1항

29 법제처 종합법률정보, 「조달사업에 관한 법률」 개정이유

30 이에 관한 선행연구로 강기홍, "EU와 독일법상 공공조달 제도-건축 하도급의 공정성 제고와 관련하여", 공법학연구 제13권 제1호, 2012; 김대인, "EU 공공조달법제에 대한 연구: 2014년 EU 개정 공공조달지침을 중심으로", 행정법연구 제41호, 2015; 박재윤, "EU 신공공조달지침하에서의 독일 법제에 대한 비교연구-공법적 제도를 중심으로-", 경제규제와 법 제11권 제1호, 2018; 선지원, "공공조달영역에서의 민관협력 사업에 대한 유럽 보조금법과 조달법상의 통제", 공법연구 제47집 제4호, 2019 등이 있다.

31 이에 관한 선행연구로 김동민 외, 영국 의료 및 교육분야 공공조달 시장 분석 보고서, KOTRA, 2016; 김대인, "영국의 공공조달 감사제도에 대한 연구", 감사논집 제33호, 2019 등이 있다.

32 European Commission, The Role of Research and Innovation in Support of Europe's Recovery from the COVID-19 Crisis, 2020.

33 Cabinet Office, Responding to COVID-19, PPN 01/20, 2020; Supplier Relief due to COVID-19, PPN 02/20, 2020; Use of Procurement Cards, PPN 03/20, 2020; Recovery and Transition from COVID-19, PPN 04/20, 2020. 이 중에서 PPN 03/20은 조달카드의 사용범위를 확대하여 탄력적인 조달이 가능하게 하는 취지이다. 이 글에서는 나머지 세 개의 조달정책문서를 주로 검토하도록 한다.

34 영국 내각사무처는 2020. 6. 30. '코로나 긴급사태로 인해 영향을 받는 계약의 이행 및 집행에서 책임성 있는 계약행위에 대한 가이드라인'을 발표하였다. (Cabinet Office, Guidance on Responsible

Contractual Behaviour in the Performance and Enforcement of Contracts Impacted by the COVID-19 Emergency, 7 May 2020) 이 가이드라인은 법적인 구속력은 없지만 계약당사자가 이 가이드라인을 준수하여 행동하는 것이 강력하게 권고된다. (Smith, Katie, "Guidance on Responsible Contractual Behaviour in the Performance and Enforcement of Contracts Impacted by the COVID-19 Emergency, 7 May 2020", P.P.L.R. 2020, 6, NA260) 이 가이드라인에서는 1) 대금의 신속한 지급, 2) 계약이행기간의 연장, 3) 분쟁의 예방과 합의에 의한 해결 등 세 가지 이슈에 대해서 다루고 있는데, 조달정책문서의 내용과 중복되는 내용들이 대부분이어서 이 글에서는 상세하게 다루지는 않도록 한다.

35 EU 공공조달지침 제26조 제2항

36 European Commission, Guidance from the European Commission on Using the Public Procurement Framework in the Emergency Situation related to the COVID-19 Crisis, 2020, para. 2.1.

37 European Commission, 위 가이드라인, para. 2.2.

38 EU 공공조달지침 제32조 제2항.

39 C-275/08, Commission v. Germany; C-342/12, Consiglio Nazionale degli Ingegeri.

40 European Commission, 위 가이드라인, 2020, para. 2.3.

41 European Commission, 위 가이드라인, para. 2.3.1.

42 European Commission, 위 가이드라인, para. 2.3.2.

43 European Commission, 위 가이드라인, para. 2.3.3.

44 'framework agreement'란 단수 또는 복수의 발주주체와 단수 또는 복수의 사업자간에, 일정기간(일반적으로 4년이다)동안 공급할 물품이나 서비스의 가격에 대해서 정하고, 필요시에는 공급수량도 정하는 계약을 말한다.(EU 공공조달지침 제33조 제1항) 이는 1회 계약으로 1회 공급을 하는 일반적인 계약과는 달리 1회 계약으로 여러 차례의 공급이 가능해진다는 점이 특징인데, 우리나라 조달사업법상 다수공급자계약과 유사한 제도이다.

45 European Commission, 위 가이드라인, para. 2.3.4.

46 Kotsonis, Totis, "EU Procurement Legislation in the Time of COVID-19: Fit for Purpose?", P.P.L.R. 2020, 4, p. 210-211.

47 Decision 1082/2013/EU on serious cross-border threats to health.

48 Smith, Susie, "COVID-19 and the EU Joint Procurement Agreement on Medical Countermeasures", P.P.L.R. 2020, 4, NA124; 식품의약품안전평가원, 코로나 19기간 동안 의료용 소모품과 장비의 원활한 공급을 위한 EC의 대응, 2020, 1면.

49 이탈리아의 consip이 대표적인 기관인데, 우리나라의 조달청과 유사한 성격을 갖는다.

50 보건의료제품별로 조달을 전문적으로 하는 중앙조달기구를 각각 정하는 방안, 계약체결을 주로 하는 중앙조달기구와 계약체결이후의 계약관리를 주로 하는 중앙조달기구를 정하는 방안 등이 논의되고 있다. Albano, Gian Luigi, "Homo Homini Lupus: On the Consequences of Buyer's Miscoordination in Emergency Procurement for the COVID-19 Crisis in Italy", P.P.L.R. 2020, 4, p. 219.

51 European Commission, Europe 2020: A European Strategy for Smart, Sustainable and Inclusive Growth, 2010, p. 10.

52 European Commission, Guidance on Innovation Procurement, 2018, p. 29-45.

53 EU 공공조달지침 제31조

54 European Commission, The Role of Research and Innovation in Support of Europe's Recovery from the COVID-19 Crisis, 2020, p. 2.

55 EU 공공조달지침을 영국에서 국내법으로 전환한 것이다.

56 시중에서 쉽게 구매가 가능한 상용물품에 대해서 전자적으로 구매가 가능하도록 하는 시스템을 말한다. EU 공공조달지침 제34조에 근거를 두고 있다.

57 Cabinet Office, Responding to COVID-19, PPN 01/20, 2020, p. 3.

58 공공계약규칙 제32조 제2항(c). 이 규정의 해석과 관련해서 대표적인 판례로 Nationwide Gritting Services Limited v. The Scottish Ministers 사건([2014]CSOH151)을 들 수 있다. 이 사건은 영국에서 유래가 없는 추운 겨울을 2년 연속 보낸 이후에 얼지 않은 소금을 구매하는 계약을 경쟁입찰을 거치지 않고 구매한 것이 문제된 사건인데, 이에 대해 법원은 수의계약사유가 된다는 취지로 판결했다. 이에 대한 소개로 Henty, Paul, "Procuring in a Pandemic in the UK: A Review of the Public Procurement Policy Note "Responding to COVID-19"", P.P.L.R. 2020, 4, NA147.

59 Cabinet Office, Responding to COVID-19, 2020, p. 3-4.

60 Cabinet Office, Responding to COVID-19, p. 4.

61 Cabinet Office, Responding to COVID-19, p. 4.

62 공공계약규칙 제32조 제2항(b).

63 Cabinet Office, Responding to COVID-19, p. 5.

64 Cabinet Office, Responding to COVID-19, p. 5.

65 Cabinet Office, Responding to COVID-19, p. 5-6.

66 Cabinet Office, Responding to COVID-19, p. 6.

67 Cabinet Office, Responding to COVID-19, p. 6.

68 공공계약규칙 제72조 제1항.

69 Cabinet Office, Responding to COVID-19, p. 7.

70 Cabinet Office, Supplier Relief due to COVID-19, PPN 02/20, 2020, p. 1.

71 Cabinet Office, Recovery and Transition from COVID-19, PPN 02/20, 2020, p. 1.

72 Butler, Luke, "Recovery and Transition from COVID-19, Action Note PPN 04/20", P.P.L.R. 2020, 5, NA229-NA234.

73 다만 우리나라도 WTO 정부조달협정(Government Procurement Agreement: GPA)에 가입되어 있기 때문에 이 협정에 따른 무차별원칙의 적용을 받을 가능성을 완전히 배제할 수는 없다. 비록 WTO 제3조 제2항에서 인간과 동식물의 생명 · 건강과 관련된 정부조달은 협정적용대상에서 제외될 수 있다는 일반예외조항을 두고 있지만, 이 조항의 적용범위에 대해서 논란이 발생할 수 있기 때문이다. 실제로 미국은 2020년 12월에 필수의약품을 협정적용대상에서 제외하는 GPA 개정의견을 제시한 바 있으며, 이에 대해서 유럽연합(EU)과 스위스가 공식적으로 반대의사를 표명하기도 하였다. 이에 관해 다루고 있는 문헌으로 Anderson, Robert and Müller, Anna Caroline, "Keeping Markets Open While ensuring Due Flexibility for Governments in a Time of Economic and Public Health Crisis: The Role of the WTO Agreement on Government Procurement (GPA)", P.P.L.R. 2020, 4, 189-298.

74 질병관리청은 백신의 원활한 수급을 위한 계약을 위하여 많은 노력을 기울이고 있다. (질병관리청 보도자료, "코로나19 백신 추가 계약으로 상반기 공급 불확실성 해소", 2021. 2. 16.) 현재 외국기업의 백신에 주로 의존하고 있으나 향후 국내기업의 백신개발역량이 강화될 필요가 있으며, 이를 촉진할 수 있는 연구개발체계가 갖추어질 필요가 있다.

75 신속한 조달과 투명성의 확보가 균형을 이루어야 한다는 점이 여러 선행연구들에서 지적되고 있다. Kendall, Jasmine et al., Global Procurement Responses to COVID-19: How to Do Better in an Emergency, Open Contracting Partnership, 2020, p. 20-24; Kendall, Jasmine et al., Global Procurement Responses to COVID-19: How to Do Better in an Emergency, Open Contracting Partnership, 2020, p. 7-10; RECORD (Reducing Corruption Risks with Data), Emergency

Procurement During COVID-19, 2020, p. 9-10; Smith, Chris et al., "Improving Emergency Procurement: An Open Data-Driven Approach", P.P.L.R. 2020, 4, p. 171-179.

76 백신개발이 늦어지고 있는 것은 우리나라의 확진자수가 상대적으로 적어서 충분한 숫자의 임상실험을 하는 것이 곤란한 점이 원인이라는 지적도 있다.

77 과학기술통신부 보도자료, "코로나 이후 새로운 미래, 과학기술로 준비한다", 2020. 8. 6, 1면.

78 보건의료 연구개발사업의 개선과제로 1) 보건의료 연구개발사업 운영체계의 효율성 제고(연구개발사업 관리기관 간 연구과제의 유사 · 중복 문제 해소, 연구개발사업 관리기관 업무수행의 지속성 · 안정성 · 효율성 강화, 연구관리 전문기관 외 연구개발사업 관리기관의 시스템의 표준화), 2) 보건의료 연구개발사업을 추진하는 부처 간 협력방안 강화, 3) 공익적 활용제고(공익적 가치 반영 강화, 연구개발 의사결정에서의 다양한 국민의 참여 방안 모색 필요, 성과평가에서의 공익적 평가지표 강화 및 산출성과에 대한 공익적 환원 제고) 등이 언급되고 있다. 서은철, 보건의료 연구개발사업의 현황 및 개선과제, 국회입법조사처, 2020, 9-12면.

79 국가계약법 제5조 제3항.

80 대법원 2017. 12. 21. 선고 2012다74076 전원합의체 판결.

14

코로나19 방역조치 위반 국가소송의 공법적 쟁점

코로나19 방역조치 위반 국가소송의 공법적 쟁점*

이 은 상**

Ⅰ. 서 설

코로나바이러스감염증-19(이하 '코로나19'로 약칭한다) 상황이라는 전대미문의 위기 상황으로 인해 국가와 사회 구성원들 모두가 여러 어려움을 겪고 있다. 국민 건강에 직접적인 위해가 되는 감염병인 코로나19의 실태 · 역학조사가 시행되는 한편, 코로나19의 감염 전파를 차단하고 예방하기 위한 국가와 지방자치단체의 여러 대책과 조치가 취해지고 있다. 이러한 과정에서 발생할 수 있는 각종 손해를 전보(塡補) 받기 위한 여러 형태의 소송 제기도 함께 뒤따르고 있는 실정이다.

본 논문에서는 코로나19 방역에 관련된 사항을 위반하였음을 이유로 한 국가소송 중 실제로 소가 제기[1]된 사안유형에 한정하여 그에 관하여 공법적인 시각에서 쟁점을 도출하고 검토한다.[2] 아래에서 살펴보는 바와 같이 '국가소송'을 행정소송을 제외한 국가가 당사자 · 참가인이 되는 민사소송으로 볼 경우, 국가 등[3]이 원고가 되는 소송으로서는 ① 자가격리 위반자에 의해 감염이 전파 · 확대된 경우 그 위반자에 대한 구상권 소송, ② 방역조치 위반자에 대한 손해배상소송, ③ 국민건강보험공단[4]의 급여비용 상당액의 구상권 소송이 있고, 국가 등이 피고가 되는 소송으로서는 ④ 집단감염 발생에 대한 조치의무 위반의 국가배상소송, ⑤ 차별적 집합금지 조치의 위법을 이유로 한 국가배상소송, ⑥ 역학조사, 확진자 동선 공개 과정이나 위치정보 강제제공의 위법성을 이유로 한 국가배상소송에 관하여 살펴본다.

Ⅱ. 국가소송의 범위

1. 국가를 당사자로 하는 소송에 관한 법률에 따른 정의

본 논문에서 말하는 '국가소송'을 어느 범위까지로 설정할 것인지를 정함에 있어 현행법에서 '국가소송'을 정의하고 있는 법률이 있는지를 먼저 살펴본다.

국가를 당사자로 하는 소송에 관한 법률(이하 '국가소송법'이라 약칭한다) 제2조[5]에 의하면 '국가를 당사자 또는 참가인으로 하는 소송'을 축약하여 '국가소송'이라고 칭하고 있다. 여기서의 '국가'는 '대한민국'만을 지칭하는 것이고 지방자치단체는 포함되지 않는다.[6] '당사자'는 적극적 당사자인 원고뿐만 아니라, 소극적 당사자인 피고도 포함한다.

또한 국가소송법 제1조[7]에 의하면 국가를 당사자 또는 참가인으로 하는 소송(즉, 국가소송) 및 행정소송을 해당 법의 규율대상으로 정하고 있다. 따라서 국가소송법에서는 '국가소송'과 행정소송을 별개로 취급하고 있다.[8]

'국가소송'에서 '소송'은 어떤 종류의 소송을 말하는 것인지가 문제된다. 국가소송법 시행령 제5조 제2항[9]의 규정을 참고해보면, 여기에서의 '소송'은 민사본안사건과 민사신청사건을 의미하고는 것으로 보인다. 국가소송법의 규정 내용과 체계 등에 비추어 볼 때, 행정소송, 헌법재판, 국가배상(국가배상법 제12조에 의한 '배상신청')은 포함하지 않는 것으로 봄이 타당할 것이다.[10]

2. 국가소송으로 논하는 범위의 확대

1) 지방자치단체가 소송당사자인 경우도 포함

다만, 본 논문에서 다루는 '국가소송'은 비단 '대한민국' 뿐만 아니라 '지방자치단체'가 원고나 피고가 되는 소송도 포함하여 논의를 전개하고자 한다. 아래에서 살펴보는 감염병의 예방 및 관리에 관한 법률(이하 '「감염병예방법」'으로 약칭한다)에서는 지방자치단체의 장은 권한의 위임 또는 자신의 권한으로 감염병 예방에 관한 계획 수립, 기구 구성, 신고 및 보고 체계, 감염병 관련 강제처분, 각종 대책 시행 등에서 각종 조치를 취할 수 있으므로, 국가 소속의 중앙행정기관장(보건복지부장관, 질병관리청장)과 비교하더라도 역할이 작지 않다.[11] 또한 일반 국민의 입장에서는 법인격을 가진 시원적 공권력 주체인 '국가'와 마찬가지의 존재로 '지방자치단체'를 인식하는 것이 통상이기도 하다. 본 논문에서 다루는 소송유형은 국가뿐만 아니라 지방자치단체도 소송당사자로 상정할 수 있는 사안이고 그 범위 내에서 양자의 질적 차이가 크지 않다는 점에서, 편의상 지방자치단체가 당사자인 소송도 '국가소송'의 범주로 논한다.

2) 민사소송과 국가배상청구소송에 한정함

본 논문에서 다루는 '국가소송'의 범위는 국가소송법의 정의에 따라 '민사소송'을 원칙으로 한다.

다만, 국가나 지방자치단체가 주체가 되어 고소 · 고발을 진행하는 형사소송은 논의의 대상에서 제외하고자 한다. 이러한 형사조치가 코로나19 방역 위반행위에 대한 강력한 수단이 되는 것은 사실이지만, 국가소송법에서 규정하는 '국가소송'의 범위에 포함시켜 논의하기에는 이질적인 측면이 있고, 상세한 연구는 형사법학계에 맡기는 것이 타당하다고 생각한다.

코로나19 방역 위반과 관련된 '행정소송'을 국가소송의 범주로 넓게 포함하여 논의할 것인지도 검토될 수 있다. 그러나 국가소송법에서 '국가소송'의 범위에 '행정소송'은 포함되지 않는 것이 명백한 점에 비추어 볼 때, 이러한 행정소송에 관한 연구는 차후의 연구과제로 남겨 두기로 한다. 다만, 국가배상청구는 행정법학계의 다수 견해에 따를 때 (민사소송이 아닌) 공법상 당사자소송(행정소송법 제3조 제2호)으로 다루어져야 하겠지만, 이를 민사법원의 관할로 보는 재판실무를 고려하여 일단 '민사소송'의 범주에서 함께 논하기로 한다.

Ⅲ. 국가 등이 원고가 되는 소송유형

1. 감염이 전파·확대된 경우의 방역 위반자에 대한 구상권 소송

1) 구체적 사례

미국 유학 후 2020. 3. 15. 귀국한 A와 어머니가 정부의 외국입국자에 대한 자가격리 권고 상황이었음에도 입국 5일 후인 2020. 3. 20.부터 3. 24.까지 4박 5일간 제주여행을 했고, 3. 20. 저녁부터 오한, 근육통, 인후통 등 증상이 있었음에도 여행을 계속하고 서울로 복귀한 후 코로나19 확진판정을 받았던 사안이다. A씨 모녀 과정에서 45명의 접촉자가 격리되고, 방문 장소 20곳에 방역 조치와 일부 업체의 휴업이 있었다. 이에 제주특별자치도와 관련 업체들이 A씨 모녀를 상대로 제주지법에 구상금 청구소송을 제기한 바 있다. 한편, 정부는 2020. 3. 22. 00:00부로 유럽발 모든 입국자, 2020. 3. 27. 00:00부터 미국발 모든 입국자에 대해 각 2주간 자가격리를 하도록 지침을 내렸다.[12]

또한 창원시는, 직원 중 코로나19 확진자가 발생한 것을 숨기고 영업을 계속해 60명 넘는 집단감염을 일으킨 남창원농협을 상대로 총 11억 5,000만 원(= 1만 8,660명의 진단검사비 합계 10억 6,300만 원 + 확진자 18명의 치료비 8,200만 원 + 선별검사소 추가 설치비용 1,000만 원 등)의 구상금 청구소송을 창원지방법원에 제기하였다.[13]

2) 예상되는 공법적 쟁점과 분석

(1) 행정상 의무위반의 제재조치를 우회적으로 창설하는 문제점

위 사안처럼 국가 · 지방자치단체의 구상금 청구소송은 코로나19 방역 관련 의무위반자에 대한 징벌 또는 의무이행을 확보하기 위한 심리적 강제수단으로 사용되고 있는 실정이다. 실제로 각 지방자치단체에서는 「감염병예방법」 위반행위에 대한 형사고발에 이어 민사상의 구상금 청구소송을 제기하거나, 집합금지 조치에 위반한 집회참가자에 대하여 코로나 검사에 자진해서 응할 것을 명령하면서 함께 구상금 청구 가능성을 명시하고 있다.[14]

이와 같은 국가나 지방자치단체의 구상권 행사는 그 형식은 민사소송의 제기이지만, 그 실질이 민사상 권리구제에 있다고 단정하기는 어렵다. 다시 말해서 이러한 국가 등의 구상권 행사의 실질을 고찰해 보면, 행정의 실효성 확보의 목적으로 행정상 의무불이행에 대한 불이익을 부과하는 심리적 강제를 통해 의무이행을 담보하는 '간접적 강제수단'[15]의 한 형태로 이해할 수 있다. 그러나 행정목적의 직접적 실현 권한을 가지고 있는 국가나 지방자치단체가 행정상 제재수단의 실효성을 높이는 방향으로 나아가지 않고, 손쉽게 거액의 구상금 청구소송이라는 민사재판을 통해 우회적으로 의무이행을 확보하거나 행정목적을 달성하려는 것은 행정 본연의 모습이라고 보기는 어렵다. 비록 민사재판이 헌법상 재판청구권으로부터 비롯되어 법원조직법, 민사소송법 등 각종 법률에 근거를 두고 있는 제도라고 하더라도, 엄격한 법치주의적 통제[16] 하에서 행정상 실효성을 확보하기 위한 제재수단이 이루어지는 것과는 본질적으로 차이가 있다. 따라서 이러한 행정상 의무위반의 제재조치를 우회적으로 창설하는 행태에는 법치주의적 관점에서 문제가 있다. 특히 「감염병예방법」상의 행정의무위반 행위에 대해서는 (집행유예 없는 징역형 선고가 예상되는 매우 중대한 위반행위가 아닌 경우에는) 징역형의 집행유예로 금전적 부담이 없게 되거나, 대부분 상한이 300만 원 이하인 벌금형이나 과태료에 처해질 수 있는 사안이다. 이러한 의무위반 행위에 대해 수천만 원에서 수억 원에 이르는 액수의 구상금 청구소송을 의무이행 확보수단으로 관철하려는 것은, 특히 행정의무의 간접적 강제수단에 있어서 수단이 지나치게 과도하다는 측면에서 비례원칙 위반의 문제나, 유사한 사안에 대하여 국가 등의 임의적인 구상금 청구소송의 제기 여부에 따라 의무위반자의 상황이 크게 달라지는 평등원칙 위반의 문제를 야기할 수 있다.

더군다나 아래에서 살펴보는 바와 같이 국가 등의 위와 같은 구상금 청구의 성립 여부에 법리적 의문이 있다는 점을 더해 본다면, 이와 같은 국가나 지방자치단체의 구상금 청구의 소 제기는 제도의 본질에 부합하는 민사상 권리행사라기보다는, 거액의 배상 가능성을 통하여 향후 코로나19 방역 위반행위를 억제하는 위하적(威嚇的) 효과를 의도하고, 코로나19에 대한 두려움과 피해 확산을 우려하는 주민으로부터의 지지를 끌어내기 위한 정무적 판단의 결과라는 평가가 가능할 수도 있다.[17] 하지만 이와 같은 국가 등의 구상권 행사의 경고나 소 제기로 인해, 코로나19 방역 위반행위자가 추후 역학조사나 각종 추가 확산 방지를 위한 후속 절차에 대해 비협조적이고 묵비 등 수세적인 자세를 취할 수도 있다는 점 등을 생각해보면, 위 구상권 행사가 궁극적으로 감염병의 전파 · 확산을 신속하고 효과적으로 방지하는데 실효적인 수단이라고 단정할 수 있을지는 다소 의문이다.[18]

(2) 구상권 청구의 법적 근거 불분명

국가나 지방자치단체가 구상권을 행사하기 위해서는 일단 국가 · 지방자치단체의 지출행위가 있어야 한다. 「감염병예방법」에서는 국가나 지방자치단체가 감염병으로 인한 재정 지출을 할 수 있는 근거 규정을 두고 있다. 「감염병예방법」 제6조 제3항은, 국가와 지방자치단체는 국민이 의료기관에서 감염병에 대한 진단 · 치료를 받는데 소요되는 비용을 부담하여야 할 의무를 규정한다. 또한 「감염병예방법」 제64 내지 68조는 국가나 지방자치단체가 부담하거나 보조할 경비나 방역비용 등에 관해 규정하고 있다. 그리고 「감염병예방법」 제70 내지 70조의5에서는 보건복지부장관, 질병관리청장, 지방자치단체가 각종 손실을 보상하거나 의료인 등이나 감염병환자 등에 대한 재정적 지원을 할 것을 규정하고 있다(위와 같은 「감염병예방법」상의 재정 지출 근거 규정을 통틀어 이하 '국가 등의 비용부담 규정'이라 한다).

위 사안에서와 같이 코로나19 방역 위반과 관련하여 국가나 지방자치단체가 그 위반행위자에게 구상권을 행사할 수 있는 민법상의 근거가 무엇인지가 문제 된다. 만일 국가나 지방자치단체가 감염병으로 인한 피해자에 대하여 코로나19 방역 의무위반자와 함께 공동불법행위를 한 것으로 인정된다면, 국가 · 지방자치단체와 위 의무위반자 사이에는 공동불법행위자 사이의 구상권이 그 법적 근거가 될 것이다.[19]

문제는 국가나 지방자치단체의 공동불법행위가 인정되지 않거나 이를 전제로 하지 않는 구상권의 법리구성이 가능한지이다. 그러한 경우의 법적 근거로서 국가 등이 「감염병예방법」에 따라 관련 비용을 부담하는 것과 코로나19 방역 의무위반자의 민법 제750조의 책임 사이에 불가분채무 관계를 인정하여 민법 제424 내지 427조를 준용하는 민법 제411조를 드는 견해[20]가 있으나, 국가 등의 지출은 관련자들의 손실보상 등을 주된 목적으로 하는 공법인 감염법예방법에 근거를 두는 반면 위 의무위반자의 책임은 위법행위에 대한 손해전보를 목적으로 하는 민법에 근거를 두고 있는 점 등에 비추어 단지 원인을 구성하는 사실관계에 일부 동일성이 인정될 수 있다는 등의 이유만으로는 양자의 채무를 불가분채무로 인정해야 할 근거가 명확하지 않다. 또 국가 등의 구상권 행사의 근거로 비용(상환) 부당이득(Aufwendungskondiktion)[21]을 드는 견해[22]도 있으나, 국가 등의 지출이 앞서 본 「감염병예방법」 상의 국가 등의 비용부담 규정이라는 법적 근거를 두고 있다는 점에서 의문이 있다.

한편 「감염병예방법」 제72조 제1항[23]에서는 정부가 주도하여 진행하는 예방접종에 있어서 예방접종 행위자, 예방 · 치료 의약품의 투여자 등 제3자의 고의 · 과실로 인해 국가가 제71조에 따른 피해보상을 하였을 경우의 법정(法定)대위 규정을 두고 있다. 그 반대해석상 국가는 법적 근거가 분명한 위 예방접종 사안 외의 경우에는 법정대위에 의한 구상권을 취득한다고 보기는 어렵다는 것이 보다 자연스러운 법해석일 것이다. 이를 공법적 관점에서 보자면 실질적으로 행정상 의무위반자에 대한 제재로서 작용하는 국가 등의 구상권 행사는 법치주의의 파생원칙인 '법률유보의 원칙'에 비추어 보더라도 그 법적 근거가 미약한 것으로 평가할 수 있다.

(3) 구상권 성립의 전제인 피해자에 대한 불법행위 책임 성립상 의문점

설령 앞서 본 구상권의 법적 근거 문제가 해소된다고 하더라도, 국가 등의 구상권 행사에 있어서 전제가 되는 코로나19 방역 위반자의 피해자에 대한 불법행위 손해배상책임이 성립될 수 있을지도 검토가 필요하다. 다만, 이러한 민법 제750조의 불법행위 손해배상책임의 성립요건에 대한 구체적인 검토는 민법학의 연구대상에 맡기도록 하고,[24] 간략히만 의문점을 열거해본다.

(1) 감염의 피해를 입은 피해자에 대한 관계에서, 그 원인행위자로 지목된 코로나19 방역 관련 위반행위자가 감염병 방지의무[25]를 위반을 했다는 점만으로 바로 불법행위자로 단정할 수는 없고, 실제로 감염병의 전파가 가

능한 정도의 병원체를 그 피해자와의 접촉 시점에 보유하고 있었다는 점이 밝혀져야만 할 것이다. 따라서 위 병원체 보유 여부가 확정되지 않은 이상 위 위반행위자가 당초 코로나19 의심증상이 있었는지 여부나 추후 코로나19 확진이 되었는지 여부만으로 불법행위자로 단정해서는 안 될 것이다. 거꾸로 감염병의 전파가 가능한 정도의 병원체를 접촉 시점에 보유했더라도 감염병 방지의무를 위반하지 않았다면 마찬가지로 불법행위자로 볼 수 없다.

첨언하여 「감염병예방법」 제2조 제15의2호에서 정한 '감염의심자'의 개념범주에서 '접촉하거나 접촉이 의심되는 사람(접촉자)', '감염이 우려되는 사람'의 범위는 상당히 포괄적으로 개념 설정이 되어 있어[26] 위와 같이 불법행위로 인한 손해배상 책임을 질 사람에 해당하는지 여부를 가리는 데에 있어서 어떠한 실마리를 제공해주지 못하고 있다.

(2) 코로나19 방역 관련 위반행위자와 접촉한 사람이 여럿일 경우, 피해자의 감염을 일으킨 최종적인 원인행위자가 누구인지를 가려내는 것이 의학적 역학조사를 통해 증명이 가능한 것인지에도 의문이 있다. 사실관계에 따라서는 인과관계 요소의 중첩과 개입으로 인한 상당인과관계의 단절 등이 발생할 수 있기 때문이다.[27] 이러한 상당인과관계의 확정을 통해 가해자를 특정하는 것은 공법적 관점에서는 감염병이라는 사회적 재난[28]으로 인한 위험을 방지하고 제거하는 경찰행정작용에 있어서 경찰책임을 질 원인행위자를 가려내는 것과도 연결될 수 있다.

(3) 코로나19 방역 관련 위반행위자가 개입된 감염병의 연쇄적 · 복합적인 전파 · 확산 과정에 있어서 과연 통상의 민법 제750조의 불법행위책임이 상정하는 단선적인 '가해자-피해자'의 이분법적 구도가 적확한 것인지는 의문이다. 「감염병예방법」 제6조 제3항에서 국가와 지방자치단체가 감염병 진단 · 치료에 소요되는 비용을 부담하여야 하는 것으로 규정하는 '국민'에는 피해자뿐만 아니라 가해자로 지목되는 코로나19 방역 위반자도 포함된다고 보아야 하기 때문이다.[29] 또한 코로나19에 감염된 피해자도 역시 마스크 바로 쓰기, 손 씻기 등 방역지침을 제대로 준수하지 않았던 사정이 있는 경우가 대부분일 것이므로, 이를 손해배상 책임의 성립 단계에서 인과관계의 단절 등의 문제로 취급해야 할지, 아니면 손해배상 범위에서 과실상계로 처리

해야 할 것인지는 분명하지 않은 측면이 있다.

2. 방역조치 위반자에 대한 손해배상소송

1) 구체적 사례

서울시의 집합금지 명령을 어기고 대규모 집회를 주도한 목사와 현장 예배를 강행한 교회에 대하여 약 46억 2,000만 원에 이르는 손해배상청구를 한 사례가 있다.[30]

서울 광화문 집회 참석자가 코로나19 확진을 받았음에도 그 집회 참석 사실을 은닉하다가 뒤늦게 진술하고, 임대 버스로 이동했음에도 이동방법을 자차로 이동했다고 거짓 진술을 한 사안에서 광주광역시가 그들을 상대로 추가 감염자 · 접촉자 발생에 따른 검사비, 자가격리자 생활 지원비 등 1억 600여 만 원 상당의 손해배상청구를 한 사례가 있다.[31]

그 밖에 특정 종교단체와 대표자에 대하여 대구시가 코로나19 대규모 집단 감염과 지역사회 전파 · 확산의 주요 원인이었다는 이유로 코로나19 환자 치료비, 생활치료센터 운영비, 방역 비용 등에 해당하는 1,000억 원 상당의 손해배상청구를 한 사례도 있다.[32]

2) 예상되는 공법적 쟁점과 분석

(1) 행정작용의 명칭과 유형의 문제

먼저 공법적 관점에서 제기할 수 있는 쟁점으로는 「감염병예방법」 제49조 제1항 각호에 의하여 발령되는 각종 조치의 행정작용 형식의 문제이다.[33] 집합제한이나 금지명령은 그 규율의 내용이 구체적이지만 수범자가 불특정 다수로서 일반성을 띤다는 점에서 행정법상 '일반처분'에 해당한다. 그러나 위 각호의 조치사항 중에는 수범자가 구체화된 것도 있어 '행정행위' 형식으로 이해해야 하는 경우도 있다. 그런데 통상 지방자치단체의 장이 발령하는 조치의 명칭은 '행정명령'이어서 강학상 '행정입법'을 연상하게 하는 등 그 개념의 이해 면에서 혼선을 초래할 수 있다. 다만, 그 명칭이나 성질과는 별개로 이러한 「감염병예방법」 제49조 제1항 각호의 조치는 행정쟁송의 대상이 되는 '처분'으로 보아 국민의 권익 구제에 소홀함이 없어야 할 것이다.

(2) 국민에 대한 배상청구의 정당성 문제

앞서 본 국가 등의 구상권 행사와 마찬가지의 시각에서 볼 때, 행정목적의 직접적 실현 권한을 가지고 있는 국가나 지방자치단체가 행정상 제재수단의 실효성을 높이는 방향으로 나아가지 않고, 손쉽게 거액의 불법행위 손해배상 청구소송이라는 민사재판을 통해 우회적으로 의무이행을 확보하거나 행정목적을 달성하려는 것은 행정 본연의 모습이라고 보기는 어렵다는 평가가 가능하다. 동일한 관점에서 예상되는 행정벌(벌금액)이나 행정질서벌(과태료액)을 훨씬 초과하는 거액의 손해배상청구의 소를 제기하는 것이 민사상 권리행사를 넘어서서 그 소송의 승패에는 관심이 없이 민사소송 제기 자체가 가지는 위하력이나 간접적 강제효과를 의도하는 것이라면, 이는 구상권 행사의 경우와 마찬가지로 비례원칙 · 평등원칙의 위반 문제와 더 나아가 법치행정의 원칙을 훼손하는 것이 아닌지 비판적인 검토가 필요하다.

(3) 불법행위에 기한 손해배상책임의 성립요건과 범위의 문제

국가 등이 코로나19 방역 위반 관련 개인이나 사적 단체를 상대로 제기하는 민법 제750조의 불법행위 손해배상 청구의 구체적인 성립 요건 상의 문제점은 역시 민사법학의 개별 연구영역에 해당할 것이다. 다만, 앞서 본 구상권 성립의 전제인 불법행위 책임 성립상 의문점과 마찬가지로 (1) 원인행위자로 지목된 코로나19 방역 위반행위자의 불법행위자 인정 요건의 문제, (2) 다수 접촉자 사안에서의 원인행위자 확정 및 상당인과관계의 인정 문제(공법적 관점에서의 경찰책임의 원인행위자 확정 문제), (3) 가해자-피해자의 이분법적 구도에 대한 의문이 있다.

더 나아가 과연 국가와 지방자치단체가 「감염병예방법」 상의 국가 등 비용부담 규정에 따라 의무적으로 부담하게 되는 비용을 개인 내지 사적 단체에 의하여 발생한 '손해'로 볼 수 있을 것인지도 문제 될 수 있다. 국가 등의 지출행위는 국가 등 비용부담 규정에 따른 의무이행이라는 점에서 재산상 '손해'로 관념할 수 있을지도 검토가 필요하다. 특히 코로나19 방역 위반자의 '자기 감염 방지의무'가 보호하는 법익에 과연 그 위반으로 인하여 코로

나19 치료 및 방역 관련 국가재정 지출의 증대라는 재산적 법익까지도 당연히 포함되는 것으로 볼 수 있는지는 추가적인 연구가 필요할 것이다.[34]

마지막으로 코로나19 방역 위반행위자로 인한 감염 전파·확대의 피해자의 발생에 있어서 국가나 지방자치단체의 조치 소홀 등이 인정될 경우, 이것이 코로나19 방역 위반행위자에 대한 손해배상 책임의 성립단계에서 인과관계의 단절 요소로서 문제가 될 수 있을 것인지, 아니면 전체적으로 감염 피해자에 대한 국가 등과 방역 위반행위자의 공동불법행위가 성립할 뿐 국가 등의 코로나19 방역 위반행위자에 대한 손해배상책임은 성립되지 않는 것으로 보아야 할 것인지, 그렇지 않다면 그러한 요소는 손해배상 범위에서 과실상계로 고려하면 충분할 것인지에 대해서도 추가적으로 검토해볼 필요가 있을 것이다.

(4) 감염병 확산 관련자에 대한 손해배상의 근거로서 「감염병예방법」 제72조의2의 신설

'손해배상청구권'이라는 표제 하에 「감염병예방법」 제72조의2[35]가 2021. 3. 9. 법개정을 통해 신설되었다. 위 신설규정에 따른 손해배상청구권에 관해서는 별도의 구체적인 연구가 필요할 것으로 보이고, 본 논문에서는 간략히 몇 가지 의문점만 지적해본다.

(1) '손해배상을 청구할 권리'의 의미가 문제된다. 개정이유에서는 '손해배상청구권'으로 규정하고 있으나, 위 신설규정을 '구상권 청구'의 근거가 된다고 보는 견해도 있다.[36] 감염병 확산자 또는 감염병 확산위험 증대자(이하 '감염병 확산 관련자'라 통칭한다)가 어떠한 법리 구성 하에 감염병 예방 및 관리 등 비용에 대한 손해배상책임을 지게 되는 것인지가 위 신설규정의 내용만으로는 여전히 불분명하다. 설령 위 신설규정을 구상권 청구의 법적 근거로 보더라도 앞서 본 행정상 의무위반에 대한 과도한 제재조치를 창설한 것이라는 문제점은 여전히 해소되지 않는다.

(2) 손해배상청구의 주체가 법인격을 가지는 국가 또는 지방자치단체가 아니라, 행정청에 불과한 '보건복지부장관, 질병관리청장, 시·도지사 및 시장·군수·구청장'이 될 수 있는 것으로 규정한 것은 의문이다.

(3) 손해배상책임의 주체가 되는 '감염병관리법을 위반하여 감염병을 확

산시키거나 확산 위험성을 증대시킨 자'의 의미도 다양한 해석의 여지가 있는 불명확한 규정이다. 앞서 본 원인행위자로 지목된 사람의 불법행위자 인정 요건의 문제에서와 마찬가지의 의문이 제기된다.

(4) 앞서 본 바와 같이 국가와 지방자치단체가 「감염병예방법」 상의 국가 등 비용부담 규정에 따라 의무적으로 부담하게 되는 '감염병 예방 및 관리 등을 위하여 지출된 비용'을 곧바로 '손해'로 관념할 수 있는지도 면밀한 검토가 필요하다.

(5) 종교의 자유, 집회의 자유 등 기본권 침해 논란

위의 구체적 사례에서는 국가나 지방자치단체의 집합금지 등 감염병 예방 조치의 정당성과 그 조치의 상대방의 종교의 자유, 집회의 자유 라는 기본권의 보호 가치가 대립 · 충돌하는 양상을 띠게 된다. 구체적인 사실관계와 사정에 따라서 양자의 형량상 우열이 가려질 수 있겠는데, 이러한 종교의 자유, 집회의 자유의 본질적인 제한인지 여부에 관한 본격적인 연구는 향후 헌법학계에 맡기기로 하고,[37] 본 논문에서는 더 이상의 상세한 논의는 하지 않는다.[38]

3. 국민건강보험공단의 급여비용 상당액 구상권 소송

1) 구체적 사례

서울시의 집합금지 명령을 어기고 대규모 집회를 주도한 목사와 현장 예배를 강행한 교회에 대하여 국민건강보험공단은 의료기관 등이 공단에 청구한 287명의 공단 부담금 5억 6,000만 원에 대하여 구상금 청구소송을 제기한 사례가 있다.[39]

2) 예상되는 공법적 쟁점과 분석

국민건강보험공단은 비록 국가나 지방자치단체는 아니지만, 구상금 청구소송의 형태로 실제 소가 제기되었다는 점에서, 논의의 연장선으로서 국민건강보험공단이 원고가 되어 제기한 구상권 소송 사안까지도 부가적으로 여

기서 살펴본다.

국민건강보험공단은 건전한 재정을 바탕으로 국민건강보험에 관한 업무를 수행하는 공공단체이고, 기관의 존립을 위해서는 재정건정성이 요구된다는 점에서 국가나 지방자치단체와는 그 본질에서 차이가 있다. 따라서 국민건강보험공단의 구상권 행사는 민사상 권리행사의 측면이 더 크다고 봄이 타당할 것이다. 더군다나 국민건강보험법 제58조[40]는 제3자에 대한 구상권을 명문으로 규정하고 있다.

구체적인 국민건강보험공단의 변제자대위에 따른 구상권 성립요건 등은 민법학의 연구대상이 될 것이다.[41] 다만, 공법적 관점에서는 구상권 행사의 실효성에 관한 의문이나, 구상권 행사에 관한 위의 논의 중 구상권 성립의 전제인 피해자에 대한 불법행위 책임 성립 상의 의문점 등은 마찬가지로 위 구상금 청구소송에서도 쟁점이 될 수 있을 것이다.

Ⅳ. 국가 등이 피고가 되는 소송유형

1. 개 관

국가나 지방자치단체가 피고가 되는 코로나19 관련 소송으로 실제로 소제기가 이루어진 사안은 아래에서 살펴보는 바와 같이 모두 국가 등을 피고로 하는 국가배상소송이다. 국가배상소송에 대해서는 대법원 판례와 실무상 민법상 불법행위법과의 연장선의 시각에서 국가배상법을 민법의 특별법으로 보아[42] 민사법원의 관할인 민사소송으로 취급해 왔다. 이에 반해 행정법 이론의 주류적 견해는 공법상 원인으로 인하여 발생한 손해에 대한 국가배상은 공법적 시각에서 해결되어야 하므로 공법상 당사자소송에 해당한다고 본다. 법무부의 2012년, 2013년 각 행정소송법 개정안에서도 '행정상 손해배상'을 공법상 당사자소송의 대상으로 명문화하는 시도를 한 바 있다.

위법한 처분으로 인한 손해를 전보하는 국가배상소송에 있어서는 그 실질이 처분의 위법성을 판단해야 한다는 점[43]에서 공법적인 시각에서 접근하는 것이 타당하므로, 국가배상소송은 공법상 당사자소송으로 다루어야 할 것이나,[44] 이 주제에 관한 본격적인 논의는 별도의 연구에 맡기기로 하고 본 논문에서는 더 이상의 상세한 논의는 생략한다. 본 논문에서는 국가배상소송을 '국가소송'의 일종으로 다루기로 한다.

2. 집단감염 발생에 대한 조치의무 위반의 국가배상소송

1) 구체적 사례

코로나19 집단 감염이 발생한 서울동부구치소에서 확진판정을 받은 미결수용자들 중 일부가 국가를 상대로 1인당 1,000만 원씩 총 4,000만 원을 청구하는 국가배상청구를 하면서 구치소 내 CCTV에 대한 증거보전신청을 한 사례가 있다.[45]

2) 예상되는 공법적 쟁점과 분석

공법적으로는 국가배상법 제2조 제1항에 의한 배상책임의 성립요건 중 교정당국 공무원의 직무집행상 위법행위, 즉 코로나19 감염 전파와 확대에 대한 사전 예방조치와 확진자 발생 후 사후 조치의 소홀 내지 위법성 여부가 쟁점이 될 것이다. 코로나19 감염의 경로와 최초 발생 원인이 사실관계로 확인되어야 할 것이고, 해당 미결수용자인 원고들에게 코로나19 발병이 이루어진 과정에서 교정당국 공무원의 수감자 보건 · 위생 관리에 관한 직무집행상의 고의 또는 과실이나 상당인과관계가 인정되는지 등도 예상되는 쟁점이다.

다만, 수용시설의 부족으로 인한 과밀수용의 현실적 상황이나 코로나19 감염병의 전파방식 등 특성을 고려할 때 감염병 발생에는 불가항력적 측면이 있었다는 교정당국의 반론도 가능할 것이다. 경우에 따라서는 감염병의 예방과 전파 방지라는 목적에 비추어 교정시설 자체에 영조물의 '기능상 하자(결함)', 즉 감염병을 예방하거나 전파가 확대되는 것을 방지하기에 충분할 정도로 교정시설이 기능적으로 갖추어지지 않고 운영 · 작동이 제대로 이루어지지 않은 하자가 있는 것인지 여부[46]도 추가적인 논의사항으로 부각될 수 있을 것이다.

3. 차별적 집합금지 조치의 위법을 이유로 한 국가배상소송

1) 구체적 사례

헬스장, 피트니스, 요가, 필라테스 등 실내 체육시설을 운영하는 업주 204명이 국가가 평등원칙과 비례원칙을 위반하여 실내 체육시설에 대한 집합금지 조치를 했다는 이유로 국가를 상대로 1인당 500만 원씩 총 10억 2,000만 원의 국가배상을 청구한 사례가 있다.[47]

2) 예상되는 공법적 쟁점과 분석

공법적 쟁점으로는, 위 사례의 원고들 주장과 같이 실내 체육시설을 대상으로 하여 집합금지를 한 국가 등의 조치가 평등원칙과 비례원칙을 위반하였는지가 문제될 수 있다.

원고들이 그 침해를 주장하는 권익 내지 기본권은 '직업수행의 자유' 내지는 '영업의 자유'가 될 것이다. 먼저 평등원칙 위반과 관련해서는 다른 업종과 대비할 때 실내 체육시설이 코로나19 감염병에 더 취약하다거나 감염병의 전파 · 확산에 더 큰 영향을 미칠 수 있다고 볼 수 있는지, 이와 같은 실내 체육시설에 대한 집합금지 조치가 합리적 근거가 있는 차별인지가 검토되어야 한다.

비례원칙 위반과 관련해서는 실내 체육시설 영업주들이 공통적으로 겪고 있는 어려운 사정, 합리적인 대안으로서 주기적인 환기 등을 통해 코로나19 감염 확산과 전파가 방지될 수 있을 가능성이 있음에도 일률적으로 집합금지 조치를 한 것인지 여부, 실질적인 영업 중단으로 인한 경제적 손실과 각 영업주들이 처한 고통의 정도, 이에 대비되는 실내 체육시설에 대한 집합금지 조치로 달성되는 코로나19 감염병 전파 · 확산의 예방과 방지 효과가 구체적인 공익으로 인정될 수 있는지 여부 등이 세부적인 쟁점이 될 수 있다.

나아가 감염법예방법에서 규정하는 손실보상이 이루어지지 않는다는 상황을 전제로 하였을 때, 실내 체육시설 영업자의 손실을 고스란히 영업주들에게 감내하도록 하는 것이 보상 없는 특별한 희생을 요구하는 것으로서 손실보상이 필요한 사안인지, 아니면 위 집합금지 조치가 위법성이 인정되기는 어렵다고 하더라도 그 보완책으로서 '수용적 침해에 대한 보상' 내지 '희생보상청구권' 등의 특별한 구제수단이 인정될 수 있을 것인지도 손실보상제도의 관점에서 추가적인 연구가 필요한 부분이라고 생각된다.

4. 역학조사·확진자 동선 공개 과정, 위치정보 강제제공의 위법성을 이유로 한 국가배상소송

1) 구체적 사례

코로나19 증상이 있었음에도 해열제를 먹으며 제주여행을 했다가 코로나19 감염 확산이 되었다는 이유로 제주특별자치도로부터 구상금 청구소송을 당한 안산시민이, 해당 역학조사는 절차를 제대로 거치지 않았고, 그 역학조사에 의한 동선이 언론에 공개되어 사생활 비밀이 누설되고 개인정보가 침해되어 무효이며 이에 따라 정신적 피해가 발생했다고 주장하면서 조사명령처분 무효확인 청구의 소와 손해배상청구 소송을 제기한 사례가 있다.[48]

서울 은평구청이 블로그에 코로나19 확진자의 동선을 공개하면서 보수단체 대표자 개인의 성명을 노출하였음을 이유로, 해당 대표자 개인이 은평구와 구청장, 담당 공무원에 대해 2억 원의 손해배상청구 소송을 제기하여 일부 승소한 사례가 있다.[49]

8 · 15 광화문 집회 참가자들이 정부가 휴대전화 위치정보를 불법적으로 수집했다는 이유로 1인당 100만 원 상당의 손해배상청구 집단소송을 제기한 사례가 있다.[50]

2) 예상되는 공법적 쟁점 분석

역학조사의 위법성 주장 사안에서 원고는, 2020. 12. 28. 지방자치단체의 코로나19 대응 지침이 일부 수정되면서 코로나19 기초역학조사서 서식도 개정되었는데, 2020. 6.에 원고 자신에게 이루어진 역학조사는 정부의 수정 지침에서 규정한 수준의 절차를 준수하지 않아 위법하다고 주장하였다. 여기서의 공법적 쟁점은, 개정 후 기준과 절차를 근거로 그 이전에 발령된 처분의 위법성을 심사하는 것은 원칙적으로 처분의 위법성 판단시에 관한 학설, 판례의 태도에 비추어 타당하지 않을 수 있지만, 해당 지침의 개정이 절차의 미비나 위법 여지에 대한 반성적 고려에서 나온 실질적인 개정이었다면 행정절차법이나 행정법의 일반원칙에 비추어 당초 역학조사의 위법성이 인정될 수 있겠는지, 그 하자의 정도가 중대 · 명백하여 무효인지 여부가 될 것이다.

국가 등의 휴대전화 위치정보 요청과 이동통신사의 위치정보 강제 제공 사안에서는 해당 규정의 명확성 원칙 위반 여부와 규정 체계상의 문제가 있는지,[51] 개인정보 자기결정권의 침해가 있는지가 공법적 쟁점이 될 것이다. 해당 사례에서 원고 측에서는 휴대전화 위치정보 수집과 강제 제공으로 인해 집회의 자유 등 자유권, 개인정보 자기결정권 등이 평등원칙과 과잉금지 원칙을 위반했다고 주장했다. 일단 「감염병예방법」 제76조의2 제2항에 감염병환자와 감염병의심자의 위치정보 요청 및 제공에 관한 법적 근거가 규정되어 있는 만큼, 위와 같은 헌법상 주장이 어느 정도 받아들여질 수 있는지 여부에 따라 국가배상의 성립요건인 위법성이 달리 인정될 수도 있을 것이다.

V. 결 어

지금까지 코로나19 방역 위반과 관련하여 실제 제기된 국가소송의 사안을 국가 등이 원고인 경우와 피고인 경우로 나누어 유형별로 살펴보았다. 전체적으로 공법적 시각에서 체계적으로 코로나19 방역 위반에 관한 쟁점과 문제의식을 구조화하지는 못했지만, 적어도 구체적인 국가소송 사안을 유형화하고 각기 문제될 수 있는 공법적 쟁점을 분석 · 검토한 시도였다는 점에서 본 논문의 작은 의의를 찾을 수 있겠다.

비록 본 논문에서 다룬 국가소송의 유형이 재판 실무상 민사소송으로 다루어지는 사안이라고 하더라도, 그 사건을 해결하고 검토함에 있어서는 적지 않은 공법적 쟁점이 포함되어 있음을 알 수 있다. 코로나19라는 사회적 재난 상황에 맞서는 법학자로서의 연구에는, 구체적 소송사안에 관한 세심한 연구를 하는 민사법학자의 연구활동과 연구성과뿐만 아니라, 전체를 조망하면서 감염병 관리체계의 제도적 개선을 함께 모색하는 공법학자의 역할과 공법적 연구의 중요성이 새삼 강조될 필요가 있다고 생각한다. 본 논문이 이러한 점을 다시 생각해보는 작은 계기를 제공할 수 있으면 하는 바람이다.

미주

* “코로나바이러스감염증-19 방역 위반 관련 국가소송의 몇 가지 공법적 쟁점 검토”, 유럽헌법연구 제35호(유럽헌법학회, 2021. 4.) 제41-69면을 수정 보완한 글이다.

** 아주대학교 법학전문대학원 부교수, 법학박사(행정법).

1 소 제기 여부는 법원을 통한 공식적인 확인은 어려우므로, 2021. 9. 30.까지 언론기사에 보도된 소 제기 사건을 대상으로 하였다.

2 본 논문처럼 실제 문제되거나 문제될 수 있는 ‘소송’사안에 초점을 맞춘 것이 아니라, 감염병에 대응하는 행정의 위험통제 · 조정과 행정법적 대응수단 및 방향 등을 행정법적 시각에서 조망하여 다룬 글로는 김성태, “위험에 대한 의심과 위험여부의 확인-법치주의에서의 안전을 위한 시론적 고찰”, 『행정법연구』 제51호, 행정법이론실무학회, 2017. 2., 제157-188면; 김재광, “코로나19시대 행정법의 대응-감염병예방법을 중심으로”, 『법제연구』 2020년 제59호, 한국법제연구원, 2020, 제177-214면; 박은영, 이원복, “감염병 확산에 대응하기 위한 행정조치의 법률적 검토”, 『법조』 제69권 제6호, 법조협회, 2020. 12., 제107-141면; 윤진아, “독일의 감염병 예방 및 관리 법제 고찰”, 『법과 정책연구』 제18권 제4호, 한국법정책학회, 2018. 12., 제255-288면; 이기춘, “코로나-19에 따른 행정명령에 관한 시론적 소고”, 『국가법연구』 제17집 제1호, 한국국가법학회, 2021. 2., 제1-25면 등 참조.

특히 감염병에 대한 대응 체계와 거버넌스, 제도적 개선 방안에 집중한 글로는 김남순, 『감염병 관리체계의 문제와 개선방안-메르스 감염 중심으로』, 한국보건사회연구원, 2017; 이준서, 『감염병 예방 및 대응체계에 관한 법제개선방안 연구』, 한국법제연구원, 2018. 10.; 전훈, “질병에 의한 재난과 공법적 대응”, 『토지공법연구』 제79집, 한국토지공법학회, 2017. 8., 제525-544면; 조숙정, “감염병 행정의 현상진단과 개선방안-정보프로세스 관점에서”, 『국정관리연구』 제11권 제2호, 성균관대학교 국정전문대학원, 2016. 8., 제77-108면; 조인성, “재난행정법에 관한 독일에서의 논의와 그 시사점”, 『서울법학』 제22권 제2호, 서울시립대학교 법학연구소, 2014. 11., 제365-408면; 홍관표, “감염병예방법에 관한 인권적 측면에서의 검토”, 『인권법평론』 제26호, 전남대학교 공익인권법센터, 2021. 2., 제217-251면 등 참조.

헌법적 관점에 중점을 둔 글로는 장교식, “감염병 예방과 관리를 위한 행정조치에 대한 법적 검토”, 『토지공법연구』 제92집, 한국토지공법학회, 2020. 11., 제197-217면; 전상현, “감염병 시대의 방역과 기본권보장의 쟁점”, 『공법연구』 제49집 제2호, 한국공법학회, 2020. 12., 제341-370면; 정문식, 정호경, “코로나위기와 헌법국가-독일에서의 코로나위기 대응에 대한 헌법적 논의를 중심으로”, 『헌법재판연구』 제7권 제2호, 헌법재판연구원, 2020. 12., 제77-116면 등 참조.

감염병과 관련된 행정분쟁을 포함한 민사분쟁 유형까지를 망라한 것으로는 이경환 외 3인, “감염병 관련 법적 분쟁과 규제에 관한 합리적 해결방안”, 『한국재난정보학회논문집』 제12권 제2호(통권 제32호), 한국재난정보학회, 2016. 6., 제150-166면 참조.

3 아래에서 살펴보는 바와 같이, ‘국가소송’의 범위에는 당사자가 대한민국인 경우뿐만 아니라, 지방자치단체, 공공단체(국민건강보험공단 등)인 경우까지 포함하므로, 이를 포괄하여 ‘국가 등’으로 칭한다.

4 아래에서 살펴보는 바와 같이 비록 국가나 지방자치단체는 아니지만 국민건강보험공단에 의해 코로나19 방역 위반 관련 ‘구상권’ 소송이 제기되었다는 점에서 부가적으로 논의의 범위에 포함하기로 한다.

5 * 국가를 당사자로 하는 소송에 관한 법률
제2조(국가의 대표자)
국가를 당사자 또는 참가인으로 하는 소송(이하 "국가소송"이라 한다)에서는 법무부장관이 국가를 대표한다.

6 지방자치단체는 국가를 당사자로 하는 소송에 관한 법률의 적용대상이 아니어서 변호사가 아닌 지방자치단체 소속 공무원이 지방자치단체를 대리하여 소송을 수행하는 것은 소송대리권의 수여에 흠이

있어 위법하다고 한 판례로는 대법원 2006. 6. 9. 선고 2006두4035 판결 참조. 지방자치단체에 대해서도 국가소송수행자와 마찬가지로 지방자치단체 소속 직원에게 소송수행권을 부여해야 한다는 입법론적 제안을 하는 견해로는 안성훈, 조경국, "지방자치단체를 당사자로 하는 소송에 관한 법률 제정을 위한 시론", 『중앙법학』 제21집 제3호(통권 제73호), 중앙법학회, 2019. 9., 제165-200면 등 참조.

7 * 국가를 당사자로 하는 소송에 관한 법률
제1조(목적)
이 법은 국가를 당사자 또는 참가인으로 하는 소송 및 행정소송(행정청을 참가인으로 하는 경우를 포함한다. 이하 같다)에 필요한 사항을 규정함으로써 소송의 효율적인 수행과 소송사무의 적정한 관리를 도모함을 목적으로 한다.

8 예를 들어 국가소송법 제3조에서는 '국가소송 수행자'를 규율하는 한편, 제5조에서는 '행정소송 수행자'를 별도로 규정하고 있다.

9 * 국가를 당사자로 하는 소송에 관한 법률 시행령
제5조(국가소송의 수행)
② 각급 검찰청의 장은 소송물가액이 법무부령이 정하는 금액 미만인 민사본안사건 및 민사신청사건에 관하여는 소관행정청의 직원만을 소송수행자로 지정하여 그 지휘를 받아 소송을 수행하게 할 수 있다.

10 2019 국가송무현황, 법무부(2020. 12.), 제8-13면에서도 '국가소송'은 국가가 원 · 피고이거나 참가인인 민사사건임을 전제로 그와 구별되는 유형으로 행정소송, 헌법재판, 국가배상 신청사건을 구분하고 있다.

11 재난관리행정의 주체로서 시원적 · 최종적 책임주체인 국가 외에 지역적 재난관리행정 주체로서의 지방자치단체의 법적 지위에 관하여 상세히 논한 글로는 김봉철, "재난관리행정주체로서의 지방자치단체의 법적 지위-재난 및 안전관리기본법상 지방자치단체의 역할과 그 강화방안을 중심으로-", 지방자치법연구 통권 제44호 제14권 4호, 한국지방자치법학회, 2014. 12., 제129-157면 중 제133-135면 참조.

12 사례의 사실관계에 대해서는 "제주도, 업체 2곳과 함께 '강남구 코로나 확진 모녀' 소송 접수"(2020. 3. 30.자 중앙일보 기사, https://news.joins.com/article/print/23742872) 등 참조.

13 "코로나 검사비 11억원 물어내라" 창원시, 집단감염 할인마트에 구상금 청구소송(2021. 9. 24.자 아시아경제 기사, https://view.asiae.co.kr/article/2021092420465146524) 등 참조.

14 "거짓말하고 도망가고...'방역방해' 억대 구상권 소송 줄잇는다"(2020. 9. 11.자 헤럴드경제 기사, http://news.heraldcorp.com/view.php?ud=20200901000586http://news.heraldcorp.com/view.php?ud=20200901000586).

15 이처럼 행정의 실효성 확보를 위한 '간접적 강제수단'을 포함하여 '광의의 행정벌'로 파악하고 행정상 강제수단에 관한 체계를 조망하고 법치주의에 부합하는 방향으로 향후 연구 방향을 제시하는 글로는 박정훈, "협의의 행정벌과 광의의 행정벌", 『행정법의 체계와 방법론(행정법연구1)』, 박영사, 2005, 제319-379면 참조.

16 여기서의 법치주의적 통제는 행정의 실효성 확보수단이 법률유보의 원칙에 따라 이루어지고, 각종 행정의 일반원칙(적법절차의 원칙, 평등원칙, 특히 비례원칙 등)의 제한을 받는 점, 행정쟁송(행정심판, 행정소송)이나 집행정지를 통한 구제제도가 마련되어 있는 점 등을 내용으로 한다.

17 실제로 한 언론사의 여론조사 결과에 따르면 코로나19 방역 방해행위에 대한 국가나 지방자치단체의 구상권 청구 소송 제기를 찬성하는 설문응답자 비율이 약 80%에 이르는 것으로 조사되었다["코로나19 방역 방해 '구상권 청구 찬성' 79.7%(2020. 8. 19.자 오마이뉴스 기사, http://www.ohmynews.com/NWS_Web/Event/Special/opinion_poll_2019/at_pg.aspx?CNTN_CD=A0002667952&CMPT_CD=P0010&utm_source=naver&utm_medium=newsearch&utm_campaign=naver_news) 참조]. 이러한 의미에서 각 지방자치단체의 구상권 청구는 위와 같은 의도를 달성한 것으로 보인다. 반면 실제로 구상권 청구 사례는 14건에 불과하다는 보도가 있다["방역수칙 어기면 구상권 청구" 목소리만 컸다(2021. 6. 30.자 파이낸셜뉴스 기사, https://www.fnnews.com/news/202106301444023899 참조)].

18 이와 같은 생각에서 감염병 방지의무를 경과실로 위반한 사람에 대해서는 (실화책임에 관한 법률의 배상액 경감 방식을 참조하여) 국가 등의 손해에 대한 배상책임을 면제하여 감염병의 전파 · 확산을 방지하기 위한 후속 조치에 협조할 수 있도록 하는 것이 더 타당하다고 보는 견해로는 김천수, "감염방지의무와 민사책임", 『법조』 제69권 제5호, 법조협회, 2020. 10., 제37-38면 참조.

19 이러한 국가 · 지방자치단체와 코로나19 방역 위반자 사이에 공동불법행위가 성립하는 경우의 구상권의 근거에 관해서는 민사법학자들 사이에 견해가 일치되는 것으로 보인다. 김천수, "감염방지의무와 민사책임", 『법조』 제69권 제5호, 법조협회, 2020. 10., 제41면; 백경희, 김자영, "코로나 19 위기 대응 방해 행위와 법적 책임", 『법학연구』 제23권 제4호, 인하대학교 법학연구소, 2020. 12., 제26면 등 참조.

20 김천수, "감염방지의무와 민사책임", 『법조』 제69권 제5호, 법조협회, 2020. 10., 제42면 참조.

21 부당이득에 관한 비통일설의 입장에서 그 유형을 ① 급부부당이득, ② 침해부당이득, ③ 비용부당이득으로 유형화하여 각 요건과 효과를 살펴보는 견해로 대표적으로는 양창수, "서독부당이득법의 입법론적 전개-König의 부당이득법 개정에 관한 감정의견의 소개", 『서울대학교 법학』 제26권 제4호, 서울대학교 법학연구소, 1985. 12., 제166-186면 참조.

22 백경희, 김자영, "코로나 19 위기 대응 방해 행위와 법적 책임", 『법학연구』 제23권 제4호, 인하대학교 법학연구소, 2020. 12., 제19-21면 참조.

23 * 「감염병예방법」
제72조(손해배상청구권과의 관계 등)
① 국가는 예방접종약품의 이상이나 예방접종 행위자, 예방 · 치료 의약품의 투여자 등 제3자의 고의 또는 과실로 인하여 제71조에 따른 피해보상을 하였을 때에는 보상액의 범위에서 보상을 받은 사람이 제3자에 대하여 가지는 손해배상청구권을 대위한다.

24 이러한 코로나19 방역 위반자의 감염피해자에 대한 불법행위 손해배상의 성립요건에 관하여 상세한 검토를 한 최근의 글로는 김천수, "감염방지의무와 민사책임", 『법조』 제69권 제5호, 법조협회, 2020. 10., 제19-49면 참조.

25 김천수, "감염방지의무와 민사책임", 『법조』 제69권 제5호, 법조협회, 2020. 10., 제11-12면에서는 '자신의 감염을 방지하는 것'과 '타인에의 전염을 방지하는 것'의 양측면을 모두 포함한 '감염방지의무'라는 사회생활상의 의무를 상정하고 있다. 이러한 감염방지의무는 조리나 신의칙이라는 민법 일반조항을 경유하여 민사책임의 근거로 작용한다고 설명한다. 그러나 과연 「감염병예방법」에서 명시하는 개인의 각종 의무 외에 그 개념이 포괄적이고 추상적인 '사회생활상의 감염방지의무'를 민법 제750조의 불법행위 책임의 성립요건으로 보기에는 '일반조항으로의 도피' 내지는 '자의적 해석의 위험성'이 있다고 생각한다.

26 이와 같이 포괄적이고 추상적으로 규정된 '접촉자', '감염 우려자'의 범위를 제한할 필요성을 설명하면서 입법론적 대안을 제시하는 글로는 임규철, "코로나 바이러스 극복대책 실행 시 개인정보 활용에 대한 비판적 논의", 『법학연구』 제31권 제4호, 충남대학교 법학연구소, 2020. 11., 제75-78면 참조.

27 이러한 의미에서 김천수, "감염방지의무와 민사책임", 『법조』 제69권 제5호, 법조협회, 2020. 10., 제23면에서는 감염병방지의무 위반으로 인한 손해배상책임의 성립 여부에는 인과관계의 증명이 관건이라고 설명하고 있다.

28 감염병의 확산은 재난 및 안전관리 기본법 제3조 제1호 나목에서 정하는 '사회재산'에 해당된다.

29 특히 위 구체적인 사례에서 A가 미국에서 입국한 시점인 2020. 3. 15.에는 아직 미국발 입국자에 대한 정부의 자가격리 지침(2020. 3. 27. 시행)이 전면시행되기 전이었고, 코로나19에 관한 정부의 구체적인 정보 제공이나 국민 행동지침이 정착되어 '공지의 사실'이 되었다고 보기에는 다소 어려움이 있는 시기라고 평가할 여지가 있다.

30 "전광훈발 손실 131억 … 서울시, 46억 손해배상 소송"(2020. 9. 18.자 jtbc 뉴스 기사, https://news.jtbc.joins.com/article/article.aspx?news_id=NB11970277) 참조. 다만, 해당 소송의 정확한 청구권원이 앞서 본 구상권인지, 아니면 민법 제750조의 불법행위인지는 기사의 내용만으로는 명확하지 않다.

31 "동선 허위 진술 코로나19 확진자들에 잇따라 억대 손해배상 소송"(2020. 12. 18.자 연합뉴스 기사, https://www.yna.co.kr/view/AKR20201218103900054) 참조. 마찬가지로 청구원인이 기사의 내용만

으로는 분명하지 않다.

32 "마침내 칼 빼든 대구시 … 신천지, 이만희 상대 1000억 원 손해배상 청구"(2020. 6. 22.자 동아일보 기사, https://www.donga.com/news/article/all/20200622/101634589/1) 참조. 마찬가지로 청구원인이 기사의 내용만으로는 분명하지 않다.

33 이에 관하여 행정법적 시각에서는 물론 헌법적 관점에 보다 초점을 맞추어 상세히 논한 글로는 이기춘, "코로나-19에 따른 행정명령에 관한 시론적 소고", 『국가법연구』 제17집 제1호, 한국국가법학회, 2021. 2., 제1-25면.

34 이러한 감염방지의무 중 '자신의 감염을 방지할 의무'의 보호법익에는 그 위반행위로 인한 국가 재정의 지출 증가에 따른 국가 등의 재산적 법익이 포함된다고 보는 견해로는 김천수, "감염방지의무와 민사책임", 『법조』 제69권 제5호, 법조협회, 2020. 10., 제34면 참조.

35 * 「감염병예방법」

제72조의2(손해배상청구권)

보건복지부장관, 질병관리청장, 시·도지사 및 시장·군수·구청장은 이 법을 위반하여 감염병을 확산시키거나 확산 위험성을 증대시킨 자에 대하여 입원치료비, 격리비, 진단검사비, 손실보상금 등 이 법에 따른 예방 및 관리 등을 위하여 지출된 비용에 대해 손해배상을 청구할 권리를 갖는다.

36 전훈, "병원 내 감염 및 집단감염에 대한 손해전보 및 구상조치에 관한 소고", 『토지공법연구』 제94집, 한국토지공법학회, 2021. 5., 제157-160면 참조.

37 감염병 예방조치와 기본권 보호의 관점에서 이 문제를 논한 글로는 장교식, "감염병 예방과 관리를 위한 행정조치에 대한 법적 검토", 『토지공법연구』 제92집, 한국토지공법학회, 2020. 11., 제197-217면; 전상현, "감염병 시대의 방역과 기본권보장의 쟁점", 『공법연구』 제49집 제2호, 한국공법학회, 2020. 12., 제341-370면 등 참조.

38 다만 일정한 위생조치 준수를 조건으로 하여 예배금지에 관한 코로나19 관련 법규명령 규정의 집행정지 가처분 신청을 인용한 독일 연방헌법재판소의 결정(Beschl. v. 29. 4. 2020 Az.1 BvQ 44/20)과 코로나령에 근거한 집회금지처분에 대한 가처분 신청을 인용한 독일 연방헌법재판소의 결정(Beschl. v. 15. 4. 2020 Az.1 BvR 828/20; Beschl. v. 17. 4. 2020 Az.1 BvQ 37/29) 등 참조. 이에 반하여 코로나19의 긴급한 상황에서는 생명 · 건강의 기본권이 종교의 자유에 우선하므로 종교의 자유의 제한이 가능하다는 취지의 독일 연방헌법재판소의 결정(Beschl. v. 10. 4. 2020 Az.1 BvQ 28/20) 및 코로나19 상황을 이유로 공공시설이용의 자유권 · 일반적 행동자유권 등을 제한하는 조례에 대하여 엄격한 비례성 심사를 통해 국가의 국민 생명 · 신체에 대한 보호의무가 더 앞선다고 판단한 베를린 주헌법재판소 결정(Beschl. v. 14. 4. 2020 VerfGH 50 A/20) 등도 참조.

39 "건보공단 '사랑제일교회에 64억 청구 소송'"(2020. 9. 25.자 경향신문 기사, http://news.khan.co.kr/kh_news/khan_art_view.html?artid=202009252047015&code=940100) 참조.

40 * 국민건강보험법 제58조(구상권)

① 공단은 제3자의 행위로 보험급여사유가 생겨 가입자 또는 피부양자에게 보험급여를 한 경우에는 그 급여에 들어간 비용 한도에서 그 제3자에게 손해배상을 청구할 권리를 얻는다.

② 제1항에 따라 보험급여를 받은 사람이 제3자로부터 이미 손해배상을 받은 경우에는 공단은 그 배상액 한도에서 보험급여를 하지 아니한다.

41 이에 관해 자세히 다룬 글로는 김천수, "감염방지의무와 민사책임", 『법조』 제69권 제5호, 법조협회, 2020. 10., 제38-41면 등 참조.

42 대법원 1971. 4. 6. 선고 70다2955 판결 등 참조.

43 저자의 판사로서의 경험에 비추어 보더라도, 특히 재판실무상 민사소송으로 취급되는 국가배상청구사건에 있어, 행정재판의 경험이 없는 민사담당판사의 입장에서는 코로나19 관련 각종 조치의 위법성 여부를 심사하는 것은 결코 쉬운 일이 아니다. 변론 과정에서 주장되는 위법성 관련 사정들이 어느 정도 인정되어야 해당 행정조치나 작용을 위법하다고 선언할 수 있을지는 행정재판사건을 계속적으로 취급해 온 판사가 아니고서는 쉽지 않은 판단이다. 더군다나 본 논문에서 다루는 여러 공법적 쟁점에 관한 고민과 가치판단까지 결합된다면 그러한 판단은 더욱 어려워질 수 있다.

44 같은 취지로 임영호, "실무연구: 공법상 금전급부청구권과 관련된 소송형식", 『법조』 제59권 제3호, 법조협회, 2010. 3., 제269면 참조.

45 "1000만원씩 달라, 뿔난 동부구치소 확진자들 정부에 소송"(2021. 1. 6.자 중앙일보 기사, https://news.naver.com/main/read.nhn?mode=LSD&mid=sec&sid1=102&oid=025&aid=0003067553) 등 참조.

46 객관적으로 보았을 때 영조물의 기능상 결함으로 인한 손해발생의 예견가능성과 회피가능성이 없는 경우(즉 그 영조물의 결함이 영조물의 설치·관리자의 관리행위가 미칠 수 없는 상황 아래에 있는 경우)임이 증명된 때에는 영조물의 설치·관리상의 하자가 인정될 수 없다는 견해로는 하명호, 『행정법』 제3판, 박영사, 2021, 제433-436면 참조.

47 "실내 체육업계, 정부 상대 10억원대 2차 소송 제기"(2021. 1. 12.자 이데일리 기사, https://www.edaily.co.kr/news/read?newsId=02538726628917064&mediaCodeNo=257&OutLnkChk=Y) 등 참조.

48 "내 역학조사는 무효, 제주도에 맞소송 건 안산시 확진자"(2021. 3. 3.자 KBS 뉴스 기사, http://news.kbs.co.kr/news/view.do?ncd=5130362&ref=A) 참조.

49 "코로나 확진 ○○○ '실명 노출'한 은평구 … 법원 200만 원 배상하라"(2021. 8. 13.자 KBS 기사, https://news.kbs.co.kr/news/view.do?ncd=5255804&ref=A) 등 참조.

50 "8·15집회 참가자들 '휴대폰 위치정보 수집 불법' 집단소송"(2020. 9. 29.자 파이낸셜뉴스 기사, https://www.fnnews.com/news/202009291122180851) 등 참조.

51 감염병 환자 및 의심자의 위치정보 요청권자, 위치정보 강제제공의 법체계적 문제점을 상세히 다룬 글로는 임규철, "코로나 바이러스 극복대책 실행 시 개인정보 활용에 대한 비판적 논의", 『법학연구』 제31권 제4호, 충남대학교 법학연구소, 2020. 11., 제93-97면 참조.

15

코로나19 방역조치 위반의 형사범죄화와 인권

코로나19 방역조치 위반의 형사범죄화와 인권*

코로나19와인권연구모임**

Ⅰ. 문제제기

2020년 초 코로나19가 확산된 이래 정부는 전파를 막기 위해 '사회적 거리두기' 단계를 설정하고 집회금지, 집합금지명령을 내리거나, 확진자에 대해 역학조사를 실시하며 확진자와 접촉한 사람에 대해 자가격리 의무를 부과하는 등의 각종 방역조치를 시행하였다. 이러한 방역조치들은 「감염병의 예방 및 관리에 관한 법률」(이하 '「감염병예방법」') 및 중앙방역대책본부의 지침을 근거로 하고 있으나 실무적으로는 지방자치단체장에게 상당한 재량이 부과되었다. 이에 따라 기간의 제한 없이 집회금지, 집합금지 등의 조치를 하는 사례도 나타났다.[1]

그리고 코로나19 관련 대응은 이러한 방역조치 의무를 위반한 사람에 대해 형사처벌을 적극적으로 하는 방향으로 이루어져 왔다. 우선 국회는 2020. 2. 26. 「감염병예방법」, 「검역법」, 「의료법」 개정안, 이른바 '코로나3법'을 본 회의에서 통과시킨 것을 시작으로 권한행사의 주체, 제재 대상, 제재대상행위, 제재 수준 등을 확대하거나 강화하는 방향으로 관련 법률을 지속적으로 개정했다. 정부는 이른바 무관용 원칙을 내세우며 방역조치 위반자에 대한 엄중한 사법처리를 강조했고 이에 맞추어 검경의 수사도 이루어졌다. 법원 역시 2020. 5. 26. 자가격리를 위반한 20대 남성에게 처음으로 징역

4월의 실형을 선고하였고,[2] 이후로도 방역조치 위반을 이유로 지속적으로 유죄를 선고하고 있다.

그러나 이러한 형사처벌 위주의 방역조치는 각 개인이 처해 있는 사회구조적인 조건을 고려하지 않고 모든 위반행위에 대해 과잉처벌을 함에 따라 범죄자를 양산하고 있다는 지적이 계속되고 있다. 형사처벌은 다른 제재에 비해 침해되는 권리가 상당히 크고, 개인의 존엄성, 신체의 자유, 평등권 등 개인의 불가침의 인권을 침해할 소지가 높기 때문에 최후의 수단으로 고려되어야 함에도 이에 대한 세밀한 검토 없이 코로나19를 이유로 형사처벌 중심의 엄벌주의 기조가 계속 이어지고 있어 문제가 크다. 유엔을 비롯한 국제인권기구들 또한 코로나19 확산 초기부터 국가의 비상적인 방역조치가 적법성, 비례성, 필요성의 원칙에 따라 이루어져야 하고, 특히 형사처벌은 예외적으로 이루어져야 하며 방역조치를 지키기 어려운 사회적 소수자가 차별적인 처벌을 받지 않아야 한다는 점을 강조하여 왔다. 즉 현재의 엄격한 방역조치와 과도한 형사처벌 기조는 형사법 및 헌법의 기본원칙 및 국제인권규범적 입장에도 배치되고 있는 실정이다.

이에 이 글에서는 코로나19와 관련하여 이루어진 수사 및 처벌 현황을 분석하고, 국제인권규범에 비추어 방역조치 위반의 사법처리현황의 문제점을 지적하며, 대안을 제시하고자 한다.

Ⅱ. 방역조치 위반의 범죄화 현황

1. 「감염병예방법」 및 「검역법」 상 처벌입법의 강화

코로나19의 대응과 관련된 국가 및 지방자치단체의 일련의 행정작용은 법적 근거를 「감염병예방법」에 두고 있기 때문에,[3] 방역조치 위반을 이유로 한 형사처벌 역시 대부분 「감염병예방법」에 근거하고 있다. 한편 정부가 코로나19를 사전에 예방하거나 대응하기 위한 검역 및 방역조치에 대한 일부 근거는 「검역법」에도 존재하고 있기 때문에, 일부 형사처벌은 「검역법」에도 근거한다. 즉, 코로나19 관련 방역조치를 위반한 경우, 이루어지는 형사처벌의 주요 근거법은 「감염병예방법」, 「검역법」이라 할 수 있다.

1) 「감염병예방법」상 처벌조항

「감염병예방법」은 제77조부터 제82조까지 형사처벌조항을, 제83에서 과태료 부과조항을 두고 있으며, 이 중 형사처벌의 대상이 되는 것은 주요 관리적 조치, 역학조사, 방역조치 위반, 예방조치 위반, 강제처분 위반이다. 또한, 가중처벌조항(제81조의2)을 통해 단체나 다중(多衆)의 위력(威力)을 통하여 조직적 · 계획적으로 역학조사를 방해하거나 고의 또는 중과실에 의하여 감염병 전파행위를 하는 경우를 형의 가중요소로 두고 있다.

한편 2021. 7. 6.을 기준으로 방역조치 위반을 이유로 형사처벌을 받은 사례를 보면 약 98%가 집합금지 위반, 격리조치 위반, 역학조사방해 혐의인 것을 알 수 있다.[4] 이 중 집함금지는 「감염병예방법」 제49조 제1항 제2호에 따라 질병관리청장, 시 · 도지사, 시장 · 군수 · 구청장, 보건복지부장관이 감염병을 예방하기 위하여 내릴 수 있는 조치로서, 그 대상이 흥행, 집회, 제례 또는 그 밖의 집합이기 때문에 사실상 2인 이상이 모이는 모든 사람이 대상이 된다. 이러한 집함금지를 위반할 경우에는 300만원 이하의 벌금에 처해진다(제80조 제7호).

「감염병예방법」상 격리조치는 질병관리청장, 시 · 도지사, 시장 · 군수 · 구청장이 1급 감염병이 발생하거나, 감염병이 유행하면 감염병 전파를 막기 위해서 또는 감염병을 예방하기 위하여 내려질 수 있는 조치(제42조 제2항 제1호, 제47조 제3호, 제49조 제1항 제14호)로, 그 대상은 법 제2조 제13호, 제14호, 제15호가 각 규정하는 감염병환자, 감염병의사환자, 병원체보유자를 의미하는 감염병환자등 또는 법 제2조 제15의2가 규정하는 '감염병의심자'[5]이다. 이러한 격리조치를 위반한 경우에는 1년 이하의 징역 또는 1천만원 이하의 벌금에 처해질 수 있고, 감염병을 고의 또는 중과실로 전파하는 경우 형의 2분의 1까지가 가중될 수 있다.

역학조사의 경우 「감염병예방법」은 두 가지 형태의 조사를 규정하고 있다. 하나는 감염병이 발생하여 유행할 우려가 있거나, 감염병 여부가 불분명

하나 발병원인을 조사할 필요가 있다고 인정한 경우에 이루어지는 조사(제18조)이고, 다른 하나는 예방접종 후 이상사례가 발생한 경우에 이루어지는 역학조사(제29조)이다. 이 중 제18조의 역학조사를 ① 정당한 사유 없이 거부·방해 또는 회피하거나(제18조 제1항 제1호), ② 거짓으로 진술하거나 거짓 자료를 제출하거나(제2호), ③ 고의적으로 사실을 누락·은폐(제3호)한 경우에는 2년 이하의 징역 또는 2천만원 이하의 벌금에 처해질 수 있으며, 조직적·계획적으로 역학조사를 방해하는 경우 형의 2분의1까지 가중처벌이 된다. 「감염병예방법」 제29조가 규정하는 예방접종 관련 역학조사를 거부·방해 또는 기피하는 행위를 한 경우에는 200만원 이하의 벌금에 처해진다.

2) 「검역법」상 처벌조항

「검역법」은 제39조와 제40조에서 형사처벌조항을, 제41조에서 과태료 부과조항을 두고 있다. 그 내용으로는 「감염병예방법」과 동일하게 격리 조치를 위반하는 경우를 처벌하고 있으나, 「감염병예방법」과는 다르게 감염전파 여부에 따른 가중처벌조항을 두고 있지 않다.

「검역법」상의 격리조치는 질병관리청장이 검역감염병[6] 유입과 전파를 차단하기 위하여 내릴 수 있는 조치(제15조 제1항, 제16조 제1항, 제17조 제1항)로, 그 대상은 검역감염병 환자 등 또는 검역감염병 접촉자 또는 검역감염병 위험요인에 노출된 사람이다. 이러한 격리조치 대상자가 격리조치를 위반하는 경우 1년 이하의 징역 또는 1천만원 이하의 벌금에 처해지며(제39조 제1항 제4호), 격리조치 대상자가 격리 기간 동안 다른 사람과 접촉하면 1천만원 이하의 과태료가 부과된다(제41조). 이 중 「검역법」 제17조 제1항에 따른 격리조치는 사실상 「감염병예방법」 제49조 제1항에 따른 격리조치인데, 이를 위반한 경우 「검역법」 제39조 제3호와 「감염병예방법」 제79조의3 제5호가 함께 적용될 수 있다.[7]

「검역법」상 역학조사는 질병관리청장이 감염병이 유행하거나 유행할 우려가 있다고 인정하는 경우 내릴 수 있는 조치(제29조)로서 이에 따르지 않은 경우에는 1천만원 이하의 과태료가 부과된다(제41조 제6호).

3) 「감염병예방법」 및 「검역법」의 개정연혁과 입법동향

위와 같이 현행 「감염병예방법」과 「검역법」은 코로나19 상황에서 국가 및 지방자치단체에 의해 이루어지는 일련의 행정작용 대부분과 관련하여 위반하거나 방해하는 행위를 처벌하고, 일부 행위에 대해 가중처벌을 하고 있다. 위 법률들은 코로나19가 확산된 2020년 이후 수차례 개정이 이루어졌다. 「감염병예방법」의 경우 국내에서 코로나19 확진자가 발생하기 이전에는 한 해에 1차례 정도 개정(타법개정 미포함)이 되어 오다가, 그 이후인 2020. 3. 4. 개정이 본격적으로 시작되어 2020. 8. 12., 2020. 9. 29., 2020. 12. 15., 2021. 3. 9.에 각 일부 개정되었다. 「검역법」은 국내에서 코로나19 확진자가 발생하기 이전에는 약 2년 정도 개정이 된 바가 없다가, 2020. 3. 4. 「감염병예방법」과 함께 개정되었다.

주요 개정 내용을 살펴보면 전반적으로 권한 행사의 주체가 확대되거나 제재 대상, 제재대상행위, 제재 수준 등이 확대되거나 강화되는 등 처벌을 강화하는 방향으로 이루어지고 있음을 알 수 있다. 가령 「감염병예방법」의 경우 개정 과정에서 대부분의 강제처분, 방역 및 예방 조치의 권한이 시 · 도지사 및 시장 · 군수 · 구청장에게까지 확대가 되었다.

제재 대상의 경우 「감염병예방법」은 2020. 3. 4. '감염병의심자' 개념을 새롭게 정의하였는데, 매우 광범위하게 해석될 수 있는 '감염병의심자'가 대부분의 강제처분, 방역조치, 예방조치의 대상이 됨에 따라, 「감염병예방법」상 제재 대상이 크게 확대되는 결과가 초래되었다. 「검역법」의 경우에도 2020. 3. 4. 접촉의심자까지 범위를 확대하는 '검역감염병 접촉자'의 개념이 새롭게 정의되었는데, 격리 등 조치의 대상에 포함됨에 따라 「검역법」상 제재 대상이 확대되었다고 볼 수 있다.

나아가 제재 대상이 되는 행위 역시 확대되어 왔다. 「감염병예방법」 2020. 3. 4. 개정에서는 강제처분에 자가격리 위반과 정보통신기술의 이용을 포함시켰고, 이에 대응하는 벌칙규정인 제79조의3이 신설되었다. 2020. 8. 12. 개정에서는 마스크 착용 등의 방역지침의 준수를 명할 수 있는 권한이 부여되고 위반 시 과태료를 부과하도록 하였으며, 2020. 9. 29. 개정에서는 강제처분에 이동수단의 제한, 위치정보 수집, 감염 여부 검사 등이 포함이 되었다. 제재 수준에 있어서도 「감염병예방법」 2020. 3. 4. 개정에서 격리조치를 거부한 자 등에 대한 벌칙을 상향하였고(제79조의3 신설), 2021. 3. 9. 개정에서는 부정한 방법으로 예방접종을 한 행위를 처벌하도록 하고, 조직적 · 계획적으로 역학조사 거부 · 방해 · 거짓진술 또는 입원 · 치료 · 격리 조치 위반으로 타인에게 감염병 전파 시 가중처벌조항을 도입하는 등 계속해서 처벌 수위를 높여왔다.

한편 이러한 개정연혁의 연장선으로 처벌을 강화하는 방향의 개정시도들도 이루어지고 있다. 20대 국회에는 코로나19가 확산되기 시작한 2020년 초부터 임기만료인 2020. 5. 29.까지 「감염병예방법」 일부개정법률안이 총 15건이 발의되었고 21대 국회에는 2020. 6. 1.부터 2021. 7. 28.까지 147여건이 발의되었는데, 이는 코로나19 확산 이전인 2016년부터 2020년 전까지 45건 정도의 개정법률안이 발의된 것에 비하면 매우 높은 숫자이다.

문제는 이러한 발의안들의 많은 수가 ① 제재대상행위를 확대하거나(거짓 정보 유포, 전파매개행위, 정보제공 거부행위, 진단검사 불응행위 형사처벌, 침을 뱉거나 고의적 감염전파 행위 과태료 부과), ② 가중처벌을 도입하거나, ③ 고의 중과실에 대한 구상권 청구, 징벌적 손해배상을 두거나, ④ 양형을 높이는 등 형벌을 강화하는 내용을 담고 있다는 것이다. 나아가 재난 및 안전관리 기본법에 처벌조항을 신설[8]하거나, 감염병 검사 및 치료 거부를 국민보호와 공공안전을 위한 테러방지법상 '테러'로 간주하도록 하는 법률안이 발의[9]되는 등 다른 법률의 개정을 통해 처벌 수준을 강화하려는 시도들도 이루어지고 있다. 이렇게 처벌을 강화하는 법안들이 계속 발의되는 것과 대비하여 현행 「감염병예방법」, 「검역법」 상의 처벌을 완화하거나 예외를 두는 것에 대한 논의는 전혀 이루어지지 않고 있다.

2. 방역조치 위반에 대한 정부 및 지방자치단체의 무관용 원칙

정부는 코로나19 확산 초기부터 현재까지 이른바 방역수칙을 위반한 사람에 대한 '무관용 원칙'에 따른 사법처리를 강조하여 왔다. 중앙재난대책본부는 2020. 3. 26. “정당한 사유 없는 자가격리 위반 시 무관용 원칙을 적용해 정당한 사유가 없으면 고발조치하고, 외국인의 경우는 강제 출국시킬 것”이라고 발표했다. 또한 정부는 2020. 6. 9. 정세균 국무총리 주재 수도권 방역 대응 긴급관계장관회의(기획재정부, 보건복지부 장관, 교육부, 법무부, 행안부, 고용노동부 차관, 경찰청장, 질병관리본부장 등 참석)를 개최하면서, 고의로 코로나19 역학조사를 거부하거나 방역 정책을 방해하면 구속 수사, 감염확산을 초래한 경우 치료비나 방역비 등에 대한 구상권을 청구하겠다고 결정하였다.[10] 이후 각 지방자치단체에서 원 스트라이크 아웃제도, 구상권 청구 등의 원칙을 수립하여 적용하기 시작하였고, 법무부 및 행정안전부는 2020. 8. 21. 악의적인 방역 활동 저해행위에 대해 구속영장청구를 원칙으로 수사하고 기소한 뒤에는 법정 최고형을 구형하겠다는 발표를 하기도 했다. 나아가 정부는 2021. 4. 2. 적극적 고발 조치, 구상권 청구, 등을 통해 사법적 책임을 묻는 것과 동시에 경제적 지원을 제외하거나 사업장을 폐쇄하도록 하는 내용의 ‘방역수칙 이행력 강화방안 조치현황 및 적극처분 권고안’을 발표하기도 하였다.[11]

이상과 같이 정부의 코로나19 방역조치 위반에 대한 대응은 무관용, 강도 높은 처벌을 기본 기조로 유지되어 왔다. 그리고 이에 따라 각 지방자치단체 역시 정부의 ‘코로나바이러스감염증-19 대응 지침’에 기초하여 역학조사, 강제처분, 방역 · 예방 조치를 집행하고 있는데, 이는 「감염병예방법」 제18조, 제42조, 제47조 및 제49조 제1항에 따른 행정작용으로 평가되고, 관련 처벌규정과 연계된다. 즉, 지방자치단체가 광범위한 재량을 행사하여 자체적으로 내용을 정하는 지침, 고시, 공고, 행정명령상의 조치가 「감염병예방법」에 따른 형사처벌 또는 과태료 부과의 근거가 되고, 법무부 등 정부부처의 강경 대응 기조로 인해 과잉한 수사 및 처벌이 이루어지고 있는 것이다.

3. 방역조치 위반에 대한 수사기관의 엄정대응

경찰청은 감염병 위기경보가 심각 단계로 상향된 2020. 2. 28. 이후 전국 18개 지방경찰청, 255개 경찰서에 코로나19 신속대응팀 5,753명을 편성하였다. 코로나19 신속대응팀은 검사 대상자 소재 확인, 보건당국 역학조사 등 지원 「감염병예방법」 위반 행위자 사법처리 등 업무를 담당하고, 보건당국 및 전국 각 지방자치단체에서 실시하는 감염의심자에 대한 전수조사에서 소재가 확인되지 않는 대상자의 소재 확인을 최우선 업무로 방침을 세웠다. 또한 경찰청은 2020. 3. 3.에는 각급 지방자치단체 등의 코로나19 관련 소재불명자 소재확인 요청에 보다 신속하게 대응하기 위해 신속대응팀 인원을 8,559명으로 확대하였다. 신속대응팀은 소재 확인 요청 시 지방자치단체로부터 제공받은 검사 대상자 전화번호로 직접 전화하거나, 문자메시지를 전송하는 등의 방법으로 연락을 취하고, 연락처가 없거나 연락이 되지 않는 경우에는 주거지를 직접 방문하는 등의 방법으로 소재를 확인하는 업무를 담당하였다. 나아가 2020. 4. 13.에는 "법원 판단과 별개로, 앞으로 6가지 기준에 부합하는 자가격리 위반자가 있다면 구속영장을 신청할 것"이라고 밝히기도 하였다.[12][13]

법무부 역시 코로나19 확산 초기인 2020. 2. 25. 역학 조사를 회피하고 진찰을 거부하는 등 「감염병예방법」 위반행위에 대해 엄정하게 대응할 것을 검찰에 지시하였다. 구체적으로 법무부는 각급 검찰청에 ▲역학 조사를 거부·방해·회피하는 행위 ▲감염 확인을 위한 진찰 거부 행위 ▲관계 공무원의 공무집행 방해행위 ▲마스크 등 보건용품 판매 빙자 사기 및 매점매석 행위 ▲집회·시위 관련 법 위반행위 ▲허위사실유포 ▲환자 정보 유출 등을 철저하게 수사해 대응할 것을 요구하였다. 이에 따라 대검찰청은 2020. 4. 7. "격리조치 위반자에 대해서는 원칙적으로 구공판하고, 사안에 따라 구속수사를 적극 검토하는 등 엄정 대응하겠다"면서,[14] 자가격리를 포함한 모든 격리조치 위반 행위자를 원칙적으로 정식재판에 넘기고 징역형을 구형할 방침이고, 의도적으로 격리를 거부하거나 여러 차례에 걸쳐 격리거부 행위를 하는 사람은 원칙적으로 구속수사하겠다는 입장을 냈다. 나아가 조직적·계획적 또는 악의적인 역학조사거부 행위, 방역요원 및 의료진에 대한 폭행·협박이 수반된 방역방해 행위, 정부 방역정책에 대한 적극 방해 결과가 있는 경우 원칙적으로 구속 수사하고, 법정 최고형을 구형할 것을 일선 검찰청에 지시하였다.

이처럼 검경의 구속수사 등 엄정 대응 기조는 통계로도 확인이 된다. 2021년 4월을 기준으로 「감염병예방법」 위반 혐의로 검찰 처분 결과를 보면 구공판 비율이 43.7%로 통상 형사사건의 구공판 비율(약 25~30%)보다 높은 것으로 나타난다(<표 1>). 검찰의 기소율 역시 39.8%로, 역시 통상 형사사건 기소율(약 30%)에 비해 높게 나타나고 있다(<표 2>). 이러한 높은 기소율과 구공판 비율은 검찰의 형사처벌 의지가 반영된 것으로 보인다.

표 1 검찰의 「감염병예방법」 위반 접수 및 처분 현황

총계	기소						불기소
	소계	구공판(구속)	구공판(불구속)	구공판 비율	구약식	구약식 비율	소계
5,606	2,744	13	1,185	43.7%	1,546	56.3%	2,862

(자료 출처: 이탄희 의원/법무부)

표 2 「감염병예방법」 위반 기소/불기소 비율

처분계	기소	기소율	불기소	불기소율
6,896	2,744	39.8%	2,862	41.5%

(자료 출처: 이탄희 의원/법무부)

Ⅲ. 방역조치 위반 처벌 사례

1. 법원 판결 통계

1) 선고형 통계

2020. 2. ~ 2021. 6.까지 「감염병예방법」 위반 혐의로 처벌된 사례 566건[15]을 조사한 결과에 의하면, 그 중 439건이 벌금형을, 126건이 징역형이 선고되었다. 벌금형 액수의 경우 200만원이 가장 많았고(152명), 그 다음이 300만원(136명)이었다. 최고 액수는 1,500만원, 최저 액수는 30만원이었다.

징역형 형량의 경우 징역 4월(56명), 징역 6월(34명) 순으로 나타났고, 최고는 2년, 최저는 2월, 평균은 6.5월이었다. 한편 566건 중 선고유예는 14건에 불과하였고, 집행유예는 1년(77명), 1년 6월(1명), 2년(50명), 3년(3명)이었다. 벌금형에 집행유예를 부가한 경우는 29건, 선고유예 부가한 경우는 12건이었다. 무죄는 단 1건에 불과했다.

위와 같은 양형 통계는 다른 범죄에 비추어보았을 때 매우 높은 편이다. 가령 벌금형의 액수만으로 놓고 보더라도 대검찰청 강력부에서 2014년 발표한 '폭력사범 벌금기준엄정화 방안'[16]과 비교했을 때 상당히 높은 액수이다. 해당 방안에서는 시행 전 '폭행사건의 75%가 50만 원 이하의 벌금이 구형, 선고'되던 것이 방안 시행 후 '피해자가 잘못이 없어 비난동기가 크고 중한 폭행(이유없이 수회 강타 등)'의 경우 300만 원 이상의 구형을, '보통 동기로 보통 정도 폭행'에 100만 원 이상 구형하는 것을 '강력한 구형'의 표준사례로 제시하고 있다. 이와 비교해봤을 때 위 「감염병예방법」 위반으로 벌금형이 선고된 사례들은 대부분 피고인 자신도 음성이고 주변에 추가 감염자가 나타나지도 않은, 즉 피해자가 존재하지도 않은 상황임에도 200~300만원의 벌금이 선고되고 있으며 검찰의 구형은 그보다 높을 것이라는 점에서, 그 위험성에 비해 처벌이 과도하다고 볼 여지가 크다.

2) 양형사유 통계

양형에 미친 요소를 살펴보면 다수의 판결이 코로나19 확산 방지를 위한 방역조치의 일반적 중요성을 가중사유로 명시하였다(113건). 많은 판결이 현 상황을 '미증유의 사태', '전 세계적 유행', '국가, 지방자치단체, 국민적 노력 투입' 등으로 묘사하며, 방역조치의 중요성을 강조하고 동시에 방역조치 위반을 '전 국가적 노력을 한 순간에 무너뜨릴 수 있는 행위' 등으로 평가했으며, 방역조치 위반으로 인한 '사회적 비용 증가'를 가중요소로 고려한 경우도 있었다. 또한 상당수 판례가 양형요소로 '추가감염' 여부를 고려하였는데(167건), 실제로 추가감염이 있었던 경우는 3건에 불과하였다. 방역조치 위반에 따른 '위험성' 역시 가중요소로 판단되었는데, 피고인이 의료 관계인인 경우, 코로나19 감염이 크게 문제가 된 지역에서 방역조치를 위반한 경우, 확진자와 접촉한 점을 알았거나 소란행위를 한 경우 구체적 위험성이 있다 보아 가중사유로 판단한 경우(11건)가 있었다.

이에 비해 '피고인의 부지', '행정청의 부주의' 등은 감경사유로 고려되었는데, 가령 자가격리조치 만료 직전에 이탈한 경우(10건), 집합금지조치 위반했으나 영업이라고 평가하기 어려운 경우(7건)가 있었다. 드물게 행정청의 부주의를 고려한 경우도 있었다(2건). 한 건은 양형에 반영하는데 그쳤지만, 한 건은 무죄 판단의 근거로 삼았다. 정책당국의 방역조치가 미비했다는 점을 지적하기도 하였다(3건). 경제적 사정이나, 피고인이 곤궁하다는 점, 피고인이 코로나19로 경제적 손해를 보았다는 점 등 위반하게 된 개인적인 경위를 양형사유에 적시한 경우(87건)도 다수 있었다. 그러나 경제적 사정 등을 감경요소로 고려했더라도 벌금형 이상의 선고를 받은 경우가 대부분이고, 양형에 반영하지 않은 경우도 존재하였으며, 실제로 피고인의 경제적 사정이 어려움에도 벌금을 수백만 원씩 선고한 경우도 있다는 점에서 실질적인 반영은 거의 이루어지지 않았음을 알 수 있었다.

그밖에 감경사유로 고려한 '개인적 사정'들은, 병원 방문(8건), 가족의 임종을 지키거나 가족이 위독(3건), 보이스피싱 피해 신고, 접촉사고로 인한 피해 확인, 태풍 피해 예방, 입덧을 참지 못한 경우, 함께 자가격리 중이던 동료의 약을 가지러 외출한 경우, 학교 과제를 하기 위해 외출한 경우, 휴대폰 충전기가 고장 나 새로운 충전기를 사기 위해 부득이 외출한 경우, 고령인 경우, 건강상태가 좋지 않은 경우(정신장애, 당뇨, 치매 등)들이 있었다. 또한 '확산방지노력', 즉 마스크착용, 추상적 확산방지 노력 등을 언급한 경우도 있었으며, 흡연, 유흥, 음주, 답답함을 이기지 못한 경우, 개인적 이익을 도모하기 위한 경우, 반성이 없는 경우 등을 가중사례로 본 경우도 있었다.

2. 주요 사례

앞서 분석한 판결들 중에 구체적인 사실관계나 양형판단에 비추어 문제적이라 판단되는 사례들을 유형별로 정리해보면 다음과 같다.

1) 동일한 사실관계에 복수의 법률 위반을 적용하여 동시 혹은 순차적으로 처벌된 사례

(1) 서울중앙지방법원 2021. 2. 3. 선고 2020고단7145 판결

피고인은 외국에서 국내로 입국하여 해외입국자 임시생활시설에 격리조치되었으나 샌드위치 패널로 폐쇄된 임시생활시설 하단에 구멍을 파서 시설 밖으로 나가며 격리조치를 위반함. 피고인은 동일한 사실관계로 「감염병예방법」, 「검역법」, 「출입국관리법」 위반으로 모두 기소되었는데, 이와 같은 법령적용은 피고인이 외국에서 국내로 입국한 유사 사례와 비교해보았을 때 이례적임. 법원은 피고인의 행위가 세 개의 법률을 모두 위반한 것이라고 판단하였으며 피고인에게 징역 8월에 집행유예 2년을 선고함

(2) 대전지방법원 서산지원 2021. 2. 4. 선고 2020고단1135 판결

피고인이 외국에서 국내로 입국하여 자가격리조치 통보 받았으나 2회에 걸쳐 이탈함. 피고인은 동일한 사실관계로 출입국관리법 제22조에 따른 법무부장관의 활동범위 제한명령을 위반한 데 따른 범칙금 300만 원을 이미 납부하였으나 수사기관은 피고인을 「감염병예방법」 제79조의3 제5호, 제49조 제1항 제14호 위반으로 기소하였음. 법원은 「감염병예방법」과 출입국관리법은 적용대상, 제도의 취지, 행정관청이 부과할 수 있는 조치의 내용과 재량여부, 위반시 처벌 등이 상이하다는 이유로 동일한 행위에 대한 이중처벌이 아니라고 판단하였으며, 범칙금을 납부한 사정을 양형에서 고려하여 벌금 200만 원 선고함

2) 실질적 위험성이 낮음에도 평균 이상의 벌금형이 선고된 사례

(1) 10분 이탈, 벌금 250만 원 선고한 경우(대전지방법원 서산지원 2021. 4. 22. 선고 2021고단155 판결),

(2) 격리장소에서 약 200미터 떨어진 주차장으로 이동, 벌금 250만 원 선고한 경우(대전지방법원 서산지원 2021. 4. 22. 선고 2021고단184 판결),

(3) 피고인이 9분 간 격리 장소를 벗어나 20미터 떨어진 화단으로 이동, 벌금 300만 원 선고한 경우(인천지방법원 2020. 8. 13. 선고 2020고단4040 판결),

(4) 피고인이 단 7분 이탈, 벌금 400만 원 선고한 경우(대전지방법원 서산지원 2021. 3. 25. 선고 2021고단103 판결),

(5) 자가격리 마지막 날 9분 이탈, 벌금 500만 원 선고한 경우(대전지방법원 서산지원 2020. 8. 20. 선고 2020고단573 판결),

(6) 1회 20분, 2회 14분 이탈, 벌금 600만 원 선고한 경우(인천지방법원 2020. 8. 11. 선고 2020고단5187 판결)

3) 부득이한 사유로 격리조치를 위반하였음에도 선고유예를 초과하는 형이 선고된 사례

(1) 가족의 임종, 위독한 가족의 병구완, 가족의 약을 전달하기 위한 경우 등

① **창원지방법원 2020. 10. 23. 선고 2020고단2377 판결**

피고인은 국외에서 일을 하던 도중 부친이 낙상사고로 뇌수술을 받고 혼수상태에 있다는 연락을 받았고, 다른 형제들이 모두 국외에서 생활하는 등 부친을 돌볼 사람이 아무도 없어 부득이하게 귀국함. 이후 혼수상태에 빠진 부친을 만나기 위해 휴대폰을 개통하고 이어서 부친이 치료받고 있는 병원에 가면서 1시간가량 격리조치를 위반함. 피고인은 이 과정에서 계속 마스크를 쓰고 있었고 스스로 해외귀국자임을 밝힘. 이에 법원은 특별히 고려할 만한 사유가 존재한다고 설시하면서도 피고인에게 벌금 150만 원을 선고함

② **청주지방법원 2020. 2. 23. 선고 2020고단1156 판결**

피고인이 입국하여 자가격리 조치 통지받았으나 투병 중인 아버지에게 마지막이 될지도 모를 인사를 전하기 위하여 이탈함. 실제로 피고인의 아버지는 피고인이 방문한 지 5일 후 사망함. 법원은 이를 참작할 만한 사유라고 평가하였음에도 피고인에게 벌금 150만 원을 선고함

③ **춘천지방법원 원주지원 2021. 4. 21. 선고 2020고단1268 판결**

피고인이 형의 장례식 참석을 위해 격리장소를 이탈, 벌금 300만 원 선고함

④ **수원지방법원 안산지원 2020. 11. 18. 선고 2020고단3573 판결**

피고인들이 어머니에게 약을 부치기 위해 우체국을 방문하는 과정에서 자가격리 조치를 위반함. 법원은 약을 건네준 사람이 확진 판정을 받았기 때

문에 피고인들이 위험성을 인식했을 것이라고 판단하여 피고인들에게 징역 4월에 집행유예 1년을 선고함

(2) 피고인 자신의 지병 혹은 갑작스러운 건강 이상으로 치료가 필요함에도 자가격리 장소 내에서 적절한 의료지원을 받지 못하여 이탈한 경우

① **의정부지방법원 고양지원 2020. 12. 3. 선고 2020고단2475 판결**

피고인이 감염 검사를 받기 위해 보건소에 갔다가(법원은 이 부분은 격리조치 위반이 아니라고 판단함) 정기적으로 진료를 받아야 하는 정신과에 들러 진료를 받고 바로 복귀함. 이탈 시간이 20분에 불과했고, 법원도 피고인의 위반정도가 가볍다고 평가했음에도 벌금 200만 원을 선고함

② **청주지방법원 2020. 11. 19. 선고 2020고단1312 판결**

피고인이 자가격리 중 소화불량 증세가 심해 약을 구매하기 위해 외출하였으며 30분간 도보로 이동함. 벌금 500만 원을 선고함

③ **서울남부지방법원 2021. 3. 25. 선고 2021고단119 판결**

피고인이 자가격리 중 코로나19 감염으로 인한 고열 증상이 나타나자 치료를 위해 이탈함. 법원은 피고인이 격리 중 감염병 증상이 나타났음에도 격리조치를 위반하였다는 것을 불리한 사정으로 평가하여 징역 4월에 집행유예 1년을 선고함

④ **청주지방법원 2020. 11. 17. 선고 2020고단1597 판결**

자가격리 기간 중 몸이 아파 산부인과를 방문하면서 격리장소를 10분 이탈함. 징역 3월에 집행유예 1년을 선고함

(3) 범죄피해 신고, 확인 위해 어쩔 수 없이 이탈한 경우

① **울산지방법원 2021. 4. 28. 선고 2020고단5429 판결**

피고인이 자가격리 중 접촉사고가 났다는 연락을 받고 이를 확인하고 보험회사 직원을 만나기 위해 이탈한 경우로 벌금 300만원에 집행유예 2년을 선고함. 울산지방법원 2021. 3. 26. 선고 2020고단3628이 적지 않은 금액의 보이스피싱 범행을 당한 후 40분간 지구대에 방문한 뒤 바로 귀가한 경우 선고유예를 선고한 것과 대조적임

(4) 행정청으로부터 구호물품(식료품, 생필품 등)을 적절하게 지원받지 못한 피고인이 자가격리 조치를 위반한 경우

① **광주지방법원 2020. 2. 14. 선고 2020고단6140 판결**

할머니와 생활하며 지급받은 구호물품이 부족하여 생필품을 구입하기 위해 마트를 방문한 경우임에도 벌금 100만 원을 선고함

② **서울남부지방법원 2020. 10. 30. 선고 2020고단2920 판결**

피고인이 생필품을 사기 위해 약국과 마트를 방문하느라 10분간 이탈하였는데, 벌금 100만 원, 집행유예 1년을 선고함

③ **서울서부지방법원 2021. 4. 7. 선고 2020고단1812 판결**

피고인이 생필품을 구매하기 위해 5회에 걸쳐 자가격리 장소와 같은 건물 내에 있는 편의점을 방문함. 피고인은 마스크를 착용하고 방문하였으며 이탈거리, 시간도 길지 않았음에도 벌금 300만 원에 집행유예 1년을 선고함

④ **서울북부지방법원 2020. 7. 22. 선고 2020고단2072 판결**

피고인이 경제적 곤궁함과 배고픔을 해결하기 위해 지인을 만나는 과정에서 10시간가량 격리장소를 이탈하는 등 자가격리조치를 총 4회 위반하였음. 징역 4월, 벌금 50만 원, 징역형의 집행유예 2년 선고함

(5) 피고인이 생계와 직결된 사유 때문에 격리조치를 위반한 경우

① **인천지방법원 부천지원 2020. 7. 23. 선고 2020고단1276 판결**

피고인이 자가격리 하도록 통지 받았으나 피고인의 직장에서 피고인에게 출근을 지시하여 어쩔 수 없이 출근하였음에도 벌금 200만 원 선고함

② **광주지방법원 2020. 12. 2. 선고 2020고단4831 판결**

피고인이 태풍 예보를 듣고 물꼬를 보기 위해 약 20분간 자가격리장소에서 400미터 떨어진 경작지에 방문함. 벌금 300만 원을 선고함

③ **인천지방법원 2020. 9. 24. 선고 2020고단6771 판결**

피고인은 자가격리 중 코로나19 관련 생활지원비 신청을 위해 행정복지센터를 방문하면서 25분간 이탈한 경우로, 벌금 400만 원 선고함

④ **대전지방법원 논산지원 2020. 11. 24. 선고 2020고단476 판결**

피고인이 구직을 이유로 1회 외출하였는데 징역 3월에 집행유예 1년 선고함. 이종 처벌전력은 불리한 감형사유로 삼지 않는 것이 일반적이나 해당

판결은 이를 피고인에게 불리한 사정으로 판단함.

⑤ **창원지방법원 마산지원 2020. 10. 13. 선고 2020고단773 판결**

피고인은 자가격리 중 20분간 직업소개소를 방문하고 10시간가량 철거용역을 수행함. 법원은 피고인이 생계 문제로 이탈했다고 양형사유에 명시하였으나 징역 4월에 집행유예 1년을 선고함

4) 피고인이 다른 사람의 도움이나 행정청의 지원 없이 자가격리 조치를 준수할 수 없음에도 처벌함

(1) 대구지방법원 2020. 10. 22. 선고 2020고단2005 판결

배우자가 확진되어 자가격리 및 치료하도록 통보 받은 피고인이 격리조치 위반한 경우. 피고인이 고령에 치매 증상이 있어 인지능력이 떨어져 자가격리조치를 이해하지 못한 점을 참작하여 벌금 200만원에 집행유예 1년을 선고함

(2) 수원지방법원 안산지원 2020. 11. 19. 선고 2020고단2109 판결

피고인이 분리불안, 정신병적 증상 있는 조증 있고, 집을 나갔다는 사실조차 기억 못 함. 피고인의 가족들은 피고인이 자가격리조치를 준수하도록 하기 위해 노력하였고, 사건 직후 자진해서 피고인의 이탈을 신고한 뒤 피고인을 찾아 집으로 데려옴. 법원은 이와 같은 사정을 양형조건으로 고려하였음에도 피고인에게 벌금 200만 원을 선고함

(3) 창원지방법원 마산지원 2021. 1. 19. 선고 2020고단987 판결

피고인이 국내에 마땅한 거주지가 없어 17시간가량 버스터미널, PC방 등을 배회하였는데 징역 4월에 집행유예 1년을 선고함. 대구지방법원 2020. 9. 23. 선고. 2020고단2003 판결이 일정한 거처를 구하지 못한 사람을 위한 격리방안이나 현실적 지원책이 마련되지 않은 상황을 감안할 때 피고인의 일탈행위에 대한 비난 가능성이 크지 않다고 판단하여 피고인에게 벌금 150만 원에 집행유예 1년을 선고한 것과 대조적임

5) 피고인이 자가격리 조치를 준수할 수 없는 상황에 있음에도 처벌한 사례

(1) 인천지방법원 부천지원 2020. 10. 21. 선고 2020고단2387 판결

피고인이 관할 공무원에게 자가격리 장소 이전(이사) 가능한지 여부를 문의한 다음 '격리장소 이전에 관한 허락을 받는다면 자가격리 장소 이전이 가능하다'는 취지의 유권해석 들었고, 이후 이사하려 하였으나 장차 이사하려는 장소에서 데이터 통신이 원활하지 아니하여 자가격리 어플의 실행이 어려울 것이 예상되자 데이터 통신이 가능한 현 거주지에 계속 머물기로 기존 결정을 번복하는 과정에서 자가격리 조치 위반하게 됨. 법원은 피고인이 공무원의 유권해석을 오인하여 자신의 이삿짐을 잠시 서울로 옮긴 것으로 보이며 피고인이 처음부터 자가격리 조치 취지를 존중하지 않은 채 범행을 저지른 것은 아닌 것으로 판단함. 피고인이 공무원에게 지속적으로 자가격리 장소 이동에 대해 문의한 것도 참작함. 그러나 피고인에게 무죄가 아닌 선고유예를 선고함. 수원지방법원 안양지원 2020. 9. 4. 선고 2020고단984 판결이 자가격리조치 통지서의 기재 및 피고인이 주위 사람들, 담당 공무원과 나눈 대화를 토대로 피고인에게 고의가 있었다고 보기 어려워 무죄를 선고한 것과 대조적임

(2) 서울남부지방법원 2020. 8. 27. 선고 2020고단2966 판결

피고인이 보건소직원의 잘못된 안내와 지시를 받고 보건소에 방문하여 자가격리 조치를 위반하게 됨. 법원은 피고인이 보건소 직원의 부주의한 안내와 지시에 따라 자신의 행위가 죄가 되지 아니하는 것으로 오인하였을 여지가 있다고 판단하였음에도, 피고인에게 벌금 200만 원, 집행유예 1년을 선고함

(3) 수원지방법원 2020. 9. 16. 선고 2020고단5096 판결

사건 당일 투표를 위한 '일시적 외출 허용 안내' 문자를 받고 격리가 해제되었다고 착각하여 이탈한 경우임에도 벌금 200만 원을 선고함

(4) 대구지방법원 상주지원 2020. 10. 7. 선고 2020고단177 판결

피고인의 자가격리 조치가 끝나기로 예정된 날 보건소에서 피고인의 격리조치를 하루 더 연장하기로 결정하여 구두로 통보하였으나, 격리통지서는

그 다음날 도착함. 피고인은 원래 자가격리 조치가 끝나기로 예정된 시간이 지난 이후 격리 장소 이탈함. 그럼에도 벌금 200만 원을 선고함

(5) 인천지방법원 2021. 1. 15. 선고 2020고단6773 판결

피고인이 자가격리 조치를 전화로 통보받고 통지서를 교부 받기 전에는 자가격리 조치가 시행되지 않는 것으로 오인하여 생계 목적으로 도장공사를 하느라 격리조치를 위반함. 법원은 행정절차법 위반에 대한 피고인의 주장을 받아들이지 않았으며, 피고인의 행위에 대해 "미증유의 전세계적 감염병 창궐 사태에 국가, 지자체, 국민이 모두 협력하여 감염병 확산 방지 위해 노력하고 있는 상황에서 '나 하나쯤 괜찮겠지'라는 안이한 생각에서 비롯된 조치 위반행위"라고 설시함. 피고인에게 징역 4월에 집행유예 1년을 선고함

6) 행정청의 절차 위반이나 실수로 피고인이 오인, 착오할 수 있는 상황임에도 법원이 적극적으로 판단하지 않은 사례

(1) 인천지방법원 부천지원 2020. 10. 21. 선고 2020고단2387 판결

피고인이 관할 공무원에게 자가격리 장소 이전(이사) 가능한지 여부를 문의한 다음 '격리장소 이전에 관한 허락을 받는다면 자가격리 장소 이전이 가능하다'는 취지의 유권해석 들었고, 이후 이사하려 하였으나 장차 이사하려는 장소에서 데이터 통신이 원활하지 아니하여 자가격리 어플의 실행이 어려울 것이 예상되자 데이터 통신이 가능한 현 거주지에 계속 머물기로 기존 결정을 번복하는 과정에서 자가격리 조치 위반하게 됨. 법원은 피고인이 공무원의 유권해석을 오인하여 자신의 이삿짐을 잠시 서울로 옮긴 것으로 보이며 피고인이 처음부터 자가격리 조치 취지를 존중하지 않은 채 범행을 저지른 것은 아닌 것으로 판단함. 피고인이 공무원에게 지속적으로 자가격리 장소 이동에 대해 문의한 것도 참작함. 그러나 피고인에게 무죄가 아닌 선고유예를 선고함. 수원지방법원 안양지원 2020. 9. 4. 선고 2020고단984 판결이 자가격리조치 통지서의 기재 및 피고인이 주위 사람들, 담당 공무원과 나눈 대화를 토대로 피고인에게 고의가 있었다고 보기 어려워 무죄를 선고한 것과 대조적임

(2) 서울남부지방법원 2020. 8. 27. 선고 2020고단2966 판결

피고인이 보건소직원의 잘못된 안내와 지시를 받고 보건소에 방문하여 자가격리 조치를 위반하게 됨. 법원은 피고인이 보건소 직원의 부주의한 안내와 지시에 따라 자신의 행위가 죄가 되지 아니하는 것으로 오인하였을 여지가 있다고 판단하였음에도, 피고인에게 벌금 200만 원, 집행유예 1년을 선고함

(3) 수원지방법원 2020. 9. 16. 선고 2020고단5096 판결

사건 당일 투표를 위한 '일시적 외출 허용 안내' 문자를 받고 격리가 해제되었다고 착각하여 이탈한 경우임에도 벌금 200만 원을 선고함

(4) 대구지방법원 상주지원 2020. 10. 7. 선고 2020고단177 판결

피고인의 자가격리 조치가 끝나기로 예정된 날 보건소에서 피고인의 격리조치를 하루 더 연장하기로 결정하여 구두로 통보하였으나, 격리통지서는 그 다음날 도착함. 피고인은 원래 자가격리 조치가 끝나기로 예정된 시간이 지난 이후 격리 장소 이탈함. 그럼에도 벌금 200만 원을 선고함

(5) 인천지방법원 2021. 1. 15. 선고 2020고단6773 판결

피고인이 자가격리 조치를 전화로 통보받고 통지서를 교부 받기 전에는 자가격리 조치가 시행되지 않는 것으로 오인하여 생계 목적으로 도장공사를 하느라 격리조치를 위반함. 법원은 행정절차법 위반에 대한 피고인의 주장을 받아들이지 않았으며, 피고인의 행위에 대해 "미증유의 전세계적 감염병 창궐 사태에 국가, 지자체, 국민이 모두 협력하여 감염병 확산 방지 위해 노력하고 있는 상황에서 '나 하나쯤 괜찮겠지'라는 안이한 생각에서 비롯된 조치 위반행위"라고 설시함. 피고인에게 징역 4월에 집행유예 1년을 선고함

7) 피고인이 자가격리 중 음성 판정 통보받고 이탈하여 실질적 위험성이 낮음에도 실형을 선고함

(1) 광주지방법원 2020. 10. 23. 선고 2020고단3029 판결

피고인들이 귀국하여 격리되었다 코로나19 음성 판정받은 후 다시 격리된 상태에서 결혼식 참석 등을 위해 짧은 시간 이탈한 경우로, 징역 4월에 집행유예 2년을 선고함

(2) 광주지방법원 2020. 12. 17. 선고 2020고단4833 판결

피고인이 자가격리 중 코로나19 음성 판정을 받자 자가격리 조치가 해제되는 것으로 오인하여 이탈함. 징역 4월에 집행유예 1년을 선고함

8) 유사한 사실관계임에도 양형에 대한 판단이 다르게 나타난 사례

(1) 광주지방법원 2021. 4. 15. 선고 2020고단6660 판결

피고인이 1시간가량 운전을 하여 자가격리 장소를 이탈. 이탈 시간이 길지 않다고 평가하며 벌금 150만 원 선고함

(2) 대전지방법원 공주지원 2021. 4. 13. 선고 2021고단48 판결

피고인이 1시간가량 자가격리 장소를 이탈. 불리한 정상으로 판단하여 벌금 200만 원 선고함

(3) 광주지방법원 순천지원 2020. 12. 17. 선고 2020고단2198 판결

피고인은 감염병의심자로서 가족이 운전하는 차량을 타고 택배를 보내러 우체국에 갔다가 자가격리조치 위반함. 위반 시간도 한 시간에 불과하고 이를 양형에 참작하였다고 설시했음에도 징역 4월에 집행유예 1년 선고함

9) 피고인의 소극적 부인을 적극적 역학조사 방해로 판단한 사례

(1) 대전지방법원 천안지원 2021. 2. 18. 선고 2020고단1940, 2020고단3472(병합) 판결

피고인은 「감염병예방법」상 역학조사를 방해하고 방역조치를 위반하였다는 혐의로 기소됨. 피고인은 기억에만 의존하여 이동 경로를 진술할 당시에는 다중모임에 다녀오지 않았다고 일관되게 진술하였으며, 자가격리통지서를 수령하기 전에 구두로 통지받은 내용에 대해서도 이의를 제기함. 법원은 피고인이 구두 통지 당시 이의를 제기한 것으로 보아 방역조치 위반에 대한 확정적 고의가 없다고 평가하였으나, 피고인이 휴대폰 위치값, cctv 등 객관적 자료를 바탕으로 진술을 정정한 것을 '거짓 진술로 역학조사관 등 보건담당자들의 업무를 가중시킨 것'이라고 평가함. 그럼에도 피고인에게 벌금 1,500만 원을 선고함. 이는 같은 기간 선고된 벌금형 중 최고액수임

(2) 대구지방법원 경주지원 2021. 1. 20. 선고 2020고정218 판결

피고인이 코로나19 양성 판정을 받은 후 동선 관련 역학조사를 받는 과정에서 특정 주점에 방문한 적이 없다고 진술하고, 산책로에서 만난 사람이 없다고 진술하였다는 이유로 역학조사를 방해하였다는 혐의를 받아 기소됨. 피고인이 주점을 방문한 날은 역학조사를 받은 날로부터 일주일 전으로, 피고인이 조사를 받은 시점은 기억이 흐려질 수 있는 정도의 시간이 지난 뒤였음. 피고인은 산책로에서 확진자를 마주친 사실에 대해서도 확진자와 우연히 만난 것에 불과하여 역학조사관에게 만난 사람이 없다고 대답하였다고 진술함. 그러나 법원은 이와 같은 사정에도 피고인이 거짓진술로 역학조사를 방해하였다고 평가하였으며, 양형 사유에서 피고인의 가족이 코로나19로 피해를 입고, 피고인이 확진 판정 후 정신적 충격으로 인해 불안한 심리 상태에 있었다는 점을 명시하였음에도 피고인에게 벌금 500만 원을 선고함.

Ⅳ. 국제인권규범 등에 비추어본 과잉형벌의 문제점

1. 국제인권규범

1) 감염병 상황에서의 인권제한에 관한 국제인권규범

유엔 자유권규약,[17] 사회권규약[18] 등 대한민국이 가입하고 비준한 국제인권규약들은 공통적으로 권리의 제한은 법률에 의해 정해지고 민주사회에서 공공복리를 위해 필요한 경우에만 이루어질 수 있다고 명시하고 있다. 특히 1984년 유엔경제사회이사회가 채택한 「시민적 및 정치적 권리에 관한 국제규약상 조항의 규제 및 침해에 관한 시라쿠사 원칙」(Siracusa Principles on the Limitation and Derogation Provisions in the ICCPR, 이하 "시라쿠사 원칙")[19]은 유엔 자유권규약에 따른 해석규범으로써 감염병 상황에서의 인권제한의 구체적인 원칙을 제시하고 있는데, 이에 따르면 권리의 제한은 ① 법률에 명시되고, ② 합당한 일반이익 목표(legitimate objective of general interest)를 위

해 이루어지며, ③ 민주사회에서 목표달성을 위해 꼭 필요한 제한이고, ④ 최소한도의 침해적이고 제한적인 방법을 사용해야 하며, ⑤ 자의적이나 차별적이지 않으며 과학적 증거에 기반했으며, ⑥ 기한이 한정되어 있으며 검토 가능할 때에만 정당화된다.

이러한 원칙은 코로나19 확산 이후 유엔 인권기구들을 통해서도 반복적으로 확인되고 있다. 2020. 4. 23. 발표된 유엔 사무총장 보고서는 비상적 조치(Emergency measures)는 ① 상황의 급박함에 엄격히 부합하는 정도에만 이루어져야 하고 ② 국제법의 규정에 위반되지 않아야 하고 ③ 기한이 정해져 있으며 ④ 차별적이지 않을 경우에만 정당화한다고 이야기했다.[20] 유엔 인권최고대표사무소(OHCHR) 역시 코로나19와 관련하여 여러 인권이슈를 다룬 지침(Covid-19 Guidance) 중 비상적 조치에 대해 "국제법은 심각한 위협에 대응하기 위한 비상적 조치를 허용하고 있다. 하지만 인권을 제한하는 조치들은 평가된 위험과 필요성에 비례해서 이루어져야 하고 비차별적인 방식으로 이루어져야 한다. 이는 기간이 정해져야 하고 공중보건을 보호하기 위해 한시적인 조치가 이루어져야 함을 의미한다"고 강조하였다.[21] 유엔 인권기구 외에도 세계보건기구(WHO) 역시 권리를 제한하는 조치는 법률에 의거하고 정당한 목적을 추구해야 하며, 비례적이며 자의적이거나 차별적이어서는 안 된다고 강조하고 있다.[22] 유럽평의회[23]와 그 산하기구인 베니스위원회,[24] 미주인권위원회[25]와 같은 지역 기구들 역시 동일하게 코로나19 상황에서의 비상조치는 법률에 근거해야 하고 한시적인 조치여야 하며 비례적이야 한다는 점을 분명히 하고 있다.

2) 방역조치 위반 형사범죄화에 대한 국제인권규범

위와 같은 감염병 상황에서 인권 제한 조치들에 관한 원칙, 즉 법률에 근거하고 비례적이며 한시적 조치여야 하고 또한 차별적이지 않아야 한다는 원칙들에 비추어 보았을 때, 방역조치 위반을 이유로 한 형사처벌은 다른 어떠한 제재보다도 그 법익 침해가 크다는 점에서 최후의 수단으로 고려되어야 한다. 이러한 이유에서 국제기구들은 다음과 같이 코로나19 예방을 이유로 형사적 제재를 하는 것의 위험성을 지적하고 있다.

OHCHR은 2020. 4. 27. <비상대책과 코로나19 지침(Emergency Measures and COVID-19 Guidance)>을 발표하였다. 해당 지침은 “국가는 위반에 대해 처벌을 할 때 비례의 원칙을 존중하며 예외적인 조치를 인도적으로 시행해야 하고, 자의적 또는 차별적인 방법으로 처벌을 내리지 않도록 해야 한다. 예를 들어, 장애인이나 가정 폭력 피해자가 자신을 보호하기 위해 COVID-19 비상조치를 위반한 경우 처벌을 받지 않아야 한다”고 지적하였다.[26] 또한 범죄의 심각성에 비례한 벌금을 정해야 하며, 이러한 벌금액을 정할 때는 성별에 따른 영향이나 긴급조치로 인해 일자리를 잃었거나 소득을 상실한 사람들의 상황들 역시 고려해야 한다고 이야기하였다.[27] 나아가 OHCHR은 사회적 소수자 집단이 차별적으로 처벌의 위험에 놓이는 것에 대해서도 역시 문제를 지적하였다. 2020. 4. 15. 발표한 <COVID1-19와 여성인권: 정책 지침>에서는 “폭력을 신고하거나 피하려고 봉쇄 조치를 어길 때는 처벌에서 면제돼야 한다”[28]고 강조했고, 2020. 4. 27. 발표한 <COVID-19 지침>에서는 “언제 그리고 어디에서 봉쇄조치가 시행되든지, 그 어느 누구도 홈리스이거나 적절하지 않는 주거에 산다는 이유로 처벌을 받아서는 안 된다”[29]고 하였다.

유엔 집회의 자유 특별보고관은 2020. 4. 14. 인권보장을 위한 10가지 핵심원칙을 발표했다.[30] 그 중 첫 번째 원칙으로 특별보고관은 “새로운 법률이나 규정이 채택될 경우 권리에 대한 제한은 적법성, 필요성, 비례성의 원칙에 따라야 하며, 인권과 기본적 자유에 대한 전면적인 제한은 허용되지 않는다”고 지적한다. 특히 형사처벌과 관련하여 특별보고관은 “어떠한 경우에도 법률이나 규정이 차별적으로 적용되어서는 안 된다”, “적용되는 어떤 처벌도 불균형하지 않고, 그들 자신이 감염의 추가 확산에 기여하지 않으며, 사법 제도의 기능 저하와 많은 사람들이 직면한 재정적인 어려움을 포함한, 순간의 우발성을 고려하는 것이 중요하다”고 강조하였다.

한편 HIV/AIDS는 대표적으로 범죄화된 감염병이며 이러한 범죄화가 인권 및 방역에 미치는 문제점에 대해서도 장기간 연구가 이루어져 왔다. 그렇기에 유엔의 HIV/AIDS 전담기구인 유엔에이즈는 2020. 3. 20. 발행한 <Rights in the time of COVID-19: Lessons from HIV for an effective,

community-led response>에서 "범죄화는 답이 아니며 장점보다는 해악이 크다"고 분명하게 선언하며 다음과 같이 이야기를 하였다. "형법을 이용하여 행위를 규율하고 바이러스 전파를 막는 것은 바이러스 전파를 늦추기 위한 심각하고 급격한 조치이다. HIV 에피데믹에서 알 수 있듯, 형법을 남용하는 것은 종종 개인 및 전반적인 대응에 있어 부정적인 영향을 가져오고, 개인들의 삶의 실체를 파악하지 못하게 만든다. 또한 이는 바이러스를 지닌 사람을 낙인화하고, 검사를 받는 동기를 감소시키며, 정부와 커뮤니티 간의 신뢰를 파괴한다. 공중보건 비상사태에 형법을 사용하는 것은 종종 광범위하고 모호하며 자의적이고 차별적인 방식으로 조치가 이루어질 우려가 있다. 나아가 형법 또는 처벌적 처우를 받는 사람들은 사회의 보다 취약한 계층인 경우가 많다. 바이러스 전파를 늦추도록 하기 위해 형법을 사용하지 말라. 사람들과 커뮤니티로 하여금 자신과 타인을 지킬 수 있도록 격려, 독려하는 것이 전체적으로 더 나은 효과를 보인다."[31]

3) 지역인권규범 및 국가별 현황

국제인권기구들과 마찬가지로 유럽평의회는 2020. 4. 7. 발간한 <회원국들을 위한 툴킷>문서에서 다음과 같이 이야기하였다. "협약 제8, 9, 10, 11조에 의해 보장되는 이들 권리와 자유를 충분히 향유하는 것은 현대 민주사회의 기준점이다. 이들에 대한 제한은 오직 법에 의해 규정되고 건강 보호를 포함한 정당한 목적에 비례하는 경우에만 허용된다. … 위기의 시간에는 이러한 권리들에 대한 더 큰 제한이 정당화되긴 하나, 가혹한 형사적 제재는 우려할만하고 엄격한 심사를 거쳐야 한다. 예외적인 상황이 형사적 수단의 과잉으로 이어지지는 않는다. 강제와 예방 사이에 적절한 균형이 이루어지는 것은 협약의 비례성 요건을 충족하기 위한 유일한 수단은 아니어도 가장 적절한 수단이다."[32]

한편 국가별 사례를 살펴보면 영국의 경우 2021. 7. 19.자로 코로나19 관련 규제를 해제하였으나 그 이전에는 「The Health Protection (Coronavirus, Restrictions) (Steps) (England) Regulations 2021」에 따라 집합금지, 의무격리 및 검사 등 공중보건상 의무를 규정하고 이를 위반 시 처벌하였다.[33][34] 다만 그 벌칙은 징역형이 아닌 벌금형만을 규정하고 있고 벌금액은 400 파운드(약 64만원) 내지 200 파운드(약 34만원)로 그다지 높지 않고, 경범죄로서 경찰 데이터베이스에 기록이 남지도 않는다. 일본의 경우 2021. 2. 3. 「신형인플루엔자 등 대책특별조치법」[35] 개정안과 「감염증 예방 및 감염증 환자에 대한 의료에 관한 법률」[36]이 국회에서 통과되어 입원거부 등 공중보건조치 위반 시 처벌 규정을 두었다. 그러나 이러한 벌칙들은 형벌이 아닌 행정적 제재로서, 입원거부 시 50만엔(약 520만원), 역학조사 거부 및 영업시간 제한 위반 시 30만엔(약 314만원)의 과태료만 부과한다. 독일의 경우에는 집합금지 위반 시 벌금을 부과하는 규정에 대해 헌법에 위배된다는 판결이 나오기도 했다. 2021. 11. 1. 독일 바이마르법원은 시위, 행진, 다른 가구원 1명 이상이 초대된 가족모임, 예배 등을 금지하고 위반 시 200유로의 벌금을 규정하는 튀링겐주의 규정이 독일 기본법에 위배된다고 판결하였다. 해당 판결에서 법원은 "감염을 막기 위한 일반 접촉 금지는 국가가 모든 시민을 제3자에 대한 건강상 위험인자로 간주하는 것이며, 이는 곧 각 개인이 근본적 자유에 속하는 얼마만큼의 위험에 자신이 노출될 수 있는지를 선택할 가능성을 박탈하는 것"이라고 해당 규정의 문제점을 지적하였다.[37]

위와 같은 영국, 일본, 독일 등 해외의 사례들은 각 국가의 구체적인 사정들을 고려해야 하므로 한국과 바로 직접적인 비교하기에는 어려울 수도 있다. 그럼에도 보다 경미한 처벌 내지 행정적 제재를 하면서 동시에 방역조치를 시행하는 국가들이 존재한다는 것은 코로나19 관련 조치 위반에 있어 강력한 형벌만이 정당한 것인지를 돌아보게 하는 계기는 될 수 있다. 한편 방역조치 위반을 처벌하는 국가들에 있어서도 한국과 달리 코로나19에 확진된 사람 외에 감염병의심자를 별도로 규정하고 처벌을 하는 사례는 찾기 어렵다.

3. 국제인권규범 등에 비추어본 사법처리 현황의 문제점

위와 같은 국제인권규범상의 원칙 등에 비추어 검토해보았을 때 현재의 코로나19 방역조치 위반을 이유로 한 형사처벌 규정 및 사례 등은 다음과 같은 문제점을 갖고 있다.

먼저 현재 「감염병예방법」상 자가격리 위반, 집합금지 위반, 역학조사 방해 등 방역조치 위반은 모두 형벌로 규율을 하고 있다. 그러나 방역조치 위반에 대해서는 형벌에 앞서 과태료 부과, 시정명령 등 다양한 행정적 제재를 시도할 수 있음에도 무조건적으로 형사처벌을 하는 것은 국제인권규범에서 요구하는 적법성, 필요성, 비례성의 원칙에 명백히 위배된다.

또한 형사처벌과 같이 강력한 규제는 이를 통해 방역에 도움이 된다는 과학적인 근거가 뒷받침되어야 한다. 그러나 정부와 지방자치단체 어디에서도 이러한 형벌과 방역과의 상관성에 대해 충분한 근거를 제시하지 못하고 있으며, 오히려 자가격리 위반에 대한 벌칙 강화가 위반율에 영향을 주지 못한다는 연구결과가 나타나고 있다.[38]

나아가 실제 판결에서 드러난 처벌 사례들을 보면 국제인권기구 등이 우려한 사회적 소수자가 불가피하게 처벌을 받는 사례 등이 확인된다. 가령 지급받은 구호물품이 부족하거나 생계를 유지하기 위해 자가격리 장소를 이탈한 사람, 인지능력이 떨어지거나 주거가 불안정하여 자가격리를 준수할 수 없는 사람 등이 「감염병예방법」 위반으로 처벌을 받는 사례 등이다. 이러한 사례는 형사적 제재가 차별적이지 않게 이루어져야 한다는 국제인권규범에 위반된다.

결론적으로 현재의 「감염병예방법」 등 관련 규정들과 이에 따라 이루어지는 사법처리 현황은 코로나19 상황에서 인권제한의 원칙과 형사처벌의 한계를 규정한 국제인권규범을 정면으로 위반한다. 국제인권규범의 기본원칙에 부합하도록 정부와 국회는 관련 법령을 개정하고, 수사기관 및 법원은 각 개인들이 처한 구체적인 사회경제적 사정들을 고려하여 적절한 수사와 합당한 판결을 내릴 필요가 있다.

V. 결론 및 제언

1. 방역조치 위반의 범죄화가 갖는 문제점

코로나19와 같은 감염병의 확산을 막기 위한 방역조치가 이루어지고 이를 통해 시민들에게 일정정도의 의무가 부과될 수는 있다. 그러나 아무리 감염병 상황에서의 방역조치라 할지라도 헌법과 국제인권규범이 보장하는 기본적인 인권을 과도하게 침해해서는 안 된다. 특히 방역조치 위반에 대해서도 국가의 형벌권 발동은 인간의 존엄, 신체의 자유, 평등권 등의 권리를 침해할 우려가 크기에 최후의 수단으로서만 고려되어야 한다는 원칙이 준수되어야 한다. 그럼에도 앞서와 같이 형사처벌 현황 및 그 근거 법령 등을 살펴보면 이러한 원칙이 전혀 지켜지지 않고 있음이 확인된다.

먼저 현재 형사처벌의 주요 근거가 되는 「감염병예방법」과 「검역법」은 2020. 3. 4. 소위 '코로나3법'이 국회에서 통과된 이래 계속해서 권한행사의 주체, 제재 대상, 제재 수준이 확대되거나 강화되고 있다. 특히 「감염병예방법」은 '감염병의심자'를, 「검역법」은 '검역감염병 접촉자'의 개념을 새롭게 규정하여 감염병에 확진된 사람만이 아니라 확진자와 접촉한 사람에게까지 동일한 의무를 부여하고 위반 시 처벌하고 있으며, 비난가능성이 높은 행위와 그렇지 않은 행위를 구분하지 않고 동일하게 처벌하고 있는 문제도 있다. 또한 형벌의 수준에 있어서도 벌금형으로만 규정되어 있던 것이 징역형까지 부과하는 것으로 법이 개정되거나 벌금액수가 계속 높아지는 등 계속해서 엄중한 처벌을 하는 방향으로 나아가고 있다. 무엇보다 「감염병예방법」은 방역조치와 관련된 대부분의 강제처분 권한을 지방자치단체장에게 포괄적으로 위임하고 있다. 이에 따라 지방자치단체장이 자의적으로 행정명령을 발동하고 이것이 곧 처벌로 이어지고 있는 현실이다.

다음으로 정부는 이른바 무관용원칙을 내세우며 방역조치에 대한 엄중한 처벌 및 구상권 청구 등 개인에게 최대한의 책임을 지우겠다는 입장을 내고 있다. 그러나 이러한 정부의 대응에서 엄벌주의가 실제 방역에 도움이 되는지에 대한 고민이나, 이로 인해 시민들이 겪는 인권침해 문제에 대한 고민은 찾아보기 어렵다. 지방자치단체 역시 「감염병예방법」 등이 포괄적으로 권한을 위임하고 있는 것을 기화로 하여 역학조사 강제, 전면적인 집회 및 집합금지 등 행정명령을 남발하고, 이것이 또 형사처벌의 근거가 되고 있다. 자가격리 위반으로 처벌받은 사례를 보면 행정청이 처분을 잘못하여 자가격리자가 오해한 경우나, 자가격리에 대한 지원이 충분치 않아 생필품 등을 구매하고자 격리장소를 이탈한 사례도 있는데, 이는 결국 정부와 지방자치단체가 책임을 져야할 문제임에도 자가격리자 개인이 오롯이 문제를 감당해야 한다는 점에서 문제가 크다.

엄벌주의에 기초한 법제 개정과 정부의 지침에 따라, 수사기관은 코로나19 방역조치 위반에 대해 엄중히 대응하겠다는 기조를 내세우며 구속수사를 원칙으로 하거나 법정 최고형을 구형하는 등의 조치들을 하고 있다. 이로 인해 위반정도가 중하지 않거나 사실관계에 비추어 참작해야 할 방역조치 위반행위자까지 수사 및 기소를 받고 있고, 구공판, 기소 비율도 다른 범죄에 비해 높게 나타나고 있다.

법원 역시 이러한 행정과 수사기관의 과잉조치들을 통제하기 보다는 이에 편승하여 구체적인 사실관계를 고려하지 않은 판결들을 내리고 있다. 자가격리 이탈 시간이 극히 짧고 이로 인한 추가전파가 없는 등 경미한 위반이거나 생필품 부족 등 부득이한 사유로 인한 자가격리 이탈에 대해서도 예외없이 벌금형이 부과되고 있고, 유사한 위반행위에 대해 법원에 따라 다른 양형판단이 이루어지는 등 법적 안정성에 있어서도 문제가 나타나고 있다. 나아가 많은 이들이 변호사의 조력을 받지 못하여 구체적인 사정에 대한 충분한 소명을 하지 못한 채 처벌을 받고 있는 실정이다.

감염병 확진자 또는 접촉자에게 오롯이 방역조치를 위한 의무를 부과하고 이를 위반할 경우 처벌하는 정책은 결국 감염병에 걸렸거나 걸릴 가능성이 있는 사람을 죄인으로 만들고 낙인을 불러오며, 이는 급기야 시민들로 하여금 서로를 불신하고 감시하게 만듦으로써 사회 전반의 감염병 대처 역량을 약화시킬 뿐이다. 또한, 차별받는 소수자이기에, 또는 열악한 사회경제적 지위에 놓여 있기 때문에 방역조치를 충분히 준수하기 어려운 사람들이 엄벌주의하에서 처벌될 가능성이 매우 높다. 이는 평등과 반차별 원칙에 정면으로 위배되는 것이다.

방역수칙 준수를 위해 필요한 것을 묻는 설문에 시민들이 정부의 처벌(24.4%)보다는 스스로 방역수칙의 중요성을 인식하고 실천하는 것(78.1%)과 우리 사회를 위한 공동체 의식(65.2%)이 중요하다고 답한 것처럼, 시민들은 이미 서로를 향한 연대와 존중을 통해서만이 현재의 위기를 극복할 수 있음을 이미 인식하고 있다.[39] 이제는 정부와 국회, 수사 및 사법기관이 이러한 연대와 존중의 공동체를 만들기 위한 방안을 고민해나가야 할 때이다.

2. 정책적 · 제도적 제언

위와 같은 문제점을 개선하기 위해 우선적으로 이루어져야 하는 것이 「감염병예방법」의 개정이다. 근본적으로는 현행 「감염병예방법」이 형사처벌의 대상으로 규정하고 있는 자가격리의 위반, 집합금지의 위반 등 일상생활에서의 방역수칙 위반행위는 중대한 위험을 초래할 가능성이 크지 않고 일상생활에서 빈번하게 그 위반이 발생할 수 있다는 점에서, 낮은 수준의 행정벌 대상으로 전환할 필요성이 있다. 또한 '감염병의심자'라는 모호한 개념을 도입하고 이를 처벌의 대상으로 삼는 것 역시 자의적인 처벌을 가능하게 한다는 점에서 재고될 필요가 있다. 따라서 감염병의심자에 대한 정의 규정을 삭제하거나 그 개념을 보다 구체적으로 정의하거나, 「감염병예방법」 제47조 또는 제49조 제1항에 따른 방역 및 예방조치의 대상을 감염병 환자 또는 감염병 의사환자로 한정하는 등의 개정이 바람직하다. 그밖에 지방자치단체가 자의적으로 방역조치를 규정하고 이것이 처벌의 근거가 되지 않도록 「감염병예방법」 제42조, 제47조, 제49조 제1항이 각 규정하는 권한 행사의 요건에 비례성, 필요성, 보충성의 원칙을 등을 규정하거나, 방역조치에 따른 처분에 대한 사전적 · 사후적 감독 절차 및 구제절차를 마련하는 방안 등도 검토되어야 할 것이다.

한편 정부와 지방자치단체는 무관용 원칙, 구속수사 원칙, 구상권 청구 등 엄벌주의 기조가 방역에 도움이 되지 않음을 인식하고 인권이 최선이 방역이라는 점을 분명한 메시지로 전달하여야 한다. 또한 방역조치 위반을 이유로 범죄자로 몰린 사람들이 이로 인한 낙인과 혐오를 받지 않도록 적절한 지원방책 역시 마련하여야 하고, 자가격리 통지에 있어 행정절차법에 따른 적법한 절차를 지키고 자가격리자에 대한 충분한 생활지원을 함으로써, 부득이하게 자가격리를 이탈하여 처벌당하는 일이 없도록 하여야 한다. 지방자치단체는 방역조치를 위한 행정명령을 발동함에 있어 헌법에 따른 기본권 준수 의무를 상기하고 자의적이고 지나치게 포괄적인 권한을 행사하는 일이 없도록 하여야 할 것이다.

경찰, 검찰 등 수사기관 역시 현재의 구속수사 원칙, 법정최고형 구형 등 엄벌주의 기조를 전면 철회하여야 한다. 또한 현재의 「감염병예방법」 등 관련 법제가 가지는 문제점을 인식하고 피의자의 구체적인 사정을 고려하여 신중히 혐의를 검토해야 한다. 특히 감염전파의 위험성이 없거나 소극적인 진술 등 위법성이 높지 않은 행위에 대해서는 수사 및 기소단계에서 충분히 고려가 되어야 한다. 사회적 · 경제적인 여건으로 방역조치를 준수하기 어려운 사정에 대해서도 신중한 검토를 거쳐 적절한 처분을 내리는 것이 바람직하다.

법원의 판결 역시 처벌 중심이 아니라 피고인이 처한 상황, 위반의 경위 등을 충분히 고려하여 이루어지도록 해야 한다. 특히 각 법원은 구성요건 및 양형판단에 있어 위반의 정도, 방역조치를 위반할 수밖에 없었던 사정, 피고인 개인에게 모든 책임을 전가하는 것이 타당한지 여부를 구체적으로 검토하여야 할 것이다. 또한, 방역조치 위반과 관련하여 적절한 양형기준을 마련하고 적용함으로써 법원에 따라 형량이 달라지는 일이 없도록 할 필요가 있다. 그리고 수사 및 재판 절차 전반에 있어 시민들이 헌법상 보장된 변호인의 조력을 받을 권리가 보장되도록 국선변호인 제도 안내 등 충분한 조치들이 이루어져야 할 것이다.

미주

* 이 글은 민주사회를 위한 변호사모임 코로나19와 인권 연구모임(이하 코로나19인권연구모임)에서 2021 작성 제출한 사단법인 두루 연구용역보고서 '코로나19와 범죄화 : 코로나19 관련 사법처리 현황과 문제점'의 내용을 요약 정리한 것이다.

** 코로나19인권연구모임은 코로나19 상황에서 발생하는 다양한 인권 현안을 연구하기 위해 인권단체 활동가와 변호사들로 구성된 모임입니다. 이 글의 내용을 집필한 모임의 구성원은 다음과 같습니다: 랑희(인권운동공간 활 활동가) · 박한희(공익인권변호사모임 희망을만드는법 변호사) · 서채완(민주사회를 위한 변호사모임 공익인권변론센터 변호사) · 이주희(법무법인 다산 변호사) · 정제형(재단법인 동천 변호사) · 조은호(민주사회를 위한 변호사모임 공익인권변론센터 변호사) · 황호준(법무법인 정솔 변호사)

1 국민의힘 박완수 의원이 경찰청으로부터 받은 자료에 의하면 2020. 2.부터 2021. 7. 6.까지 약 1년 5개월간 코로나19 방역 관련 법령 위반으로 사법처리를 받은 사람은 6,976명이며 이 중 4,147명이 검찰에 송치되었다. 혐의별로는 집합 금지 위반이 4,836건으로 가장 많았고 격리조치 위반 1,718건, 역학조사 방해 278명, 기타 위반 144명 순이었다(지방자치단체뉴스, "박완수 의원, "코로나19 방역관련법 위반으로 7000여명 사법처리"", 2021. 7. 19.).

2 연합뉴스, "자가격리 위반 20대 징역 4월 실형 선고 … 코로나19 첫 판결(종합)", 2020. 5. 19.

3 이준서, "감염병 대응에 관한 법체계 및 주요내용", 법제연구원 이슈페이퍼, 2020, 6쪽 참조.

4 한국일보, "코로나19방역관리법 위반 7,000여명 사법처리", 2021. 7. 18.

5 「감염병예방법」 제2조(정의) 이 법에서 사용하는 용어의 뜻은 다음과 같다.
15의2. "감염병의심자"란 다음 각 목의 어느 하나에 해당하는 사람을 말한다.
가. 감염병환자, 감염병의사환자 및 병원체보유자(이하 "감염병환자등"이라 한다)와 접촉하거나 접촉이 의심되는 사람(이하 "접촉자"라 한다)
나. 「검역법」 제2조제7호 및 제8호에 따른 검역관리지역 또는 중점검역관리지역에 체류하거나 그 지역을 경유한 사람으로서 감염이 우려되는 사람
다. 감염병병원체 등 위험요인에 노출되어 감염이 우려되는 사람

6 「검역법」 제2조 1. "검역감염병"이란 다음 각 목의 어느 하나에 해당하는 것을 말한다.
가. 콜레라
나. 페스트
다. 황열
라. 중증 급성호흡기 증후군(SARS)
마. 동물인플루엔자 인체감염증
바. 신종인플루엔자
사. 중동 호흡기 증후군(MERS)
아. 에볼라바이러스병
자. 가목에서 아목까지의 것 외의 감염병으로서 외국에서 발생하여 국내로 들어올 우려가 있거나 우리나라에서 발생하여 외국으로 번질 우려가 있어 질병관리청장이 긴급 검역조치가 필요하다고 인정하여 고시하는 감염병

7 이 경우 같은 법 제81조의2 제2항의 요건이 충족되면 형의 2분의 1까지가 가중될 수 있을 것임.

8 의안번호 2103104 재난 및 안전관리 기본법 일부개정법률안(정청래의원 등 10인).

9 의안번호 2104137 국민보호와 공공안전을 위한 테러방지법 일부개정법률안(이병훈의원 등 11인).

10 대한민국정책브리핑, "코로나19 역학조사 거부 · 방역정책 방해하면 구속수사", 2020. 6. 9.

11 국무조정실 국무총리비서실, 「코로나19 중앙재난안전대책본부 회의 결과-▲주요 지자체 코로나19 현황 및 조치사항 ▲방역수칙 이행력 강화방안 조치현황 및 적극처분 권고안 등-」, 2021. 4. 2. 6-7쪽.

12 KBS뉴스, "'자가격리 위반' 누구는 구속, 누구는 불구속?", 2020. 4. 18.

13 경찰이 밝힌 자가격리 위반자에 대한 구속영장 신청 기준 6가지는, ▲감염 위험성 ▲다수 접촉 여부 ▲위반 사실 은폐 여부 ▲반복 이탈 여부 ▲자가 복귀 명령 불응 여부 ▲공무원의 행정 행위 방해 여부이다.

14 법률신문, "檢, 코로나19 격리조치 위반시 '징역형' 구형", 2020. 4. 7.

15 대법원 판결서 인터넷열람 서비스를 통해 형사 확정판결문을 전수조사했다. 분석대상 판결에 드러난 전체 피고인 수는 591명(징역형 · 벌금형 병과된 경우 1명, 무죄 1명 포함. 징역형 · 벌금형 병과된 1건은 징역형으로 표기)이며, 벌금형, 징역형 통계는 이 피고인 수를 기준으로 하였다.

16 대검찰청, "폭력사범 벌금기준 대폭 강화된다", 대검찰청 강력부 보도자료, 2014. 6. 30.

17 유엔 자유권규약 제21조 평화적인 집회의 권리가 인정된다. 이 권리의 행사에 대하여는 법률에 따라 부과되고, 또한 국가안보 또는 공공의 안전, 공공질서, 공중보건 또는 도덕의 보호 또는 타인의 권리 및 자유의 보호를 위하여 민주사회에서 필요한 것 이외의 어떠한 제한도 과하여져서는 아니된다.

18 유엔 사회권규약 제4조 이 규약의 당사국은, 국가가 이 규약에 따라 부여하는 권리를 향유함에 있어서, 그러한 권리의 본질과 양립할 수 있는 한도 내에서, 또한 오직 민주 사회에서의 공공복리증진의 목적으로 반드시 법률에 의하여 정하여지는 제한에 의해서만, 그러한 권리를 제한할 수 있음을 인정한다.

19 UN Commission on Human Rights, UN Doc. E/CN.4/1985/4, Sep. 28, 1984.

20 UN Secretary General, COVID-19 and Human Rights We are all in this together (Apr. 23. 2020)

21 UN OHCHR, COVID-19 Guidance https://www.ohchr.org/EN/NewsEvents/Pages/COVID19Guidance.aspx(2021. 7. 20. 접속)

22 WHO. Addressing human rights as key to the COVID-19: response, Apr. 21. 2020.

23 Council of Europe, Respecting democracy, rule of law and human rights in the framework of the COVID-19 sanitary crisis A toolkit for member states, SG/Inf(2020)11 Apr. 7. 2020.

24 Venice Commision, CDL-PI(2020)003-e, Compilation of Venice Commission Opinions and Reports on States of Emergency, Apr. 16. 2020.

25 IACHR, Pandemic and Human Rights in the Americas, Resolution No. 1/2020 (Apr. 10. 2020).

26 국가인권위원회, "COVID-19 관련 국제 인권 규범 모음집", 2020, 58쪽.

27 위의 책, 59쪽.

28 위의 책, 101쪽.

29 위의 책, 83쪽.

30 States responses to Covid 19 threat should not halt freedoms of assembly and association-UN expert on the rights to freedoms of peaceful assembly and of association, Mr. Clément Voule. https://www.ohchr.org/EN/NewsEvents/Pages/DisplayNews.aspx?NewsID=25788&LangID=E (2021. 7. 20. 접속).

31 UNAIDS, Rights in the time of COVID-19 — Lessons from HIV for an effective, community-led response, 2020. 3. 20. https://www.unaids.org/en/resources/documents/2020/human-rights-and-covid-19 (2021. 7. 27. 접속).

32 Council of Europe, Respecting democracy, rule of law and human rights in the framework of the COVID-19 sanitary crisis A toolkit for member states, SG/Inf(2020)11, Apr. 7. 2020.

33 「The Health Protection (Coronavirus, Restrictions) (Steps) (England) Regulations 2021」, https://www.legislation.gov.uk/uksi/2021/364/contents/made (2021. 7. 26. 접속).

34 한편 2021. 7. 19. 이후에도 방문국가에 대한 정보제공의무와 격리의무 등의 규제는 여전히 남아 있음. Liberty, CORONAVIRUS: CRIMINAL PENALTIES, https://www.libertyhumanrights.org.uk/advice_information/coronavirus-criminal-penalties/ (2021. 7. 26. 접속).

35 新型インフルエンザ等対策特別措置法(平成二十四年法律第三十一号)

36 感染症の予防及び感染症の患者に対する医療に関する法律(平成十年法律第百十四号).

37 Amtsgericht Weimar, Urteil vom 11.01.2021, Az. 6 OWi-523 Js 202518/20.

38 동아사이언스, "코로나19 자가격리 위반 '처벌강화' 불필요한 규제였다" 국내 연구팀 효과 분석", 2020. 12. 14.

39 질병관리청, "대부분의 국민은 처벌보다는 스스로 방역수칙을 준수하는 것이 가장 중요하다고 인식", 질병관리청 보도자료, 2021. 5. 5. http://ncov.mohw.go.kr/tcmBoardView.do?brdId=&brdGubun=&dataGubun=&ncvContSeq=365562&contSeq=365562&board_id=140&gubun=BDJ (2021. 7. 26. 접속).

찾아보기

[저자소개]

이원우
서울대학교 법학전문대학원 교수이자 기획부총장이다. 서울대학교 법과대학에서 학사 · 석사를 마치고 독일 함부르크대학교에서 박사학위를 취득하였다. 서울대학교 공익산업법센터를 설립(2006~)하여 방송통신규제를 비롯한 경제규제에 대한 국내외 논의를 주도해 왔다. 한국공법학회 회장을 역임하였다.

김태호
서울대학교와 동아대학교의 법학전문대학원에서 행정법 · 환경법을 강의하고 있다. 서울대학교 법과대학과 대학원을 졸업하고, 독일 함부르크대학교에서 박사과정을 수료하였다. 헌법재판소와 대법원에서 재판연구관으로 근무하였다. 불확실한 리스크에 대처하는 공법의 기능에 대해 연구해 왔으며, 공법이론 · 판례, 규제행정에 대한 다수 연구가 있다.

이준서
한국법제연구원 선임연구위원이다. 한양대학교 법과대학과 동 대학원을 졸업하였다. 기후변화, 환경, 에너지 분야에 대한 연구를 계속해 왔으며, 주요 연구로 "기후변화 대응 법제의 입법형식과 체계에 관한 소고", "코로나19 대응의 성과와 법적 과제", "에너지전환 정책의 현황과 쟁점" 등이 있다.

손제연
서울대학교 기초교육원 강의조교수이다. 서울대학교 법학부에서 학사과정을 마친 후, 같은 대학 철학과에서 서양철학 석사학위를, 법학과에서 법철학으로 박사학위를 받았고, 규범윤리학 및 법의 철학적 기초와 관련한 제반 주제에 대해 연구하고 있다. 최근 연구로 "칸트의 'Recht' 개념", "인간존엄 존중 규범의 기초", "법의 표현적 속성" 등이 있다.

전상현
서울대 법학전문대학원 교수이다. 서울대학교 언론정보학과를 졸업하고 같은 학교 법학과에서 헌법학 박사학위를 받았다. 사법시험을 거쳐 헌법재판소에서 헌법연구관으로 근무하였다. 기본권의 주체와 효력, 헌법해석과 헌법재판에 관한 이론들에 관심을 갖고 있다. "외국인의 기본권보장 방안", "회사의 정치적 표현" 등의 연구가 있다.

송기춘
전북대학교 법학전문대학원 교수로 재직하고 있으며 현재 대통령소속 군사망사고진상규명위원회 위원장으로 일하고 있다. 서울대학교 법과대학과 같은 대학 대학원을 졸업하였다. 헌법 분야의 주제 중 특히 인권, 사법제도, 군사 문제 등에 관심을 가지고 있다. 한국공법학회와 민주주의법학연구회 회장을 역임하였다. 한국공법학회 고문이다.

홍선기
국회 의정연수원 법학교수이다. 독일 프라이부르크대학에서 공법학 박사를 취득하였다. 동국대 등에서 강의하였으며, 현 독일정치경제연구소 연구위원이기도 하다. 현재 유럽인권협약과 4차산업혁명과 법에 관심을 갖고 있다. 주요 연구로 "독일의 디지털기본권에 관한 연구", "사회권에 대한 유럽인권법원의 대응방안 연구" 등이 있다.

박진완
경북대학교 법학전문대학원 교수(헌법학)이다. 경북대학교 법과대학을 졸업하고, 독일 베를린 훔볼트대학에서 법학박사 학위를 취득하였다. 독일 하이델베르크 막스플랑크연구소에서 연구하였으며, 한국공법학회 유럽인권법원판례 포럼 회장이다. 한국과 독일의 헌법학에 대한 다수의 연구성과가 있다.

이진규
현재 네이버주식회사에서 정보보호최고책임자 및 개인정보보호책임자로 근무하고 있다. 국립경찰대학(행정학), 미국 카네기멜론대학(공공행정학)을 졸업하고, 경찰청 등을 거쳐 네이버(주)에서 이용자 데이터 보호, 권리보장 업무를 담당한다. 4차산업혁명위원회 데이터특위 위원, 행정안전부 전자정부 민간위원이며, 데이터 프라이버시 보호 및 보장을 위한 법제 개선에 관심이 있다.

정필운
한구교원대학교 일반사회교육과 교수이다. 연세대 법과대학에서 공부하고 같은 대학에서 법학박사 학위를 취득하였다. 한국전산원 선임연구원을 역임하기도 하였다. 헌법, 교육법, 시민교육, 과학기술법 분야를 연구 · 교육하고 있다. 한국법과인권교육학회의 회장이다.

김가연
트위터코리아 공공정책 총괄 상무이다. 고려대 법학과를 졸업하고 사법시험에 합격하여 사법연수원을 수료하였다. 법무부 국제법무과 사무관으로 약 3년, 사단법인 오픈넷 변호사로 7년을 재직하였다. 인터넷 검열과 감시 문제, 정보매개자(플랫폼)의 책임 등에 관심을 갖고 있다.

이희정
고려대학교 법학전문대학원 교수이다. 서울대학교 법과대학에서 학사, 석사 및 박사학위(행정법)를 취득하였다. 현재 개인정보보호위원회 위원이며 차기 정보통신정책학회 회장이다. 행정법 · 환경법을 교육 · 연구하며 개인정보보호법과 보건의료행정법에 관한 연구를 진행하고 있다.

박원규
국립군산대학교 법학과 교수로 재직 중이다. 경찰대학을 졸업하고, 독일 프라이부르크대학교에서 법학석사, 법학박사 학위를 받았다. 경찰행정법, 공공안전법 분야에 관심을 가지고 있으며, 주요 연구로 "감염병예방법상 이동제한조치에 대한 법적 검토", "경찰의 안면인식 기술 사용에 관한 법적 검토", "유럽 정보보호법의 최근 동향" 등이 있다.

김대인
이화여대 법학전문대학원 교수이다. 서울대학교 법과대학(법학박사)을 졸업하였고, 변호사, 미국 조지워싱턴 대학교에서 방문학자로 연구했다. 공법상 계약, 공공조달법, 민간투자법, 국제개발협력과 법 분야에 관심을 갖고 있다. 주요연구로 "행정계약이론의 초기형성사에 대한 연구", "공법상 계약의 법리에 대한 고찰" 등이 있다.

이은상
아주대학교 법학전문대학원 교수이다. 서울대학교 법과대학에서 학사, 석사, 박사과정을 졸업하고, 약 15년간 서울행정법원, 서울고등법원 등에서 판사로 근무한 후 행정법 담당 교수가 되었다. 현재 보건 · 의료행정 등에 관심을 갖고 있다. 주요 연구로 "행정소송에서의 조정의 가능성과 한계", "독일 재량행위 이론의 이해" 등이 있다.

코로나19와인권연구모임
민주사회를 위한 변호사모임(이하 민변) 코로나19와 인권 연구모임은 2020. 7.경 코로나19 상황에서 발생하는 다양한 인권 현안을 연구하기 위해 인권단체 활동가와 변호사들로 구성한 모임이다. 이 책에 수록한 원고를 연구하고 집필한 모임 구성원과 소속 단체는 다음과 같다: 랑희(인권운동공간 활 활동가) · 박한희(공익인권변호사모임 희망을만드는법 변호사) · 서채완(민변 공익인권변론센터 변호사) · 이주희(법무법인 다산 변호사) · 정제형(재단법인 동천 변호사) · 조은호(민변 공익인권변론센터 변호사) · 황호준(법무법인 정솔 변호사).
집필자들은 각자의 활동 분야에서 코로나19 시기에 발생하는 다양한 인권 문제에 적극적으로 대응하고 있다. 코로나19와 인권의 문제에 대한 대표적인 주요 연구로는 랑희 활동가와 박한희 변호사가 참여한 공권력감시대응팀의 "'코로나19와 집회 시위의 권리' 이슈보고서"(2021), 정제형 변호사의 "'코호트 격리' 및 '예방적 코호트 격리'의 위법성과 사회안정망의 문제점에 대한 검토"(2021) 등이 있다.

코로나19 위기와 법치주의
(COVID-19 and Rule of Law in Korea)

2021년 11월 25일 제 1 판 인쇄
2021년 12월 10일 제 1 판 발행

편저자 이원우 · 김태호
발행인 임 권 규
발행처 홍 문 사

저자와 협의
하에 인지를
생략함

05855 서울시 송파구 송파대로 167 테라타워 B동 802호
등록 1993. 6. 24. 제1-1543호
TEL. 712-5311(代) FAX. 716-5311

값 28,000원

ISBN 978-89-7770-708-5 93360